FOM-Edition

FOM Hochschule für Oekonomie & Management

Weitere Bände in dieser Reihe
http://www.springer.com/series/12753

Oliver Gansser · Bianca Krol
(Hrsg.)

Moderne Methoden der Marktforschung

Kunden besser verstehen

Herausgeber
Oliver Gansser
FOM Hochschule für Oekonomie & Management
München, Deutschland

Bianca Krol
FOM Hochschule für Oekonomie & Management
Essen, Deutschland

Dieses Werk erscheint in der FOM-Edition, herausgegeben von der FOM Hochschule für Oekonomie & Management.

FOM-Edition
ISBN 978-3-658-09744-8   ISBN 978-3-658-09745-5   (eBook)
DOI 10.1007/978-3-658-09745-5

Die Deutsche Nationalbibliothek verzeichnet diese Publikation in der Deutschen Nationalbibliografie; detaillierte bibliografische Daten sind im Internet über http://dnb.d-nb.de abrufbar.

Springer Gabler
© Springer Fachmedien Wiesbaden GmbH 2017

Lektorat: Angela Meffert

Gedruckt auf säurefreiem und chlorfrei gebleichtem Papier

Springer Gabler ist Teil von Springer Nature
Die eingetragene Gesellschaft ist Springer Fachmedien Wiesbaden GmbH
Die Anschrift der Gesellschaft ist: Abraham-Lincoln-Str. 46, 65189 Wiesbaden, Germany

Vorwort

In der Unternehmenspraxis werden viele Methoden der Marktforschung entweder hinsichtlich ihrer Möglichkeiten unterschätzt oder sie sind gänzlich unbekannt. Ihr Verbreitungsgrad in den entscheidungsrelevanten Abteilungen der Unternehmen ist im Vergleich zu anderen Analyseinstrumenten eher gering. Vor allem vor dem Hintergrund der Veränderung des Kundenverhaltens in einer zunehmend digitalisierten Welt sind Unternehmen darauf angewiesen, detaillierte Informationen über ihre Kunden zu erhalten.

Das Buch „Moderne Methoden der Marktforschung" leistet einen Beitrag dazu, die Möglichkeiten und Potenziale dieser Analyseinstrumente den Entscheiderinnen und Entscheidern in Unternehmen zu verdeutlichen. Sie erhalten einen einfachen und praxisnahen Zugang zu den verschiedenen Methoden der Marktforschung. Dabei werden aktuelle Fragestellungen nicht nur aus dem Blickwinkel statistischer Verfahren beleuchtet, sondern insbesondere auch in Hinsicht auf die praktische Anwendbarkeit der Kundenanalyseinstrumente, um die Verhaltensweisen der eigenen Kunden besser zu verstehen.

Die Beiträge in diesem Buch zeigen dabei neuere Ansätzen qualitativer und quantitativer Marktforschungsmethoden auf, befassen sich mit der Virtualisierung des Einkaufprozesses der Kunden, erläutern den Einsatz von biometrischen Messverfahren und betrachten das Themengebiet Big Data. Die Autoren gewähren nicht nur Einblicke in die Methodik, sondern auch in praktische Umsetzungsmöglichkeiten bei erfolgreichen großen und mittelständischen Unternehmen. Damit knüpft das vorliegende Buch an die Beiträge unseres Springer-Bandes „Markt- und Absatzprognosen" an,/der mit seinen vielfältigen Inhalten seit 2014 sowohl in Lehre und Forschung als auch in der Unternehmenspraxis eine freundliche Berücksichtigung findet. Wir hoffen, dass auch der vorliegende Band in dieser Hinsicht vielfältig genutzt werden wird. Dabei adressieren wir in erster Linie die Managementebene in Industrie, Handel und Dienstleistung, aber auch Studierende mit der Vertiefung Marketing, Vertrieb, Kommunikation und Marktforschung.

Die Herausgeber danken an dieser Stelle allen Autorinnen und Autoren herzlich für ihre wertvollen Beiträge und ihr Engagement bezüglich des Gelingens dieses Buches. Ohne sie hätte das Buch in der vorliegenden Form nicht entstehen können. Darüber hinaus gilt unser besonderer Dank unseren wissenschaftlichen Mitarbeiterinnen Frau

Christina Reich und Frau Isabel Vahlhaus sowie Herrn Tim Stender (Projektmanager im ifes der FOM) für die zahlreichen Hilfestellungen und die Unterstützung bei der Kommunikation mit den Autorinnen und Autoren. Herrn Kai Stumpp (Schriftleitung der FOM) danken wir für die Koordination mit dem Verlag. Darüber hinaus bedanken wir uns bei Frau Angela Meffert von Springer Gabler für die erneut unkomplizierte und zuverlässige Zusammenarbeit und Unterstützung während aller Phasen der Erstellung des Buches, in der sie uns als Ansprechpartnerin zur Verfügung stand.

München, Deutschland   Oliver Gansser
Essen, Deutschland   Bianca Krol
im September 2016

Inhaltsverzeichnis

Den unbewussten Konsumenten verstehen – marketingrelevante Erkenntnisse und Methoden der Neurowissenschaften

Christoph Kwiatkowski

Zusammenfassung

Die Einschränkungen der konventionellen (Markt-)Forschung begründen zu einem wesentlichen Teil das gestiegene Interesse und die vermehrte Berücksichtigung neurowissenschaftlicher Erkenntnisse und ihrer Methoden in allen Bereichen des Marketings und der Markenführung. Das vorliegende Kapitel verfolgt das Ziel, einen Überblick über die wichtigsten Erkenntnisse der Neurowissenschaften, der Neuroökonomik und des Neuromarketings zu verschaffen, als auch ausgewählte Implikationen für das Marketing darzulegen. Abschließend werden knapp wichtige neurowissenschaftliche Methoden erläutert, die bereits Einzug in die Marktforschung gefunden haben.

C. Kwiatkowski (✉)
Hamburg, Deutschland
E-Mail: christoph.kwiat@googlemail.com

© Springer Fachmedien Wiesbaden GmbH 2017
O. Gansser und B. Krol (Hrsg.), *Moderne Methoden der Marktforschung,* FOM-Edition,
DOI 10.1007/978-3-658-09745-5_1

Inhaltsverzeichnis

1.1 Einleitung

Mindestens 80 % aller Kaufentscheidungen werden unbewusst getroffen. Dabei haben wir bei jeder dieser Entscheidungen ein bewusstes Erleben, welches mit dem Gefühl einhergeht, das wir eine bewusste Entscheidung getroffen haben. Der Philosoph Dan Dennet hat diese Selbsttäuschung wie folgt beschrieben: „Das Bewusstsein des Menschen gleicht einem Regierungssprecher, der Entscheidungen verkündet, bei deren Entstehung er nicht dabei war und deren wahren Hintergründe ihm nicht bekannt sind." Die Tatsache, dass die meisten unserer Entscheidungen unbewusst getroffen werden, gewinnt heutzutage noch weiter an Relevanz, da sich Konsumenten heute einer enormen und noch nie da gewesenen Angebotsvielfalt und Wahlfreiheit gegenübergestellt sehen. Sie werden von der Fülle an Produkten und Kommunikationsmaßnahmen stark be- bzw. überlastet, dieser „Information Overload" stößt beim Menschen auf eine reichlich beschränkte Informationsaufnahmekapazität. Bereits Jacoby formulierte es sehr treffend: „Wir müssen uns der Tatsache stellen, dass es für die menschliche Fähigkeit, in einer bestimmten Zeitspanne Informationen aufzunehmen und zu verarbeiten, eng abgesteckte Grenzen gibt" (Jacoby 1977, S. 569; zit. in Kroeber-Riel et al. 2009, S. 421). In Anbetracht der weiter steigenden Informationsmenge in unserer Gesellschaft, insbesondere durch die kontinuierliche Verbreitung digitaler Medien, wird sich dieser Informationsflut und somit die „Informationsbelastung" des Konsumenten weiter verstärken.

Aus Anbietersicht, werden vor diesem Hintergrund die enormen Herausforderungen, die sich an effektives und effizientes Marketing bzw. die Markenführung stellen, deutlich. Es ist nicht weiter verwunderlich, dass ein möglichst umfassendes Verständnis des Konsumenten ein wichtiges Forschungsgebiet der Wirtschaftswissenschaften ist. Problematisch ist dabei, dass Konsumenten ihr Verhalten und entsprechend die Beweggründe ihrer Handlungen selbst kaum bewusst verstehen können. Weshalb ihre Aussagen nur sehr begrenzt dazu beitragen können, ein besseres Verständnis ihres Verhaltens zu erlangen (vgl. Gröppel-Klein 2004, S. 42 f.; Morin 2011, S. 133 f.; Pradeep 2010, S. 4 f.; Scheier und Held 2010, S. 15 f.; Winkielman et al. 2005, S. 124 f.). Unser Gehirn registriert Stimuli über neuronale Signale und reagiert darauf, ohne dass die Gründe für das Handeln dem Bewusstsein zugänglich werden (vgl. Scheier und Held 2010, S. 16). Die Anwendung neurowissenschaftlicher Erkenntnisse und Methoden ist ein möglicher Weg, die Grenzen, an die die klassische betriebswirtschaftliche Konsumentenverhaltensforschung stößt, zu durchbrechen. Die noch jungen Forschungszweige der Neuroökonomik und des Neuromarketings sind dieser Aufgabe gewidmet.

1.2 Neurowissenschaftliche Grundlagen

1.2.1 Neuroökonomie

Der Bereich der Neuroökonomie (engl. „Neuroeconomics") beschäftigt sich vorwiegend mit Ansätzen, die neurowissenschaftliche Methoden und Erkenntnisse für wirtschaftswissenschaftliche Forschungszwecke nutzen. Die Neuroökonomie im engeren Sinn untersucht klassische mikroökonomische Komplexe wie Entscheidungen unter Unsicherheit, Interaktion zwischen Individuen im Rahmen der Spieltheorie, intertemporales Wahlverhalten und das Verhalten in Institutionen und Märkten (vgl. Bräutigam 2005, S. 355; Hubert 2010, S. 812 f.; Hubert und Kenning 2008, S. 273; Koschnik 2007, S. 12; Rustichini 2005, S. 202 ff.). Es wird gewissermaßen versucht, die geisteswissenschaftliche Perspektive der klassischen Ökonomie mit der naturwissenschaftlichen Perspektive der Neurowissenschaften in Bezug zueinander zu setzen.

1.2.2 Neuromarketing

Neuromarketing[1] kann als Teildisziplin der Neuroökonomie verstanden werden. Diese noch junge interdisziplinäre Forschungsrichtung versucht, mittels Anwendung neurowissenschaftlicher Methoden und Erkenntnisse, das Verhalten der Konsumenten als Erfahrungsobjekt zu analysieren und zu verstehen (vgl. Ariely und Berns 2010, S. 284; Fugate 2007a, S. 170, 2007b, S. 385; Hubert und Kenning 2008, S. 273; Kenning et al. 2007a, S. 136, 2007b, S. 58; Lee et al. 2007, S. 199 ff.). Der Fokus des Neuromarketings aus

---

[1]Der englische Begriff „Consumer Neuroscience" wird als treffender erachtet, da es primär um die Erforschung des Konsumenten geht und sich nur aus diesem Verständnis heraus Anwendungsmöglichkeiten für das (Neuro-)Marketing entwickeln lassen.

Sicht vieler Experten liegt auf der Untersuchung des Konsumentenverhaltens in Reaktion auf Marketingstimuli (vgl. Ahlert und Kenning 2006, S. 25; Koschnik 2007, S. 12; Lee et al. 2007, S. 200). Damit wird deutlich, dass Neuromarketing stark anwendungsorientiert ist, da mit einem besseren Verständnis der Konsumentenreaktion auf Marketingstimuli auch die Hoffnung auf eine mögliche positive Beeinflussung des Konsumenten verbunden ist. Kurzum ist es Ziel des Neuromarketings, ein „besseres Verständnis des Konsumentenverhaltens zu schaffen und das menschliche Gehirn als ‚Organ der Kaufentscheidung' besser zu begreifen" (Ahlert et al. 2004, S. 69).

1.2.3 Assoziative Netzwerke

Die unterste derzeit betrachtete Detailebene bei der Informationsverarbeitung sind die neuronalen Netzwerke unseres Gehirns. Die Informationsübertragung z. B. von Markenstimuli findet mithilfe von ca. 40 Mrd. Neuronen statt, die jeweils über bis zu 10.000 Synapsen zur Reizübertragung verfügen können. Je öfter dabei ein „neuronaler Pfad" verwendet wird, desto stärker werden die synaptischen Verbindungen (Raab et al. 2009, S. 33 ff.). Unser Gehirn ist demnach ein Organ, welches sich, ähnlich wie unsere Muskeln, ständig gebrauchsabhängig ändert. Dabei sind nicht die Neuronen für die Repräsentation einer bestimmten Information verantwortlich. Es gibt kein bestimmtes Speicherareal im Gehirn oder gar Neuronen, die z. B. die Informationen zu Milka-Schokolade speichern. Stattdessen sind gespeicherte Informationen in Form von energetisch hocheffizienten, assoziativen Netzwerken gespeichert, die über das gesamte Gehirn verteilt sein können (Raab et al. 2009, S. 270).

Diese neuronalen Netzwerke können von passenden Stimuli aktiviert werden. So werden z. B. bei der Betrachtung einer Beck's-Werbung mit dem bekannten kommunikativen Besitzstand der Marke (z. B. grünes Segelschiff) alle damit assoziierten Bereiche des Gehirns aktiviert. Dies bedeutet nicht, dass diese Assoziationen bewusst werden, sondern nur, dass sie aktiviert und aufgefrischt werden. Sollen Assoziationen bewusst werden, müssen diese den Thalamus passieren, das hirneigene „Tor zum Bewusstsein". In diesem Zusammenhang findet die „Spreading Activation Theory" vielfache Akzeptanz (vgl. Anderson 1993, S. 261–295). Demnach entscheidet die räumliche Distanz zwischen einzelnen assoziativen Netzwerken im Gehirn über den Zeitpunkt, die Stärke und die Wahrscheinlichkeit einer Aktivierung. Für eine Marke, die z. B. als „modern" gelten möchte, bedeutet dies, dass das neuronale Markennetzwerk räumlich eng verbunden sein sollte mit dem Netzwerk, welches Modernität repräsentiert. Da das Gehirn sich gebrauchsabhängig anpasst, kann diese räumliche Nähe nur über stete Kommunikation von Modernität in Verbindung mit der Marke erfolgen. Relevante Markenassoziationen müssen also mittels häufig wiederholter Aktivierung der synaptischen Verbindungen aufgebaut werden. Nur dann kann ein auslösender Reiz (z. B. Markenlogo) das gesamte Markennetzwerk aktivieren und somit kaufrelevante Impulse auslösen (vgl. Scheier und Held 2010, S. 109).

1.2.4 Emotionen

In der Wissenschaft gibt es eine Vielzahl von Definitionen für Emotionen. Um die immense Relevanz von Emotionen im Marketingkontext zu verstehen, ist es zuerst einmal notwendig, zu verstehen, wozu Menschen über Emotionen verfügen. Aus biologischer Sicht haben alle Emotionen das Ziel, unser Überleben und die Fortpflanzung sicherzustellen. Um diese Ziele zu erfüllen, haben Emotionen sechs wesentlich Aufgaben (vgl. Häusel 2012, S. 54):

1. **Emotion as motivation**
   Emotionen sind die Basis unseres inneren Antriebs, die unser Verhalten so aktivieren und steuern, dass unser Überleben und unsere Fortpflanzung sichergestellt sind.
2. **Emotion as action**
   Emotionen aktivieren in kritischen Situationen schnell und vorbewusst überlebenssichere Handlungen.
3. **Emotion as information**
   Emotionen lassen unseren Organismus und eventuell auch unser Bewusstsein wissen, ob es gerade etwas Relevantes in unserer Umwelt gibt – also etwas, das einen Wert für die Erreichung unserer Ziele besitzt.
4. **Emotion as regulation**
   Emotionen signalisieren uns, ob wir mit unseren Handlungen zielführend agieren.
5. **Emotion as preparation**
   Emotionen bereiten unseren Körper in Bruchteilen von Sekunden auf kritische Situation zu, indem z. B. Adrenalin ausgeschüttet wird.
6. **Emotion as social communication and synchronisation**
   Menschen sind als soziale Tiere nicht ohne eine soziale Gemeinschaft überlebensfähig. Das schnelle und mühelose Erkennen der inneren Gemütslage und der Absichten unserer Mitmenschen sowie die Synchronisation mit diesen Gemütslagen sind wesentliche Aufgaben unserer emotionalen Systeme.

Allein diese sechs Funktionen von Emotionen lassen keinen Zweifel an ihrer Relevanz für Marketingaktivitäten. In diesem Zusammenhang ist es wichtig, zu verstehen, dass unsere emotionalen Systeme permanent aktiv sind und somit permanent unsere Umwelt kategorisieren. Diese Aktivitäten sind aber erst mal unbewusst und nur hohe emotionale Resonanzen führen dazu, dass unser Bewusstsein aktiviert wird. Neurowissenschaftler bezeichnen diese bewusst erlebten Emotionen als Gefühle.

Emotionen sind untrennbar mit physiologischen Prozessen in unserem Körper verbunden. Das Auftreten und die Kategorisierung von Emotionen kann nicht nur über klassische neurowissenschaftliche Methoden (EEG, fMRT etc.) betrieben werden, sondern auch über biometrische Verfahren. Diese Verfahren erfassen verschiedene körperliche Reaktionen, wie Hautleitfähigkeit, Puls, Atemfrequenz etc., um daraus auf das Vorhandensein von Emotionen zu schließen und diese evtl. (je nach verwendetem System) zu kategorisieren.

1.2.5 Das „Unconscious Behavioral Guidance System"

Die neurowissenschaftliche Forschung der letzten zwei Dekaden deutet einheitlich
in eine Richtung, nämlich, dass das Unbewusste das Bewusstsein bestimmt und nicht
umgekehrt. Darüber zu debattieren, ob unser Bewusstsein zu 70 %, 80 % oder 99 %
unseres Unterbewusstseins kontrolliert wird, ist müßig, da es bis heute keine Definition
und keine Erklärung dazu gibt, was Bewusstsein überhaupt ist. Zwar kann man Funktionen des Bewusstseins beschreiben und es phänomenologisch erfassen, aber nicht klar
(im wissenschaftlichen Sinne) definieren.

Unser Unterbewusstsein stellt ein hocheffizientes Bewertungs- und Steuersystem dar,
welches den Organismus zur Zielerreichung leitet. Bargh spricht in diesem Zusammenhang vom *Unconscious Behavioral Guidance System* (vgl. Bargh 2009). Dieses System
enthält auf der untersten Ebene die Ziele, die sich aus unserem Emotionssystem ergeben, aber auch unsere kulturellen Prägungen und Regeln. Unser Unterbewusstsein führt
uns durch das Leben, ohne dass uns dieser Einfluss bewusst wird, indem es alle unsere
Erfahrungen bewertet, verknüpft und mit der aktuellen Situation abgleicht. Zudem werden dort aktuelle situationelle Reize für die Handlungsplanung und Umsetzung adaptiert.

Inzwischen herrscht Einigkeit darüber, dass das menschliche Verhalten zum Großteil
durch unbewusste, automatische Prozesse determiniert ist. Diese automatisierten und
unserem Bewusstsein nicht zugänglichen Prozesse stellen demnach den Standardmodus
der Funktionsweise des menschlichen Gehirns dar (vgl. Camerer et al. 2005, S. 18). Eine
bewusste Operationsweise tritt demgegenüber nur auf, wenn die automatisierten Prozesse durch unerwartete Vorkommnisse oder spezielle Herausforderungen, in Form von
unbekannten Situationen bzw. komplexen Entscheidungen, unterbrochen werden. Darüber hinaus müssen anstehende Entscheidungen überhaupt erst als ausreichend wichtig
kategorisiert werden, damit sie ans Bewusstsein „weitergeleitet" werden.

1.2.6 Dual-Processing-Theorien: System 1 und System 2

Unser Gehirn verfügt demnach offenbar über einen bewussten und reflektierten Entschei-
dungsprozess als auch über einen unbewussten reflexiven, hoch automatisierten. Der
unbewusste Prozess wird „implizit" genannt, dieser Prozess arbeitet hocheffizient und
zum größten Teil unbewusst. Eine Computeranalogie hilft, die Kapazität dieses Prozesses zu verdeutlichen: Im impliziten Teil werden ca. elf Millionen Bits pro Sekunde verarbeitet, während der explizite (bewusste) Teil lediglich 20 bis 40 Bits an Kapazität hat.
Der implizite Teil unseres Gehirns bewältigt ständig eine Vielfalt an Aufgaben. Unter
anderem werden Umweltreize auf ihre Relevanz überprüft, die Lage des Körpers in
Beziehung gesetzt zur motorischen Tätigkeit, Erfahrungen werden abgerufen und mit
derzeitigen Informationen verknüpft usw. Diesem Prozess oder – wie Kahneman und
Tversky es nennen –, diesem System 1 wird eine hocheffiziente und äußerst spontane
Verarbeitung von primär unbewusst wirkenden Reizen attestiert (vgl. Stanovich und

West 2000, S. 658 f.). In diesem System werden Lernvorgänge, z. B. bei der Betrachtung von Werbung, Stereotype und Markenassoziationen verarbeitet. System 1 wird, nach heutigem Erkenntnisstand, hauptsächlich durch Bilder, Geschichten, Symbole, Gesichter, Geräusche, die Haptik und Gerüche aktiviert (vgl. Camerer et al. 2005, S. 16; Scheier und Held 2010, S. 95 ff.). In anderen Worten: Jede Sinnesinformation wird zunächst von System 1 verarbeitet. Beachtlich ist dabei, dass die Prozesse die in System 1 ablaufen, parallel arbeiten, was nicht nur die Reaktionsgeschwindigkeit erhöht, sondern auch zu einer enormen Kapazität im Multitasking unbewusster Prozesse beiträgt.[2]

Der explizite Prozess – oder System 2 – ist dagegen in seiner Leistungsfähigkeit sehr eingeschränkt, er ist vergleichsweise langsam, kann nur sehr wenige Informationen verarbeiten und verbraucht im Vergleich zu System 1 überproportional viel Energie. System 2 ist zuständig für kognitive Vorgänge, die bewusst und kontrollierbar sind. Charakteristisch für dieses System sind zudem die Störanfälligkeit (Ablenkung), geringe Übungseffekt, dafür aber eine sehr hohe Flexibilität. Die Tatsache, dass Prozesse des expliziten Systems äußerst anstrengend und energieintensiv sind, erklärt, weshalb unser Gehirn die meisten Reize unbewusst verarbeitet und auch die meisten Entscheidungen von System 1 getroffen werden (vgl. Camerer et al. 2005, S. 18; Raab et al. 2009, S. 160).

Zusammenfassend lässt sich sagen, dass bezogen auf Kaufentscheidung oder Werbewirkung System 1 als primäres Entscheidungs- und Steuerungssystem angesehen werden muss. Hieraus ergibt sich auch die Schwierigkeit, Konsumenten direkt nach den Gründen für ihre Entscheidungen zu fragen, da diese dem Bewusstsein nicht zugänglich sind. Demnach ist eine Integration impliziter Methoden in die Erforschung von Konsumentenreaktionen und -entscheidungen notwendig. Es gilt aber abschließend festzuhalten, dass die Unterscheidung zwischen System 1 und System 2 keine wirkliche Dichotomie darstellt, sondern lediglich eine Modellvorstellung ist, welche das Kontinuum der Hirnprozesse beschreibt. Menschliches Verhalten basiert auf einer fließenden Zusammenarbeit der beiden Systeme (vgl. Camerer et al. 2005, S. 11; Cohen et al. 1990, S. 334 ff.).

1.3 Anwendungsbezogene Erkenntnisse des Neuromarketings

Um ein tief greifendes Verständnis der bisherigen Erkenntnisse der Neuroökonomie und des Neuromarketings zu erlangen, ist es unerlässlich, ein Grundwissen über den Aufbau und die grundsätzliche Funktionsweise unseres Gehirns zu erlangen. Im vorliegenden Teil werden die relevanten Hirnregionen und deren Funktion nur knapp vorgestellt, interessierte Leser seien auf die angegebene Literatur verwiesen.

Bisherige neurowissenschaftliche Primärstudien beschäftigten sich mit folgenden Themengebieten:

---

[2]Zudem führt die parallel Arbeitsweise von System 1 zu einer Redundanz, welche die Störanfälligkeit des Gehirns (z. B. durch Verletzungen) deutlich verringert.

- **Kommunikationswirkung** (z. B.: Wirkung von Gesichtern, Erotik, Gerüchen; unbewusste Wahrnehmung, Attraktivität von Werbeanzeigen, Prominente in der Werbung etc.)
- **Produktpolitik** (Attraktivität von Produkten, Produktpräferenzen)
- **Preispolitik** (Preiswahrnehmung und -verarbeitung, Ermittlung der Zahlungsbereitschaft)
- **Distributionspolitik** (Framing und Effekte geframter Informationen)
- **Wirkung von Marken** (Merken und Entscheidungsfindung, Marken und Kundenloyalität etc.)

Die Frage nach unbewussten Konsumentenreaktionen kann in all diesen Forschungsschwerpunkten angebracht werden, sei es, wie z. B. Konsumenten unbewusst auf neue Produktentwicklungen reagieren oder wie sie vor- bzw. unbewusst auf Markenlogos reagieren. Neurowissenschaftliche Untersuchungen im Bereich der Kommunikationspolitik lassen sich laut Hubert und Kenning grundsätzlich nach zwei Forschungsgebieten unterscheiden. Zum einen interessiert die kurzfristige Wirkung von Stimuli auf unmittelbare Kaufentscheidungen. Beispielsweise sollen Fragen nach der empfundenen Attraktivität einer Werbung oder nach dem Potenzial einer Anzeige, Interesse zu wecken, beantwortet werden. Zum anderen sind Forscher gemäß Hubert und Kenning an der langfristigen Wirkung der Kommunikationspolitik interessiert. Diesbezüglich kann beispielsweise der Aufbau eines Markenimages, welches einen dauerhaften Einfluss auf die Präferenzen eines Konsumenten hat, untersucht werden (vgl. Hubert und Kenning 2011, S. 203).

1.3.1 Unbewusste Beeinflussung durch Werbung

Wie weiter oben dargestellt, konnten die Naturwissenschaften belegen, dass Entscheidungen hauptsächlich unbewusst und automatisiert ablaufen. Ebenso wurde aufgezeigt, dass die unbewusste Aufnahmefähigkeit des Menschen die bewusste um ein Vielfaches übersteigt (vgl. Camerer et al. 2005, S. 15 ff.; Dijksterhuis et al. 2005a, 2005b; Hain et al. 2007, S. 501; Kirkpatrick und Epstein 1992; Morin 2011, S. 135; Pinker 1997, S. 369 ff.; Sloman 1996; Stanovich und West 2000, S. 658 f.; Zaltman 2003, S. 50 ff.). Heute herrscht weitestgehend ein Konsens darüber, dass unterschwellige Stimuli wahrgenommen werden. Es konnte vielfach gezeigt werden, dass Reize unterhalb der Bewusstseinsschwelle beobachtbare neuronale Aktivitäten verursachen (vgl. Degonda et al. 2005; Dijksterhuis et al. 2005a, S. 78 f.; Roth 2003, S. 234; Zaltman 2003, S. 64). Mehr Uneinigkeit gibt es in der Wissenschaft jedoch darüber, ob Menschen mittels unterschwelliger Kommunikation zu einem bestimmten Verhalten bewegt werden können. Verschiedene Studien zeigten, dass die subjektive Wahrnehmung von Grundbedürfnissen wie Hunger und Durst durch eine unterschwellige Präsentation von bestimmten „Reizwörtern" beeinflusst werden kann.

Für das Marketing relevanter ist die Frage, ob und inwiefern es möglich ist, Menschen in ihrer Wahl verschiedener Produkte der gleichen Kategorie zu beeinflussen. Roth vertritt die Ansicht, dass es heute unumstritten ist, dass unterschwellige Einstellungsänderungen einen Einfluss auf menschliches Verhalten haben, vor allem wenn es sich „um emotionales oder handlungsrelevantes Priming handelt" (Roth 2003, S. 234). Tusche et al. haben untersucht, wie sich kaufverhaltensrelevante Prozesse auf neuronaler Ebene abspielen, und zwar auch wenn den betrachteten Produkten keine Aufmerksamkeit geschenkt wird. In einer fMRT-Studie wurden neuronale Aktivitäten der Probanden bei der bewussten und unbewussten Wahrnehmung von Autos analysiert. Die Ergebnisse lassen vermuten, dass auf neuronaler Ebene die Bewertung eines Produktes nicht zwingend von Aufmerksamkeit abhängt. Vielmehr scheinen gewisse Evaluationsprozesse in unserem Gehirn automatisch und unbewusst aktiviert zu werden und zwar selbst dann, wenn wir die Produkte nicht bewusst wahrnehmen (vgl. Tusche et al. 2010, S. 8030).

Das Ziel effektiver Werbemaßnahmen muss folglich sein, dieses implizite, unbewusste Informationsverarbeitungs- und Bewertungssystem durch den Einsatz geeigneter Werbestimuli zu aktivieren.

1.3.2 Ableitungen für die Marketingpraxis

Konsumentscheidungen werden im Wesentlichen durch automatisierte und unbewusste Elemente geleitet. Darüber hinaus gibt es vielfältige Hinweise auf mögliche Verhaltens- bzw. Einstellungsbeeinflussung mittels unbewusst wirkender Reize (vgl. Degonda et al. 2005, S. 512 ff.; Koschnik 2007, S. 53; Roth 2003, S. 234; Tusche et al. 2010; s. auch Zaltman 2003, S. 64). Es wird deutlich, dass Marketingmaßnahmen so gestaltet werden müssen, dass sie beim Konsumenten auf impliziter Ebene wirken. Für eine möglichst effektive und effiziente Gestaltung von Werbemaßnahmen ist es entscheidend, implizite nicht-sprachliche Codes[3] zu verwenden. So muss nach derzeitigem Erkenntnisstand das verwendete Bildmaterial symbolstark sein, um Resonanz im System 1 des Empfängers zu verursachen. Die Bedeutung von Bildern (oder Gesichtern) zu entschlüsseln, fällt uns außerordentlich leicht, da die zugrunde liegenden komplexen Prozesse uns nicht bewusst sind und wir deswegen auch keinen Aufwand wahrnehmen. Gelernt wird die Bedeutung von bildlichen Codes ebenfalls implizit, also durch Erfahrungen z. B. bei der Konfrontation mit Werbung. Marketingteams müssen demnach die kulturell mit Bedeutung aufgeladenen Symbole gezielt nutzen, um die eigene Marke bei der Zielgruppe mit einer entsprechenden Bedeutung aufzuladen (vgl. Scheier und Held 2010, S. 89).

---

[3]Neben der Sprache existieren nach Scheier und Held weitere wichtige Träger von Botschaften wie beispielsweise in der Werbung verwendete Symbole oder allgemein die Haptik von Produkten (2010, S. 67; s. auch Scheier et al. 2010).

Verschiedene neurowissenschaftliche Studien untersuchten die neuronalen Korrelate der menschlichen Wahrnehmung von Gesichtern. Dabei interessiert in erster Linie, wie sich die Verwendung von Gesichtern auf das Potenzial einer Anzeige auswirkt, Aufmerksamkeit und Interesse zu wecken.

Niels Birbaumer et al. haben bereits 1998 eine der ersten fMRT-Untersuchungen zur Erforschung der Wirkung von Gesichtern veröffentlicht. Dabei wurde festgestellt, dass besonders Gesichter mit emotionalen Gesichtsausdrücken eine signifikant erhöhte Aktivität in der Amygdala auslösen. Damit belegten Birbaumer et al. die wichtige Funktion der Amygdala bei der vorbewussten Verarbeitung emotional geprägter Stimuli (vgl. Birbaumer und Schmidt 2010). Holst und Weber fanden 2009 heraus, dass Gesichter mit positivem Gesichtsausdruck eine signifikant stärkere Aktivierung der für Emotionen zuständigen Amygdala auslösten. Probanden konnten sich diese Gesichter auch signifikant besser merken als Gesichter mit neutralem oder negativem Gesichtsausdruck. Sie konnten auch belegen, dass Gesichter, die etwas zur Seite gedreht sind, deutlich weniger Aktivität in emotionalen Zentren des Gehirns auslösten. Holst und Weber haben ebenfalls vermehrt Hinweise gesammelt, dass sich die gezeigten Emotionen auf die Probanden zu übertragen schienen (vgl. Holst und Weber 2009).

Auch die empfundene Attraktivität eines Gesichts wurde bereits neurowissenschaftlich untersucht. Ahron et al. (2001) erforschten die Aktivierung von hirneigenen Belohnungszentren in Abhängigkeit von der Attraktivität der gezeigten Gesichter. Ahron fand dabei heraus, dass der Nucleus accumbens (besagtes Belohnungszentrum im Gehirn) nur dann bei jungen heterosexuellen Männer aktiviert wird, wenn diesen Gesichter von attraktiven Frauen gezeigt werden. Gleichzeitig konnte in der Studie ein Zusammenhang zwischen belohnungsgerichtetem Verhalten und neuronaler Aktivierung des Belohnungssystems nachgewiesen werden. Oder anders: Heterosexuelle Männer zeigen nur dann eine Verhaltensmotivation bei (oder nach) der Betrachtung attraktiver weiblicher Gesichter. Weitere Studien haben gezeigt, dass die Attraktivität von Gesichtern kein soziales Konstrukt ist, sondern offenbar biologisch verankert und auf neuronaler Ebene nicht ungleich der Wirkung von Drogen ist (vgl. Aharon et al. 2001). Die Wirkung von Gesichtern, aber auch die von Mimik, Gestik, Körperhaltung der in der Werbung gezeigten Akteure wird häufig unterschätzt. Im alltäglichen Erleben von Werbung nehmen wir diese Signale der Akteure nur sehr selten bewusst wahr und sind dementsprechend auch nicht in der Lage, sie reflektiert zu beschreiben (vgl. Roth 2003, S. 418). Es ist jedoch von ausnehmender Wichtigkeit bei der Gestaltung von Werbung zu beachten, dass zwischen der zu vermittelnden Werbebotschaft und den sichtbaren Gesichtsausdrücken, der Gestik etc. Kongruenz besteht.

Zahlreiche neurowissenschaftliche Studien konnten belegen, dass die Anwendung multisensorischer Stimuli, also die zeitgleiche Wahrnehmung einer Botschaft über verschiedene Sinne zu einer Verstärkung der vermittelten Reize führt (vgl. Gottfried et al. 2002). Gottfried et al. konnten z. B. nachweisen, dass Düfte positiver wahrgenommen werden bei gleichzeitiger Betrachtung eines entsprechenden Bildes. Andere Studien konnten ähnliche Effekte bei der Kombination von audiovisuellen (vgl. beispielsweise

Calvert et al. 2000) und visuell taktilen Reizen (vgl. beispielsweise Macaluso et al. 2000) feststellen. Inzwischen ist die vorherrschende Meinung, dass das Gehirn automatisch multisensorisch arbeitet, d. h. alle Sinnesinformationen werden integriert und beeinflussen sich gegenseitig (vgl. Lindstrom 2008, S. 166 f.). Das führt dazu, dass auf neuronaler Ebene ein verstärkender Mechanismus in Kraft tritt, welcher dazu führt, dass ein bestimmtes Ereignis stärker bewusst erlebt wird. Diese Zusammenarbeit der Sinne findet hauptsächlich unterbewusst statt. Diese multisensorische Verstärkung kann zu einer bis zu zehnfachen Verstärkung des Erlebten führen (vgl. Häusel 2007, S. 11).

Ein in der Vergangenheit im Marketing häufig vernachlässigter Aspekt ist die Haptik von Produkten, Broschüren etc. Menschen bestimmen anhand der Berührung von z. B. Textilien und Lebensmitteln die Qualität. Im Alltag hat der haptische Sinn zahlreiche Funktionen, wie das Erkennen von Oberfläche/Textur, Konsistenz, Elastizität, Temperatur, Gewicht, Form und Größe. In der modernen Markenführung kann durch haptische Erfahrung eine Marke bzw. ein Produkt emotional aufgeladen werden und die Differenzierung erhöht werden. Unternehmen verfolgen mit „haptischem Marketing" hauptsächlich produktbezogene Ziele (Handhabung, Emotionalisierung und Differenzierung), gleichzeitig ist es aber auch Ziel, haptische Gedächtnisinhalte mit einer Marke zu verknüpfen, sodass, sobald die Haptik eines Produktes gespürt wird, alle Assoziationen mit der Marke aktiviert werden (ähnlich wie bei einem Markenlogo) (vgl. Nölke und Gierke 2011, S. 175). Die Automobilindustrie gehört dabei zu den Vorreitern im haptischen Marketing, schon früh wurde erkannt, dass die Haptik von Leder und Holz großen Einfluss auf die Qualitätswahrnehmung hat. „Soft-touch"-Lackierungen sind speziell entwickelt worden, um Autos „gemütlicher" wirken zu lassen, und Drehschalter sind auf schweren Metallblöcken gefräst, damit sie sich satt und mächtig anfühlen, aber gleichzeitig ruhig laufen (vgl. Häusel 2012, S. 225).

Neben der Haptik gibt es auch zahlreiche Beispiele für die gezielte Verwendung von Akustik (z. B. Soundlogos, Staubsaugergeräusche etc.), Olfaktorik (Scent Branding, unterschwellige Düfte zur Verbesserung des Reiseerlebnisses in Flugzeugen und Bahnen). Wie weiter oben erwähnt, bietet diese „integrierte" Art des Marketings große Chancen. Einzelreize wirken gemeinsam und bilden eine übersummative Konstellation, in der Kognition und Emotion zusammen die Erlebnisqualität einer Markenbotschaft erhöhen können. Markenidentitäten können so durch die Ansprache möglichst vieler Sinne stärker transportiert und nachhaltig im Gehirn des Konsumenten gefestigt werden.

1.4 Neurowissenschaftliche Methoden in der Marktforschung

Der Aufschwung der Neurowissenschaften in den letzten Jahren ist hauptsächlich darauf zurückzuführen, dass sich die zur Verfügung stehenden Messmethoden enorm weiterentwickelt haben. Die diagnostischen Verfahren der Gehirnforschung können grundsätzlich in bildgebende und nicht-bildgebende Verfahren unterteilt werden. Nicht-bildgebende Verfahren sind z. B. die Elektroenzephalografie (EEG) und die Magnetenzephalografie.

Bildgebende Verfahren können weiter unterteilt werden in funktionelle Verfahren, wie
z. B. Positronenemissionstomografie (PET) oder funktionelle Magnetresonanztomografie
(fMRT), und in strukturelle Verfahren, wie die Computertomografie (CT) oder die Magnetresonanztomografie (MRT). Hier sollen nur die wichtigsten Methoden knapp erläutert
werden.

1.4.1 Elektroenzephalografie (EEG) und Magnetenzephalografie (MEG)

Eine der frühen technischen Möglichkeiten zur Untersuchung des menschlichen Gehirns
ist die Elektroenzephalografie (EEG), mittels der es möglich ist, elektrische Aktivitäten
der Außenbereiche des Gehirns über Elektroden an der Kopfhaut zu messen. Gemessen
werden sogenannte „ereigniskorrelierte Hirnpotenziale" worunter alle elektronischen
Potenziale oder Magnetfelder, die nach, vor oder während eines sensorischen, psychischen
oder motorischen Ereignisses auftreten, verstanden werden (vgl. Thompson 2001, S. 424).

Die Aktivitäten des Gehirns werden dabei mit uneingeschränkter zeitlicher Auflösung,
in Echtzeit, verfolgt. Die Aktivitäten im Gehirn lassen sich damit also genauso schnell
messen, wie sie auftreten, was z. B. bei der sekundengenauen Analyse eines Werbespots
entscheidend sein kann. Dem entgegen steht eine relativ beschränkte räumliche Auflösung dieser Methode, da nur kortikale Vorgänge gemessen werden können und keine
subkortikalen.

Die Magnetenzephalografie (MEG) ist eine Weiterentwicklung der EEG und sie
reagiert auf die magnetischen Signale, die durch neuronale Aktivitäten erzeugt werden.
Auch die MEG erreicht eine praktisch unbegrenzte zeitliche Auflösung, im Gegensatz
zur EEG-Methode können aber auch neuronale Aktivitäten innerhalb der Großhirnrinde
räumlich dargestellt werden. Die Möglichkeit, Aktivitäten in tiefer liegenden Hirnstruk-
turen besser abbilden zu können, ist sehr nützlich, da diese Regionen entscheidende Einsichten in viele unbewusste und emotionale Entscheidungsvorgänge bieten können. Auch
das MEG-Verfahren bietet nur eine geringe räumliche Auflösung, da neuronale Aktivitäten nur auf einige Zentimeter genau bestimmt werden können (vgl. Raab et al. 2009,
S. 182).

1.4.2 Funktionelle Magnetresonanztomografie (fMRT)

Die fMRT-Methode wird im Kontext der Neuroökonomie bzw. des Neuromarketings
vorwiegend eingesetzt. Diese Methode basiert auf der sogenannten Hämodynamischen
Reaktion, die eine Folge vermehrter neuronaler Aktivitäten einer Hirnregion ist. Neuronale Aktivität führt zu einer höheren Versorgung mit oxygeniertem Blut der aktiven
Hirnregionen, dieses sauerstoffreiche Blut hat andere magnetische Eigenschaften als
sauerstoffarmes Blut. Dieses sogenannte Bloog-Oxygen-Level-Signal (BOLD-Signal)

wird gemessen und erlaubt erstaunlich genaue Rückschlüsse auf die Hirnaktivität. Die leistungsstärksten fMRT-Scanner können die Hirnaktivität beinahe in Echtzeit mit einer guten räumlichen Auflösung von ca. 1 × 1 × 1 mm Voxel (Volumetric Pixel) abbilden. Dies macht die fMRT-Methode zur besten Möglichkeit, das ganze Gehirn mit einer hohen räumlichen und zeitlichen Auflösung abzubilden.

1.4.3 Apparative Beobachtungsmethoden in der Marktforschung

Da fMRT- und EEG-Studien häufig den finanziellen Rahmen von Marktforschungs-projekten übersteigen würden, haben sich zahlreiche andere Beobachtungsmethoden in der Marktforschung etabliert. Mittels apparativer Beobachtungen kann das menschliche Verhalten in dem Moment erfasst und gemessen werden, in dem es stattfindet. Solche Methoden bieten sich besonders bei der Werbewirkungsanalyse, bei Analysen von Neuprodukten und zur Verpackungsoptimierung an. Dabei erlauben es diese Verfahren, Einblicke in die psychischen Prozesse zu erlangen, die durch Befragungen nicht relia-bel erfasst werden können (vgl. Deppe et al. 2007, S. 300). Solche Verfahren lassen sich grundsätzlich unterteilen in: Verfahren zur Aktivierungsmessung, Verfahren zur Messung der Aufnahme von Stimuli und in Verfahren zu Messung der Speicherung von Informa-tion (vgl. Forscht und Swoboda 2007, S. 24–25).

1. **Aktivierung**
   Bei diesen Verfahren wird über verschiedene physiologische Messungen die Aktivie-rungsstärke von Stimuli bewertet. Der Vorteil dieser Verfahren ist die Reduzierung einer Beeinflussung der Messung durch die Probanden. Gemessen werden kann z. B. der elektrische Hautwiderstand, welcher bei Absinken ein Zeichen für eine erhöhte Aktivierung der Person ist (vgl. Gröppel-Klein und Baun 2004, S. 415). Auch der innen Radius der Pupillen kann als zuverlässiger Indikator für emotionale und auf-merksamkeitsbedingte Reaktionen erfasst werden. Weitere Möglichkeiten sind z. B. die Messung der Herzfrequenz, der Atemfrequenz, des Blutdrucks etc.
2. **Informationsaufnahme**
   Blickaufzeichnungen und Blickverlaufsanalysen sind klassische Möglichkeiten, um die Aufnahme von z. B. Werbestimuli zu evaluieren. Die Blickregistrierung ist in erster Linie dann sinnvoll einzusetzen, wenn Blickverläufe grafisch darstellt werden sollen, um die optimale Platzierung von Werbeelementen, basierend auf langen Fixa-tionen (verweilen der Augen auf diesen Punkt), die auf eine bewusste Wahrnehmung und kognitive Verarbeitung schließen lassen, zu erreichen.
3. **Informationsspeicherung**
   Hier wird in der Marktforschung gegenwärtig lediglich der „Implicit Association Test" (IAT) angewandt. Dieses reaktionszeitbasierte Verfahren erfasst die Reaktions-zeit und Zuordnung von Stimuli zueinander und macht so die Stärke von Assoziatio-nen unabhangig vom Bewusstsein messbar (vgl. Lane et al. 2007, S. 59–102).

1.5   Schlussbetrachtung

Einleitend wurden die Erkenntnisse der Neurowissenschaften erwähnt, die eine enorme Herausforderung an ein effektives Marketing darstellen. Gerade eine Welt mit beständig zunehmender Produkt- und Kommunikationsvielfalt, bei gleichzeitig unverändert beschränkter Informationsaufnahmekapazität seitens des Konsumenten dramatisiert diese Herausforderung noch. Zentrale Determinante eines effektiven Marketings ist nach Ansicht des Verfassers ein möglichst umfassendes Verständnis des Konsumenten als Zielobjekt der Werbe- und Kommunikationsmaßnahmen eines Unternehmens. Den modernen Neurowissenschaften und ihren Tochterdisziplinen, der Neuroökonomik und dem Neuromarketing, ist es gelungen, viele bestehende Theorien der Konsumentenverhaltensforschung zu bestätigen. Weiterhin kann die Verwendung neurowissenschaftlicher Methoden zu einem besseren Verständnis der unbewussten und automatischen Entscheidungsprozesse führen. Während die Erforschung derselben bisher durch ihre Unzugänglichkeit erschwert wurde (vgl. Camerer et al. 2005, S. 11; Hain et al. 2007, S. 501), bieten diese Wissenschaften verschiedene Methoden, um unbewusste Prozesse bis zu einem gewissen Grad zu erfassen und zu erforschen.

Literatur

Aharon, I., Etcoff, N., Ariely, D., Chabris, C. F., O'Connor, E., & Breiter, H. C. (2001). Beautiful faces have variable reward value: fMRI and behavioral evidence. *Neuron, 32,* 537–551.

Ahlert, D., & Kenning, P. (2006). Neuroökonomik. *Zeitschrift für Management, 1*(1), 22–45.

Ahlert, D., Hesse, J., Evanschitzky, H., & Salfeld, A. (2004). *Exzellenz in Markenmanagement und Vertrieb: Grundlagen und Erfahrungen.* Wiesbaden: Gabler.

Anderson, J. R., & Bower, G. H. (1993). *Human associative memory.* Washington: Winston.

Ariely, D., & Berns, G. S. (2010). Neuromarketing: The hope and hype of neuroimaging in business. *Nature Reviews: Neuroscience, 11,* 284–292.

Bargh, J. A. (2009). Losing consciousness: Automatic influences on consumer judgment, behavior, and motivation. *Journal of Consumer Research, 29*(2), 280–285.

Birbaumer, N., & Schmidt, R. F. (2010). *Biologische Psychologie* (7. Aufl.). Berlin: Springer.

Bräutigam, S. (2005). Neuroeconomics – From neural systems to economic behaviour. *Brain Research Bulletin, 67*(5), 355–360.

Calvert, G. A., Campbell, R., & Brammer, M. J. (2000). Evidence from functional magnetic resonance imaging of crossmodal binding in the human heteromodal cortex. *Current Biology, 10*(11), 649–657.

Camerer, C., Loewenstein, G., & Prelec, D. (2005). Neuroeconomics: How neuroscience can inform economics. *Journal of Economic Literature, 43*(1), 9–64.

Cohen, J. D., Dunbar, K., & McClelland, J. L. (1990). On the control of automatic processes: A parallel distributed processing account of the stroop effect. *Psychological Review, 97*(3), 332–361.

Degonda, N., Mondador, C. R. A., Bosshardt, S., Schmidt, C. F., Boesiger, P., Nitsch, R. M., Hock, C., & Henke, K. (2005). Implicit associative learning engages the hippocampus and interacts with explicit associative learning. *Neuron, 46,* 505–520.

Deppe, M., Schwindt, M., Krämer, J., Kugel, H., Plassmann, H., Kenning, P., & Ringelstein, E. B. (2007). Belege für ein neurales Korrelat des Framing-Effekts: Voreingenommenheitsspezifische Aktivität im ventromedialen präfrontalen Kortex bei der Beurteilung von Glaubwürdigkeit. In W. J. Koschnik (Hrsg.), *FOCUS Jahrbuch 2007. Schwerpunkt: Neuroökonomie, Neuromarketing und Neuromarktforschung* (S. 237–276). München: FOCUS Magazin.

Dijksterhuis, A., Aarts, H., & Smith, P. K. (2005a). The power of the subliminal: Perception and possible applications. In R. Hassin, J.   Uleman & J. A. Bargh (Hrsg.), *The new unconscious* (S. 77–106). New York: Oxford University Press.

Dijksterhuis, A., Smith, P. K., Van Baaren, R. B., & Wigboldus, D. H. J. (2005b). The unconscious consumer: Effects of environment on consumer behavior. *Journal of Consumer Psychology, 15*(3), 193–202.

Foscht, T., & Swoboda, B. (2007). *Käuferverhalten: Grundlagen – Perspektiven – Anwendungen.* Wiesbaden: Gabler.

Fugate, D. L. (2007a). Marketing services more effectively with neuromarketing research: A look into the future. *Journal of Services Marketing, 22*(2), 170–173.

Fugate, D. L. (2007b). Marketing services more effectively with neuromarketing research: A look into the future. *Journal of Consumer Marketing, 24*(7), 385–394.

Gottfried, J. A., Deichmann, R., Winston, J. S., & Dolan, R. J. (2002). Functional heterogeneity in human olfactory cortex: An event-related functional magnetic resonance imaging study. *The Journal of Neuroscience, 22,* 10819–10828.

Gröppel-Klein, A. (2004). Aktivierungsforschung und Konsumentenverhalten. In A. Gröppel-Klein (Hrsg.), *Konsumentenverhaltensforschung im 21. Jahrhundert.* Wiesbaden: Deutscher Universitäts-Verlag.

Gröppel-Klein, A., & Baun, D. (2001). The role of customers' arousal for retail stores – Results from an experimental pilot study using electrodermal activity as indicator. In A. Gröppel-Klein, C. G. Marc, & J. Meyers-Levy (Hrsg.), *Advances in consumer research* (28. Bd.   S. 412–419). Valdosta: Association for Consumer Research.

Hain, C., Kenning, P., & Lehmann-Waffenschmidt, M. (2007). Neuroökonomie und Neuromarketing. *Wirtschaftswissenschaftliches Studium, 10,* 501–508.

Häusel, H.-G. (2007). *Neuromarketing. Erkenntnisse der Hirnforschung für Markenführung, Werbung und Verkauf.* Planegg: Rudolf Haufe Verlag.

Häusel, H.-G. (2012). *Brain View. Warum Kunden kaufen* (3.Aufl.). Planegg: Rudolf Haufe Verlag.

Holst, C., & Weber, B. (2009). Wirkung von emotionalen Gesichtern. In C. Holst & B. Weber (Hrsg.), *Werbung mit Hirn – Wie Ergebnisse aus der Hirnforschung die Werbung beeinflussen* (S. 24–26). Bonn: Medienfabrik Gütersloh GmbH.

Hubert, M. (2010). Does neuroeconomics give new impetus to economic and consumer research? *Journal of Economic Psychology, 31*(5), 812–817.

Hubert, M., & Kenning, P. (2008). A current overview of consumer neuroscience. *Journal of Consumer Behavior, 7*(4–5), 272–292.

Hubert, M., & Kenning, P. (2011). Neurobiologische Grundlagen von Konsumverhalten. In M. Reimann & B. Weber (Hrsg.), *Neuroökonomie* (S. 197–213). Wiesbaden: Gabler.

Kenning, P., Plassmann, H., & Ahlert, D. (2007a). Applications of functional magnetic resonance imaging for market research. *Qualitative Market Research: An International Journal, 10*(2), 135–152.

Kenning, P., Plassmann, H., & Ahlert, D. (2007b). Consumer Neuroscience: Implikationen neurowissenschaftlicher Forschung für das Marketing. *Marketing ZFP, 29*(1), 57–68.

Kirkpatrick, L. A., & Epstein, S. (1992). Cognitive-experiential self-theory and subjective probability: Further evidence for two conceptual systems. *Journal of Personality and Social Psychology, 63*(4), 534–544.

Koschnik, W. J. (2007). Neuroökonomie und Neuromarketing: Eine Einführung in ein komplexes Thema. In W. J. Koschnik (Hrsg.), *Neuroökonomie* (S. 3–82). München: FOCUS Magazin.

Kroeber-Riel, W., Weinberg, P., & Gröppel-Klein, A. (2009). *Konsumentenverhalten* (9. Aufl.). München: Verlag Vahlen.

Lane, K. A., Banaji, M. R., Nosek, B. A., & Greenwald, A. G. (2007). Understanding and using the implicit association test: IV. What we know (so far) about the method. In B. Wittenbrink & N. Schwarz (Hrsg.), *Implicit measures of attitudes* (S. 59–102). New York: The Guilford Press.

Lee, N., Broderick, A. J., & Chamberlain, L. (2007). What is 'neuromarketing'? A discussion and agenda for future research. *International Journal of Psychophysiology, 63*(2), 199–204.

Lindstrom, M. (2008). Making Sense: Die Multisensorik von Produkten und Marken. In H.-G. Häusel (Hrsg.), *Neuromarketing: Erkenntnisse der Hirnforschung für Markenführung, Werbung und Verkauf* (S. 157–169). Freiburg: Haufe Mediengruppe.

Macaluso, E., Frith, C. D., & Driver, J. (2000). Modulation of human visual cortex by crossmodal spatial attention. *Science, 289*(5482), 1206–1208.

Morin, C. (2011). Neuromarketing: The new science of consumer behavior. Symposium: Consumer culture in global. *Perspective, 48*(2), 131–135.

Nölke, S., & Gierke, C. (2011). *Das 1x1 des multisensorischen Marketings. Multisensorisches Branding: Marketing mit allen Sinnen. Umfassend. Unwiderstehlich. Unvergesslich.* Köln: Comevis GmbH & Co KG.

Pinker, S. (1997). *How the mind works.* New York: W. W. Norton.

Pradeep, A. K. (2010). *The buying brain – Secrets for selling to the subconcious mind.* Hoboken: Wiley.

Raab, G., Gernsheimer, O., & Schindler, M. (2009). *Neuromarketing: Grundlagen – Erkenntnisse – Anwendungen.* Wiesbaden: Gabler.

Roth, G. (2003). *Fühlen, Denken, Handeln: Wie das Gehirn unser Verhalten steuert.* Frankfurt a. M.: Suhrkamp.

Rustichini, A. (2005). Neuroeconomics: Present and future. *Games and Economic Behavior, 52*(2), 201–212.

Scheier, C., & Held, D. (2010). *Wie Werbung wirkt. Erkenntnisse des Neuromarketing.* München: Rudolf Haufe. 2006.

Scheier, C., Bayas-Linke, D., & Schneider, J. (2010). *Codes. Die geheime Sprache der Produkte.* Freiburg: Haufe Mediengruppe.

Sloman, S. A. (1996). The empirical case for two systems of reasoning. *Psychological Bulletin, 119*(1), 3–22.

Stanovich, K. E., & West, R. F. (2000). Individual differences in reasoning: Implications for the rationality debate. *Behavioral and Brain Sciences, 23,* 645–665.

Thompson, R. F. (2001). *Das Gehirn – von der Nervenzelle zur Verhaltenssteuerung* (3. Aufl.). Heidelberg: Spektrum akademischer.

Tusche, A., Bode, S., & Haynes, J.-D. (2010). Neural responses to unattended products predict later consumer choices. *The Journal of Neuroscience, 30*(23), 8024–8031.

Winkielman, P., Berridge, K. C., & Wilbarger, J. L. (2005). Unconscious affective reactions to masked happy versus angry faces influence consumption behavior and judgments of value. *Personality and Social Psychology Bulletin, 31*(1), 121–135.

Zaltman, G. (2003). *How customers think – Essential insights into the mind of the market.* Boston: Harvard Business School.

Wissensmanagement 4.0 – Neue Technologien ebnen den Weg zu nachhaltiger Marktforschung

Jessica Seidenstücker

Zusammenfassung

In Zeiten von Globalisierung, Digitalisierung, wachsendem Konkurrenzdruck, steigender Kundenerwartungen und verkürzten Produktlebenszyklen ist es immer wichtiger, den Kunden ganzheitlich zu verstehen und Entscheidungsträgern das relevante Wissen zur richtigen Zeit und am richtigen Ort zugänglich zu machen. Die moderne Marktforschung muss dieser gesellschaftlichen Entwicklung gerecht werden, in der alles schneller, interaktiver und digitaler geworden ist und das Bedürfnis nach ständiger Verfügbarkeit von Wissen befriedigt werden muss. Die neue Generation von Wissensmanagementsystemen unterstützt den Zugang und die Aktivierung bestehenden Wissens und hilft, die aus der Marktforschung gewonnenen Insights für einen breiteren Adressatenkreis als nur den der Betriebsmarktforscher zugänglich zu machen. Eine solche Consumer-Insight-Management-Plattform kann strategische Fehlentscheidungen beispielsweise hinsichtlich Produkteinführungen oder CRM-Maßnahmen vermeiden.

Inhaltsverzeichnis

J. Seidenstücker (✉)
Ipsos GmbH, Hamburg, Deutschland
E-Mail: jessica.seidenstuecker@ipsos.com

© Springer Fachmedien Wiesbaden GmbH 2017
O. Gansser und B. Krol (Hrsg.), *Moderne Methoden der Marktforschung,* FOM-Edition,
DOI 10.1007/978-3-658-09745-5_2

2.1   Einleitung

Wir leben im Zeitalter der sozialen Beschleunigung, in welcher es zu einer ständigen „Mengenzunahme pro Zeiteinheit" hinsichtlich der Informationsgenerierung und -verarbeitung kommt (Rosa 2005, S. 115). Schnelligkeit wurde also das Nonplusultra, d. h. der Anspruch, möglichst in Echtzeit und auf den richtigen Kanälen aktuelle Informationen an die Entscheider im Unternehmen weiterzugeben, ist heute stärker denn je gegeben. In einer sich rasant verändernden sozialen Welt ist es für Unternehmen wichtig, schnell und proaktiv zu agieren, um konkurrenzfähig zu bleiben und die eigene Position im Wettbewerb zu stärken. Die zentrale Herausforderung, aber auch Chance zugleich, stellt in diesem Sinne die Flut an Daten dar, die sich im beschleunigten Zeitalter aus der Digitalisierung ergibt. Pro Minute werden heute ca. 2,5 Mio. Inhalte auf Facebook gepostet, 347.000 Bilder auf WhatsApp verschickt und 72 h an neuem Content auf YouTube hochgeladen (Domo 2014). Hinter diesen Zahlen aus dem Bereich Neue Medien verbergen sich riesige Datenmengen, deren Volumen kontinuierlich ansteigt. Schätzungsweise 40 Zettabyte[1] werden allein im Jahr 2020 hinzukommen (Gantz und Reinsel 2012). Dies entspricht einem Volumen von sechs Terabyte an Daten pro Erdenbürger oder anders ausgedrückt: der Datenmenge von 187,5 iPhone 7 à 32 Gigabyte. Interessant ist, dass die Datenmenge, die Individuen selbst produzieren (z. B. in Form von schriftlichen Dokumenten, Fotos, Videos) bedeutend geringer ist als das Datenvolumen, welches (passiv) über sie im digitalen Universum produziert wird (Gantz und Reinsel 2012). Und an dieser Stelle kommt die Marktforschung ins Spiel.

Noch nie gab es so viele wertvolle Informationen über Märkte, Konsumenten und Trends wie heute. Für die institutionelle Marktforschung liegt die Herausforderung, die aus dieser

---

[1] 1 Zettabyte = 1. 000. 000. 000. 000 Gigabyte (GB).

Entwicklung resultiert, darin, selbst den Überblick zu behalten und ihn anderen zu vermitteln. Gleichzeitig ergibt sich aber auch die einzigartige Chance, „aus dem Vollen zu schöpfen". Wer, wenn nicht die von Hause aus im Umgang mit großen Datenmengen geschulten Marktforscher, sollte in der Lage sein, sich einen Weg durch das Datendickicht zu bahnen, um Muster zu erkennen, Insights zu liefern und Orientierung zu geben? Traurige Realität ist jedoch, dass heutzutage immer noch viele Einzelstudien durchgeführt werden, ohne sie systematisch mit bestehenden Erkenntnissen aus früheren Studien zu verknüpfen. Diese Verschwendung von Ressourcen führt zu einer suboptimalen Wertschöpfungskette. Um jedoch nachhaltig mit Forschungsergebnissen arbeiten zu können und diese praxisrelevant und zeitnah abrufen zu können, sollten technologische Wissensdatenbanken implementiert werden, die in der Lage sind, vorhandenes Wissen abzubilden und bestehende Verbindungen zu verdeutlichen. Es gilt heute mehr denn je, der digitalen Datenexplosion Herr zu werden und aus Big Data Smart Data werden zu lassen. Denn das erfolgsentscheidende Kriterium, um sich einen Wettbewerbsvorteil zu sichern, wird nicht die „Masse" (Big), sondern der „richtige Inhalt" (Smart) sein. Die mannigfaltigen Forschungsergebnisse sollen in Wissensmanagementprozessen zu einem Big Picture kombiniert werden. Beispielsweise kann durch die gezielte Verbindung von Panelinformationen und Informationen aus Werbetrackings oder online Focus Groups der Markterfolg von Marken besser dargestellt werden. Die nachhaltige Integration von Marktforschungsergebnissen trägt dazu bei, den Return-on-Investment (ROI) einzelner Marketingaktivitäten zu operationalisieren und den der Marktforschung zu verbessern (Hupp 2014). Intelligent aufbereitet, d. h. mit Marktwissen angereichert, schaffen ursprünglich unstrukturierte Daten wirtschaftlichen Mehrwert und helfen im Nachgang, marktwirtschaftliche Chancen aufzudecken und Fehlentscheidungen zu minimieren.

Der vorliegende Beitrag soll aufzeigen, wie der Einsatz digitaler Techniken in Form von Wissensmanagementsystemen die Fusion aus klassischen Datenbanken und Business Intelligence erzielt und so die Bedürfnisse moderner Unternehmen befriedigt und die Integration von Marktforschungsergebnissen im Zeitalter der Informationsgesellschaft und der Digitalisierung unterstützt. Dabei wird zunächst der Begriff „Wissen" und seine Bedeutung als immaterielle Ressource und Produktionsfaktor erläutert. Anschließend werden verschiedene Theorien des Wissensmanagements beschrieben und technische Applikationen in Form von Wissensmanagementsystemen (englisch Knowledge-Management-System; KMS) vorgestellt. Der theoretische Rahmen wird dabei genutzt, um anhand konkreter Handlungsempfehlungen aus dem Bereich der Marktforschung die organisatorischen, wissensrelevanten und persönlichen Vorteile aufzuzeigen und hinsichtlich der Implementation eines solchen Systems praktische Empfehlungen auszusprechen.

2.2   Definition von Wissen

Probst, Raub und Romhardt (1999) beschreiben in ihrem Buch „Wissen managen" den Begriff Wissen als „die Gesamtheit der Kenntnisse und Fähigkeiten, die Individuen zur Lösung von Problemen einsetzen. Wissen stützt sich auf Daten und Informationen, […] wird

Abb. 2.1 Wissenspyramide.
(Quelle: nach Aamodt und
Nygård 1995)

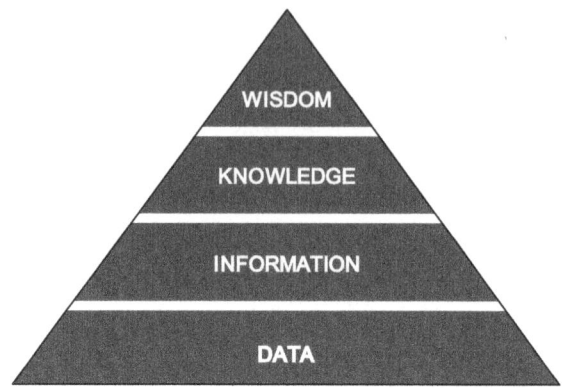

von Individuen konstruiert und repräsentiert deren Erwartungen über Ursache-Wirkungs-Zusammenhänge" (Probst et al. 1999, S. 44). An dieser Definition wird deutlich, dass für ein tiefer gehendes Verständnis von „Wissen" eine Abgrenzung von Begriffen wie „Informationen" und „Daten" elementar ist (Meyer und Sugiyama 2007). Der strukturelle Zusammenhang zwischen Daten, Information, Wissen und Weisheit wird in der Literatur mithilfe des so genannte DIKW-Modells in Form einer aufsteigenden Pyramide veranschaulicht und kann der Abb. 2.1 entnommen werden (Aamodt und Nygård 1995; Rowley 2007).

Übertragen auf den Bereich der Marktforschung würde eine entsprechende Abgrenzung folgendermaßen aussehen: Im Rahmen von Marktforschungsaktivitäten werden immense Datenmengen generiert. Diese Daten stammen aus Telefonbefragungen, Produkt- oder Konzepttests, Gruppendiskussionen, Einzelinterviews, biometrischen Messverfahren, Social-Media-Beobachtungen, Online-Communities etc. und stellen die Basis zur Beantwortung spezifischer Forschungsfragen dar. Diese zunächst wenig aussagekräftigen Rohdaten werden gesammelt, organisiert, strukturiert und analysiert, um sie im Anschluss als Informationen zu bündeln. Werden Informationen dann zusammengeführt, mit externen Quellen sinnvoll in Zusammenhang gesetzt und mit Erfahrungen angereichert und bewertet, so entsteht Wissen (Sveiby 1998). In der Marktforschung wird dieser Prozess der Generierung von Wissen auch als Herausarbeiten von Insights, als eine handlungsrelevante Einsicht oder Erkenntnis zur Lösung eines komplexen Problems bezeichnet. Insights stellen die Spitze der Pyramide dar.

2.3   Wissen als immaterieller Produktionsfaktor

Die wachsende Bedeutung von Informationen und insbesondere von Wissen in unserer heutigen Gesellschaft wird sehr deutlich, wenn man die verschiedenen Wirtschaftssektoren im historischen Kontext betrachtet. Das Schlagwort „Wissensgesellschaft" bezeichnet den vierten Wirtschaftssektor nach der Agrar-, Industrialisierungs- und Dienstleistungsgesellschaft, welche auch als Primär-, Sekundär- und Tertiärsektoren bezeichnet werden und auf die Produktionsfaktoren Arbeit, Boden und Kapital fokussiert waren (Lehner 2014).

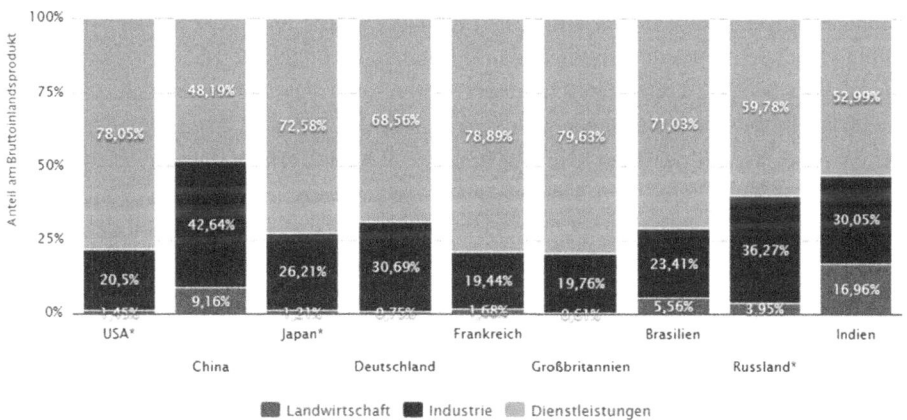

Abb. 2.2 Anteile der Wirtschaftssektoren am Bruttoinlandsprodukt im Jahr 2014. (Quelle: Statista 2015)

Die Abb. 2.2 zeigt den Anteil dieser drei ursprünglichen Wirtschaftssektoren am Bruttoinlandsprodukt (BIP) in relevanten Industrie- und Schwellenländern im Jahr 2012, welche sich sehr stark in ihren Verhältnissen zwischen den Sektoren unterscheiden. So war beispielsweise in Deutschland der Anteil des Primär-, also des Landwirtschaftssektors mit 0,8 % am BIP (im Vergleich zu 17,4 % in Indien) verschwindend gering. Insbesondere der Dienstleistungssektor trägt hierzulande mit einem Anteil von 68,6 % stark zum BIP bei.

Innerhalb einer Agrargesellschaft steht die Landwirtschaft im Fokus und Wohlstand ist mit dem Besitz von Ländereien gleichzusetzen. Später kam es im Rahmen der Industrie- und Dienstleistungsgesellschaft zu einer Verschiebung in Richtung Kapital. Anders als die vorangegangenen Wirtschaftssektionen ist die Begrifflichkeit der Wissensgesellschaft eher diffus. Der Begriff wurde von Robert Lane (1966) geprägt und bezeichnet eine Gesellschaft, welche sich durch Bildung und Forschung Wissen aneignet, um basierend darauf Probleme adäquat zu lösen und so neue Produkte oder Dienstleistungen zu schaffen oder zu verbessern (Lane 1966; Savage 1996). Die sinkende Bedeutung der Produktionsmittel bei gleichzeitig rasanter Entwicklung im Bereich der Informations- und Kommunikationstechnik führt unweigerlich dazu, dass Wissen als Humankapital und Ressource eine immer erfolgskritischere Schlüsselkomponente geworden ist (Abecker et al. 2002; Drucker 1969).

2.4 Wissensmanagement als Basis einer nachhaltig lernenden Organisation

Das zielgerichtete Nutzen der klassischen Produktionsfaktoren Arbeit, Boden und Kapital gehört für die meisten Unternehmen zum Alltag und wird als Teil der Wertschöpfungskette angesehen (Gutenberg 1983). In der westlichen Unternehmenskultur wird Wissen zwar schon lange hoch angesehen, jedoch wurde dabei oft der bloße Wissenserhalt in den Vordergrund gestellt. Wer heute Erfolg haben will, muss aber mit der Ressource Wissen

nachhaltig umgehen können. Es dürfen nicht nur Strukturen und Prozesse der Wissenser-
haltung vorhanden sein, sondern müssen insbesondere Möglichkeiten des Wissenstransfers
und der Wissensgenerierung innerhalb einer Organisation geschaffen werden. In diesem
Bereich greift das Wissensmanagement (Nonaka und Takeuchi 1997; Senge 2011).

Doch bevor wir uns der Theorie des Wissensmanagements nähern, führen wir ein kleines
Gedankenexperiment durch: Ein Mitarbeiter löst ein Problem, mit welchem er im betrieblichen Alltag konfrontiert wurde. Zur Problemlösung benötigte er eine bestimmte Zeit, die
als eine Art Lehrgeld angesehen werden kann. In einem idealtypischen Szenario würde er
nun die Lösung dieses Problems in ein firmeninternes Wissensmanagementsystem übertragen, dies klassifizieren, verschlagworten, mit verwandten Inhalten verlinken und mit Zusatz-
informationen anreichern. Seine Kollegen können bei ähnlichen Problemen auf den Beitrag
im System zugreifen und sich an seiner Lösung orientieren. Stellen Sie sich weiterhin vor,
dass nun all Ihr betriebliches Wissen und das Ihrer Kollegen digital abgelegt ist. Sie und Ihre
Kollegen in aller Herren Länder können nicht nur in Echtzeit via Desktop-Rechner oder
Smartphone darauf zugreifen, sondern können auch das vorliegende Wissen mit Zusatzin-
formationen wie Videos, Bildern, Beobachtungen anreichern. Sie können sich darüber virtuell austauschen, sehen sofort, welche die Top-Themen in Ihrem Unternehmen sind und was
aktuell diskutiert wird. Durch eine innovative Visualisierung der Inhalte können Sie interessante Verknüpfungen und Gemeinsamkeiten von Informationen entdecken, über sämtliche
Ihrer Geschäftsfelder, Kategorien und Landesgrenzen hinweg. Welch wundervolles, idealty-
pisches Szenario!

Dieser kleine Gedankenausflug soll eine Einstimmung darauf geben, wie wichtig es für
ein Unternehmen ist, Wissen zu managen und zu einer lernenden Organisation zu werden.
Traurige Realität ist jedoch, dass das verfügbare Wissen von Unternehmen meist nur in den
Köpfen der Mitarbeiter und oft eher implizit (im Sinne von Erfahrungswissen) als explizit
(im Sinne von Verstandswissen) vorhanden ist. Diese Art von Wissen geht leider verloren,
wenn Mitarbeiter die Firma verlassen. In diesem Zusammenhang entwickelten die japa-
nischen Forscher Nonaka und Takeuchi (1997) ihre – in Managementkreisen weit verbreitete – Theorie zur Wissenssammlung, -nutzung und -generierung. Innerhalb ihrer Theorie
beschreiben sie diesen Prozess anhand des Modells einer dynamischen Wissensspirale, welche die Phasen Sozialisation, Externalisierung, Kombination und Internalisierung durchläuft.
Die einzelnen Phasen sind charakterisiert durch die Übergänge zwischen explizitem und
implizitem Wissen und werden in Abb. 2.3 grafisch verdeutlicht und nachfolgend detailliert
beschrieben (Nonaka und Takeuchi 1997; Polany 1985). Dabei werden Beispiele aufgeführt,
wie diese Phasen klassischerweise im Arbeitsalltag aussehen und wie diese durch die Implementation moderner Technologien des Wissensmanagements tiefer gehend unterstützt werden können.

2.4.1 Sozialisation (implizit zu implizit)

Wie im Kap. 2 beschrieben, wird die Spitze der Wissenspyramide erst erreicht, wenn
aggregierte Daten in Form von Informationen mit Erfahrungen angereichert und so zu

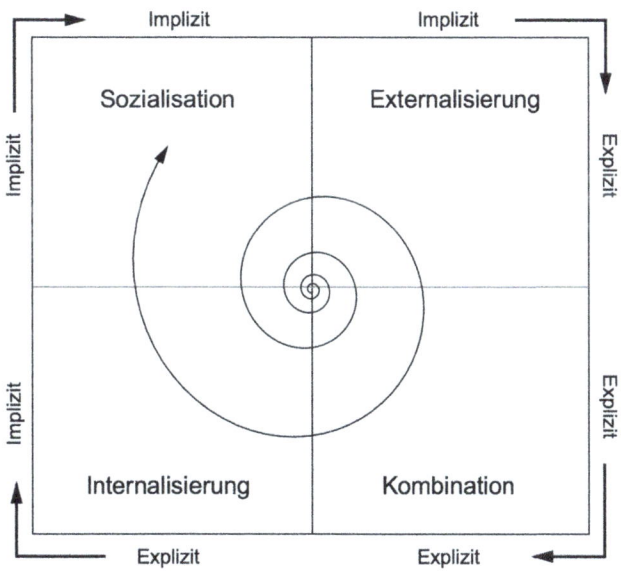

Abb. 2.3 Wissensspirale. (Quelle: in Anlehnung an Nonaka und Takeuchi 1997, S. 84)

implizitem Wissen werden. Das implizite Wissen wird in der Phase der Sozialisation durch Kommunikation weitergegeben. Im klassischen Sinne geschieht dies in Unternehmen beispielsweise durch das Zuschauen des Auszubildenden beim Lehrmeister und das Aneignen von technischen Fähigkeiten während eines praktischen Trainings. In digitalen Wissensmanagementsystemen könnte ein solcher Transformationsprozess beispielsweise durch Video-Tutorials unterstützt werden.

2.4.2 Externalisierung (implizit zu explizit)

Das durch Sozialisierung gewonnene implizite Wissen wird in dieser Phase der Wissensspirale durch Schrift, Modellbildung oder Hypothesen in eine explizite Form gebracht. In Unternehmen findet diese Umwandlung beispielsweise in Meetings oder Telefonaten statt. Online innerhalb eines KMS würde diese Phase durch Chats, Posts oder Shares weiter unterstützt.

2.4.3 Kombination (explizit zu explizit)

Innerhalb der Kombinationsphase wird das hinzugewonnene explizite Wissen interpretiert und mit bereits existierendem Wissen in Zusammenhang gebracht. Diese Phase stellt eine wichtige Basis für die Entwicklung von Innovationen (z. B. für Prototypen oder neue Komponenten) dar. Eine KMS könnte diese Phase optimieren, indem die verschiedenen Wissensinhalte durch Kategorisierungen (z. B. Abteilung, Marke, Region, Nutzergruppe) und Verschlagwortung bzw. Tagging beschrieben werden. Um kombinatorische Prozesse auszulösen, könnte eine visuelle Unterstützung in Form eines semantischen Netzwerkes zur Wissensrepräsentation hilfreich sein, welche die inhaltliche Nähe oder Distanz zwischen verschiedenen Konzepten verdeutlicht. Mithilfe solcher technischer Funktionen und digitaler Visualisierung können Zusammenhänge benutzerfreundlich erkennbar gemacht werden. Dieser Ansatz wurde an Theorien zur Kognitionspsychologie und zur Künstlichen Intelligenz angelehnt (Reimer 1991).

2.4.4 Internalisierung (explizit zu implizit)

Wird explizites Wissen angewendet und nach einiger Zeit sogar zur Gewohnheit, so ist dieses in implizites Wissen umgewandelt worden. Die Spirale kann erneut beginnen, nun jedoch auf einem durch Wissenszuwachs erhöhtem Niveau.

Die große Herausforderung der heutigen Zeit liegt darin, den Wissensverlust in Unternehmen zu kompensieren und die dynamische Wissensspirale zur Wissensgenerierung nach Nonaka und Takeuchi (1997) in den Arbeitsalltag zu integrieren. Zu diesem Zweck haben bereits einige Unternehmen Wissensmanagementsysteme erfolgreich implementiert. Hauptziel eines solchen Wissensmanagementsystems ist es, die richtige Information zur richtigen Zeit an die richtige Person zu liefern, damit diese die bestmögliche Entscheidung treffen kann. Gemäß der Definition von McInerney (2002) versteht man unter Wissensmanagement die Anstrengung, nützliches Wissen dem Unternehmen zugänglich zu machen und so zu einer lernenden Organisation zu werden. Nur so kann der Umgang mit Wissen die Befriedigung von gegenwärtigen und zukünftigen Unternehmensbedürfnissen gewährleisten.

2.5 Die Triade aus Technologie, Prozess und Mensch

Ein typischer Fehler von Organisationen ist, sich bei der Einführung eines Wissens- bzw. eines Knowledge-Management-Systems primär auf die Technologie zu konzentrieren statt auf die betrieblichen Prozesse, die die Implementierung erst möglich machen, oder den Menschen, der als User mit dem System arbeiten soll. Die Faktoren Technologie, (betrieblicher) Prozess und Mensch spielen dabei gleichermaßen eine entscheidende Rolle. Nachfolgend werden diese drei Komponenten eines KMS näher beleuchtet.

2.5.1 Technologie

Bei der Einführung eines KMS sollte darauf geachtet werden, dass mit dem IT-System die Bedürfnisse des Unternehmens befriedigt werden. Die verschiedenen am Markt agierenden Anbieter setzen dabei technologisch unterschiedliche Schwerpunkte, auf die an dieser Stelle nicht näher eingegangen werden soll. Unabhängig von der Wahl des jeweiligen Anbieters sollten bestimmte Funktionen jedoch vorausgesetzt werden, damit ein Wissensmanagementsystem die zentrale Aufgabe, den Content bzw. das komplexe Expertenwissen strukturiert abzubilden und dem User (z. B. dem Mitarbeiter) intelligent zu präsentieren, auch erfüllen kann.

Generell sollte ein Wissensmanagementsystem von einer klassischen Informationsdatenbank als elektrische Datenverwaltung abgegrenzt werden, bei welcher die Datenbank als das Kernelement dazu dient, den Datenbestand logisch zusammenhängend zu speichern. Das System soll demnach in der Lage sein, große Datenmengen effizient, widerspruchsfrei und dauerhaft zu speichern und benötigte Teilmengen in unterschiedlichen, bedarfsgerechten Darstellungsformen für die Benutzer abzubilden. Darüber hinaus soll ein Wissensmanagementsystem bei der Eingabe von neuen Wissensinhalten (z. B. einem marktforscherischen Insight) diese mit individuellen Eigenschaften versehen können. Neben dem eigentlichen Inhalt in Form einer Zusammenfassung, einem logischen Taggen und Kategorisieren, kann der Content auch durch Bilder, Videos, PDFs etc. tiefer gehend erläutert und belebt werden. Das System sollte außerdem das Abspeichern und Darstellen verschiedenster Datenformate (z. B. HTML, DOC, PDF, MP3, MP4, Links) ermöglichen.

Um das Wissen auch zielgerichtet und systematisch abrufbar zu machen, sollten intelligente Suchfunktionen und -algorithmen sowie ein Schlagwortverzeichnis und umfangreiche Filterfunktionen integriert sein. Inhalte sollten download- und archivierbar sein. Die Komplexität der Zusammenhänge zwischen Wissen kann visuell über interaktive Ansichten (engl. Views) des Contents innerhalb einer netzwerkartigen Struktur, welche die Verbindungen verwandter Datenobjekte zeigt, abgebildet werden. Als Vorteile einer modellierenden Darstellung von Wissen in technischen Systemen nennen McBurney und Parsons (2013) u. a., dass die Informationsvisualisierung als strukturierte Abbildung von Wissen die generelle Problemlösung erleichtert. Im Unterschied zu einer Informationsvisualisierung, welche primär als Überführung von großen Datenmengen in eine Grafik zu verstehen ist (z. B. durch ein Balkendiagramm), geht die Wissensvisualisierung einen Schritt weiter. Sie ist eine bildhafte Repräsentation von Wissen, die den Transfer von alten und die Schaffung von neuem Wissen zwischen Individuen und Teams befeuern soll (Burkhard 2005).

Hinzu kommt, dass das jeweilig genutzte KMS auf allen gängigen mobilen Endgeräten (z. B. Smartphone, Tablet) funktioniert, ein Maximum an Datenschutz und Datensicherheit gewährleistet und bestenfalls cloud-basiert läuft, damit alle Arten von Inhalten ortsunabhängig, technologieübergreifend und sicher zugänglich sind. Ein KMS sollte natürlich im Sinne der Usability-Forschung gestaltet sein, denn nur durch eine konsequent benutzerfreundliche, fehlerverzeihende und funktionale Gestaltung wird ein solches System akzeptiert und von den Mitarbeitern in einer gewünschten Form genutzt.

2.5.2 Prozesse

Aus psychologischer und betriebswirtschaftlicher Perspektive wird es in unserer beschleunigten Gesellschaft zunehmend gefordert, zu einer „lernenden Organisation" zu werden

(Schreyögg 2008). Grundlage dafür ist, Wissen als eine zentrale Ressource von Organisationen zu begreifen, die aber im Unterschied zu anderen materiellen Ressourcen durch die Nutzung nicht aufgebraucht, sondern überdies noch vermehrt wird. Daraus ergibt sich die Schlussfolgerung, dass in Organisationen Strukturen geschaffen werden müssen, welche alle Mitarbeiter dazu anregen, Wissen möglichst häufig anzuwenden. Es müssen Prozesse im Unternehmen implementiert werden, die ein Umfeld des Lernens, Teilens, der offenen Kommunikation und der Fehlertoleranz ermöglichen. Das Wissensmanagement muss in die allgemeinen Geschäftsprozesse integriert sein und es muss ein kooperativer, partizipatorischer und freiheitlicher (statt eines autoritären) Führungsstil gelebt werden (Jaspers 2010).

Besonders bei wissensintensiven Branchen bietet es sich an, die Position eines Chief Knowledge Officer als Wissensmanager zu besetzen, um das betriebliche Wissensmanagement zu fördern, den Rollout der Technologie zu koordinieren und eventuell Change-Management-Prozesse voranzutreiben (Dalkir 2005). Für ein professionelles Rollout wird empfohlen, Trainings, Software-Schulungen, Mitarbeitertreffen und Einführungsworkshops durchzuführen, um den zukünftigen Nutzern das System näherzubringen bzw. mögliche Hemmschwellen abzubauen und den Kreis der Nutzer kontinuierlich zu erweitern. Der Schlüssel zum Erfolg ist, die Nutzer des KMS zu motivieren, Inhalte aktiv zu teilen, zu bewerten und Beobachtungen hinzuzufügen, um sich zu einer lernenden Organisation zu entwickeln. Als motivierendes Element könnte so beispielsweise ein Belohnungssystem in Abhängigkeit vom Aktivitätsniveau eingeführt werden (z. B. durch die Wahl des „Mitglieds des Monats", Einführung von Kudos oder Likes). Zur Qualitätssicherung sollten weiterhin erfolgskritische Analysen zu Nutzungsstatistiken (z. B. über Seitenaufrufe, Login-Verhalten) und Userzufriedenheit durchgeführt werden, um das System kontinuierlich zu optimieren. Zeigen diese Evaluationen eine Diskrepanz zwischen dem Managementsystem und der herrschenden Unternehmenskultur, sollten Change-Management-Aktivitäten eingeleitet werden, sodass der Weg hin zu einer lernenden Organisation tiefer gehend geebnet wird (Mertins et al. 2003).

2.5.3 Mensch

Neben der Technologie und den Prozessen kommt die dritte und wohl wichtigste Komponente eines funktionierenden Wissensmanagementsystems ins Spiel: der Mensch. Denn der Mensch als User ist es, den das System bei seiner Arbeit unterstützen soll und der das System durch seinen Input erst mit Inhalten füllt.

Je nach Unternehmensgröße und Zielsetzung der Plattform existieren verschiedene Nutzergruppen mit unterschiedlichen Rollen und Verantwortlichkeiten. So kann es neben der Rolle des „normalen" Anwenders und dem o. g. Chief Knowledge Officer u. a. auch die Positionen des technischen Administrators und des Content-Managers geben (Dalkir 2005). Um den verschiedenen Nutzergruppen gerecht zu werden, sollten KMS mehrbenutzerfähig und transaktionsorientiert konzipiert sein. Die Zugangsberechtigung verschiedener Klassifikationen von Nutzern (z. B. für Administrator oder Kurator) werden über

Sperren verwaltet (z. B. Schreibrechte, nur Leserechte) und die (lesenden oder schreibenden) Zugriffe auf die Datenbank werden über die Software kontrolliert. Bei sehr
umfangreichen Systemen beispielsweise in Großkonzernen wird oft ein Content-Manager
eingesetzt, welcher in Vollzeit für die Auswahl, das Einstellen und Verwalten der Inhalte
zuständig ist. Um die Qualität der eingepflegten Inhalte zu sichern, ist dabei geschultes Personal extrem wichtig, welches in der Lage ist, die Inhalte zu erfassen, diese den
entsprechenden Kategorien zuzuordnen, logisch mit relevanten Tags zu versehen oder
Reports als Quellenangabe zu hinterlegen. Dabei muss es auch zu einer Prüfung auf Vollständigkeit und Widerspruchslosigkeit kommen, bzw. sollten alte sowie ungültige Informationen gelöscht werden. In diesem Zusammenhang muss darüber hinaus ein starker
Fokus auf Qualität anstatt Quantität gelegt werden, damit kein irrelevanter Content eingespielt wird bzw. „Wildwuchs" entsteht. Aktuelle und zukünftige Inhalte werden dementsprechend integriert und mit den vorherigen Inhalten logisch verknüpft. Nur so ist den
späteren Nutzern ein zielgerichtetes, effektives und effizientes Arbeiten möglich.

In der Theorie sind die Rolle des Content-Managers und die damit verbundenen Verantwortlichkeiten natürlich klar ersichtlich. Die Realität sieht jedoch meist ganz anders
aus. Oft ist es Unternehmen aus Kapazitätsgründen nicht möglich, einen Mitarbeiter abzustellen, um eine solche Wissensplattform zu befüllen und somit für den Arbeitsalltag nützlich anzuwenden. In diesem Fall können externe Institute oder Agenturen ihre Dienste als
Kuratoren anbieten und die von ihnen produzierten Inhalte für den Kunden einpflegen.
Um die Datensicherheit zu gewährleisten, können die Nutzerrollen so definiert werden,
dass beispielsweise für bestimmte Bereiche keine Leserechte vorliegen. So kann z. B. verhindert werden, dass Studien anderer Institute oder Agenturen für die Kuratoren und somit
evtl. für die Konkurrenz zugänglich sind. Ein weiteres mögliches Vorgehen wäre, ein
bestimmtes Institut als Kurator zu wählen und die Inhalte jeglicher Forschung – egal von
welchem Dienstleister durchgeführt – zentral gesteuert abzulegen, um eine einheitliche
und ganzheitliche Wissenskonsolidierung im Sinne der Qualitätssicherung zu erreichen.

Ein Wissensmanagementsystem fördert u. a. durch Integration von Social Media Features (vgl. Abschn. 2.6.4) die Zusammenarbeit und schafft den Nährboden für eine wettbewerbsorientierte Organisation, die in produktiver Art und Weise die Vielfältigkeit von
Perspektiven und damit verbundenen Grundhaltungen sowie Orientierungen von Mitgliedern der Community nutzt. Außerdem nutzt ein solches wissenszentriertes Netzwerk das
besondere Potenzial von Gruppen für die Generierung von Wissen, das aus systemtheoretischer Perspektive auch als Kollektiv- oder Schwarmintelligenz bezeichnet werden
kann (Unger 2014). Wissensmanagementsysteme unterstützen dies, indem Nutzer- und
Expertengruppen aus verschiedensten Abteilungen beteiligt werden (z. B. Marktforscher,
Marketing, Forschung und Entwicklung) und Zugriff auf die Plattform und deren Inhalte
haben. Die Technologie soll dabei beispielsweise über Expertenverzeichnisse, Nutzerprofile und Messaging Services verfügen, um eine betriebliche Online-Community zu
schaffen, die verschiedenen Nutzern erlaubt, miteinander in Kontakt zu treten, eine tiefer
gehende Kommunikation anzustoßen und kooperativ zusammenzuarbeiten.

2.6 Implementierung eines zeitgemäßen Wissensmanagementsystems

Im unternehmerischen Alltag müssen täglich unzählige Entscheidungen getroffen werden, die im Idealfall auf relevantem Wissen basieren, welches beispielsweise aus Marktforschungsstudien gewonnen wird. In der heutigen Informationsgesellschaft sehen sich Organisationen jedoch immer häufiger mit der Situationen konfrontiert, dass zwar viele Daten, Informationen oder Consumer Insights vorliegen, es jedoch zumeist an der Möglichkeit fehlt, als einzelner Mitarbeiter zielgerichtet darauf zugreifen zu können und so die Wissensspirale zu aktivieren (vgl. Abschn. 2.4). Besonders problematisch wird es bei multinationalen Unternehmen mit verschiedensten Marken und Produktkategorien die Übersicht zu behalten. Oft bleiben Forschungsergebnisse nur für den entsprechenden Markt oder nur temporär im Aufmerksamkeitsfokus und gehen irgendwann in Datenbanken oder im betriebsinternen Intranet verloren. Um der Gefahr dieser „Wissensfriedhöfe" entgegenzuwirken und Insights zu nutzen, empfiehlt sich die Einführung eines Wissensmanagementsystems als integrativer Bestandteil nachhaltiger Marktforschung. Viele dieser neuen KMS-Technologien (z. B. die Ipsos Insight Cloud) nutzen Algorithmen des maschinellen Lernens zur „künstliche" Generierung von Wissen und strukturieren eingepflegte Inhalte aus Marktforschungsstudien in Form von Wissensgraphen, um so die inhaltliche Nähe und Distanz verschiedener Insights zueinander visuell zu verdeutlichen. Die Einführung eines solchen Tools ermöglicht den verschiedenen Stakeholdern den ortsunabhängigen Zugang zu den gesammelten Insights der Marktforschungsstudien der letzten Jahre aus den verschiedensten Kategorien, Marken und Ländern. Welche Faktoren bei der Implementierung beachtet werden sollen, wird in diesem Abschnitt erläutert.

2.6.1 Bedarfsanalyse und Wissensbeschaffung

Entscheidet sich ein Unternehmen, den Fokus verstärkt in Richtung Wissensmanagement zu lenken und ein KMS einzuführen, so sollten insbesondere die Bereiche Bedarf, Beschaffung, Nutzung und Bewertung von Wissen Beachtung finden. Zum einen sollte definiert werden, welches Wissen eigentlich erfolgsentscheidend für ein konkretes Unternehmen ist, und zum anderen muss festgelegt werden, wie das Wissen beschafft werden soll (Jaspers 2010; Mujan 2006). Eine Bedarfsanalyse ist vor allem für kleinere und mittlere Unternehmen zu empfehlen, da aus Kostengründen die Implementierung eines extrem umfangreichen und mit jeglichen Funktionen ausgestatteten Wissensmanagementsystem wenig nutzenstiftend sein kann (Gust von Loh 2008). Um neues Wissen in die Organisation zu bringen, kann neben hausinterner Forschung und Entwicklung insbesondere (in- und externe) Marktforschung als Quelle genutzt werden. Um Mitarbeitern (auch standort- und teamübergreifend) diese Inhalte effektiv und effizient zur Verfügung zu stellen und somit nutzbar zu machen, bietet sich die Übertragung in ein KMS an, welches die Möglichkeit der kooperativen Zusammenarbeit bietet.

2.6.2 Bedarfsgerechte Struktur

Implementieren Unternehmen beispielsweise ein Wissensmanagementsystem für die Ergebnisse ihrer marktforscherischen Aktivitäten, sollte darauf geachtet werden, dass das gewählte System auch den betrieblichen Anforderungen gerecht wird. Im Weiteren bedarf es einer guten Planung hinsichtlich Struktur und Umsetzung. Dabei spielen insbesondere die generelle Informationsarchitektur und die definierte Kategorisierung der Inhalte eine elementare Rolle, um das Wissen strukturiert und hierarchisch in eine Beziehung setzen zu können. Eine Plattform speziell für die Ergebnisse von Marktforschungsstudien könnte beispielsweise folgende Kategoriestruktur haben:

- Branchenrelevante Inhalte: z. B. Beauty, Food, Services, Digitalisierung, Urbanisierung
- Marken: diverse Unterkategorien der Dachmarke (z. B. Unilever mit den Untermarken Langnese-Speiseeis, Rama, Knorr etc.)
- Region: Region (z. B. Thüringen, Bayern), Land (z. B. Deutschland, USA, China), Wirtschaftsraum (z. B. EMEA, LATAM)
- Abteilungen: z. B. Marktforschung, Marketing, Produktentwicklung, Logistik

Eine bedarfsorientierte Wahl der verschiedenen Kategorien dient insbesondere einer zielgerichteten Suche und der effektiveren Filterung von Inhalten. In Abhängigkeit von der gewählten Technologie (z. B. Ipsos Insight Cloud, Market Logic) können inhaltliche Clusterungen auf Basis verschiedenster Algorithmen entstehen (z. B. durch Tagging, Kategorisierung, Texterkennung) und Zusammenhänge zwischen Wissen neue Perspektiven aufzeigen. Ziel sollte es sein, möglichst alle hochgeladenen Insights logisch mit anderen Inhalten zu verknüpfen. Werden alle Inhalte so weit wie möglich in Beziehung zueinander gesetzt, entsteht ein feingliedriges (semantisches) Netz, welches über das System visualisiert werden könnte. Ganz im Sinne einer lernenden Organisation lassen sich dadurch Verknüpfungen identifizieren, die vorher so nicht bekannt waren. Indem Erkenntnisse, die aus verschiedenen Studien stammen und in Verbindung mit unterschiedlichen Kategorien stehen, zusammengeführt und aus einer neuen Perspektive gesehen werden, lassen sich Muster herausarbeiten, die vorher unsichtbar waren. Dies entspricht dem Grundgedanken von Daten-, Methoden- und Theorientriangulation (Frieß 2011; Flick 2012). Für den Nutzer verläuft der Prozess ohne Barrieren in einer intuitiven Art und Weise, weil er nicht auf einer starren, hierarchischen Ordnung von Dokumenten und Dateien basiert. Insights sind im Netzwerk nicht linear angeordnet, sondern klassifiziert und kategorisiert. Dies ist wichtig, da es dem Nutzer hilft, Prioritäten zu setzen und nicht in einer Datenflut zu versinken.

2.6.3 Zur Rolle des Content-Managers

Wie in Abschn. 2.5.3 beschrieben, ist der Content-Manager für die Auswahl, das Einstellen, Verwalten und Kuratieren der Inhalte im Sinne der Zielorientierung und Qualitätssicherung zuständig und spielt somit eine erfolgsentscheidende Rolle. Das logische Verknüpfen von

Inhalten als Basis zur Entwicklung des semantischen Netzes fällt in den Aufgabenbereich des Content-Managers. Da diese Position sowohl betriebsintern als auch extern (z. B. über Marktforschungsinstitute) besetzt werden kann, kann sich daraus auch ein neuer Berufszweig für Marktforscher ergeben. Dieser Ansatz bewegt den Beruf des Marktforschers von der Bereitstellung neuen Wissens in Form von Insights aus aktuellen Studien mehr in den Bereich eines Beraters, der durch Markt-, Produkt- und Kategoriewissen die Position des kuratierenden Insight-Managers ganzheitlich ausfüllen kann.

2.6.4 Social Media Features zur Unterstützung kollaborativer Prozesse

Die große Schwäche der meisten bestehenden Wissensdatenbanken besteht darin, dass sie zu wenig auf der modernen Art der Kommunikation beruhen und sich nicht ausreichend an den sozialen Netzwerken zu orientieren. Soziale Netzwerke im Internet wie Facebook, Pinterest und insbesondere Instagram haben in den letzten Jahren starken Zulauf bekommen und die User zeigen generell ein sehr hohes Aktivitätsniveau. Ein erfolgreiches KMS sollte daher ähnliche Dynamiken wie soziale Netzwerke aktivieren, indem zentrale Funktionen der modernen digitalen Kommunikation übernommen werden (Bebensee et al. 2010). Um kollaborative Prozesse und eine interaktive Nutzung zu ermöglichen, sollten folgende Möglichkeiten gegeben sein, welche an Funktionen aus sozialen Netzwerken wie Facebook anknüpfen, sodass sie intuitiv und ohne die Notwendigkeit einer Einarbeitung genutzt werden können:

2.6.4.1 Liken/Bewerten
Über diese Funktion lässt sich die Relevanz eines Insights bewerten, indem beispielsweise ein bis fünf Sterne vergeben werden. Diese Bewertung ermöglicht einen schnellen Einblick, welche Insights im System als besonders wichtig angesehen und im Rahmen weiterer Projekte unbedingt berücksichtigt werden sollten.

2.6.4.2 Share/Teilen
Diese Funktion bietet die Möglichkeit, bereits hochgeladene Inhalte und Beobachtungen mit einem genau ausgewählten Kreis von Kollegen oder Gruppen zu teilen, um gemeinsam an bestimmten Themen zu arbeiten. Das Teilen von Inhalten schafft dadurch eine transparente Arbeitsgrundlage für das gesamte Projektteam und bietet einen hervorragenden Ausgangspunkt für weiterführende Diskussionen.

2.6.4.3 Comment/Kommentieren
Der Erfolg der Kommentarfunktion im Rahmen sozialer Netzwerke wie Facebook beruht darauf, dass mit einem Kommentar viel weniger Aufwand verbunden ist als mit einer extra geschriebenen Mail. Der Nutzer findet etwas, das einen Kollegen interessieren könnte oder Thema eines aktuellen Projektes ist und kann sofort einen Austausch über die eigene Beobachtung oder den angesehenen Inhalt beginnen. Dies fördert die Kommunikation miteinander

und ist im Rahmen eines zeitgenössischen Wissensmanagement-Tools von zentraler Bedeutung. Durch die Kommentarfunktion wird es sehr viel leichter, sich in multilokalen Teams auf eine informelle Art und Weise zu Entwicklungen und anstehenden Aufgaben auszutauschen. Besonders reichhaltig sind solche Features, wenn die Option geboten wird, Kommentare nicht nur in Textform, sondern multimedial, z. B. in Form von Bildern oder Videos, zu erlauben.

Aus diesen kombinatorischen Prozessen (Bewerten, Teilen, Kommentieren) können Anregungen für F&E oder das Marketing geliefert werden, welche die Prozessoptimierung oder Produktentwicklung vorantreibt und kollaborative Zusammenarbeit in einer zeitgemäßen Form realisiert. Welche weiteren Vorteile sich aus der Einführung eines KMS ergeben, soll im folgenden Kapitel erläutert werden.

2.7 Vorteile von Wissensmanagementsystemen

Gelingt es einem Unternehmen, erfolgreich ein Wissensmanagement zu etablieren, ergeben sich daraus diverse Vorteile auf organisatorischer, wissensrelevanter und persönlicher Ebene. Die folgende Auflistung gibt einen Überblick über diese Vorteile und kann als Grundlage zur objektiven Bewertung des ROI genutzt werden.

> **Organisatorische, wissensrelevante und individuelle Vorteile (Voigt et al. 2006; Al-Hakim und Hassan 2011)**
> - **Organisationelle Vorteile:**
>   – Business Intelligence Tool zur Erreichung strategischer Ziele
>   – Förderung der Teamarbeit und einer Kultur des Teilens
>   – Lernende Organisation durch Nutzung bestehenden Wissens und Anwendung auf neue Projekte oder Services
>   – Sicherung von Wettbewerbsvorteilen
>   – Kostenreduktion bei gleichzeitiger Erhöhung der Produktivität
>   – Optimierte und beschleunigte Entscheidungsprozesse
>   – Beschleunigung von (Produktentwicklungs-) Prozessen und Innovationen
>   – Unterstützung durch Best-Practice-Ansätze
>   – Team-, abteilungs- und ortsübergreifende Zusammenarbeit
>   – Bildung von Expertenteams und Kooperationsnetzwerken
>   – Lokalisierung von Experten
>   – Verringerung von Trainingskosten
>   – Verringerung redundanter Prozesse
> - **Wissensrelevante Vorteile:**
>   – Sicherung, Dokumentation und Strukturierung von existierendem Wissen
>   – Darstellung der immateriellen Ressource „Wissen"
>   – Kontinuierlicher Wissenszuwachs

- Möglichkeit, Wissen abzurufen
- Team-, abteilungs- und ortsübergreifender Zugang zu Wissen
- Fundament für Innovation und Generierung neuen Wissens
- **Persönliche Vorteile der Nutzer:**
  - Schnelle und zuverlässige Bereitstellung von entscheidungsrelevantem Wissen
  - Minimierung von Fehlentscheidungen durch mangelhafte Wissensbasis
  - Personalentwicklung durch softwaregestützte Lernprozesse und Trainings
  - Lob und Anerkennung, z. B. durch Kudos, Likes
  - Ausweitung des persönlichen Netzwerkes und erleichterte Integration neuer Mitarbeiter
  - Verbesserter Wissenstransfer
  - Schaffung eines inspirierenden Umfeldes und Anregung zum entdeckenden Lernen

2.8   Schlussbetrachtung

Durch optimiertes Wissensmanagement basierend auf einer systematischen und bedarfs-gerechten Bereitstellung von Marktforschungsergebnissen können sich Unternehmen Wettbewerbsvorteile sichern und fundierte Entscheidungen auf der Basis des verfügbaren Wissens treffen. Dies wird in Zeiten des beschleunigten sozialen Wandels und bei einer rasant steigenden Masse an verfügbaren Daten immer wichtiger, um Trends zu identifizie-ren und den Überblick über laufende Entwicklungen zu behalten. Um diese Entwicklung technologisch zu unterstützen, sollte ein Knowledge-Management-System eingeführt wer-den. Ein solches System sollte dabei nicht nur in der Lage sein, die Insights abzuspeichern und orts- und teamübergreifend zugänglich zu machen, sondern auch Zusammenhänge zwischen Inhalten über Kategorie-, Produkt- oder Ländergrenzen hinweg visuell aufzei-gen, um das Unternehmen auch hinsichtlich Produkt- und Marktentwicklung, Innovation oder auch Kommunikation und Public Relations etc. zu unterstützen. Messbare Erfolge sind oft erst zwei bis drei Jahre nach der Einführung des KMS erkennbar. Zuvor muss Überzeugungsarbeit geleistet werden, damit die wissensrelevanten, organisatorischen sowie persönlichen Vorteile von den relevanten Shareholdern erkannt werden und ein Wissensmanagement vom Unternehmen und seinen Mitarbeitern gelebt wird.

Ein Wissensmanagementsystem steht in Echtzeit zur Verfügung und fördert die Zentra-lisierung des gesammelten Wissens sowie die Anreicherung und den Ausbau des Wissens durch Einbezug der Intelligenz der gesamten Firma. Die wechselseitigen Relationen zwi-schen den einzelnen, in diesem Beitrag beschriebenen Elementen, sind zusammenfassend in der Abb. 2.4 dargestellt. Im Sinne eines effektiven Diversity-Managements schafft ein KMS die Möglichkeit, in projektübergreifenden Teams Vielfalt zum Ausdruck zu bringen und eine gemeinsame Kultur des Teilens zu entwickeln. Damit wird ein solches System allen zeitgenössischen Anforderungen gerecht, die an eine lernende Organisation gestellt

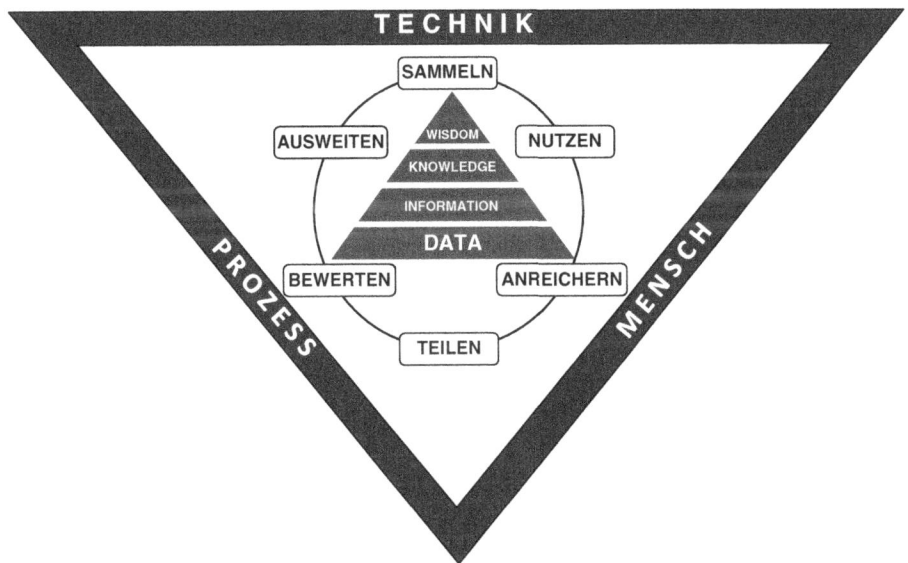

Abb. 2.4 Ganzheitliches Modell eines Wissensmanagementsystems

werden, und es ist das perfekte Wissensmanagement für die zukunftsorientierte Marktforschung sowie für ein ganzheitliches Verständnis des Kunden und seiner Bedürfnisse.

Literatur

Aamodt, A., & Nygård, M. (1995). Different roles and mutual dependencies of data, information, and knowledge – An AI perspective on their integration. *Data and Knowledge Engineering, 16*(3), 191–222.

Abecker, A., Hinkelmann, K., Maus, H., & Müller, H. J. (2002). Integrationspotenziale für Geschäftsprozesse und Wissensmanagement. In A. Abecker, K. Hinkelmann, H. Maus, & H. J. Müller (Hrsg.), *Geschäftsprozessorientiertes Wissensmanagement* (S. 1–24). Berlin: Springer.

Al-Hakim, L. A. Y., & Hassan, S. (2011). The role of middle managers in knowledge management implementation for innovation enhancement. *International Journal of Innovation, Management and Technology, 2*(1), 86–94.

Bebensee, T., Helms, R., & Spruit, M. (2010). Exploring Web 2.0 applications as a means of bolstering up knowledge management. In David Gurteen (Hrsg.), *Leading issues in social knowledge management* (S. 22–41). Sonning Common: Academic Publishing International Limited.

Burkhard, R. A. (2005). Towards a framework and a model for knowledge visualization: Synergies between information and knowledge visualization. In S. O. Tergan & T. Keller (Hrsg.), *Knowledge and information visualization. Searching for synergies.* Berlin: Springer.

Dalkir, K. (2005). *Knowledge management in theory and practice.* Burlington: Elsevier.

Domo (2014). Data never sleeps 2.0. https://www.domo.com/learn/data-never-sleeps-2. Zugegriffen: 10. Juli 2015.

Drucker, P. (1969). *The age of discontinuity: Guidelines to our changing society.* New York: Harper & Row.

Gutenberg, E. (1983). *Grundlagen der Betriebswirtschaftslehre – Band 1: Die Produktion.* Berlin: Springer.

Flick, U. (2012). *Triangulation. Eine Einführung* (3. Aufl.). Wiesbaden: Springer VS.

Frieß, H. J. (2011). Triangulation als Forschungsstrategie. *Planung & Analyse, 39*(6), 30–32.

Gantz, J. & Reinsel, D. (2012). The Digital Universe in 2020: Big data, bigger digital shadows, and biggest growth in the far east. http://www.emc.com/collateral/analyst-reports/idc-the-digital-universe-in-2020.pdf. Zugegriffen: 10. Aug. 2015.

Gust von Loh, S. (2008). Wissensmanagement und Informationsbedarfsanalyse in kleinen und mittleren Unternehmen. *Information – Wissenschaft und Praxis, 59*(2), 118–126.

Hupp, O. (2014). Geht Markenführung mit weniger Marktforschung? – Ein höherer ROI für Marktforschung. *"Planung und Analyse", Sonderheft LZ 2014 (Handel und Konsumgüter)* (S. 19–23). Springer: Berlin.

Jaspers, W. (2010). Faktor Wissen in der heutigen Zeit immer wichtiger. http://www.business-wissen.de/artikel/wissensmanagement-faktor-wissen-in-der-heutigen-zeit-immer-wichtiger/. Zugegriffen: 27. Juli 2015.

Lane, R. E. (1966). The decline of politics and ideology in a knowledgeable society. *American Sociological, Review 31,* 649–662.

Lehner, F. (2014). *Wissensmanagement: Grundlagen, Methoden und technische Unterstützung.* München: Hanser.

McBurney, P., & Parsons, S. (2013). *The knowledge engineering review, first view articles* (S. 1–5). Cambridge: Cambridge University Press.

McInerney, Claire. (2002). Knowledge management and the dynamic nature of knowledge. *Journal of the American Society for Information Science and Technology, 53,* 1009–1018.

Mertins, K., Heisig, P., & Vorbeck, J. (2003). Motivation for knowledge. In K. Mertins, P. Heisig, & J. Vorbeck (Hrsg.), *Knowledge management. Concepts and best practices* (S. 66–91). Berlin: Springer.

Meyer, B., & Sugiyama, K. (2007). The concept of knowledge in KM: A dimensional model. *Journal of Knowledge Management, 11*(1), 17–35.

Mujan, D. (2006). *Informationsmanagement in Lernenden Organisationen: Erzeugung von Informationsbedarf durch Informationsangebot – Was Organisationen aus der Informationsbedarfsanalyse lernen können Taschenbuch.* Berlin: Logos.

Nonaka, I., & Takeuchi, H. (1997). *Die Organisation des Wissens – Wie japanische Unternehmen eine brachliegende Ressource nutzbar machen.* Frankfurt a. M.: Campus.

Polanyi, M. (1985). *Implizites Wissen.* Berlin: Suhrkamp.

Probst, G., Raub, S., & Romhardt, K. (1999). *Wissen Managen: Wie Unternehmen ihre wertvollste Ressource optimal nutzen.* Wiesbaden: Gabler.

Reimer, U. (1991). *Einführung in die Wissensrepräsentation: netzartige und schema-basierte Repräsentationsformate.* Berlin: Springer.

Rosa, H. (2005). *Beschleunigung. Die Veränderung der Zeitstrukturen in der Moderne.* Frankfurt a. M.: Suhrkamp.

Rowley, J. (2007). The wisdom hierarchy: Representations of the DIKW hierarchy. *Journal of Information Science, 33*(2), 163–180.

Savage, C. M. (1996). *Fifth generation management: Co-creating through virtual enterprising, dynamic teaming, and knowledge networking.* Boston: Butterworth-Heinemann.

Schreyögg, G. (2008). *Organisation: Grundlagen moderner Organisationsgestaltung. Mit Fallstudien.* (5. überarbeitete Aufl.). Wiesbaden: Gabler.

Senge, P. (2011). *Die fünfte Disziplin: Kunst und Praxis der lernenden Organisation* (11. Aufl.). Stuttgart: Schäffer-Poeschel.

Statista (2015). Anteile der Wirtschaftssektoren am Bruttoinlandsprodukt (BIP) in den wichtigsten Industrie- und Schwellenländern im Jahr 2012. http://de.statista.com/statistik/daten/studie/37088/umfrage/anteile-der-wirtschaftssektoren-am-bip-ausgewaehlter-laender/. Zugegriffen: 25. Juli 2015.

Sveiby, K. (1998). *Wissenskapital, das unentdeckte Vermögen*. Landsberg: MI.

Unger, M. S. (2014). *Kollektive Intelligenz – Entstehung, Relevanz und Nutzungsmöglichkeiten in Wirtschaftsunternehmen*. Hamburg: Igel.

Voigt, S., Staiger, M., Finke, I. & Orth, R. (2006). Wissensmanagement in produzierenden KMU. http://www.wissensmanagement.fraunhofer.de/fileadmin/user_upload/WM/documents/publikationen/kurzversion_prowis_studie_final_fraunhofer_2006_12_14.pdf. Zugegriffen: 01. Aug. 2015.

„Shopper Research" als moderne Ausprägung der qualitativen Marktforschung

Peter Runia und Frank Wahl

Zusammenfassung

Dieser Beitrag zeigt, wie Shopper Research durch die Erforschung des Kaufverhaltens am Point of Sale ergänzende Informationen zu konkreten Verhaltensweisen von Kunden bei ihrer Kaufentscheidung liefert.

Inhaltsverzeichnis

P. Runia (✉)
FOM eGmbH, Nettetal, Deutschland
E-Mail: peter.runia@fom.de

F. Wahl
FOM eGmbH, Kempen, Deutschland
E-Mail: f.wahl@fontys.nl

© Springer Fachmedien Wiesbaden GmbH 2017
O. Gansser und B. Krol (Hrsg.), *Moderne Methoden der Marktforschung,* FOM-Edition,
DOI 10.1007/978-3-658-09745-5_3

3.1 Einleitung

Die Konsumforschung hat seit jeher versucht, das Verhalten der Letztverbraucher (Konsumenten) zu erklären. Im Laufe der langen Tradition dieser interdisziplinären Forschungsdisziplin (vgl. Clark 1955; Zaltman 1965; Engel et al. 1968; Howard und Sheth 1969) gab es fortlaufende Weiterentwicklungen der entsprechenden Marktforschungsmethoden. Diese Weiterentwicklungen führten zu einer Präzisierung der Erkenntnisse über das Käuferverhalten, nicht zuletzt auch durch den technologischen Fortschritt.

Als besonders interessant stellte sich immer schon die Frage dar, wie Konsumenten innerhalb einer Einkaufsstätte ihre Kaufentscheidung treffen. Gehen sie mit einer vorgefertigten Einkaufsliste in den Laden, die dann systematisch abgearbeitet wird? Oder lassen Konsumenten sich im Geschäft durch entsprechende Marketingmaßnahmen (in erster Linie Verkaufsförderungsaktivitäten) deutlich beeinflussen, sodass es zu sogenannten Impulskäufen kommt?

Der vorliegende Beitrag möchte ein tieferes Verständnis für die Erforschung des Kaufverhaltens am Point of Sale (POS) liefern, die aktuell eingesetzten Methoden vorstellen und aktuelle Erkenntnisse für die Praxis präsentieren.

Hierzu folgen zunächst unter Abschn. 3.2 die Definitionen der wesentlichen Fachbegriffe im Kontext des sogenannten „Shopper-Marketing". In Abschn. 3.3 wird dann ausführlich das Kernthema des „Shopper Research" behandelt und dargestellt, welche Methoden aktuell eingesetzt werden, um das Verhalten des Käufers im Geschäft zu analysieren und entsprechende Handlungsempfehlungen für das Marketing ableiten zu können (Abschn. 3.4). Der Beitrag schließt mit einem Fazit (Abschn. 3.5).

3.2 Kernbegriffe und grundlegende Forschungsfragen

3.2.1 Shopper vs. Consumer

Zu Beginn ist es elementar, zwischen dem Shopper (Käufer) und dem Consumer (Konsument) zu unterscheiden. Laut Definition ist der Shopper die Person, die ein Produkt oder eine Dienstleistung kauft, und der Consumer die Person, die ein Produkt oder eine Dienstleistung verbraucht oder nutzt.

Diese Unterscheidung ermöglicht es an entscheidender Stelle, dem Point of Sale, den Käufer zu analysieren und zielsicher alle Aktivitäten auf die jeweils richtige Person auszurichten. Der Shopper geht häufig nicht nur für sich als Konsument einkaufen, sondern auch für andere, wie z. B. eine Mutter, die für ihre ganze Familie einkauft. So kommt es in der Praxis des Öfteren vor, dass Verkaufsförderungsmaßnahmen deswegen keinen Erfolg haben, weil sie auf den Consumer ausgerichtet sind und nicht auf den Shopper, der letztlich die Kaufentscheidung am Point of Sale trifft.

3.2.2 Impulskauf vs. Plankauf

Die Produktwahl kann kognitiv kontrolliert oder emotional bestimmt sein. Ein sehr stark emotional gesteuerter Shopper verhält sich impulsiv. Er reagiert auf eine Produktdarbietung weitgehend automatisch. Beim Gewohnheitsverhalten ist eine stärkere kognitive Beteiligung vorhanden. Der Käufer folgt aktiv verfestigten Verhaltensplänen. Erst wenn der Shopper das Für und Wider einer Produktwahl überlegt und eine bewusste Auswahl trifft, kann von echten Entscheidungen gesprochen werden (vgl. Kroeber-Riel und Gröppel-Klein 2013, S. 458 ff.).

Das Zusammenspiel bzw. die Ausprägung von emotionalen und kognitiven Determinanten einer Produktwahl wird in dem Konstrukt Involvement erfasst. Das Produkt-Involvement wird im Wesentlichen von dem Interesse bestimmt, das jemand einem Produkt entgegenbringt. Ein Involvement, das sowohl kognitiv als auch emotional ausgeprägt ist, führt zu einem extensiven Kaufverhalten. Hinter einem solchen Verhalten stehen Motive und Konflikte, die den Käufer zu stärkeren gedanklichen Aktivitäten bei Informationsaufnahme und -verarbeitung anregen. Ein Involvement, das weder kognitiv noch emotional geprägt ist, kennzeichnet Gewohnheitskäufe (habitualisiertes Kaufverhalten). Der Shopper folgt eingefahrenen Einkaufsschemata, ohne über die Produktauswahl nachzudenken und ohne sich emotional zu erwärmen. Ein Gewohnheitsverhalten kann jedoch auch stark emotional geprägt sein, ohne kognitive Prozesse. Dies ist der Fall, wenn Käufer starke emotionale Bindungen zu einer Marke (z. B. Chanel) entwickeln, und diese Marke dann immer wieder ohne gedankliche Aktivitäten bei der Auswahl kaufen. Das impulsive Verhalten ist ein unmittelbar reizgesteuertes Auswahlverhalten, das in der Regel von Emotionen begleitet wird. Der Konsument reagiert weitgehend automatisch. Er wählt das Produkt ohne weiteres Nachdenken, einfach deswegen, weil es ihm gefällt und es seinen besonderen Vorlieben entspricht. Schätzungsweise zehn bis 20 % aller Käufe sind als echte Impulskäufe auszumachen. Hierbei werden neue Kauferfahrungen spontan und emotionalisiert gesammelt. Limitiertes Kaufverhalten beinhaltet verfestigte kognitive Verhaltensmuster. Sie können als Umsetzung von bereits vorgefertigten Entscheidungen in Kaufhandlungen aufgefasst werden. Der Käufer hat z. B. ein Relevant Set von Marken, aus denen er seine Kaufentscheidung trifft. Die Auswahl ist somit von Anfang an begrenzt (vgl. Runia et al. 2015, S. 37).

Ein gewohnheitsmäßiges Kaufverhalten entsteht allgemein durch die Übernahme von Verhaltensmustern im Sozialisationsprozess (Kinder wachsen mit dem Trinken von

Coca-Cola auf) oder durch Beibehalten von Entscheidungen, die sich bewährt haben (ein zufriedener Spiegel-Leser wird den Spiegel immer wieder kaufen). Eine wichtige Voraussetzung für die Gewohnheitsbildung ist die Bewährung einer Marke, die sich in der erlebten Markenzufriedenheit niederschlägt. Markentreue ist somit eine Folge habitualisierter Entscheidungen. Für das Marketing sind sowohl Impuls- als auch Gewohnheitskäufe interessant. Das impulsive Verhalten ist ein für das Marketing erzielbarer Soforteffekt. Durch momentane Reizung des Shoppers wird direkt das Kaufverhalten ausgelöst. Das Gewohnheitsverhalten bringt für das Marketing einen Langzeiteffekt. Der Käufer folgt verfestigten Kaufplänen und bindet sich an Marken (vgl. Runia et al. 2015, S. 38).

Habitualisierte und limitierte Kaufentscheidungen können unter dem Oberbegriff Plankauf zusammengefasst werden. Der Plankauf ist, wie oben dargestellt, ein vorab geplanter Kauf. Gekauft werden hier vor allem Produkte des täglichen Bedarfs wie Butter, Milch und Brot, die gezielt und oft mittels Verwendung eines Einkaufszettels gesucht werden.

Der Impulskauf ist im Gegensatz dazu ein ungeplanter Kauf, der spontan am Point of Sale erfolgt. Er entsteht aus der Situation, wenn der Shopper das Produkt sieht, ohne sich vorher den Kauf vorgenommen zu haben. Als typische Impulskauf-Produkte sind beispielsweise Süßwaren wie Schokolade zu nennen. Diese werden häufig aus diesem Grunde in der Kassenzone (Check-out) platziert. Die Ware wird somit aufgrund ihrer Platzierung oder auch ihrer Attraktivität gekauft und aus einem Impuls heraus mitgenommen.

3.2.3   Einkaufsprozess des Shoppers

Das Einkaufsverhalten des Shoppers gilt es, in Form einer prozessorientierten Herangehensweise zu analysieren. Hierdurch wird die Zielsetzung des Einzelhandels unterstützt, die Frequenz im Geschäft zu steigern sowie neue Kunden für die Einkaufsstätte zu gewinnen.

Das Kaufverhalten des Shoppers kann mithilfe der fünf W-Fragen erfasst werden:

- Why? (Anlass)
- Who? (Shopper, Consumer)
- What? (Artikel)
- When? (Wochentag/Tageszeit, Häufigkeit)
- Where? (Einkaufsstättenwahl, Platzierung)

Bei einem Plankauf stellt der Shopper zunächst seinen Einkaufsbedarf fest, informiert sich im Vorfeld über die derzeitigen Sonderangebote relevanter Marken in den verschiedenen Einkaufsstätten und erstellt in der Regel einen entsprechenden Einkaufszettel. Der Shopper entscheidet sich nun für eine oder mehrere Einkaufsstätten, die er aufsuchen möchte. Ausschlaggebend für die Einkaufsstättenwahl können für ihn Kriterien wie Gewohnheit, Erreichbarkeit, Markenvielfalt, Sortimentsbreite/-tiefe, Imagedimensionen oder auch das Preisniveau sein.

Ist der Shopper in der gewählten Einkaufsstätte angekommen, orientiert er sich erst im Laden und dann am Regal auf der Suche nach dem gewünschten Produkt. Fragen, die hier von der Marktforschung beantwortet werden können, sind z. B. (vgl. PROZEUS 2011, S. 7):

- Was nimmt der Shopper beim Betreten der Einkaufsstätte wahr?
- Welche Laufwege wählt der Shopper?
- Wie ist die Verweildauer in den einzelnen Warenbereichen (Kategorien)?
- Wie wirken Orientierungshilfen (z. B. Deckenhänger, Bodenmarkierungen) im Laden?
- Welche Verkaufsförderungsmaßnahmen (z. B. Displays, Zweitplatzierungen) nimmt der Shopper wahr?
- Wie sucht der Shopper am Regal?
- Welche Produkte bzw. Marken werden als zusammengehörig wahrgenommen?
- Nach welcher Zeit wird ein Kauf abgebrochen?

Während des Einkaufsprozesses kann es auch immer wieder zu Impulskäufen von Produkten kommen, die nicht auf dem Einkaufszettel stehen, da der Bedarf erst im Laden festgestellt oder geweckt worden ist, z. B. durch Verkaufsförderungsmaßnahmen. Eine Studie der Gesellschaft für Konsumforschung (GfK) in Zusammenarbeit mit der Universität zu Köln ergab, dass etwa 70 % aller Käufe am Point of Sale beeinflusst werden (vgl. GfK 2010).

Erst wenn der Shopper an der Kasse seine Ware bezahlt hat, ist der Einkaufsprozess abgeschlossen. Um diesen Prozess so leicht und angenehm wie möglich für den Shopper zu gestalten, sammeln Handel und Industrie Informationen über das Kaufverhalten des Shoppers. Ergebnis kann z. B. eine Segmentierung der Käufer in verschiedene Shoppertypen sein, die Aufschluss über die Zielkunden des Händlers geben können. So können das Sortiment und die Platzierung im Geschäft optimal auf die Zielgruppe eines Händlers abgestimmt werden. Produkte können so platziert werden, dass die Suchzeit des Kunden minimiert wird und es zu weniger Kaufabbrüchen kommt. Der Versuch, das Verhalten des Shoppers zu verstehen und für ihn gegebenenfalls ein Einkaufserlebnis zu schaffen, ist grundlegende Aufgabe des Shopper-Marketings. In dessen Kontext sorgt die moderne Marktforschung am Point of Sale (Shopper Research) für tiefere Einblicke in das Kaufverhalten des Shoppers (Shopper Insights).

3.2.4 Shopper-Marketing

Shopper-Marketing ist die Erarbeitung und Umsetzung von Marketingaktivitäten mit dem Ziel, die Bedürfnisse der Shopper zu befriedigen, ihr Einkaufserlebnis zu steigern und die Wertschöpfung und den Markenwert für Händler und Hersteller zu verbessern. Shopper-Marketing basiert auf einem tiefen Shopperverständnis pro Einkaufsstätte bzw. Betriebstyp.

Erfolgreiches Shopper-Marketing wird dadurch unterstützt, dass die Käufer exakt segmentiert werden. Marktsegmentierung ist nach Meffert et al. (2015, S. 174) „die Aufteilung eines Gesamtmarktes in bezüglich ihrer Marktreaktion intern homogene und untereinander heterogene Untergruppen (Marktsegmente) sowie die Bearbeitung eines oder mehrerer dieser Marktsegmente". Die Marktsegmentierung besteht damit zum einen aus der Markterfassung und somit dem Prozess der Marktaufteilung, zum anderen aus der Marktbearbeitung, d. h. der Auswahl und der zielgenauen Bearbeitung von Segmenten. In diesem Sinne sind Marktsegmente immer nachfrageseitig zu verstehen („Nachfragesegmente"), es handelt sich hierbei immer um Gruppen von Konsumenten.

Zur Aufteilung des relevanten Gesamtmarktes in Marktsegmente bedarf es der Selektion geeigneter Segmentierungskriterien, die zu homogenen Käufergruppen führen. Diese Segmentierungskriterien müssen bestimmte Anforderungen erfüllen (u. a. Freter 1983, S. 43 f.; Backhaus 1995, S. 158 f.):

- Kaufverhaltensrelevanz (Kriterien = Indikatoren für das zukünftige Konsumentenverhalten),
- Messbarkeit (mithilfe bewährter Marktforschungsmethoden),
- Erreichbarkeit (der Konsumenten innerhalb des Zielsegmentes),
- zeitliche Stabilität (der Segmentinformationen, zumindest für die Planungsperiode),
- Wirtschaftlichkeit (der Segmentierung; Kosten-Nutzen-Analyse).

Die Vielzahl der in Wissenschaft und Praxis angewandten Segmentierungskriterien lässt sich in vier Verfahren kategorisieren (vgl. Runia et al. 2015, S. 96 ff.):

- geografische Segmentierung (z. B. nach Nationen, Bundesländern, Regionen, Städten, Kreisen, Gemeinden),
- demografische Segmentierung (z. B. nach Alter, Geschlecht, Familienlebenszyklus, sozialer Schichtung, Nationalität, Religion),
- psychografische Segmentierung (z. B. nach Einstellungen, Werten, Lifestyle, Persönlichkeit),
- verhaltensbezogene Segmentierung (z. B. nach Anlässen, Nutzennachfrage, Mediennutzung, Preisverhalten, Einkaufsstättenwahl, Verwenderstatus, Verwendungsrate, Markenwahl).

Im Hinblick auf das Shopper-Marketing treten die verhaltensorientierten Segmentierungskriterien in den Vordergrund, da diese sich nicht auf die Frage beziehen, wie Kaufentscheidungen zustande kommen, sondern sie zeigen das Ergebnis dieses Prozesses auf. Diese Merkmale können als eigenständige Segmentierungsvariablen dienen, um auf zukünftiges Kaufverhalten zu schließen (Freter 1992). Der Nachteil einer solchen Segmentierung ist, dass häufig keine Aussagen darüber gemacht werden können, wie lange das beobachtete Kaufverhalten anhält, weil die Identifikation der verantwortlichen Variablen nicht möglich ist. Im Folgenden werden die wesentlichsten verhaltensbezogenen Merkmale erläutert.

Käufer unterscheiden sich bezüglich der Anlässe, zu denen sie ein Bedürfnis entwickeln, ein Produkt nachfragen und es verwenden (Kotler et al. 2007, S. 77). Beispielsweise hat sich eine ganze Branche um das Ereignis Hochzeit gebildet. Es finden
sogenannte Hochzeitsmessen statt, bei denen eine Reihe von Anbietern ihre anlassbe-
zogenen Produkte und Dienstleistungen vorstellt (Hochzeitskleid, Hochzeitstorte, Flit-
terwochen, Catering, Fotografie, Wedding Planner etc.). Der Anlass bildet auch eine
zentrale Größe für das Shopper-Marketing, weil dieser Grundvoraussetzung für das Einkaufsverhalten am Point of Sale ist.

Weiterhin werden die Käufer nach dem Nutzen (Benefit) unterschieden, den sie in
einem Produkt suchen. Der Nutzen wird an dieser Stelle als konkrete Nachfrage nach einer
Marke oder einem Produkt verstanden, wobei das beobachtbare Kaufverhalten im Vordergrund steht (Kotler et al. 2007, S. 377 f.). Die sogenannte Benefit-Segmentierung setzt bei
der Ermittlung der wichtigsten Nutzenkomponenten an, welche Käufer einer bestimmten
Produktkategorie erwarten. Auf dieser Grundlage werden Segmente als Gruppen von Konsumenten identifiziert, die in einem Produkt einen spezifischen Nutzen suchen.

Die Analyse der Mediennutzung (Art und Anzahl der genutzten Medien, Nutzungs-
intensität) ermöglicht die Festlegung von Werbeträgern für die unterschiedlichen Segmente. Im Rahmen des Shopper-Marketings spielt hier auch die Beeinflussung am Point
of Sale, z. B. durch Instore-Radio o. Ä., eine große Rolle.

Ein preisorientiertes Kaufverhalten lässt sich beispielsweise durch die Reaktion auf
Sonderangebote erfassen. Ferner kann die unterschiedliche Preisbereitschaft zu einer
Preisdifferenzierung genutzt werden. Neben dem klassischen Schnäppchenjäger, des-
sen Mentalität mit „Geld sparen = billig" beschrieben werden kann, hat in den letzten
Jahren der Käufertypus des Smart Shoppers an Bedeutung gewonnen, für den „Geld
sparen = clever" gilt. Smart Shopper sind an einem hervorragenden Preis-Leistungs-
Verhältnis interessiert und darüber hinaus der Ansicht, dass Marken nicht zwingend
einen höheren Preis implizieren (vgl. Runia et al. 2015, S. 111).

Die Einkaufsstättenwahl ist ebenfalls ein wichtiger Aspekt der verhaltensbezogenen
Segmentierung und hat eine große Bedeutung im Shopper-Marketing. Es gibt einerseits
Shopper, die bestimmte Betriebsformen des Einzelhandels (Fachgeschäfte, Warenhäu-
ser, Shopping-Center, Internet-Shops etc.) bzw. bestimmte Geschäfte (Stammgeschäfte)
bevorzugen. Andererseits suchen Käufer nach Abwechslung und zeigen dies durch einen
ständigen Wechsel der aufgesuchten Einkaufsstätten, wobei hier auch die Unterscheidung
zwischen Erlebnis- und Versorgungskäufern interessant ist (vgl. Runia et al. 2015, S. 111).

Die Konsumenten eines Marktes können nach ihrem Verwenderstatus in Käufer,
Nicht-Käufer, Erstkäufer oder ehemalige Käufer eingeteilt werden. Für ein Unternehmen
stellt sich hier z. B. die Frage, ob mit einem Produkt bzw. einer Produktdifferenzierung
gezielt neue Käufer angesprochen werden sollen, d. h. Konkurrenzverwender und Nicht-
verwender, oder ob die Stammkunden im Mittelpunkt des Interesses stehen.

Die Verwendungsrate oder -intensität erfasst die Menge eines Produktes, die von Per-
sonen/Haushalten innerhalb einer bestimmten Periode ver- oder gebraucht wird. Anhand
des Verbrauchsvolumens oder des Kaufrhythmus findet z. B. eine Einteilung der Konsumenten in Vielkäufer (Heavy User) und Wenigkäufer (Light User) statt (Twedt 1972).

Analog zur Geschäftstreue ist bei vielen Konsumenten auch die Markentreue stark ausgeprägt. Bei Kotler et al. (2007, S. 379 f.) findet sich eine klassische Segmentierung nach
der Markenwahl, die bereits in den 1950er-Jahren von Brown entwickelt wurde. Die Käufer von fünf Marken (A, B, C, D, E) werden in die folgenden vier Segmente eingeteilt:

- ungeteilt Markentreue (AAAAAA; kaufen immer dieselbe Marke),
- geteilt Markentreue (AABBAB; Markentreue verteilt auf zwei Marken),
- abwandernde Markentreue (AABBCC; wechseln zu einer anderen Marke und kaufen
  diese dann künftig),
- Wechselhafte (ACEBDC; keine Markentreue, Abwechslung suchend, Sonderangebote
  nutzend).

Zusätzlich zu den verhaltensbezogenen Segmentierungskriterien liefert Shopper-Marketing weitere qualitative und quantitative Insights, die helfen, die Marketingmaßnahmen
bei Handel und Hersteller zielkundengerecht am POS umzusetzen (vgl. GS1 Germany
GmbH 2013).

Shopper Insights sind Erkenntnisse über das Shopperverhalten und den Entschei-
dungsprozess. Es werden mithilfe der Marktforschung (Shopper Research) Informationen über den gesamten Einkaufsprozess gesammelt.

Die am häufigsten verwendete Definition besagt, dass „Shopper Research ein kom-
merziell orientiertes Anwendungsfeld der Käuferverhaltensforschung ist, welches sich
mit der Erfassung und Analyse des Verhaltens von Personen (Shoppern) in der realen
Einkaufssituation während des Aufenthaltes in einer Einkaufsstätte befasst" (Kruse und
Buchholz 2007).

Da dieses Forschungsfeld noch nicht sehr lange besteht, gibt es bis heute auch nur
wenig Literatur und noch weniger ein gemeinsames Verständnis, was Shopper Research
eigentlich ist. Ein wenig mehr Klarheit soll der vorliegende Beitrag vermitteln.

3.3   Methoden des Shopper Research

Für Handel und Industrie ist es erfolgsentscheidend, das Verhalten des Shoppers am Point
of Sale zu verstehen, denn am Point of Sale werden wie erwähnt ca. 70 % aller Kaufentscheidungen beeinflusst. Basis für das Verständnis des Kaufverhaltens am Einkaufsort bildet die Untersuchung des bereits dargestellten Einkaufsprozesses eines Shoppers.

Für diese Untersuchungen stehen verschiedenste Shopper-Research-Methoden zur
Verfügung – von einer Befragung in Form eines Fragebogens oder eines Interviews bis
hin zur Beobachtung, z. B. in Form einer Kundenlaufstudie. Shopper Research liefert mit
der richtigen Methode klare Erkenntnisse über das Verhalten des Shoppers im Geschäft,
am Regal oder auch über das Kaufverhalten in einzelnen Warengruppen. Durch die
richtige Anordnung von Abteilungen und Warengruppen kann z. B. der Kundenlauf so
gesteuert werden, dass tote Ecken im Geschäft vermieden werden und die Kundenfre-
quenz gesteigert wird.

Das Ziel von Shopper Research ist also die Generierung von effektiven Erkenntnissen über das Kaufverhalten der Shopper im Sinne von konkreten Handlungsempfehlungen für Marketingmaßnahmen am Point of Sale.

Bei der Primärforschung (Field Research) geht es um die Gewinnung originärer Daten. Nach dem Erhebungsansatz kann zwischen qualitativer, d. h. psychologischer Marktforschung, und quantitativer Marktforschung unterschieden werden. Während Letztere sich auf die Erhebung von Daten bei relativ großen Stichproben konzentriert und dabei Verfahren der deskriptiven oder induktiven Statistik zum Einsatz kommen, bezieht sich die qualitative Marktforschung (vgl. grundlegend Flick 2007; Lamnek 2010) auf die Erhebung von personenbezogenen, auf psychologische und soziologische Inhalte abstellende Daten (vgl. Kepper 1994). In der praktischen Marketingforschung steht hier z. B. die Ermittlung von Motiven, Einstellungen oder Wahrnehmungen bestimmter Konsumentensegmente im Mittelpunkt.

Die verschiedensten Arten von Erhebungsmethoden lassen sich drei klassischen Hauptgruppen zuordnen: Befragung, Beobachtung und Experiment. Ein Experiment enthält jedoch faktisch wieder Befragungs- oder Beobachtungstechniken bzw. setzt diese in Kombination ein. Aufgrund des spezifischen Charakters von Experimenten sollen diese im vorliegenden Beitrag keine weitere Betrachtung erfahren.

Im Folgenden werden einige wichtige, praxisrelevante Methoden im Kontext von Befragung und Beobachtung vorgestellt.

3.3.1   Befragung

Die Befragung ist die am weitesten verbreitete sozialwissenschaftliche Marktforschungsmethode. Im weitesten Sinne ist die Befragung die Äußerung eines Auskunftsverlangens, bei dem Personen auf gegebene Reize im Sinne der Frage- bzw. Aufgabenstellung reagieren sollen. Die klassische Form der Befragung ist das persönliche Interview (Face-to-Face). Nach der Kommunikationsweise lassen sich ferner die schriftliche, telefonische und elektronische (Online-)Befragung unterscheiden (vgl. Berekoven et al. 2009, S. 87 f.).

Die Befragung ist eine geeignete Methode, um psychologische Konstrukte wie Gedanken, Meinungen oder Einstellungen zu erfassen. Allerdings darf der Zeitraum zwischen Erleben und der Befragung nicht zu groß sein, da sonst wichtige Informationen verloren gehen können. Die Marktforschung versucht so, Informationen über Einstellungen und Verhaltensweisen des Käufers zu gewinnen. Außerdem können so Fragen zu Gedankengängen gestellt werden, die der Shopper während seines Einkaufs im Laden hatte. So kann auch eine Kaufabsicht oder Reaktion auf die Gestaltung des Ladens abgefragt werden.

3.3.1.1 Mündliche Befragung

Bei einem mündlichen Interview besteht ein direkter Kontakt zum Befragten, wobei in der Regel zwei einander zunächst fremde Personen miteinander interagieren. Sowohl der Kontakt selbst, der Gesprächsgegenstand als auch der Gesprächsablauf werden im

Wesentlichen einseitig vom Interviewer bestimmt. Hierdurch unterscheidet sich das Interview deutlich von einem normalen Gespräch. Das persönliche Interview besitzt Vorzüge, die andere Erhebungsmethoden nicht aufweisen, weil in der Face-to-Face-Situation verbale und non-verbale Äußerungen in vielen Fällen ergiebiger sind. Ferner sind erforderliche Erläuterungen und die Verwendung zusätzlicher Materialien möglich. Komplexe Sachverhalte lassen sich vielfach nur mithilfe persönlicher Interviews eruieren (vgl. Berekoven et al. 2009, S. 98 ff.).

Grenzen mündlicher Befragungen hingegen bestehen darin, dass der Aufwand und die Kosten deutlich höher sind als beispielsweise bei schriftlichen Befragungen. Außerdem besteht das Risiko des reaktiven Verhaltens. Dies bedeutet, dass eine „sozial erwünschte" Antwort gegeben wird, z. B. bei Fragen nach dem Einkauf von alkoholischen Getränken oder der Umweltverträglichkeit. Es könnte auch zu einem unerwünschten Einfluss auf das Befragungsergebnis durch den Interviewer (Interviewer Bias) durch subjektives Empfinden bei der Aufnahme der Antworten kommen. Faktoren der möglichen Beeinflussung sind die wahrnehmbaren sozialen Merkmale des Befragten (aber auch des Interviewers) wie z. B. Alter, Geschlecht, Bildungsgrad, äußeres Erscheinungsbild, Auftreten und Sprache/Dialekt (vgl. Berekoven et al. 2009, S. 99).

3.3.1.2 Schriftliche Befragung

Im Gegensatz zum mündlichen Interview bedarf es bei der schriftlichen Befragung keines Interviewers. Die Kommunikation zwischen Befrager und Befragtem erfolgt ausschließlich über den Fragebogen. Die schriftliche Befragung ist unbestritten deutlich kostengünstiger als die mündliche Befragung, insbesondere durch den Wegfall der nicht unerheblichen Interviewerkosten. Dieser Vorteil ist umso größer, je breiter die befragten Personen räumlich gestreut sind und je größer die Stichprobe (Sample) ist (vgl. Berekoven et al. 2009, S. 110).

Als Nachteile von schriftlichen Befragungen gelten die folgenden Aspekte (vgl. Berekoven et al. 2009):

- relativ geringe Rücklaufquoten,
- Stichprobenprobleme durch ungenaue Adressenbasis,
- Unkontrollierbarkeit der Befragungssituation,
- keine Kontrolle des Antwortvorgangs, z. B. bei der intendierten Reihenfolge der Frage,
- Restriktionen bezüglich Fragethematik, Fragebogenlänge und Frageart.

Eine Befragung kann an verschiedenen Orten durchgeführt werden, wie z. B. am Point of Sale, in einem Labor, Teststudio oder auch bei der befragten Person zu Hause in Form einer Online-Befragung. Genauso ist der Zeitpunkt der Befragung variabel. Es kann eine Befragung vor oder nach dem Besuch in der Einkaufsstätte durchgeführt werden, eine zeitgleiche Befragung während des Einkaufs oder auch eine spätere Befragung.

Eine Shopperbefragung kann z. B. Antworten auf folgende Fragen in Bezug auf eine Einkaufsstätte und das Kaufverhalten des Shoppers geben (vgl. PROZEUS 2011, S. 10):

- Wie empfindet der Shopper das Einkaufserlebnis?
- Gibt es Probleme bzgl. der Orientierung in der Einkaufsstätte?
- Werden die gesuchten Warengruppen bzw. Produkte gefunden?
- Wie ist die Wirkung von Orientierungshilfen im Laden?
- Welche Warengruppen bzw. Produkte werden wahrgenommen?
- Hat der Shopper Produkte gekauft, die er vorher nicht geplant hatte?
- Warum hat der Kunde zu Marke X gegriffen?
- Welche Kriterien hat der Shopper bei der Kaufentscheidung abgewogen?

3.3.1.3 Qualitatives Interview

Ein qualitatives Interview (freies Interview, Exploration) ist im Vergleich zu einem quantitativen zeitaufwendiger in der Durchführung und Auswertung. Es geht mehr in die Tiefe und weiterreichende Bedeutungszusammenhänge können erschlossen werden. Beim qualitativen Interview sind die Fragen und Fragenabläufe nicht starr festgelegt und formuliert. Der Interviewer leitet den Probanden zum angestrebten Thema hin und lenkt den Gesprächsablauf nur so weit, wie dies notwendig ist, um dem Befragten seine Äußerungen so leicht wie möglich zu machen. Zur Sicherung der Vergleichbarkeit der einzelnen Interviews wird in der Marktforschungspraxis in der Regel ein gewisses Maß an Strukturierung in Form eines Interview-Leitfadens vorgenommen. Der Leitfaden ist eine grobe Skizzierung des Vorgehens, die der Interviewer je nach Situation flexibel handhaben sollte (vgl. Berekoven et al. 2009, S. 89 f.).

Diese Form des Interviews findet meist nicht am Point of Sale, sondern im Teststudio statt. Die Vorteile bei dieser Form des Interviews liegen in der Erfassung vollständiger Gedanken- und Argumentationsketten sowie in der Aufdeckung komplexer, psychischer Zusammenhänge. Auch unbewusste Informationen können dem Befragten durch das Interview bewusst gemacht und damit erfasst werden. Diese Art des Interviews stellt sehr hohe Anforderungen an den Interviewer und der Zeit- und Kostenaufwand ist deutlich höher.

Ein besonderes Problem bei einem qualitativen Interview ist die Protokollierung, denn nachträgliche Aufzeichnungen können die getätigten Ausführungen stark verzerren und die Gefahr von Interviewereinflüssen ist hoch. Aus diesen Gründen empfiehlt sich eine digitale Aufzeichnung des Gesprächs. Die Auswertung von qualitativen Interviews bleibt dennoch schwierig, da das vorliegende Material sortiert und in Kategorien eingeordnet werden muss. Hierdurch ergeben sich letztlich beträchtliche Interpretationsspielräume (vgl. Berekoven et al. 2009, S. 90).

3.3.1.4 Gruppendiskussion

Eine Gruppendiskussion soll in relativ kurzer Zeit ein möglichst breites Spektrum von Meinungen, Ansichten und Ideen von mehreren Personen erfassen. Eine sogenannte Fokusgruppe besteht idealerweise aus sechs bis zehn Probanden, deren Befragung zwischen ein und drei Stunden in Anspruch nehmen kann. Ein qualifizierter Moderator leitet die Diskussion, ohne die Meinung der Probanden zu beeinflussen. Die Gruppendiskussion wird in der Regel zur späteren Auswertung mithilfe digitaler Medien aufgezeichnet. Im Shopper Research kommt diese Methode häufig zum Einsatz, um Warengruppen abzugrenzen und diese aus Kundensicht zu verstehen und zu strukturieren.

3.3.1.5 Fokusgruppenbefragung

Eine Fokusgruppenbefragung besteht typischerweise aus einer Einleitung, dem Hauptteil der Diskussion und einer Zusammenfassung. Die Einleitung besteht aus einer Vorstellung des Moderators, des Protokollanten und der Teilnehmer. Der Moderator erklärt das Thema und den Ablauf sowie die wichtigsten Verhaltensregeln. Er verfügt normalerweise über einen relativ schwach strukturierten Themen- bzw. Fragenkatalog, der eine freie Gesprächsführung ermöglicht.

Der Vorteil einer Fokusgruppe ist, dass sie sich relativ schnell durchführen lässt. Es wird weiter davon ausgegangen, dass sich die Teilnehmer während der Diskussion gegenseitig zu detaillierten Äußerungen anregen. So führt die Gruppendiskussion eher als ein Einzelinterview zu einer Aktualisierung unbewusster Sachverhalte und provoziert spontane Reaktionen (vgl. Berekoven et al. 2009, S. 91). Problematisch ist jedoch, dass sich die Einzelmeinungen möglicherweise an einer Gruppennorm ausrichten. Ferner kann es vorkommen, dass ein Meinungsführer die Gespräche dominiert und die Gruppenmeinung stark beeinflusst. Aufgrund der qualitativen Methode und der kleinen Fallzahl kann mit Repräsentanz nicht gerechnet werden.

3.3.2 Beobachtung

Die Beobachtung ist eine Methode der empirischen Sozialforschung und ist nach der Befragung die am weitesten verbreitete Marktforschungsmethode. Beobachtet werden kann alles, was visuell erfassbar ist. Die Aufnahmen können punktuell oder auch zeitraumbezogen sein.

Beobachtungen sind in der Regel Fremdbeobachtungen durch unabhängige Dritte, wobei die Registrierung durch Menschen und/oder entsprechende Apparate erfolgt. Es kann sich um eine offene oder verdeckte Beobachtung handeln. Bei der offenen Beobachtung ist sich der Shopper der Beobachtung bewusst. Dies kann jedoch zu sozial erwünschtem Verhalten führen. Daher wird häufig die verdeckte Beobachtung eingesetzt, bei der der Shopper nicht weiß, dass er beobachtet wird (vgl. Berekoven et al. 2009, S. 144).

Im einfachsten Fall dienen Beobachtungen zum Zählen von sich wiederholenden Vorgängen; so werden beispielsweise innerstädtische Passanten oder Autos auf der Autobahn gezählt. Im Geschäftslokal könnte so auch die Anzahl der Kunden eines Tages ermittelt werden, z. B. mit Lichtschranken als Zählvorrichtung.

Mithilfe von Beobachtungen können die Verhaltensweisen eines Shoppers am Point of Sale analysiert werden. Das Laufverhalten des Kunden kann wichtige Aufschlüsse über den Hauptkundenstrom und die Frequenzzonen eines Geschäftes geben. Auch Äußerungen während der Beobachtung, wie z. B. Fragen zur Auffindbarkeit von Produkten an das Verkaufspersonal, können wichtige Informationen beinhalten.

Durch Beobachtung können unbewusste Sachverhalte durch die Mimik und Gestik des Shoppers ermittelt werden. Das Verhalten wird unverzerrt registriert, unmittelbar, direkt und ohne die Möglichkeit einer Verfälschung. Im Gegensatz zur Befragung kann es nicht zu einem Interviewereinfluss kommen, da nur der „wirkliche" Suchprozess gemessen wird.

Fragen in Bezug auf das Kaufverhalten, die mithilfe einer Beobachtung beantwortet werden könnten, sind z. B. (PROZEUS 2011, S. 12):

- Wie sieht die Laufrichtung der Kunden aus?
- An welchem Regalbereich bleiben die Kunden zum ersten Mal nach Betreten des Ganges stehen?
- Wie lang ist die Verweilzeit der Kunden in bestimmten Bereichen der Einkaufsstätte?
- Wo werden Produkte entnommen? Werden diese zurückgestellt?

Wenn psychologische Konstrukte erfasst werden sollen, wie z. B. Motive oder Einstellungen, die äußerlich nicht wahrnehmbar sind, stößt diese Methode an ihre Grenzen. Außerdem sind die Ergebnisse häufig nicht repräsentativ. Gegebenenfalls kann es auch ethische und juristische Bedenken geben. Schließlich kann auch die Beobachtung je nach Methode und Fallzahl der zu beobachtenden Personen hohe Kosten mit sich bringen.

Der begleitete Einkauf stellt eine offene, teilnehmende Beobachtung dar. Beim begleiteten Einkauf begleitet ein Marktforscher den Probanden bei seinem Weg durch die Einkaufsstätte und versucht, Hinweise bezüglich der Motive und Gewohnheiten des Shoppers zu ermitteln.

Schon im Vorfeld kann der Forscher Informationen über den Probanden sammeln, z. B., ob er mit Begleitung kommt oder ohne, ob er mit oder ohne Verkehrsmittel anreist und ob er einen Einkaufszettel dabei hat. Der Proband und der Marktforscher führen vor dem begleiteten Einkauf ein ausführliches Gespräch, in dem eine gezielte Abfrage von Sachverhalten stattfindet, über die Gründe für die Geschäftswahl, zu Produkten, die gekauft werden sollen, zur Vorbereitung des Kaufs oder auch über die verfügbare Zeit (vgl. PROZEUS 2011, S. 13).

Bei der eigentlichen Kaufbegleitung erfasst der Forscher mithilfe eines Papiers und eines Stifts oder auch elektronisch mithilfe eines Tablet-PCs oder eines Diktafons das Lauf- und Zuwendungsverhalten des Shoppers. Nach dem Kaufprozess findet eine Nachbesprechung statt, um u. a. Fragen nach dem Laufverhalten, der Realisierung geplanter Käufe oder auch nach Gründen für ungeplante Käufe zu klären.

Durch den begleiteten Einkauf können somit zwei Verhaltensebenen erfasst werden:

- offenes, beobachtbares Verhalten (Anreise, Lauf- und Zuwendungsverhalten),
- inneres, verdecktes Verhalten (Entwickeln von Kaufplänen, ungeplante Kaufentscheidungen).

Eine Videobeobachtung kann mithilfe von bereits im Laden installierten Kameras statt-finden oder auch mit eigens für diesen Zweck eingebauten Kameras. Kameras können den natürlichen Kundenlauf, die Aufenthaltsdauer am Regal, die Körperbewegung des Shoppers und die Produktwahl aufzeichnen.

Es handelt sich hierbei um eine verdeckte Beobachtung. Am besten geeignet ist diese Form der Beobachtung für regalbezogene Daten, wie z. B. für das Verhalten am Regal oder auch die Regalplatzwertigkeit. Die Kosten bei dieser Methode sind geringer als z. B. bei einer Blickaufzeichnung durch die Methode des Eye Trackings, ebenso die Feh-leranfälligkeit. Auch wenn die Aufarbeitung der Daten zeitaufwendig ist, ist es eine gute Möglichkeit, den Hauptkundenlauf und die Ableitung einer optimierten Anordnung der Warengruppen zu ermitteln.

Folgende Fragestellungen können durch eine Videobeobachtung beantwortet werden (vgl. PROZEUS 2011, S. 14):

- Wie lang ist die Verweildauer des Shoppers am Regal?
- Wie sieht das Suchmuster am Regal aus?
- Wo werden Produkte entnommen und zurückgestellt?

Mit einer Kundenlaufstudie wird systematisch das Laufverhalten der Kunden in einer Filiale erhoben. Ziel ist die Erfassung des Hauptkundenlaufs sowie die Identifizierung von stark und weniger stark frequentierten Zonen. Außerdem liefert die Kundenlaufstu-die Erkenntnisse darüber, in welcher Reihenfolge die verschiedenen Abteilungen besucht werden. Die Ergebnisse der Erhebung bilden die Grundlage zur Optimierung eines Ladenlayouts und zur suchgerechten Anordnung von Abteilungen und Warengruppen. Die Erhebung des Kundenlaufs kann manuell oder mit technischer Unterstützung erfol-gen.

Die Kundenlaufstudie ist eine schnelle, flexible und preiswerte Form der Beobach-tung. Der Beobachter gewinnt einen persönlichen Eindruck über das Shopperverhalten und kann Aussagen über die Frequenz und die Laufwege im Markt treffen. Entsprechend sollten im Vorfeld die Kernfragen definiert werden, anhand derer die Kundenlaufanalyse vorgenommen werden soll (vgl. PROZEUS 2011, S. 15):

- Wie ist der Laufweg des Kunden im POS?
- Welche Produkte bzw. Warengruppen nimmt der Kunde beim Einkauf wahr (Sehquote)?
- Welche Produkte bzw. Warengruppen nimmt der Kunde wahr und kauft diese dann auch (Seh-Kauf-Quote)?

Die Rahmenbedingungen zur Durchführung der Kundenlaufstudie umfassen die Anzahl der Beobachter, die Anzahl und Auswahl der Erhebungstage, den Tageszeitraum, die Anzahl der Erhebungen im Untersuchungszeitraum sowie die Erhebungsart (offen vs. verdeckt) und die Inhalte der Erhebung (Produkte, Warengruppen).

Die Kunden werden ab dem Betreten des Point of Sale entweder offen oder verdeckt beobachtet. Der Beobachter hält den genauen Laufweg des Kunden in einem Ladenplan fest. Zusätzlich werden die Angaben zu Alter der Person, der Verwendung eines Einkaufszettels oder ob der Shopper alleine oder in Begleitung einkauft, erfasst. Wichtig ist außerdem, wie lange er sich in den einzelnen Kategorien aufhält und welche Produkte er am Ende kauft. Durch die Beobachtung entsteht eine Übersicht von Zonen, die stark oder weniger stark frequentiert werden. Die Darstellung erfolgt durch sogenannte Heatmaps.

3.4   Shopper-Marketing in der Praxis

Neben der Werbung hat sich die Verkaufsförderung (Sales Promotion) zum zweiten zentralen Element der Kommunikationspolitik entwickelt. Insbesondere in amerikanischen Konsumgüterunternehmen hat die Sales Promotion seit Jahren einen höheren Anteil am jährlichen Kommunikationsbudget als die Werbung. Auch in Deutschland ist der Trend festzustellen, dass die finanziellen Mittel für Verkaufsförderung kontinuierlich erhöht werden. Einerseits ist diese Entwicklung auf die Informationsüberlastung durch Werbung (Information Overload) zurückzuführen, die dazu führt, dass zahlreiche Unternehmen Etatpositionen für Werbung zugunsten von Promotionaktionen umschichten. Andererseits kommt hier für viele Konsumgüterunternehmen auch die Macht der Handelsorganisationen zum Ausdruck, die darin mündet, dass der Handel eine massive Unterstützung in der Verkaufsförderung von den Industrieunternehmen für deren Produkte einfordert (vgl. Runia et al. 2015, S. 292).

Generell muss der Hersteller bei der Planung und Durchführung einer Sales Promotion drei Stufen beachten:

- Verkäuferpromotion (Staff Promotion),
- Händlerpromotion (Trade Promotion),
- Verbraucherpromotion (Consumer Promotion).

Ein schlüssiges Promotionkonzept beinhaltet alle drei Stufen, allerdings können die Ausprägungen auf jeder Stufe unterschiedlich sein. Unter Berücksichtigung der Erkenntnisse der Shopper Insights können nun die Promotionkonzepte spezifisch ausgerichtet werden. Da sich das Kaufverhalten des Kunden letztlich am Point of Sale zeigt, münden die Ergebnisse des Shopper Research in die Stufe der Verbraucherpromotion.

Diese Stufe umfasst alle Maßnahmen, die konzipiert sind, die Konsumenten über das Produkt zu informieren, zur Beschäftigung mit diesem anzuregen, die Marke auf diese Weise in den Köpfen der Zielgruppe zu aktualisieren (Relevant Set) und letztlich das Produkt vor Ort zu kaufen (vgl. Runia et al. 2015, S. 296 f.).

Durch das Shopper-Marketing initiierte Maßnahmen der Verbraucherpromotion umfassen z. B.:

- Verkostungen (Degustationen),
- Sampling (Verteilung von Gratisproben bzw. Mustern, z. B. Mitnehm-/Probierproben),
- Promotion-CDs (CD zur Produktvorstellung oder Erlebnisvermittlung),
- Bonuspackungen (Sondergröße des Produkts mit Hinweis auf Mehrinhalt, z. B. zehn Prozent mehr Inhalt oder Achter-Packung und zwei Produkte zusätzlich),
- Multipack (zwei oder mehr identische Produkte, die mittels Banderole verbunden oder in der Verpackung eingeschweißt sind, z. B. Doppelpack bei Duschgel, Bier-Sixpack),
- Verbundpackungen (zwei oder mehr unterschiedliche Produktvarianten oder -sorten, die mittels Banderole verbunden oder in der Verpackung eingeschweißt sind, z. B. Sonnencreme und Après-Lotion),
- Onpack (kostenlose Zugabe, die mit dem Originalprodukt fest verbunden ist, z. B. Miniradio gratis zum Rasierapparat),
- Inpack (kostenlose Zugabe in der Normalverpackung, z. B. Spielzeug in Waschmittelverpackung),
- Packung mit Zweitnutzen (z. B. Senf im Trinkglas verpackt),
- Gewinnspiele, Outletverlosungen (z. B. Glücksrad drehen und gewinnen),
- Sammelbilder (z. B. bei Hanuta: Spieler der Fußball-Nationalmannschaft zur WM),
- Sonderpreisaktionen.

3.5 Fazit

Wie der vorliegende Beitrag zeigt, liefert Shopper Research durch die Erforschung des Kaufverhaltens am Point of Sale ergänzende Informationen zu konkreten Verhaltensweisen von Kunden bei ihrer Kaufentscheidung. Die durch qualitative Marktforschung ermittelten Shopper Insights geben zum einen Input für strategische Entscheidungen, z. B. Segmentierung und Zielgruppenbestimmung, zum anderen konkrete Impulse für Marketingaktivitäten, insbesondere in der Verkaufsförderung. In diesem Sinne kann Shopper-Marketing Effektivität und Effizienz von Maßnahmen am Point of Sale steigern. Dieser Beitrag zeigt eindeutig die vielfältigen Potenziale des Shopper Research als moderne Ausprägung der Konsumforschung auf. Die Zukunft wird zeigen, ob marketingtreibende Unternehmen die Möglichkeiten des Shopper Research ausschöpfen, insbesondere bei der Betrachtung von Kosten-Nutzen-Aspekten.

Literatur

Backhaus, K. (1995). *Investitionsgütermarketing* (4. Aufl.). München: Vahlen.
Berekoven, L., Eckert, W., & Ellenrieder, P. (2009). *Marktforschung. Methodische Grundlagen und praktische Anwendung* (12. Aufl.). Wiesbaden: Gabler.
Clark, L. H. (1955). *The life cycle and consumer behavior.* New York: New York University Press.
Engel, J. F., Kollat, D. T., & Blackwell, R. D. (1968). *Consumer behavior.* New York: Holt, Rinehart & Winston.

Flick, U. (2007). *Qualitative Sozialforschung: Eine Einführung* (7. Aufl.). Reinbek bei Hamburg: Rowohlt.

Freter, H. (1983). *Marktsegmentierung*. Stuttgart: Kohlhammer.

Freter, H. (1992). Marktsegmentierung. In H. Diller (Hrsg.), *Vahlens Großes Marketing Lexikon* (S. 733–738). München: Vahlen.

GfK. (2010). *Gfk-Studie Store Effect*. Nürnberg: GfK.

GS1 Germany. (2013). *ECR Empfehlung Shopper Marketing*. Köln: GS1 Germany.

Howard, J. A., & Sheth, J. N. (1969). *The theory of buying behavior*. New York: Wiley.

Kepper, G. (1994). *Qualitative Marktforschung*. Wiesbaden: DUV.

Kotler, P., Keller, K. L., & Bliemel, F. (2007). *Marketing-Management* (12. Aufl.). Stuttgart: Pearson.

Kroeber-Riel, W., & Gröppel-Klein, A. (2013). *Konsumentenverhalten* (10. Aufl.). München: Vahlen.

Kruse, P., & Buchholz, S. (2007). *Shopper Research. Bedeutung für Industrie und Handel*. Saarbrücken: VDM.

Lamnek, S. (2010). *Qualitative Sozialforschung* (5. Aufl.). Weinheim: Beltz.

Meffert, H., Burmann, C., & Kirchgeorg, M. (2015). *Marketing: Grundlagen marktorientierter Unternehmensführung: Konzepte – Instrumente – Praxisbeispiele* (12. Aufl.). Wiesbaden: Springer Gabler.

PROZEUS. (2011). *Shopper Research. Effiziente Käuferanalysen für kleine und mittlere Unternehmen*. Köln: GS1 Germany.

Runia, P., Wahl, F., Geyer, O., & Thewißen, C. (2015). *Marketing. Prozess- und praxisorientierte Grundlagen* (4. Aufl.). Berlin: Gruyter.

Twedt, D. W. (1972). Some practical applications of "heavy-half"-theory. In J. F. Engel, H. F. Fiorillo, & M. A. Cayley (Hrsg.), *Market segmentation – Concepts and applications* (S. 265–271). New York: Holt.

Zaltman, G. (1965). *Marketing. contribution from the behavioral sciences*. New York: Harcourt.

Dialogorientierte qualitative Online-Forschung

Die Verlagerung qualitativer Forschung in den virtuellen Raum

4

Anna Schneider

Tradition ist bewahrter Fortschritt, Fortschritt ist weitergeführte Tradition

(Carl Friedrich von Weizsäcker).

Zusammenfassung

Der Beitrag gibt zunächst eine Übersicht über gebräuchliche Methoden der dialog-orientierten qualitativen Online-Forschung. Im Anschluss wird detailliert auf die Methode Online-Chat eingegangen. Hierbei werden sowohl generelle Merkmale der Methode als auch das Vorgehen und Besonderheiten innerhalb einzelner Projektphasen dargestellt. Das Kapitel schließt mit einem kurzen Fazit.

Inhaltsverzeichnis

A. Schneider (✉)
Hochschule Fresenius, Im MediaPark 4c, Köln, Deutschland
E-Mail: Anna.Schneider@hs-Fresenius.de

© Springer Fachmedien Wiesbaden GmbH 2017   55
O. Gansser und B. Krol (Hrsg.), *Moderne Methoden der Marktforschung,* FOM-Edition,
DOI 10.1007/978-3-658-09745-5_4

4.1   Einleitung

Das Internet und insbesondere das sogenannte Web 2.0, welches Nutzern das aktive Kreieren und Teilen von Inhalten erlaubt, haben die Möglichkeiten der Marktforschung deutlich erweitert. Von Konsumenten generierte Inhalte (engl. User Generated Contents [UGC]) reichen von einfachen Kommentaren in Foren, sozialen Netzwerken oder Bewertungsplattformen über selbst kreierte und hochgeladene Bilder und Videos, bis hin zu eigenen Online-Auftritten wie eigenen Websites oder Blogs. Derartige Inhalte rufen oftmals Reaktionen von anderen Konsumenten hervor und fördern Dialoge, die in ihrer Form und Ausprägung vor dem Zeitalter des Internets nicht denkbar gewesen wären. Die Vielfalt und Menge des auf diese Weise generierten Datenmaterials wird bereits heute zu Forschungszwecken genutzt. *Big-Data*-Analysen bedienen sich dieses Materials und identifizieren Korrelationen innerhalb der vorliegenden Daten, dabei wird auch plattformübergreifend ausgewertet. Statistische Zusammenhänge lassen sich über Big-Data-Analysen verlässlich feststellen. *Qualitative Methoden* der Konsumentenverhaltensforschung sind hingegen besonders geeignet, um ein detailliertes Verständnis der Wirkweisen, Motive und Emotionen hinter diesen Korrelationen aufzudecken und zu erklären.

Mit der zunehmenden Verbreitung des Internets und dem Verschwimmen der Grenzen zwischen Offline- und Online-Lebenswelten etabliert sich fortwährend eine Vielzahl neuer qualitativer Methoden. Während neue Ansätze wie die Netnografie[1] auf dem Instrument der Beobachtung beruhen, braucht es für die kommerzielle Marktforschung Methoden, die einerseits effizient die zugrunde liegenden Motive und Emotionen erforschen können und andererseits die Testung und Optimierung neuer Konzepte und Produkte ermöglichen. Aufgrund dieser Vorgaben wurden bereits vor vielen Jahren Online-Äquivalente für die meisten bekannten qualitativen Marktforschungsmethoden entwickelt, so z. B. für die Methoden Tagebuch- oder Fokusgruppe (vgl. Gibbs 1997).

Insbesondere die Methode *Online-Fokusgruppe* bedient sich der kommunikativen Eigenschaften des Internets. Sie nutzt das Internet als Plattform für den dialogischen Austausch zwischen den beteiligten Parteien. Diese Methode der qualitativen Online-Forschung steht

---

[1]Netnografie ist online-basierte Ethnografie. Hierbei werden Online-Communities und Online-Kulturen – ähnlich der klassischen Ethnografie – untersucht. Forscher analysieren hierbei beispielsweise Einträge in Newsgroups, Blogs, Foren und sozialen Netzwerken (Kozinets 2010).

aufgrund ihrer besonderen Relevanz für die angewandte Marktforschung im Mittelpunkt dieses Beitrags. Er wird die besonderen Merkmale der Methode beleuchten und anschließend maßgebliche Projektphasen beschreiben. Zunächst soll die Methode jedoch in den weiteren Kontext der für kommerzielle Zwecke genutzten qualitativen Online-Forschung eingeordnet werden. Der letzte Abschnitt des Beitrags fasst die wesentlichen Erkenntnisse zusammen. Zudem wird aus der Perspektive der Marktforschung die heutige und zukünftige Relevanz der textbasierten Online-Fokusgruppe, auch Online-Chat, bei dem der Austausch zwischen den Parteien rein textbasiert stattfindet, eingeschätzt.

4.2 Qualitative Forschungsmethoden im Zeitalter des Internets

Obwohl qualitative Methoden der Marktforschung nicht auf die Gewinnung statistisch repräsentativer Ergebnisse abzielen, ist es eine entscheidende Grundvoraussetzung für Studien zum Zwecke der Marktforschung, dass die allermeisten Bevölkerungsgruppen über den gewählten Rekrutierungskanal bzw. Kommunikationskanal erreichbar sind. Wer Mitte der 1990-Jahre das Internet nutzte, war mit großer Wahrscheinlichkeit jung, männlich und verfügte über einen hohen Bildungsabschluss. Nun, Jahrzehnte später, haben sich die Voraussetzungen gewandelt: Wie die aktuellen Zahlen zeigen, sind die meisten Zielgruppen gut abbild- und ansprechbar, der Anteil der Bevölkerung mit Internetzugriff steigt zudem auch weiterhin (leicht) an und liegt in Deutschland im Jahre 2014 zwischen 76,8 und 79,1 % (Eimeren und Frees 2013, 2014; Initiative D21 2014).

In der Online-Marktforschung findet der Dialog nicht mehr klassisch von Angesicht zu Angesicht statt. Verlagert man den Dialog in den virtuellen Raum, so muss zunächst sichergestellt sein, dass die Teilnehmer auch auf der Plattform Internet dialogfähig sind. Nicht nur mit Blick auf die Durchführung, sondern vor allem mit Blick auf die zu erzielenden Ergebnisse ist dies eine wichtige Voraussetzung für die Güte der Untersuchungsmethodik. Diese Grundvoraussetzung ist, wie bereits erwähnt, aktuell gegeben, denn in der Tat ist das Internet heute ein ganz natürlicher Teil der zwischenmenschlichen Interaktion geworden. Die meisten Verbraucher sind heute vertraut mit dem Medium Internet und seinen technischen Gegebenheiten. Der Umgang mit dem Internet findet routiniert und selbstverständlich statt, ein Verzicht auf den Internetzugang ist im Leben vieler Konsumenten nahezu undenkbar (Arnold et al. 2015a, b; Eimeren und Frees 2011). Die Verwobenheit des täglichen Arbeits- und Privatlebens mit dem Internet dürfte aufgrund der zunehmenden Digitalisierung noch weiter voranschreiten.

Das Web 2.0 hat es Verbrauchern stark erleichtert, ihre Meinung kundzutun und sich gestalterisch einzubringen. Damit ist das Internet in heutiger Form die Plattform, auf der Verbraucher ihre psychologischen Grundbedürfnisse nach Mitbestimmung und -gestaltung einfacher denn je zuvor befriedigen können (vgl. Welker et al. 2005; Sippel 2009). Die qualitative Online-Forschung nutzt die urmenschlichen Antriebe nach Einflussnahme in Kombination mit der sogenannten *Always-on-Mentalität* und setzt das Medium Internet dabei in steuerbarer und kontrollierbarer Weise als Plattform für den Dialog mit Konsumenten ein.

Damit ist die qualitative Online-Forschung in der Marktforschung zu einer ernst zu neh-
menden Alternative zu klassischen qualitativen Offline-Methoden avanciert.

Zusammenfassend kann festgestellt werden, dass das Internet für die Durchführung
qualitativer Forschung für marktforscherische Zwecke, anders als noch vor einigen Jahren,
überaus geeignet ist. Vor diesem Hintergrund ist es wenig überraschend, dass die Akzeptanz aufseiten der Auftraggeber deutlich gewachsen ist. In der Praxis werden immer häufiger online-basierte qualitative Methoden eingesetzt, die Nachfrage steigt stetig an.

Insbesondere dialogorientierte Verfahren erfreuen sich großer Beliebtheit, da in ihrem
Rahmen ein sehr aktiver Austausch zwischen den beteiligten Parteien stattfinden kann.

Als dialogorientierte Verfahren der qualitativen Online-Forschung werden solche Verfahren definiert, die einen aktiven und gesteuerten Austausch (Dialog) zwischen beteiligten Parteien als Basis der Erkenntnisgewinnung nutzen. Mögliche beteiligte Parteien sind
hier der Untersuchungsleiter bzw. Moderator, die Testperson bzw. Testpersonengruppe
sowie der Auftraggeber. Damit setzt sich die dialogorientierte qualitative Forschungsme-
thodik von solchen Methoden ab, bei denen Erkenntnisse auf passiveren Ansätzen wie
der reinen Beobachtung oder Dokumentenanalyse basieren.

In Abb. 4.1 wird zunächst eine kurze Übersicht über die in der Marktforschung
gebräuchlichsten Verfahren der dialogorientierten qualitativen Online-Forschung gegeben.

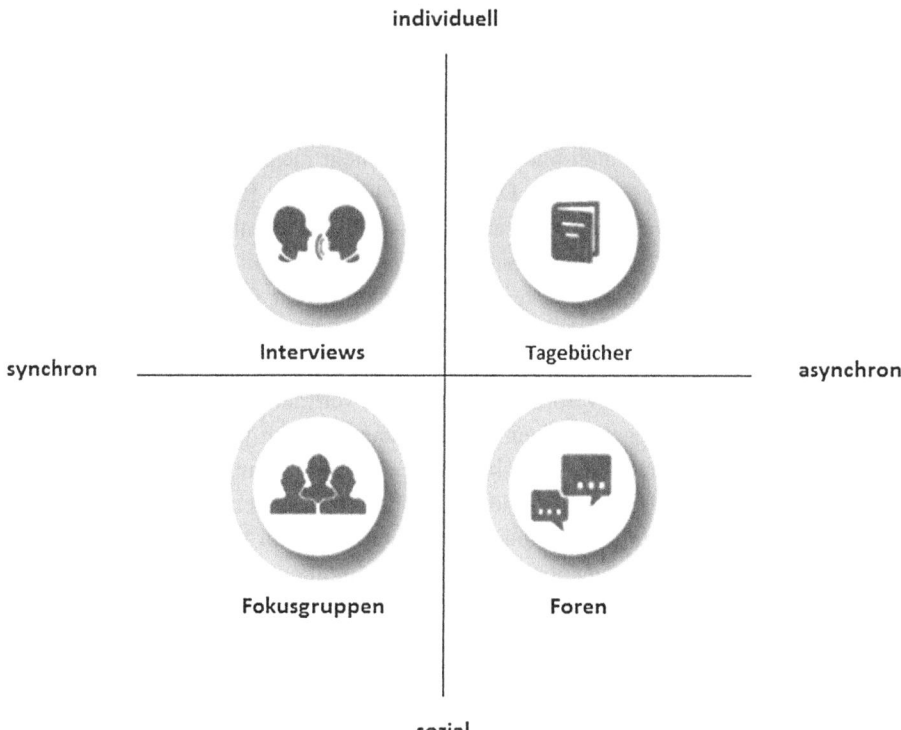

Abb. 4.1 Einordnung von Methoden der qualitativen Online-Forschung nach Fokus und Synchronität

Die dargestellten Methoden sind grundsätzlich anhand zweier Faktoren unterscheidbar: erstens anhand des Fokus auf das einzelne Individuum versus auf die soziale Gruppe und zweitens anhand der Synchronität versus der Asynchronität der Untersuchungssituation. Auf eine detaillierte Beschreibung der in Abb. 4.1 aufgeführten Methoden der qualitativen Online-Forschung wird verzichtet. Eine tabellarische Übersicht über die Eigenschaften und Merkmale der qualitativen Online-Verfahren-Fokusgruppe (auch Chat), Forum, Interview und Tagebuch findet sich in Abb. 4.2.

Die Entscheidung für den Einsatz von qualitativen Online-Methoden kann in bestimmten Einsatzfeldern viele Vorteile bieten, ohne dabei die Vorteile der klassischen Settings zu vernachlässigen. In Abschn. 4.3 wird auf die Merkmale der in der Marktforschung am häufigsten eingesetzten Methode „textbasierte Online-Fokusgruppe" eingegangen. Diese unterscheidet sich noch stärker als videobasierte Online-Fokusgruppen von der klassischen Offline-Fokusgruppe, da die Interaktion zwischen den beteiligten Parteien ausschließlich textbasiert stattfindet. Im weiteren Verlauf wird die Methode verkürzt Online-Chat genannt.

4.3   Merkmale der Methode: Online-Chat

Die Nutzung des Internets bzw. einer spezifischen Online-Plattform als „virtueller Treffpunkt" zur Ausrichtung eines Online-Chats wartet im Vergleich zur klassischen Offline-Fokusgruppe mit einigen Besonderheiten auf (Brüggen und Willems 2009; Gadeib 2001). Allein auf Aspekte wie die Reduktion von zeitlichen und monetären Aufwänden abzuheben, würde deutlich zu kurz greifen. Vielmehr ergeben sich durch die Online-Durchführung weitere Implikationen, die sowohl technisch-organisatorische als auch inhaltlich-dialogische Aspekte umfassen. Diese werden, beginnend mit den eher technisch-organisatorischen Merkmalen, im Folgenden dargestellt.

4.3.1   Technisch-organisatorische Merkmale

4.3.1.1 Technische Voraussetzungen für den Dialog

Eine stabile Internetverbindung sowie geeignete Hardware (Laptop oder Desktop-PC bzw. Smartphone oder Tablet) reichen aus, um miteinander in einen Dialog zu treten. Speziell zum Zwecke der Online-Forschung entwickelte Tools stellen nur geringe technische Anforderungen an die Teilnehmer und sind intuitiv bedienbar, wodurch der Selection Bias (nur ungewöhnlich technikaffine Teilnehmer werden befragt) vernachlässigbar ist. Teilnehmer wie Auftraggeber sollten im Vorfeld über die notwendigen und ggf. noch zu implementierenden technischen Voraussetzungen informiert werden. Probleme, die sich beispielsweise aufgrund von hohen Sicherheitsvorkehrungen seitens der Nutzer (z. B. IP-Adresse wird verschleiert, kein Flash-Player installiert o. Ä.) ergeben können, werden auf diese Weise vermieden.

	Individuell		Sozial	
	Interview	**Tagebuch**	**Fokusgruppe**	**Forum**
Dauer	30 - 90 Minuten	mehrere Tage bis Wochen	60 - 150 Minuten	mehrere Tage bis Wochen
Detailgrad	hoch	hoch	mittel bis hoch (variabel)	hoch
Leitfaden	Leitfaden erlaubt flexible Anpassung an Gesprächsdynamik	Festgelegte Aufgabenstellung, im Verlauf Modifikationen möglich	Leitfaden erlaubt flexible Anpassung an Gesprächsdynamik	Festgelegte Aufgabenstellung, im Verlauf Modifikationen möglich
Moderation	synchrone, intensive und kontinuierliche Moderation	asynchrone, wenig intensive Begleitung, stärkerer Fokus auf Beobachtung	synchrone, intensive und kontinuierliche Moderation	asynchrone, wenig intensive aber kontinuierliche Moderation
Grad der Interaktion	hoher Interaktionsgrad mit dem Interviewer	keine Interaktion, monologisch	hoher Interaktionsgrad mit anderen Teilnehmern und dem Interviewer	zunächst monologisch, nach Aufgabenbearbeitung mittlerer bis hoher Interaktionsgrad zwischen den Teilnehmern
Atmosphäre	offen, vertrauensvoll, spontan	entspannt, selbstreflexiv	offen, emotional, spontan	offen, vertrauensvoll, selbstreflexiv
Vorteile	Zugang zu schwer zugänglichen Informationen; tiefe Einblicke in Gedankenwelt und Nutzungsgewohnheiten; Erfassung zugrunde liegender psychologischer Prozesse; reduzierte"Interviewer-Effekte"	Zugang zu schwer zugänglichen Informationen; tiefe Einblicke in Gedankenwelt und Nutzungsgewohnheiten; Erfassung zugrunde liegender psychologischer Prozesse; keine Interviewer-Effekte, keine "Vergessenseffekte". Beobachtung über längeren Zeitraum möglich	Abbildung sozialer Prozesse, reduzierte Effekte sozialer Erwünschtheit; effektive und ökonomische Methode zur Abbildung des Spektrums der Sichtweisen in kurzem Zeitraum; hohe Kreativität durch wechselseitige Anregungen der Teilnehmer; reduzierte "Interviewer-Effekte"	Zugang zu schwer zugänglichen Informationen; tiefe Einblicke in Gedankenwelt und Nutzungsgewohnheiten, Abbildung sozialer Prozesse, Aufdeckung und Erkenntnisse über bisher unbedachte Aspekte; reduzierte "Interviewer-Effekte" Beobachtung über längeren Zeitraum möglich
Aufwand für Teilnehmer	vergleichsweise geringer Aufwand, da flexible Terminabstimmung, keine Ortsbindung	vergleichsweise hoher Aufwand, da intensive und kontinuierliche Aufgabenbearbeitung, keine Terminbindung, keine Ortsbindung	vergleichsweise geringer Aufwand, feste Terminbindung, Ortsbindung	mittlerer Aufwand, da kontinuierliche Aufgabenbearbeitung, keine Terminbindung, keine Ortsbindung
Einsatz von Stimuli	Einsatz von Stimuli ohne Medienbruch möglich (methodenabhängig)	Einsatz von Stimuli ohne Medienbruch möglich, Teilnehmer müssen über internetfähiges Device verfügen, evtl. weitere Software notwendig		

Abb. 4.2 Eigenschaften und Kennzeichen: Methoden der qualitativen Online-Forschung

4.3.1.2 Effizienzsteigerung durch Nutzung des Internets als Dialogplattform

Mithilfe von Online-Chats können (im Vergleich zur Offline-Fokusgruppe) schwierig zu erreichende Zielgruppen wie z. B. Business-to-Business(B2B)-Zielgruppen sowie regional und international weit gestreute Teilnehmer vergleichsweise einfach erreicht werden. Keine der beteiligten Parteien (Moderatoren, Auftraggeber und Teilnehmer) ist an einen spezifischen Ort gebunden, eine stabile Internetverbindung sowie der Zugriff auf ein geeignetes Endgerät reichen aus. Die Reisekosten und mögliche Aufwandsentschädigungen für sämtliche Beteiligte werden dadurch stark reduziert, die Teilnahmebereitschaft lässt sich deutlich steigern, Ausfallquoten lassen sich im Gegenzug deutlich senken.

Ein weiterer organisatorischer Vorteil von Online-Chats liegt im deutlich erleichterten Monitoring der Ergebnisse und der Feldqualität: Gerade bei internationalen Studien ist es sowohl für Projektleiter als auch für Projektverantwortliche auf Kundenseite deutlich einfacher, die stattfindenden Dialoge zu beobachten, zu begleiten und zu jedem Zeitpunkt – so nötig – moderierend einzugreifen. Mithilfe eines Beobachterlinks ist dies ortsunabhängig möglich.

Die automatische Erstellung von lückenlosen Transkripten direkt im Anschluss an den Chat ermöglicht es, ohne längere Wartezeiten unmittelbar mit der Analyse zu beginnen. Darüber hinaus entfällt eine bedeutsame Fehlerquelle, da manuell erstellte Transkripte vergleichsweise unvollständiger und mitunter fehlerhaft sein können, was sich wiederum nachteilig auf die Analysequalität auswirkt (Ergodan 2001).

4.3.1.3 Multimedialität

Ein weiterer Vorteil der Online-Chat Methode besteht in deren Multimedialität: Während der Einsatz von Kurzfragebögen (z. B. zur Typologisierung der Teilnehmer oder aber auch zur spontanen Bewertung von Konzepten o. Ä.) oder auch Bildern und Filmen im Rahmen von Offline-Fokusgruppen einen teilweise erheblichen Aufwand und das Auftreten von Medienbrüchen verursacht, stellt dies bei der Online-Forschung kein Problem dar und ist sehr unkompliziert möglich. Darüber hinaus besteht durch die Nutzung des sogenannten Whiteboards (Abb. 4.3) die Möglichkeit, die Teilnehmer dazu aufzurufen, sich kreativ und gestalterisch zu äußern sowie eigene Bilder und Videos hochzuladen. Hierbei werden Textmarkierungen oder gar Kollagen virtuell vorgenommen oder gestaltet, es entfallen hohe Aufwände (z. B. Bastelmaterial, Druckkosten u. Ä.) sowie der Transport von Materialien (Gnambs und Batinic 2011).

Neben den zuvor genannten organisatorischen Aspekten weisen Online-Chats im Vergleich zum Offline-Äquivalent weitere, eher inhaltlich-dialogische Besonderheiten auf.

4.3.2 Inhaltlich-dialogische Merkmale

4.3.2.1 Beiträge und Beteiligung einzelner Teilnehmer

Die Teilnehmer an Online-Chats nehmen aus ihrer Privatsphäre heraus teil. Diese – im Vergleich zur Situation im Teststudio – entspannte Atmosphäre führt in Kombination mit

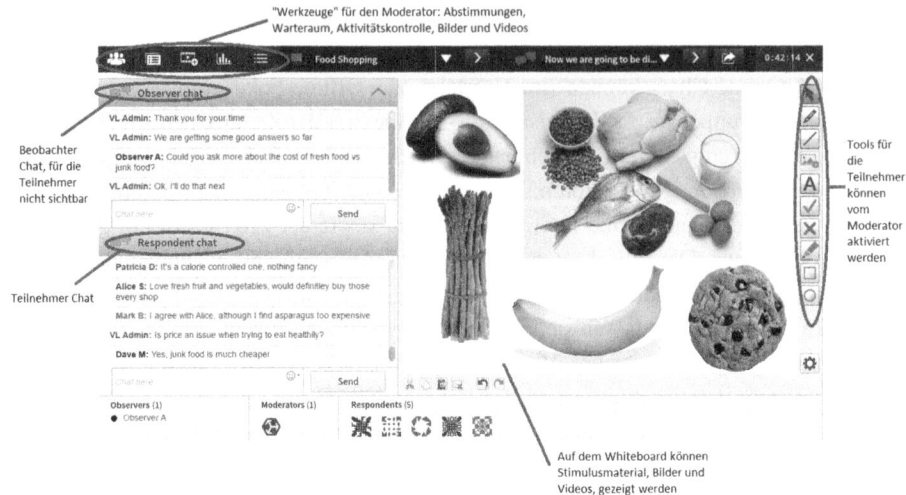

Abb. 4.3 Der virtuelle Diskussionsraum im Überblick

der (vermeintlichen) Anonymität zur Reduktion von Hemmungen und Barrieren insbesondere bei sensiblen Themen sowie zu einer deutlichen Reduktion von sozial erwünschten Antworten (vgl. Gnambs und Batinic 2011; Sweet 2001). Die einzelnen Beiträge sind bei Online-Chats vergleichsweise kürzer, jedoch prägnanter und auch zahlreicher als bei Offline-Fokusgruppen. Durch die fehlende physische Anwesenheit des Moderators sind zudem Interviewer-Effekte deutlich reduziert.

Verbraucher, gerade in den von der Marktforschung häufig avisierten Zielgruppen (zwischen 14 bis 49 Jahren, mindestens mittleres Bildungsniveau), sind unterdessen durch die alltägliche textbasierte Kommunikation trainiert (u. a. durch SMS, E-Mail, Chats). Die Beiträge der Teilnehmer sind dadurch nahezu ausnahmslos unmissverständlich formuliert. Unklarheiten treten gar nicht erst auf oder werden durch unmittelbar anschließende Erklärungen der Teilnehmer selbst aufgelöst. Insbesondere scherzhafte, ironische oder mehrdeutige Aussagen werden durch nachgeschobene Emoticons (Smileys) disambiguiert, sodass derartige Beiträge ohne umfassende Nachfragen verstanden und eingeordnet werden können.

4.3.2.2 Gruppendynamische Besonderheiten

Gruppendynamische Prozesse entwickeln sich im Rahmen von Online-Chats anders als im Rahmen von klassischen Offline-Fokusgruppen. Dass die Teilnehmer an Online-Chats aufgefordert werden, die sich aus dem textbasierten Austausch ergebende Möglichkeit zu parallelem Antworten zu nutzen, produziert deutlich spontanere und vom Antwortverhalten anderer Teilnehmer weniger beeinflusste Beiträge. Durch ein entsprechendes Verhalten des Moderators, z. B. durch bewusste Verweise auf die Wortmeldungen Einzelner, kann der Austausch der Teilnehmer untereinander befördert werden.

Meinungsführerschaften sind deutlich weniger spürbar als in vergleichbaren Offline-Settings, eher schüchterne und zurückhaltende Teilnehmer melden sich deutlich häufiger zu Wort. Durch die fehlende physische Anwesenheit des Moderators sind zudem Interviewer-Effekte deutlich reduziert. Dadurch, dass die klassische Gruppensituation (physisch) durch die Online-Situation ersetzt wird, ist auch die sogenannte Zustimmungstendenz, also die Tendenz, sich Aussagen anderer Teilnehmer anzuschließen, bei Online-Chats etwas geringer ausgeprägt als bei Offline-Fokusgruppen. Durch die Möglichkeit der Teilnehmer, unmittelbar auf Fragen des Moderators zu antworten (und nicht zunächst andere aussprechen zu lassen), sind die Antworten darüber hinaus deutlich spontaner und als authentischer einzustufen.

Die Abbildung sozialer Prozesse stellt eine der zentralen Stärken der Methode Fokusgruppe dar. Wie auch in der Offline-Fokusgruppe bietet die Methode des Online-Chats den Teilnehmern die Möglichkeit, auf Beiträge anderer Teilnehmer einzugehen. In der Praxis zeigt sich, dass Teilnehmer, nachdem sie die Fragen des Moderators beantwortet haben, Bezug auf die Beiträge anderer nehmen und sich angeregt austauschen. Hier besteht die Herausforderung für den Moderator darin, sich an den richtigen Stellen bewusst zurückzunehmen und die Diskussion auch einmal „laufen zu lassen" (Gnambs und Batinic 2011; Reid und Reid 2005), ohne dass die Diskussion zu weit vom eigentlichen Thema abschweift. Wird zu straff moderiert, besteht die Gefahr, dass Online-Chats vielmehr den Charakter paralleler Einzelinterviews erhalten und der Blick auf die sozialen Prozesse verwehrt bleibt.

4.3.2.3 Fehlen nonverbaler Reaktionen

Eine besondere Bedeutung kommt im Rahmen von Online-Chats dem Fehlen der klassischen Face-to-Face-Situation zu. Hierdurch, so wird häufig kritisiert, könnten nonverbale emotionale Reaktionen vom Forscher nicht erkannt werden und daher auch nicht in die spätere Analyse und Reflexion der Ergebnisse eingehen (vgl. Greenbaum 1998; Mühlenfeld 2006). Diese Kritik bezüglich fehlender nonverbaler Kommunikation kann bei der Methode der Online-Chats nicht von der Hand gewiesen werden. Das Fehlen dieser Face-to-Face-Situation ist jedoch nicht grundsätzlich nachteilig, sondern kann, wie bereits beschrieben, in Abhängigkeit von der Fragestellung die eigentliche Stärke der Methodik darstellen.

Wie auch bei Offline-Fokusgruppen ist es eine zentrale Aufgabe des Moderators, eine gute Übersicht darüber zu behalten, ob die Beteiligung der einzelnen Teilnehmer ausgewogen ist, und falls notwendig eine ausgeglichene Beteiligung herzustellen. Hinsichtlich der Sicherstellung der individuellen Beteiligung der Teilnehmer an Online-Chats stehen dem Moderator hier zusätzlich hilfreiche Tools zur genauen Erfassung des Engagements des Einzelnen zur Verfügung. So kann beispielsweise danach ausgewertet werden, wie viele Beiträge einzelne Teilnehmer verfasst haben oder auch, wie umfangreich diese Beiträge waren.

Der Einwand, dass es an Kontrolle mangele, ob Teilnehmer die Diskussion tatsächlich aufmerksam verfolgen oder aber die Diskussionszeit mit anderen Aktivitäten füllen, ist im Grundsatz zwar richtig (vgl. Greenbaum 1998), die Erfahrung zeigt jedoch, dass Teilnehmer durch den spielerischen und ungezwungenen Charakter des Dialoges auf onlinebasierten Befragungsplattformen überaus motiviert und engagiert partizipieren. Hierfür spricht nicht nur die bereits erwähnte Menge und Geschwindigkeit der Antworten, sondern insbesondere auch das häufig geäußerte Bedürfnis, man möge den Diskussionsraum auch nach Abschluss des eigentlichen Zeitfensters für den Online-Chat zur Verfügung stellen, um die Möglichkeit zu weiterem Austausch zu bieten.

4.3.2.4 Flexibilität und Diskretion im Rahmen der Dialogsteuerung

Während der Durchführung von Fokusgruppen werden im Verlauf der Diskussion oftmals Aspekte von Teilnehmern genannt, die der Kunde näher zu beleuchten wünscht. Während bei klassischen Offline-Settings zu diesem Zwecke beispielsweise kleine Hinweiszettel in die Gruppe gereicht werden und damit die Gesprächsdynamik mitunter empfindlich gestört wird, besteht online jederzeit (z. B. durch eigene, für den Teilnehmer nicht einsehbare Chats) die Möglichkeit für den Kunden, den Moderator um eine Vertiefung einzelner Aspekte oder das Stellen spezifischer Nachfragen zu bitten. Ebenso besteht bei Online-Chats die Möglichkeit, jederzeit Einzeldialoge mit Teilnehmern zu führen. Diese Einzelgespräche werden diskret und für die anderen Teilnehmer in nicht einsehbaren virtuellen Räumen geführt. Diese Möglichkeit wird vor allem dann eingesetzt, wenn bei sensiblen Themen nachgehakt werden soll; diese Möglichkeit ist im Rahmen einer Offline-Fokusgruppe nicht gegeben.

In seltenen Fällen von Fehlrekrutierungen oder aber nicht adäquatem Verhalten von Teilnehmern besteht im Rahmen von Online-Chats zudem jederzeit die Möglichkeit, diese (nach einer Verwarnung) diskret aus dem Dialog auszuschließen, ohne dass andere Teilnehmer dies zur Kenntnis nehmen und hierdurch die Gruppendynamik gestört würde.

4.3.2.5 Güte der Rekrutierung

Wie gut die Qualität der Studienergebnisse ist, wird maßgeblich davon beeinflusst, wie bei der Teilnehmerauswahl vorgegangen wird (Abschn. 4.4.1). Eine generelle, häufig geäußerte Kritik an qualitativen Online-Verfahren bezieht sich auf mangelnde Möglichkeiten zur Kontrolle der Güte der Stichprobe. Es sei nicht nachvollziehbar, mit wem man eigentlich diskutiere (vgl. Reid und Reid 2005). Das Gewicht dieses Aspekts soll an dieser Stelle jedoch relativiert werden. Die korrekte Auswahl und Rekrutierung einer geeigneten Stichprobe ist auch in der Offline-Forschung eine Herausforderung; auch hier besteht das Risiko, mit fehlrekrutierten oder nicht-authentischen Teilnehmern zu sprechen. Trotz der ausschließlichen Zusammenarbeit mit seriösen Felddienstleistern besteht stets ein Restrisiko, an solche Teilnehmer zu gelangen, die bewusst Angaben gefälscht haben, um an der Studie teilnehmen zu können. Bei der Auswahl geeigneter Teilnehmer kann die Online-Forschung gar im Vorteil sein, insbesondere dann, wenn das durchführende Institut die Möglichkeit hat, aus dem eigenen Panel zu rekrutieren. Aufwendige Screenings können in diesem Falle aufgrund der bereits vorliegenden Informationen über potenzielle Teilnehmer stark reduziert oder gar gänzlich überflüssig werden, da registrierte Panelisten bereits umfassende Angaben zu ihrer Person hinterlassen haben und anhand ihrer unabhängig von der durchzuführenden Studie gemachten Angaben und Merkmale gezielt eingeladen werden können.

Zur Kontrolle der Güte der Rekrutierung sollten darüber hinaus die Angaben der Teilnehmer im Rahmen der Vorstellungsrunde genutzt werden, um (unabhängig von der eingesetzten Methodik) die wichtigsten Screening-Kriterien zu überprüfen. Fehlrekrutierte oder aus anderen Gründen als „ungeeignet" klassifizierte Teilnehmer können dann noch sehr kurzfristig von der Studie ausgeschlossen werden, damit die Ergebnisqualität gesichert bleibt.

4.4 Durchführung von Online-Chats

Die Methode der Online-Chats kommt in der Marktforschung aufgrund ihrer hohen Effizienz sehr häufig zum Einsatz. Im Folgenden werden Besonderheiten der Methode „Online-Chats" sowie das Vorgehen im Projektverlauf im Rahmen unterschiedlicher Projektphasen berücksichtigt: Screen-Erstellung und Rekrutierung, Leitfadengestaltung, Durchführung und Moderation sowie Analyse und Berichtlegung.

4.4.1 Screenerstellung und Rekrutierung

Qualitative Forschung erhebt nicht den Anspruch, statistisch repräsentative Ergebnisse zu erreichen. Vielmehr soll psychologische Repräsentativität erreicht werden. Unter psychologischer Repräsentativität versteht man, dass eine qualitative Studie mit einer – im Vergleich zu quantitativen Studien – relativ kleinen Stichprobe alle psychologischen Einflussfaktoren aufzudecken vermag. Der qualitative Forscher ist also in der Lage, das Verhalten der untersuchten Zielgruppe auf zugrunde liegende psychologische Einflussfaktoren zurückzuführen. Im Rahmen von qualitativen Studien werden demnach Einstellungen, Erwartungen, Motive und Emotionen exploriert. Im Rahmen der Analyse werden diese dann reflektiert und mit wissenschaftlichen und alltäglichen Erklärungen gespiegelt. Wie bereits ausgeführt, hat die Auswahl der Teilnehmer einen erheblichen Einfluss auf die Güte der Ergebnisse. Daher sollten nach einer genauen Definition der zu untersuchenden Zielgruppe die Kriterien, anhand derer Teilnehmer eingeladen werden, festgelegt werden (Corfman 1995). Wie auch bei Offline-Fokusgruppen werden bei Online-Chats nur solche Teilnehmer ausgewählt, die den Rekrutierungskriterien entsprechen, und zur Teilnahme eingeladen.

Die Kriterien zur Rekrutierung weichen – in Abhängigkeit von den Zielen der Studie, aber auch den Zielgruppen des Auftraggebers – mitunter stark voneinander ab. Hierbei werden sowohl sogenannte exogene (wie z. B. Alter, Geschlecht, Bildungsstand) als auch endogene, inhaltsbezogene (z. B. Produktnutzung, Einstellungen) Merkmale für den Auswahlprozess der Teilnehmer definiert. Darüber hinaus werden weitere, grundsätzliche Voraussetzungen berücksichtig. So werden beispielsweise Teilnehmer, die in verwandten Branchen – z. B. im Wettbewerb, in Unternehmens- beratungen oder im Journalismus – arbeiten, standardmäßig von derartigen Dialogen ausgeschlossen (Krueger 2009; McCracken 1988).

Üblicherweise wird ein eigens für die betreffende Studie konzipierter Screening- Bogen zur Rekrutierung der Probanden eingesetzt. Die Rekrutierung für sowohl Offline- als auch Online-Fokusgruppen kann mithilfe von Teststudios oder aber in Online-Panels stattfinden. Der Screening-Bogen wird in enger Abstimmung mit den Auftraggebern konzipiert, um sicherzustellen, dass sämtliche relevanten Rekrutierungsvariablen Berücksichtigung finden. Damit die screening-relevanten Fragen nicht von sogenannten „Incentive-Jägern" erkannt werden, welche strategisch antworten, um an der Untersu- chung teilzunehmen, gilt es, die Auswahlkriterien so gut wie möglich zu verschleiern. Dies ist eine nicht zu unterschätzende Herausforderung. Hierbei haben Institute mit Zugriff auf eigene Online-Access Panels einen entscheidenden Vorteil: Im Laufe der Zeit haben die registrierten Panelisten sich an zahlreichen Umfragen beteiligt, und es liegen zusätzlich regelmäßig aktualisierte Stammdaten vor, die ein komplexes Screening stark vereinfachen, ja sogar überflüssig machen können (Welker et al. 2005). Es kann so einfa- cher, schneller und zuverlässiger gelingen, geeignete Teilnehmer zu identifizieren und zu rekrutieren.

4.4.2 Leitfadengestaltung

Qualitative Verfahren zeichnen sich durch ihre große Flexibilität aus. Durch einen Leitfa- den, der das Vorgehen bei der Untersuchung strukturiert, ist dabei gleichzeitig sicherge- stellt, dass keine relevante Fragestellung während des Gesprächs vergessen wird, damit die Möglichkeit, spätere Vergleiche zwischen verschiedenen Gruppen oder aber auch Subgruppen zu ziehen, gewährleistet bleibt. Gleichzeitig kann durch die Variabilität des Leitfadens im Verlauf eines Dialoges jederzeit auf neue und vorab gegebenenfalls noch nicht bedachte Themen eingegangen werden. So können neue Aspekte oder besonders ergiebige Stellen des Gesprächs vertieft und weiter exploriert werden. Wird im Verlauf der Untersuchung festgestellt, dass bei der initialen Konzeption relevante Themengebiete ausgeklammert wurden, besteht darüber hinaus die Möglichkeit, das Instrument für die nachfolgenden Dialoge entsprechend anzureichern (Gnambs und Batinic 2011).

Der Dialog beginnt zunächst mit einer kurzen Begrüßung der Teilnehmer und Hinweisen zum Datenschutz. Durch den Verweis auf die Gewährleistung der Anonymität gegenüber dem Auftraggeber der Studie wird eine offene und ehrliche Gesprächsatmosphäre begüns- tigt. Die Vorstellung der Teilnehmer befördert zum einen eine stärkere Verbindlichkeit und eine positive Gruppendynamik, zum anderen kann die Vorstellungsrunde der Überprüfung der Güte der Rekrutierung dienen. Es folgt der wichtige Hinweis, dass das Ziel des Dia- logs nicht ist, Wissen abzufragen, sondern über Erfahrungen und Meinungen zu sprechen. Es sollte zu keinem Punkt des Dialoges aufseiten der Teilnehmer der Eindruck entstehen, dass sie ungenügend informiert oder gar nicht ausreichend intelligent seien. Bei der Durchführung von Online-Chats wird zudem bereits zu Beginn des Dialoges darauf hingewiesen, dass Tippfehler keine Rolle spielen. Teilnehmer können dadurch ihre Gedanken freier formulieren und verlieren weniger Zeit bei der Korrektur eigener Beiträge; hierdurch werden Hemmungen abgebaut und wird Spontanität unterstützt.

Nachdem die Teilnehmer zunächst über ihre persönlichen Hintergründe, wie z. B. Familienstand und Hobbys, gesprochen haben, ist die Stimmung gelöster als zu Beginn und die Teilnehmer beginnen, sich wohlzufühlen. Der Leitfaden ist so aufgebaut, dass jedes neue Thema zunächst mit allgemeineren Fragen eingeleitet wird, welche von den Teilnehmern leicht beantwortet werden können. Selbstverständlich sollen diese Fragen so gewählt werden, dass sie gleichzeitig eine Überleitung zum Untersuchungsgegenstand aufweisen und so die Teilnehmer behutsam auf spezifischere und schwierigere Themenaspekte hinführen.

Durch dieses Vorgehen kann ein angenehmer und natürlicher Dialog entstehen, der gleichzeitig der Beantwortung der Forschungsfragen dient. Die besondere Herausforderung bei der Moderation von Online-Chats besteht darin, die Fragestellungen kurz und prägnant zu halten, da zu viel Fließtext dem Dialog die Dynamik nimmt. Zudem ist darauf zu achten, dass besonders schnell antwortende Teilnehmer sich nicht langweilen, während langsamer antwortende Teilnehmer noch auf die vorab gestellten Fragen antworten. Hier kann der Moderator beispielsweise schnellere Teilnehmer gezielt auffordern, ihre gegebenen Antworten noch ein wenig auszuführen und die Hintergründe ihrer Antworten auszuführen.

4.4.3 Durchführung und Moderation

In psychologischen Gesprächstechniken ausgebildeten Moderatoren gelingt es, selbst bei sensiblen oder schwierigen Themen eine für die Teilnehmer angenehme und natürliche Atmosphäre herzustellen, ohne dabei die Forschungsfragen aus dem Blick zu verlieren.

Die Moderatoren achten im Rahmen des Dialoges darauf, sich auf Augenhöhe mit den Gesprächsteilnehmern zu befinden und nicht von „oben herab" zu moderieren. Während in Offline-Situationen bereits ein den Gesprächsteilnehmern angepasster Kleidungsstil dazu beitragen kann, dass der Moderator als Teil der Gruppe wahrgenommen wird, muss dies in der Online-Situation entsprechend anders erreicht werden. Die Art der Ansprache der Teilnehmer und die Wortwahl des Moderators sind bei Online-Chats die wichtigsten Stellschrauben zur Herstellung einer angenehmen und offenen Dialogsituation. Dies bedeutet insbesondere, dass der Moderator sich stets dem Sprachstil der Teilnehmer anpasst, was mitunter (beispielsweise bei B2B) eine nicht zu unterschätzende Herausforderung bedeutet (Corbin und Strauss 1990). Die eigene Erfahrung zeigt darüber hinaus, dass der Einsatz von Emoticons (Symbole mit denen Stimmungen transportiert werden können, etwa Smileys) durch den Moderator bereits zu Beginn der Gruppe dazu beitragen kann, die Stimmung zu lösen und eine vertrauliche und offene Atmosphäre auf

Augenhöhe zu erzeugen. Bei internationalen Projekten wird die Moderation idealerweise von Muttersprachlern übernommen, die beispielsweise landestypische Redewendungen korrekt einordnen und darauf eingehen können.

Die Durchführung von Online-Chats stellt Moderatoren vor besondere Herausforderungen. Es ist beispielsweise eine nicht zu unterschätzende Leistung, sowohl die Beiträge der Teilnehmer als auch die der Auftraggeber (im Parallel-Chat) im Blick zu behalten und flexibel und schnell auf sie zu reagieren (Gadeib 2001; Reid 2005). Im Kundenchat entwickelt sich mitunter ein reger Dialog mit den Auftraggebern. Daher bietet es sich an, standardmäßig eine Moderation mit Moderator und unterstützendem Co-Moderator zu etablieren. Der Co-Moderator ist in diesem Fall auch für die Einblendung von Kurzumfragen (z. B. zur Einordnung der Teilnehmer anhand von Typologien) oder des Testmaterials am sogenannten Whiteboard verantwortlich und entlastet so den Moderator, der seinen Fokus auf die eigentliche Diskussion legen kann.

Obwohl der Moderator in der Lage sein sollte, die Tastatur zügig zu bedienen und damit schnell auch spontane Fragen in die Gruppe zu stellen, kommt es nicht zwingend auf Perfektion an. Konsumenten neigen dazu, sich bei kleineren Tippfehlern des Moderators sogar offener zu verhalten, da solche Tippfehler größere Nähe und Authentizität vermitteln. Die entsprechenden Moderationsplattformen bieten zudem eine große Unterstützung, da der Leitfaden vorab in eine Toolbox eingepflegt werden kann und einzelne Textelemente bzw. Fragen direkt per Mausklick in das Chatfenster eingefügt werden können. So sind es dann meist nur Nachfragen oder spontane Ausflüge in vorab nicht eingeplante Themenwelten, die der Moderator per Hand eintippen muss.

4.4.4   Analyse und Berichtlegung

Im Anschluss an die textbasierte Online-Fokusgruppe kann der gesamte Gesprächsverlauf einfach als Textdokument heruntergeladen werden. Diese vollautomatisch von der Software erstellten Transkripte sind im Vergleich zu händisch erstellten Mit- oder Abschriften (wie bei Offline-Fokusgruppen) lückenlos und können auch dem Auftraggeber (nach Löschung eventueller personengebundener Daten) unmittelbar nach Abschluss der Diskussion zur Verfügung gestellt werden.

Die Analyse der Daten ist mit der im Rahmen von Offline-Methoden weitestgehend vergleichbar. So beschränkt sich die Analyse qualitativer Daten nicht auf textanalytische Methoden (z. B. Kategorienbildung und -auszählung), sondern erhebt darüber hinaus den Anspruch, die Oberfläche des gesprochenen Wortes zu verlassen und zugrunde liegende Wirkweisen und Zusammenhänge aufzudecken. Hierdurch gelingt es, bedeutsame Informationen und Einsichten zu generieren. Die Daten werden mit besonderem Blick auf Ziele und Kernfragestellungen der Studie interpretiert. Zugrunde liegende psychologische Wirkmechanismen finden dabei besondere Berücksichtigung. Dies betrifft sowohl individuelle und personimmanente Dynamiken als auch gruppendynamische Effekte (Calder 1977; Corbin und Strauss 1990, 2008; Mayring 2010).

Im Vergleich zu Offline durchgeführten Fokusgruppen ist der Forscher im Rahmen der Analyse von Online-Chats nicht von äußerlichen Hinweisreizen wie dem Kleidungsstil, der Mimik und Gestik der Teilnehmer vorbeeinflusst. Bei der Online-Methodik sind die Äußerungen der Teilnehmer klar relevanter als deren persönliche Merkmale und Äußerlichkeiten. Zu vergleichen ist dies im übertragenen Sinne mit der Evaluation eines Bewerbungsschreibens ohne Passfoto. Der Analyseprozess ist weniger stark von verzerrenden persönlichen Faktoren des Forschers (wie beispielsweise der Sympathie für einzelne Teilnehmer) beeinflusst.

Die Berichtlegung orientiert sich stark an den Bedürfnissen des Auftraggebers. Klassischerweise enthält der Bericht neben der Darstellung der eingesetzten Methodik und der befragten Stichprobe die Kernergebnisse der Untersuchung, Optimierungshinweise sowie Handlungsempfehlungen. Hierbei dienen O-Töne der Befragten dazu, die abgeleiteten Erkenntnisse zu belegen und greifbarer zu machen. Aktuell lässt sich ein Trend weg von der klassischen Berichtlegung (z. B. in Form von PowerPoint-Charts oder Word-Berichten) hin zu einer Darstellung der Forschungsergebnisse in erlebbarerer Form feststellen (z. B. mithilfe von Filmen oder in Form von Personas, mit denen Zielgruppen und deren Lebenswelten anschaulich charakterisiert und dargestellt werden). In welcher Form die Ergebnisse an den Auftraggeber berichtet werden, ist wie auch bei der Offline-Forschung abhängig von den Wünschen und Vorlieben des Auftraggebers.

4.5 Fazit

Das Internet hat Jahrzehnte rasanten Nutzungszuwachses hinter sich und ist unterdessen kaum noch aus dem privaten wie beruflichen Alltag wegzudenken. Die (Markt-)Forschung hat auf diese Entwicklung reagiert und eine Vielzahl von Erhebungsmethoden in den virtuellen Raum verlagert bzw. gänzlich neue Forschungszweige und -methoden etabliert, die ohne das Medium Internet undenkbar gewesen wären.

Der Beitrag hat gezeigt, dass Online-Chats viele Aspekte von Offline-Fokusgruppen abdecken können und in einigen Bereichen bzw. bei spezifischen Forschungszielen sogar bessere Ergebnisse erzielen können als die Offline-Variante. Die Besonderheit der Methode Online-Chat beschränkt sich demnach keinesfalls auf die häufig assoziierte Kostenersparnis, sondern lässt sich anhand zahlreicher weiterer Aspekte von der Methodik der Offline-Fokusgruppe abgrenzen. So sind es gerade die Besonderheiten hinsichtlich technisch-organisatorischer, aber auch inhaltlich-dialogischer Merkmale, die den Einsatz von Online-Chats in der Praxis empfehlenswert machen können. Vor dem Einsatz der Methode Online-Chat gilt es, sich die Besonderheiten der Methode vor Augen zu führen und die Methode dann in sinnstiftender und mehrwertgenerierender Weise einzusetzen. Online-Chats sind, wie dargestellt, kein Surrogat für Offline-Fokusgruppen, sondern stellen in vielen Aspekten in den einzelnen Projektphasen abweichende Herausforderungen an den Projektleiter dar. Aus diesem Grunde bedarf es, wie auch bei anderen qualitativen Methoden, spezifischer Kompetenzen und Erfahrung, um die Methode des Online-Chats adäquat und gewinnbringend einzusetzen. Bei der Wahl der Methode sollten die Rahmenbedingungen und spezifischen Projekterfordernisse selbstverständlich Berücksichtigung finden.

Kennzeichnend für gute Forschung bleibt demnach, dass erst im Anschluss an die Definition der Erkenntnisziele die Auswahl geeigneter Erhebungsmethoden stattfindet. Vor diesem Hintergrund sollten bei der Entscheidung für den Einsatz von qualitativer Methodik stets die generellen aber auch spezifischen Vor- wie auch Nachteile des Online- und Offline-Instrumentariums berücksichtigt werden. In der Marktforschung gilt es dabei, neben den rein inhaltlichen Aspekten auch die Anforderungen auf Kundenseite zu beachten und methodische Lösungswege aufzuzeigen, welche die bestmögliche Ergebnisqualität erwarten lassen.

Die rasante Entwicklung technischer Möglichkeiten wird auch vor Lösungen für qualitative Online-Methoden nicht haltmachen. Im Zusammenspiel mit der voranschreitenden Digitalisierung und der wachsenden Offenheit auf Kundenseite wird der qualitativen Online-Forschung ein höherer Stellenwert zukommen. Auch wenn klassische Offline-Methoden weiterhin Bestand haben werden, bieten aktuelle und zukünftige Online-Methoden dem Forscher und Auftraggeber völlig neue Wege, die Gedankenwelt und Bedürfnisse der Zielgruppen zu erforschen und zu verstehen. Die qualitative Online-Forschung ist damit kein bloßes Substitut, sondern bietet völlig neue Möglichkeiten, mit denen es sich aktuell und zukünftig auseinanderzusetzen gilt.

Literatur

Arnold, R., Waldburger, M., Morasch, B., Schmid, F., Schneider, A., Cilli, V., Peijl, S. van der, & Wauters, P (2015a). *The value of network neutrality to European consumers – Full results report*. Riga: Body of European Regulators of Electronic Communications.

Arnold, R., Waldburger, M., Morasch, B., Schmid, F., Schneider, A., Cilli, V., Peijl, S. van der, & Wauters, P. (2015b). *The value of network neutrality to European consumers – Summary report*. Riga: Body of European Regulators of Electronic Communications.

Brüggen, E., & Willems, P. (2009). A critical comparison of offline focus groups, online focus groups and e-delphi. *International Journal of Market Research, 51*(3), 363–381.

Calder, B. J. (1977). Focus groups and the nature of qualitative marketing research. *Journal of Marketing Research, 14*(3), 353–364.

Corbin, J. M., & Strauss, A. (1990). Grounded theory research: Procedures, canons, and evaluative criteria. *Qualitative Sociology, 13*(1), 3–21.

Corbin, J. M., & Strauss, A. L. (2008). *Basics of qualitative research: Techniques and procedures for developing grounded theory* (3. Aufl.). Thousand Oaks: Sage Publications.

Corfman, K. P. (1995). The importance of member homogeneity to focus group quality. *Advances in Consumer Research, 22*(1), 354–359.

Eimeren, B. van, & Frees, B. (2011). Ergebnisse der ARD/ZDF-Onlinestudie 2011. Drei von vier Deutschen im Netz – ein Ende des digitalen Grabens in Sicht? *Media Perspektiven, 7–8,* 334–349.

Eimeren, B. van, & Frees, B. (2013). Rasanter Anstieg des Internetkonsums – Onliner fast drei Stunden täglich im Netz. *Media Perspektiven, 7–8,* 358–372.

Eimeren, B. van, & Frees, B. (2014). Ergebnisse der ARD/ZDF-Onlinestudie 2014. 79 Prozent der Deutschen online – Zuwachs bei mobiler Internetnutzung und Bewegtbild. *Media Perspektiven, 7*(8), 378–396.

Erdogan, G. (2001). Die Gruppendiskussion als qualitative Datenerhebung im Internet. Ein Online-Offline-Vergleich. Universität Frankfurt. http://www.soz.uni-frankfurt.de/K.G/B5_2001_Erdogan.pdf.

Gadeib, A. (2001). Marktforschung mit Multimedia – Die Möglichkeiten der Marktforschung online. In A. Theobald, M. Dreyer, & T. Starsetzky (Hrsg.), *Online-Marktforschung* (S. 83–389). Wiesbaden: Gabler.

Gibbs, A. (1997). Focus groups. *Social research update, 19*(8), 1–8.

Gnambs, T., & Batinic, B. (2011). Qualitative Online Forschung. In E. Balzer & G. Naderer (Hrsg.), *Qualitative Marktforschung in Theorie und Praxis* (S. 385–404). Wiesbaden: Gabler.

Greenbaum, T. (1998).: Internet focus groups are not focus groups – so don't call them that. Groupsplus.com. http://www.groupsplus.com/pages/qmrr0798.htm.

Initiative D21. (2014). Die Entwicklung der digitalen Gesellschaft in Deutschland. Eine Studie der Initiative D21 und TNS Infratest. http://www.initiatived21.de/wpcontent/uploads/2014/11/141107_digitalindex_WEB_FINAL.pdf.

Kozinets, R. V. (2010). *Netnography: Doing ethnographic research online*. Los Angeles: Sage Publications.

Krueger, R. A., & Casey, M. A. (2009). *Focus groups: A practical guide for applied research* (4. Aufl.). London: Sage Publications.

Mayring, P. (2010). Qualitative Inhaltsanalyse. In G. Mey & K. Mruck (Hrsg.), *Handbuch Qualitative Forschung in der Psychologie* (S. 601–613). Wiesbaden: VS Verlag.

McCracken, G. (1988). *The long interview*. London: Sage Publications.

Mühlenfeld, H.-U. (2006). Mensch-Maschine: Maschine Mensch; technische Restriktionen von CMC und ihre Auswirkung auf die Erhebung qualitativer Daten am Beispiel von Online Focus Groups. In K.-S. Rehberg, & Deutsche Gesellschaft für Soziologie (DGS) (Hrsg.), *Soziale Ungleichheit, kulturelle Unterschiede: Verhandlungen des 32. Kongresses der Deutschen Gesellschaft für Soziologie in München*. Frankfurt a. M.: Campus.

Reid, D. J., & Reid, F. J. M. (2005). Online focus groups: An in-depth comparison of computer-mediated and conventional focus group discussions. *International Journal of Market Research, 47*(2), 131–162.

Sippel, H.-J. (2009). Online-Kommunikation und bürgerschaftliches Engagement. *BBE-Newsletter 2009*(2), 1–5.

Sweet, C. (2001). Designing and conducting virtual focus groups. *Qualitative Market Research: An International Journal, 4*(3), 130–135.

Welker, M., Werner, A., & Scholz, J. (2005). *Online-Research: Markt-und Sozialforschung mit dem Internet*. Heidelberg: dpunkt.

Über den Autor

Dr. Anna Schneider war verantwortlich für die Neuausrichtung und Implementation qualitativer Forschung bei YouGov Deutschland. Aktuell ist sie Dozentin an der Hochschule Fresenius. Hier unterrichtet sie Fächer der Angewandten- und Wirtschaftspsychologie. Ihr zentrales Forschungsinteresse gilt den Auswirkungen der Digitalisierung auf Gesellschaft, Wirtschaft und Politik. Wesentlich ist hierbei stets die Analyse der psychologischen Wirkgefüge, die das menschliche Verhalten prägen.

Online- versus mobile Umfragen in der Marktforschung

5

Oliver Gansser und Sabrina Zimmermann

Zusammenfassung

Die zunehmende Abdeckung von mobilen Anwendungen über Smartphones ermöglicht für die Marktforschung die Ausschöpfung von Device-Agnostic-Potenzialen. Eine erste Studie zeigt die Herausforderungen digitaler Datenquellen für die Marktforschung, eine zweite Studie (Case Study) vergleicht die online- und mobilbasierte Datenerhebung. Marktforscher sollten die Möglichkeiten von Device Agnostic grundsätzlich ausschöpfen, nicht nur aufgrund der höheren Repräsentativität solcher Umfragen.

Die Autoren danken Frau Jaya Hegele für die Unterstützung im Abschn. 5.6.

O. Gansser (✉)
FOM Hochschule für Oekonomie & Management, ifes Institut,
München, Deutschland
E-Mail: oliver.gansser@fom.de

S. Zimmermann
Research Now GmbH, Hamburg, Deutschland
E-Mail: Szimmermann@researchnow.com

Inhaltsverzeichnis

5.1   Einleitung

In den letzten Jahren hat die Verbreitung des mobilen Internets stark zugenommen. Konsumenten und Unternehmen haben die Möglichkeiten mobiler Technologien rasch adaptiert, sodass die Anzahl mobil erreichbarer Menschen kontinuierlich gestiegen ist und auch weiterhin ansteigt. Marktforscher sollten diese Entwicklung nutzen und die mobile Datenerhebung in ihrer Feldforschung berücksichtigen – zusätzlich zu stationären Methoden wie Online-, Telefon- und Face-to-Face-Umfragen. Dabei müssen unter den verschiedenen Datenerhebungsmöglichkeiten nicht nur die Marktforscher eine Entscheidung treffen. Auch die Befragten selbst stehen vor der Entscheidung, mit welchem Gerät sie an einer Umfrage teilnehmen, vorausgesetzt, dass verschiedene Geräteoptionen über sogenannte Device-Agnostic-Studien angeboten werden.

▶ Bei Device-Agnostic-Studien können die Untersuchungsteilnehmer bzw. die Auskunftspersonen entscheiden, über welches Gerät sie an der Umfrage teilnehmen. Die Umfrage als Anwendung läuft dabei mit verschiedenen Systemen (Personal Computer, Tablet oder Smartphone), ohne besondere Anpassungen.

5.2   Ein Blick zurück in die Geschichte der Online-Marktforschung

Hoffmann (2012) identifiziert bei der Entwicklung der Online-Marktforschung zwei relevante Innovationszyklen:

1. Innovationszyklus von 1999 bis 2003: Dieser Zeitraum war gekennzeichnet durch die Adaption traditioneller Befragungen auf das Internet.
   - So konnte durch das Internet aus einem bestehenden Pool von registrierten Personen ein *Online Access Panel* aufgebaut werden, die an Online-Befragungen teilnehmen. Die Einladung zur Teilnahme (je nach Auswahlverfahren) erfolgt ebenfalls über das Internet per E-Mail. Online Access Panels sind bis heute das zentrale Online-Befragungsinstrument kommerzieller Marktforscher.
   - Weniger durchgesetzt haben sich *SMS- und WAP-Befragungen*. Bei SMS-Befragungen werden eine oder mehrere Kurzmitteilungen per SMS verschickt, die beantwortet werden sollen. Dabei müssen die Befragungsteilnehmer Textmeldungen zurückschicken, die die Antwort enthalten. Wireless Application Protocol (WAP) wurde entwickelt, um mit kleinen mobilen Geräten auf das Internet zuzugreifen. Die Teilnehmer werden mit einer WAP-Push-Nachricht zur Umfrage eingeladen, indem ein Link zum mobilen Fragebogen aufgerufen wird (Maxl und Döring 2010, S. 24 ff.).
   - Mit *digitalen Set-Top-Boxen* werden Befragungen durchgeführt, die mittels der Bedienung am Fernsehgerät vom Befragten (durch Rückkanal im Gerät) beantwortet werden. Trotz der Hoffnung auf mehr Repräsentativität ist diese Möglichkeit der Datenerhebung weitestgehend verschwunden.
   - Ebenfalls nur als ergänzendes Erhebungsinstrument und nicht als Hauptzugangsoption hat sich das Thema „*River Sampling*" herauskristallisiert. Beim River Sampling wird unabhängig von einem vorher festgelegten Befragungsthema jeder n-te Besucher einer Webseite um Teilnahme an einer Umfrage gebeten. Nach einigen Screeningfragen zur Person wird diese je nach Bedarf einem passenden Thema zu einer Umfrage zugeteilt. Sollte kein Thema passen, wird die Befragung abgebrochen (vgl. Hagenhoff 2015, S. 99).

2. Innovationszyklus ab ca. 2006: Dieser Zyklus war gekennzeichnet durch die Entwicklung und Nutzung der wahren Stärken des Internets für die Marktforschung. Wesentliches Merkmal war die asynchrone Kommunikation über Ort und Zeit hinweg mit den Befragungs- und Studienteilnehmern.
   - Market Research Online Community (MROC): Bei einer MROC suchen die Mitglieder Anschluss an eine Community in dem Wissen, dass diese überwiegend der Marktforschung dient. Bei der Mehrzahl der Mitglieder handelt es sich meist um Kunden, die dadurch die Rolle der Befragungs- oder Studienteilnehmer oder Testkäufer einnehmen (vgl. Eisele 2011).
   - Co-Creation: Zusammenarbeit bei der Entwicklung von Innovationen mit Kunden durch eine aktive Teilnahme der Kunden an den Innovationsaktivitäten des Unternehmens (vgl. Ihl und Piller 2010, S. 9 f.).
   - Gamification: Bei dieser Befragungsform werden spieltypische Elemente in die Befragung integriert. Dies soll die Motivation der Befragten steigern und die Interaktion mit dem Befrager erhöhen oder gewünschte Verhaltensweisen beim Befragten auslösen (vgl. Unger 2015; Hagenhoff 2015).

– Surveytainment: Online-Befragungen werden mit grafischen und unterhaltsamen Elementen oder Animationen bereichert. Dies solle die Bereitschaft zur Teilnahme erhöhen, die Abbruchquote senken und den Befragten animieren, bis zum Absenden des Fragebogens an der Befragung teilzunehmen (vgl. Hagenhoff 2015, S. 93).

5.3 Die Bedeutung von Social Media für die Marktforschung (Studie 1)

5.3.1 Aktuelle Entwicklungen der Online-Marktforschung

Eine Umfrage im November 2014 bei 276 Unternehmen ergab, dass immerhin fast 40 Prozent der Unternehmen Marktforschung als Ziel oder Einsatzgebiet sozialer Medien ansehen (siehe Abb. 5.1).

Durch die immer stärkere Durchdringung von Social Media im Internet, drängt sich die Frage auf, ob diese Daten in Zukunft nicht weitestgehend ausreichen, um die für die Marktforschung notwendigen Informationen abzurufen. Viele Daten sind bereits über die sozialen Medien im Netz verfügbar und müssen nicht primär erfasst werden. Wird dieser Kanal effizient genutzt, könnten zukünftig die gängigen Problemstellungen mit entsprechenden Methoden durchaus beantwortet werden. In jedem Fall sind Zielsetzung, Kosten und Zeitaspekte abzuwägen. Die Branche spricht dementsprechend vom *Zuhören* (Informationen aus den sozialen Medien erfassen) anstatt vom *Fragen* (Informationen gezielt über Befragungen erfassen) (vgl. Hoffmann 2012, S. 141).

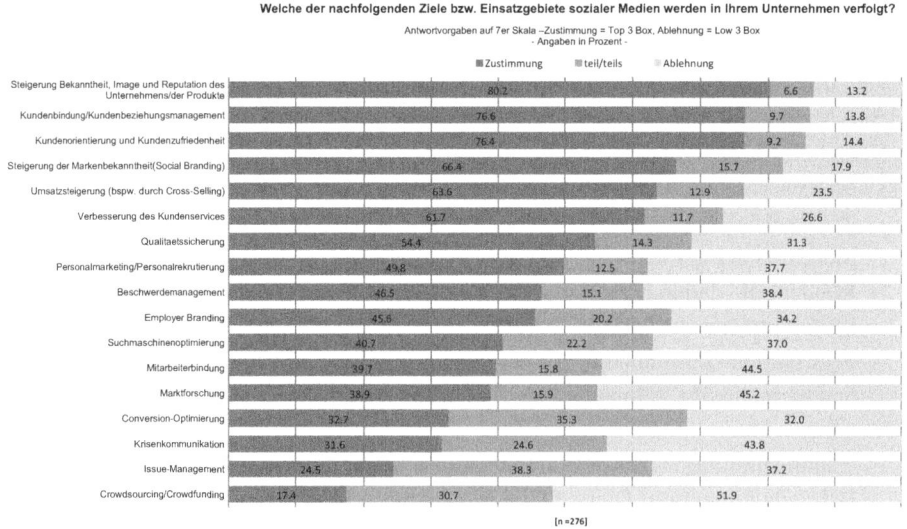

Abb. 5.1 Ziele und Einsatzgebiete sozialer Medien

Immerhin verwenden 77 % der Unternehmen Social-Media-Kanäle für ihr Kundenbeziehungsmanagement. Vor allem hier kann durchaus von *Zuhören* gesprochen werden, weil es um die Analyse der Daten eigener Kunden geht. Hier sind nicht nur aktuelle und verlässliche Datenbanken erforderlich, sondern die Verknüpfungen zu Social-Media-Daten aus dem Internet und die professionelle und konstante Analyse dieser Verknüpfungsdaten. Ein gut funktionierendes Kundenbeziehungsmanagement fordert immer eine Interaktion mit den Kunden, offline und online.

Findet das *Fragen* oder *Zuhören* nicht nur am PC statt, sondern mobil mittels Smartphone oder Tablet, können Befragungen auch ausgelöst werden, weil eine Person einen bestimmten Ort betreten oder verlassen hat. Über GPS-Ortung können sogenannte Location Triggert Surveys innerhalb geschlossener Access Panels oder als Opt-in, also auf freiwilliger Basis, eingesetzt werden (vgl. Hoffmann 2012, S. 144).

5.3.2 Digitale Datenquellen als Herausforderungen für die Marktforschung

Digitale Datenquellen und neue Analysetechniken eröffnen neue Möglichkeiten in der Marktforschung, um das Konsumentenverhalten, die Motivationen, die Vorlieben und auch das Kauferlebnis der Kunden besser zu verstehen (vgl. Binder und Weber 2015, S. 31). Beziehungsmanagement und Marktforschung werden in Zukunft datengetriebener und

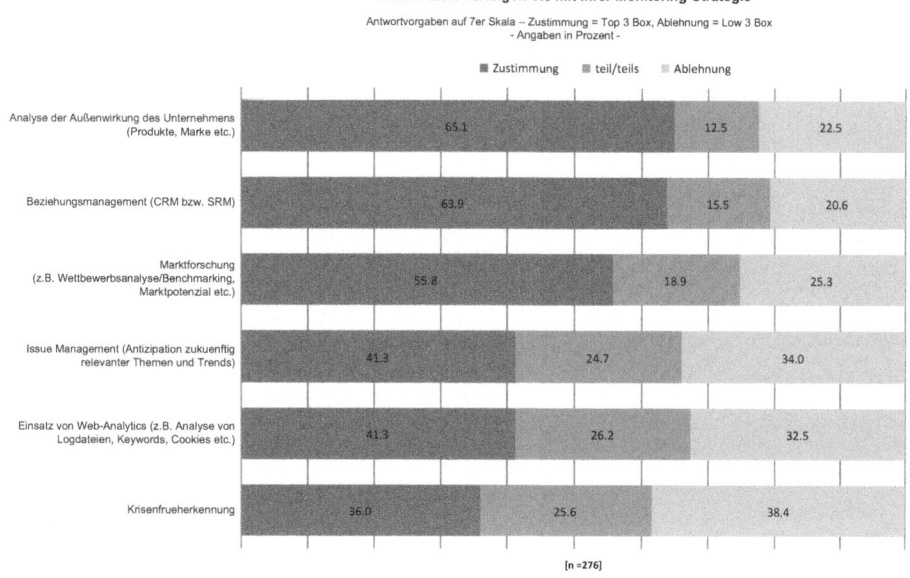

Abb. 5.2 Einsatzgebiet des Social Media Monitorings

schneller sein (siehe Abb. 5.2). So gaben 64 % der befragten Unternehmen an, dass Beziehungsmanagement ein wichtiges Ziel der Monitoring-Strategie ist. 56 % stimmten zu, dass Marktforschung eine wichtige Rolle beim Monitoring der Social-Media-Strategie spielt.

Informationen werden leichter und flexibler für die unterschiedlichen Entscheidungssituationen und unternehmensübergreifender zugänglich sein und herkömmliche Forschungsansätze werden mit neuen Methoden kombiniert (vgl. Binder und Weber 2015, S. 31 f.). Wenn sehr große oder komplexe oder sich schnell ändernde Datenmengen vorliegen oder gesammelt werden und diese mit manuellen und klassischen Methoden der Datenerhebung nicht ausgewertet werden können, wird die Bezeichnung Big Data bzw. Massendaten verwendet. Aus Abb. 5.3 wird ersichtlich, dass die eigenen Monitoring-Strategien im Moment noch als weniger erfolgreich eingeschätzt werden als andere Social-Media-Strategien. Dies impliziert, dass es bezüglich der effektiven und effizienten Einsatzmöglichkeiten des Social Media Monitorings durchaus Nachholbedarf gibt. Eine wesentliche Herausforderung der Marktforschung mit Massendaten wird in Zukunft die erfolgreiche Sammlung und Analyse der im Netz vorhandenen Daten sein. Solange wird es noch notwendig sein, durch Primärstudien online (stationär und mobil) und offline Informationen über die Märkte zu beschaffen und zu analysieren.

Schäfer et al. (2012) analysieren sehr viele Aufgabengebiete und Anwendungsmöglichkeiten für Big Data. Im Handel liegen die Schwerpunkte bei der Erstellung

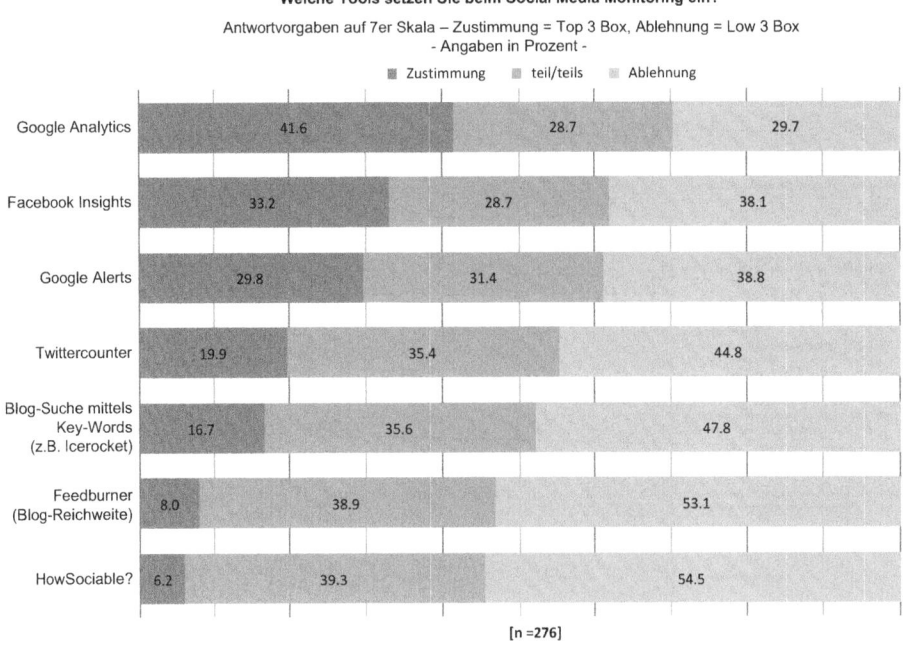

Abb. 5.3 Erfolg einzelner Social-Media-Strategien

von Absatzprognosen, dem Monitoring des Marktes und des umsichtigen Controllings (Planung und Steuerung). In der Industrie und im Dienstleistungsbereich wird die Analyse von Big-Data-Anwendungen für eine vorausschauende Instandhaltung sowie die Generierung von Produktinnovationen oder die Verbesserung der Produkte genutzt. Nachfolgend sind einige für die Marktforschung relevanten Anwendungsfälle aufgeführt (vgl. Schäfer et al. 2012).

5.3.2.1 Personalisierte Ansprache

Personalisierte Ansprache stellt eine Art Direktwerbung dar, die der Handel nutzt, um mit persönlichen Daten über Kunden eine personalisierte Produktempfehlung zur passenden Gelegenheit abzugeben. Hierzu werden Kunden- und Verkaufszahlen genutzt und wenn möglich mit anderen Daten aus anderen Quellen (Sozialen Netzwerken, Online Spielen, Aufenthaltsdaten etc.) kombiniert. Für den Handel sind dies prädikative Maßnahmen der Kundenbindung.

5.3.2.2 Markt-Monitoring

Eine zentrale Aufgabe des Monitoring ist die laufende Überwachung von Veränderungen des allgemeinen Umfelds, des relevanten Marktes und der relevanten Branche. Die Überwachung bezieht sich hierbei auf die klassische Umweltanalyse der Marketingplanung sowohl offline als auch online (vgl. Gansser 2014, S. 12 ff.), als auch nachrichtliche Eilmeldungen über Ereignisse, die über klassische Kommunikationsmedien und Social Media kommuniziert werden. Reaktionsmöglichkeiten können technisch automatisiert werden, indem der Handel diese Informationen mit seinen eigenen Daten abgleicht und dann z. B. eine automatische Preisanpassung durchführt. Abb. 5.4 zeigt die präferierten Tools für das Social Media Monitoring.

5.3.2.3 Betriebsoptimierung

Datenbasierte Planung und Entscheidung erhöhen die Produktivität und dienen dem Marketing und der Disposition im Handel als wichtige Informationsquelle zur Prognose von Absätzen. Für die Prognose werden z. B. im Versandhandel Bewerbungsgrad online und offline, Produkteigenschaften und Umweltbedingungen abgeglichen. Eine lernende Software optimiert daraufhin die Kundenansprache, das Artikelranking, den Seitenanteil oder die Katalogausstoßmenge.

5.3.2.4 Produkt- und Dienstleistungsinnovationen

Für die Generierung von Produkt- oder Dienstleistungsinnovationen in Industrie, Dienstleistung aber auch im Banken- und Versicherungsbereich unterstützen Big-Data-Quellen vor allem die Analyse der Nutzungs- und Verhaltensdaten (so können z. B. die Kunden von Nike ihre Trainingsdaten auf eine Community-Website uploaden), die Erkennung von Social-Media-Trends und die Überwachung von Online-Portalen. Zielsetzung ist die Erhöhung der Produkt- und Servicequalität. Analysiert werden Meinungen und Feedback aus sozialen Medien und Daten aus großen Content-Datenbanken.

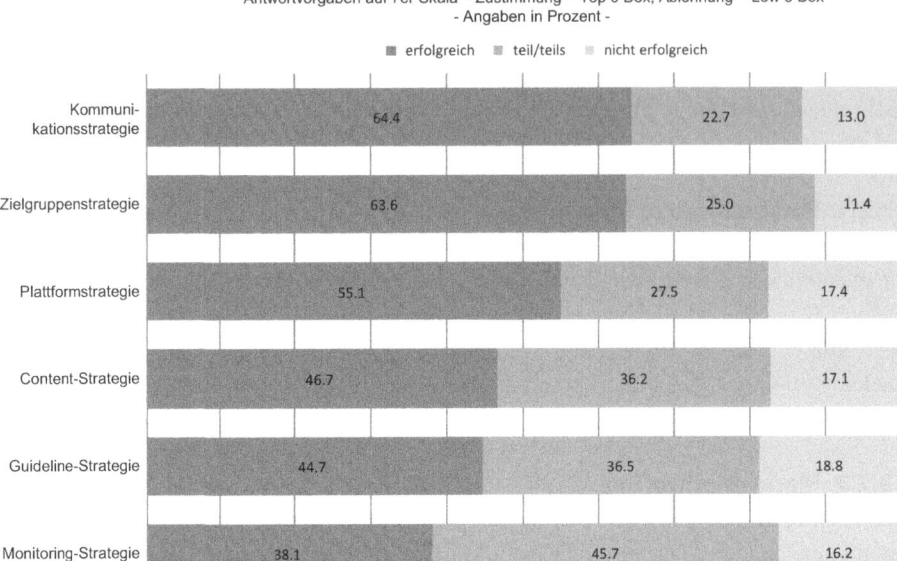

Abb. 5.4 Präferierte Tools für das Social Media Monitoring

▶ In Content-Datenbanken werden Informationen zur Wiederverwendung durch ein Content-Management-System (CMS) gespeichert. Content-Datenbanken werden für die Erstellung von Web-Portalen, Such- und Informationssysteme und zur Datenanreicherung bestehender Websites benötigt.

5.4 Nutzung des mobilen Internets

Durch die große Verbreitung von Smartphones und Tablets wird deutlich, dass man die Mehrheit der Befragten nicht mehr nur online, sondern auch mobil erreichen kann. Das Smartphone tragen viele Menschen ständig bei sich, sowohl bei der Arbeit als auch in der Freizeit. Sie sind also beinahe durchgehend über dieses Device erreichbar. Während es zuerst vermehrt Männer waren, die in Besitz eines Smartphones waren, hat sich das Geschlechterverhältnis mittlerweile angeglichen. Ebenso gleichen sich auch die Altersgruppen allmählich an. Einige Zielgruppen sind mittlerweile verstärkt auf Ihrem Smartphone zu erreichen und nicht mehr online (wie z. B. bestimmte B2B-Zielgruppen, aber auch jüngere Menschen).

Vergleicht man die Nutzung des Internets, so wird deutlich, dass die Nutzung via Smartphone und Tablet von 2013 zu 2014 rapide zugenommen hat. Global gesehen wird

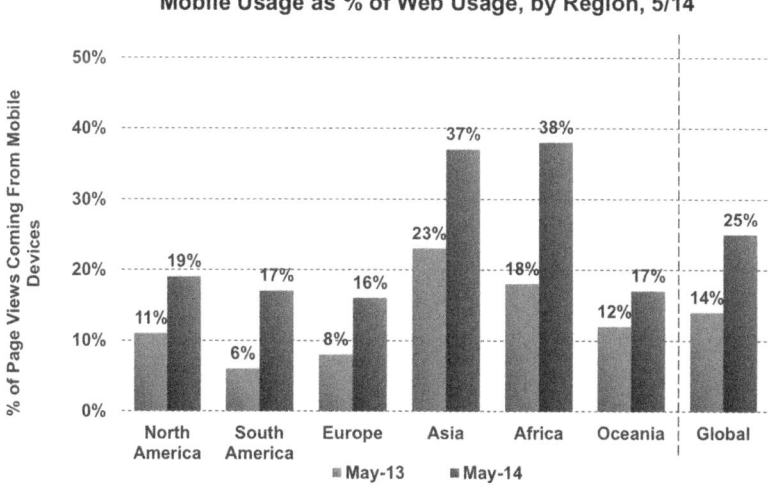

Abb. 5.5 Anteil der Nutzung des mobilen Internets im Vergleich zur Gesamtnutzung

das Internet zu 25 % über Smartphones und Tablets genutzt. In Europa lag der Anteil im Mai 2014 bereits bei 16 % (siehe Abb. 5.5).

Research Now hat die Verteilung von Smartphones und Tablets bei mobilen Umfragen innerhalb des Research Now Panels von Mai 2014 bis April 2015 in Deutschland verglichen. Für die mobilen Befragungen zeigt sich, dass Smartphones etwas häufiger genutzt werden als Tablets (siehe Abb. 5.6).

5.5 Unterschiede zwischen Online-Umfragen und mobilen Befragungen

Als Marktforscher sollte man bedenken, dass Online-Umfragen und mobile Befragungen im Hinblick auf das Untersuchungsdesign nicht identisch sind.

a) Online-Befragungen sind tendenziell länger und umfassender als mobile Befragungen, die erfahrungsgemäß eher kurz gehalten werden sollten. Im Nachhinein kann man bei mobilen Umfragen Profildaten von Panelisten als Ergänzung hinzuspielen (z. B. Berufstätigkeit, Einkommen oder Mediennutzung).

b) Online werden Panelisten standardmäßig nach einem Erlebnis befragt, während man mobil auch während eines Erlebnisses befragen kann. Dies kann beispielsweise während eines Events sein oder aber auch direkt während eines Produkttests. Die Antworten, die gewonnen werden, stammen unmittelbar aus dem Moment des Erlebens und nicht aus der Erinnerung. Einen zusätzlichen qualitativen Input kann man bei mobilen Umfragen erzielen, indem man die Teilnehmer bittet, Fotos oder Videos hochzuladen.

c) Im Gegensatz zu traditionellen Online-Befragungen finden mobile Befragungen im Idealfall am Ort des Geschehens statt, d. h. am Point of Sale (POS). Umfrageteilnehmer geben unmittelbar nach einer Einkaufserfahrung bzw. während eines Einkaufserlebnisses Auskunft über ihren Eindruck, ihre Empfindung und ihre Entscheidung. Die durch die POS-Befragung erhobenen Daten können darüber hinaus mit passiven Informationen wie Geo- und Zeitdaten angereichert werden. Ein besonderer Vorteil von orts- und kontextbezogenen mobilen Befragungen ist der geringe Verzerrungseffekt bzw. eine höhere Validität der erhobenen Daten. Denn dadurch, dass die Befragung unmittelbar stattfindet, d. h. es besteht keine nennenswerte räumliche und zeitliche Distanz zum Einkauf, ist das Erinnerungsvermögen bei den Befragten sehr groß (vgl. Poynter 2014, S. 706).

Mobile Endgeräte wie Smartphones und Tablets zählen mittlerweile zu unseren ständigen Begleitern, daher werden sie auch in der Marktforschung zunehmend als Mittel zur Durchführung von Befragungen genutzt. Um die Vorzüge der mobilen Befragung zu nutzen und eine zufriedenstellende Teilnehmerzahl zu erzielen, bedarf es bei der Gestaltung von mobilen Befragungen an Kreativität und Unterhaltungswert, wie das Abschn. 5.6 anschaulich erläutert.

5.6 Mobile Umfragen müssen Spaß machen

Die Ergebnisse einer Studie von Schulte (vgl. Schulte 2015) zeigen, dass das Interesse und die Bereitschaft, an mobilen Befragungen teilzunehmen, bislang noch sehr gering sind. Mithilfe des Technology Acceptance Models (TAM) hat Schulte die Determinanten der Teilnehmerabsicht an Smartphone-basierten POS-Befragungen identifiziert und analysiert. Damit folgt Schulte (2015) dem Untersuchungsansatz von Bosnjak, Metzger und Gräf (vgl. Bosnjak, et al. 2010), die anhand des Technology Acceptance Models den Einsatz von klassischen Mobiltelefonen bei der Marktforschung untersucht haben. Die Studie von Schulte differenziert sich dadurch, dass sich der Untersuchungsgegenstand ausschließlich auf POS-Befragungen, die mittels eines Smartphones beantwortet werden, bezieht (vgl. Schulte 2015, S. 33).

Das TAM, das 1986 von Davis (vgl. Davis 1989) entwickelt wurde, erklärt das konsumentenseitige Akzeptanz- und Nutzungsverhalten von neuen Informationssystemen und Technologien. Es bildet noch heute das Grundgerüst für den Aufbau sämtlicher Technologieakzeptanzmodelle. Studien, die das Nutzungs- und Akzeptanzverhalten von

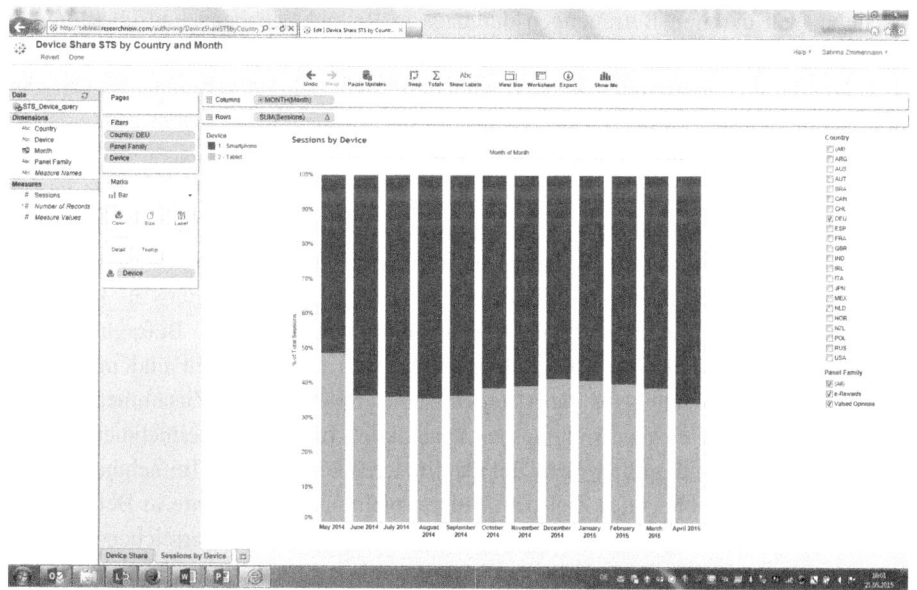

Abb. 5.6 Verteilung von Smartphones und Tablets bei mobilen Umfragen (Deutschland, Mai 2014 – April 2015, Research Now Mobile Panel)

Konsumenten bezüglich Internetanwendungen oder mobiler Technologien untersuchen, beziehen sich bevorzugt auf das TAM. Das Grundmodell setzt sich dabei aus folgenden Konstrukten zusammen: wahrgenommene Nützlichkeit, wahrgenommene Benutzerfreundlichkeit, Einstellung zur Nutzung, Nutzungsabsicht und tatsächliche Nutzung. Schulte (2015) hat ihr Modell an ihren Untersuchungsgegenstand angepasst und deshalb nicht die Einstellung zur Nutzung und Nutzungsabsicht, sondern die Einstellung zur Teilnahme und die Teilnahmeabsicht untersucht. Darüber hinaus werden zwei weitere Einflussfaktoren, die wahrgenommene Vertrauenswürdigkeit und das wahrgenommene Vergnügen, in der Untersuchung von Schulte berücksichtigt.

Die Ergebnisse der Studie zeigen, dass drei Determinanten einen direkten, signifikanten Einfluss auf die Absicht, an einer Smartphone-basierten POS-Befragung teilzunehmen, haben: das wahrgenommene Vergnügen, die Einstellung zur Teilnahme sowie die wahrgenommene Vertrauenswürdigkeit. Das wahrgenommene Vergnügen ist dabei für Teilnehmer von mobilen Befragungen das wichtigste Kriterium, sich für oder gegen die Teilnahme an einer Befragung zu entscheiden. Das bedeutet folglich, dass mobile Befragungen Spaß machen und einen gewissen Unterhaltungsfaktor bieten müssen, damit potenzielle Probanden sich engagieren und auch teilnehmen. Ein Gruppenvergleich zwischen den befragten Geschlechtern in der Studie zeigt zudem, dass Männer dem Spaßfaktor einen höheren Stellenwert beimessen als Frauen (vgl. Schulte 2015, S. 36 f.).

Die Forschung zu klassischen Online-Befragungen hat sich bereits hinreichend mit Ansätzen zur Erhöhung des wahrgenommen Vergnügens befasst. Diese können für die

Gestaltung von mobilen Befragungen durchaus in Betracht gezogen und übernommen werden. Das Thema Gamification, das die Anwendung von spieltypischen Elementen und Prozessen im spielfremden Kontext beinhaltet, steht bei den Vergnügen steigernden Maßnahmen im Fokus.

Unger (2015) zeigt die Potenziale von Gamification in der Marktforschung folgendermaßen auf (vgl. Unger 2015, S. 190 ff.):

Eine spielerische Gestaltung von Befragungen hat sowohl eine aufmerksamkeitsfördernde als auch motivierende Wirkung auf Befragte. Durch ein abwechslungsreiches Befragungsdesign empfinden die Teilnehmer die Dauer einer Befragung als kurzweiliger und das wirkt sich unter anderem in geringeren Abbruchraten bei Befragungen aus. Der nicht zu unterdrückende Spieltrieb im Menschen ist angeboren und muss nicht erst erlernt werden. Wichtig für die Akzeptanz eines Spiels und im Zusammenhang der Marktforschung für die Sicherstellung des Spaßfaktors für Umfrageteilnehmer ist, dass sich Befragte mit dem gestellten Spielziel identifizieren können, d. h. Teilnehmer müssen das Spielziel als ein lohnendes Ziel betrachten. Spieltypische Elemente in Befragungen wecken bei den Teilnehmern den Ehrgeiz, das gestellte Spielziel zu erreichen. Mit dem geweckten Ehrgeiz wird gleichzeitig die Aufmerksamkeit der Probanden auf die Aufgabe oder die Problemstellung der Datenerhebung erhöht.

Damit das Marktforschungsziel, die authentische Beantwortung aller Fragen durch die Probanden und das Erhalten von qualitativ zufriedenstellenden Resultaten, nicht durch im Spieltrieb verzerrte Antworten bzw. Aktionen der Teilnehmer verfehlt wird, sollten Marktforscher zusammengefasst folgende Aspekte bei der Gestaltung von mobilen Befragungen mit spielerischen Elementen beachten (vgl. Puleston 2012):

1. Das Spiel braucht Regeln: Das Aufstellen von Regeln ist sehr wichtig, um den Ehrgeiz bei den Befragten zu wecken. Zudem schützen Spielregeln davor, den Fokus einer gamifizierten Umfrage nicht aus den Augen zu verlieren.
2. Das Auge antwortet mit: Das Look & Feel von Befragungen können zu einer gesteigerten Aufmerksamkeit bei den Befragten führen. Mit Soundeffekten hinterlegte Antwortoptionen oder das Verschieben von grafischen Elementen, wie Produktbilder oder Icons z. B. zur Priorisierung von Antworten, lässt für Probanden eine Befragung kurzweilig und abwechslungsreich wirken.
3. Aufgaben wollen gelöst werden: Spiele leben von Aufgaben, deshalb sollten auch bei gamifizierten Befragungen Fragen in Aufgaben umformuliert werden. Ähnlich wie bei Spielregeln wecken Aufgaben den Ehrgeiz bei Befragten.
4. Konkurrenz belebt den Ehrgeiz: Befragungen mit kompetitivem Charakter erhöhen den Ehrgeiz und die Aufmerksamkeit der Teilnehmer.
5. Spiel auf Zeit: Zeitlimits bei Befragungen führen dazu, dass Teilnehmer sich mehr anstrengen, um die Aufgaben zu lesen und zu lösen.
6. Highscores für mehr Spannung: Die Einbindung von Highscore-Listen und Spiel-Levels wirken sich ebenfalls positiv aufgrund ihrer spannungsfördernden Wirkung auf die Antwortrate von Befragungen aus.

5.7 Case Study: Klicken vs. Swipen – wie „fit" ist Deutschland wirklich? (Studie 2)

Viele Marktforscher stellen sich bei mobilen Studien die Frage nach der Vergleichbarkeit der Daten. Aus diesem Grund hat Research Now im Jahr 2014 eine Vergleichsstudie zu online- und mobilbasierter Datenerhebung durchgeführt, deren Ergebnisse im Folgenden vorgestellt werden.

Die Vergleichsstudie wurde in Deutschland in der Zeit vom 11. bis 18. August 2014 durchgeführt. Insgesamt haben N = 1006 Befragte an der Umfrage teilgenommen (N = 500 aus dem Research Now Online Panel und N = 506 aus dem Research Now Mobile Panel). Die Quotierung erfolgte repräsentativ nach den Kriterien Alter und Regionen (siehe Abb. 5.7 und 5.8) und Geschlecht. 52 % der Befragten waren Männer und 48 % waren Frauen. Die Befragungsdauer lag bei fünf bis zehn Minuten (fünf Fragen zu Gesundheit und Fitness, weitere Fragen zur Demografie).

Alle Fragen wurden auf einer fünfstufigen Skala beantwortet. In der ersten Frage ging es um die Einstufung des eigenen Lebensstils unter Berücksichtigung verschiedener Aspekte wie Ernährung, sportliche Betätigung und persönliches Wohlbefinden. Generell ließ sich kein Unterschied zwischen den Gruppen „Desktop/Laptop" und „Mobile" feststellen. Der Mittelwert beider Gruppen lag bei 3,5 (wobei 1 „sehr ungesund" und 5 „sehr gesund" bedeutete). Die Top-2-Boxes lagen bei 49 % bzw. 50 % und die Bottom-2-Boxes bei neun Prozent bzw. acht Prozent. Die durchschnittliche Einstufung lautet also „eher gesund mit ein paar Ausnahmen".

Im Anschluss wurde nach der sportlichen Betätigung der Panelisten je Woche gefragt (Skala: 1 = „nie", 2 = „seltener", 3 = „1–2 Mal die Woche", 4 = „3–4 Mal die Woche", 5 = „5–7 Mal die Woche"). Auch hier gab es keinen Unterschied zwischen den beiden Testgruppen. Der Mittelwert beider Gruppen lag bei 2,9 bzw. 2,8. Die Top-2-Boxes lagen bei 27 % bzw. 26 % und die Bottom-2-Boxes bei 35 % bzw. 38 %. Der Mittelwert liegt also etwas unter 1–2 Mal die Woche.

In der dritten Frage wurden diejenigen, die angegeben haben mindestens einmal die Woche Sport zu betreiben, zu den von ihnen ausgeübten Sportarten befragt. An erster Stelle liegt Radfahren für beide Gruppen gleichauf. Signifikante Unterschiede gibt es bei dem Besuch eines Fitness-Studios (Testgruppe „Mobile" signifikant höhere Werte), Reiten, Basketball, Angeln (Testgruppe „Desktop/Laptop" signifikant höhere Werte). Bei allen anderen Sportarten liegen keine signifikanten Unterschiede vor (Joggen, Schwimmen, Wandern, Walken, Fußball, Yoga, Tennis, Tischtennis, Pilates, Volleyball, Handball, Golf, andere).

Nachdem im ersten Teil der Befragung der Fokus auf Sport gelegt wurde, kam im zweiten Teil die Komponente Ernährung hinzu, die ebenso einen Einfluss auf die wahrgenommene Gesundheit und Fitness hat.

Bei der vierten Frage wurden verschiedene Statements zum Thema Gesundheit, Sport und Ernährung abgefragt (wobei 1 „stimme überhaupt nicht zu" und 5 „stimme voll und ganz zu" bedeutete). Die Testgruppe „Mobile" hat die Frage mithilfe eines Schiebereglers beantwortet, da dies in der Handhabung auf mobilen Endgeräten einfacher ist als

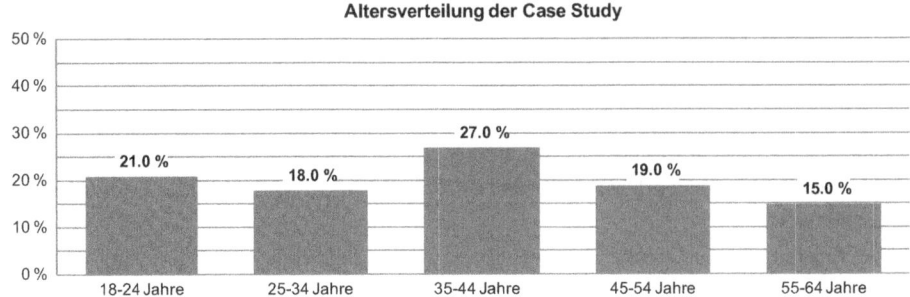

Abb. 5.7 Altersverteilung der Case Study

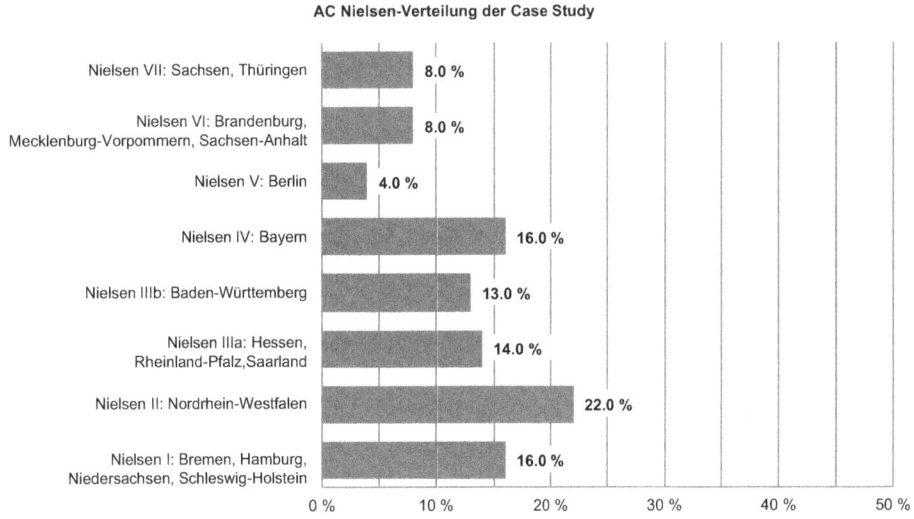

Abb. 5.8 AC Nielsen-Verteilung der Case Study

eine klassische Matrixabfrage. Die Reihenfolge der Items wurde für beide Testgruppen rotiert abgefragt.

In dieser Frage zeigten sich einzelne Unterschiede zwischen den beiden Gruppen. Die Testgruppe „Mobile" lag bei folgendem Statement signifikant vor der Testgruppe „Desktop/Laptop":

- Eine gesunde Lebensweise zahlt sich im Alter aus.

Die Testgruppe „Desktop/Laptop" lag bei folgenden Statements signifikant vor der Testgruppe „Mobile":

- Für mein Wohlbefinden ist Sport wichtig.
- Meine Figur ist mir wichtig, dafür verzichte ich gerne auf „Dickmacher".
- Wenn ich keinen Sport treibe, bin ich unausgeglichen.

Keinen Unterschied in den Ergebnissen beider Testgruppen gab es bei den folgenden Statements:

- Wer regelmäßig Sport treibt, kann Krankheiten vorbeugen.
- Ich achte darauf, dass ich möglichst wenig ungesunde Lebensmittel zu mir nehme.
- Ein Leben ohne Schokolade ist sinnlos.
- Sport ist Mord, ich mach's mir lieber gemütlich.

In der fünften und letzten inhaltlichen Frage wurden die Teilnehmer nach ihren präferierten Lebensmitteln gefragt. Die Zuordnung wurde von beiden Testgruppen mithilfe des Schiebereglers vorgenommen. Die Reihenfolge der Lebensmittel wurde rotiert abgefragt. Auf der linken Seite fanden sich jeweils eher gesunde Lebensmittel, deren ungesunderes Pendant auf der rechten Seite abgebildet wurde. Mithilfe des Schiebereglers konnten die Teilnehmer angeben, inwieweit sie welches der beiden Produkte präferierten.

Bei den folgenden sechs Lebensmitteln gab es keinen Unterschied in der Präferenz beider Testgruppen:

- Studentenfutter und Gummibärchen
- Wrap und Big Mac
- Salatcreme und Mayonnaise

Die Testgruppe „Mobile" präferiert im Vergleich zu der Testgruppe „Desktop/Laptop" die folgenden Lebensmittel signifikant:

- Currywurst vor Putenbrust
- Cola vor Apfelschorle
- Croissant vor Vollkornbrot
- Tiramisu vor Obstsalat
- Nutella vor Frischkäse
- Latte Macchiato vor Espresso

Zusammenfassend lässt sich sagen, dass die Testgruppe „Mobile" eher Lifestyle-orientiert ist. Die Teilnehmer dieser Gruppe gehen signifikant mehr ins Fitnessstudio und präferieren Lebensmittel, die häufig „out of home" konsumiert werden.

Abschließend wurden noch ein paar Fragen zur Demografie gestellt. Während beide Testgruppen strukturgleich in Bezug auf Alter, Geschlecht und Region aufgebaut worden sind, zeigen sich Unterschiede in anderen demografischen Merkmalen, die hilfreich sind, um die vereinzelten Befragungsergebnisse zu erklären.

Bei der Haushaltsgröße zeigen sich signifikant mehr Ein-Personen-Haushalte bei der Testgruppe „Desktop/Laptop", während signifikant mehr Zwei-Personen-Haushalte bei der Testgruppe „Mobile" vorhanden waren.

Dadurch bedingt ergeben sich auch Unterschiede im Haushaltsnettoeinkommen beider Testgruppen. Bei der Testgruppe „Desktop/Laptop" ist das Haushaltsnettoeinkommen 2000 EUR bis 3199 EUR signifikant häufiger vertreten, während bei der Testgruppe „Mobile" signifikant mehr Haushalte mit einem Nettoeinkommen von 3200 EUR bis 4499 EUR vorhanden sind. Beide Ausprägungen weisen auf das eher Lifestyle-orientierte Verhalten der Testgruppe „Mobile" hin.

Vor- und Nachteile von Device-Agnostic-Studien

Dem Marktforscher stellt sich nun natürlich die Frage, welche Vorteile sich bei der Kombination aus Online- und Mobile-Befragungen, sogenannten Device-Agnostic-Studien, ergeben. Die Vorteile skizzieren sich wie folgt:

Die Erreichbarkeit der Teilnehmer ist ausgedehnt, da einige Zielgruppen eher per Desktop/Laptop zu erreichen sind, während andere eher über das Smartphone/Tablet an Befragungen teilnehmen möchten. Durch die Kombination beider Erhebungsmethoden erhöht sich die Repräsentativität, da beide Gruppen befragt werden. Werden Teilnehmer in Studien ausgeschlossen, die den Fragebogen mobil beantworten möchten, ergibt sich ein Bias in der Stichprobenzusammensetzung. Besonders die Gruppe der „Tech Savvy" (technisch sehr versiert) und „Early Adopters" (technisch immer auf dem neuesten Stand) fehlt, wenn ausschließlich über Desktop/Laptop befragt wird.

Zudem ergibt sich eine optimale Nutzungserfahrung aufgrund eines geräteoptimierten Fragebogens. Dieses hat einen langfristigen positiven Effekt auf die Datenqualität, da Befragungen, die den Teilnehmern Spaß machen, bessere Ergebnisse liefern.

Ein Großteil der E-Mails wird mittlerweile auf dem Smartphone gelesen. Einladungen zu Online-Befragungen werden via E-Mail verschickt. Von daher ist es sehr hilfreich, Befragungen mobile-kompatibel zu gestalten, damit Befragte direkt von der E-Mail auf ihrem Smartphone über den Link auf die Befragung zugreifen können, wodurch die Responsivität erhöht wird. Müssen Befragte erst wieder zu Hause ihr E-Mail Postfach öffnen und dann erneut auf die Einladung und den Befragungslink klicken, erhöht dies die Gefahr einer sinkenden Antwortrate.

Als Nachteil ergibt sich ein erhöhter Koordinationsaufwand durch die Befragung auf verschiedenen Devices.

Das Fragendesign und die Länge des Interviews müssen sowohl für Online- als auch für mobile Befragungen geeignet sein. Bei Umfragen, die nicht mobile-kompatibel gestaltet sind, ist die Abbruchrate auf einem Smartphone doppelt so hoch wie auf dem Desktop/Laptop (Quelle: Research Now).

Fazit der Case Study

Als Fazit der Case Study ergibt sich, dass der Konsument da abgeholt werden muss, wo er sich aufhält: vor seinem Desktop/Laptop, aber auch auf dem Smartphone und

Tablet. Für die Marktforschung gilt, dass für die Grundgesamtheit einer online-basierten Erhebung beide Testgruppen in Betracht gezogen werden müssen (Desktop/Laptop + Mobile), da sich vereinzelt Unterschiede feststellen lassen. Um die Repräsentativität zu erhöhen, empfehlen sich sogenannte Device-Agnostic-Studien, bei denen die Probanden wählen können, mit welchem Device – ob Desktop, Laptop, Smartphone oder Tablet – die Umfrage beantwortet werden soll.

5.8   Best Practice – Schlüsselfaktoren für optimierte mobile Befragungen

Abschließend finden sich hier einige Best-Practice-Beispiele für erfolgreiche mobile Befragungen bzw. Device-Agnostic-Studien. Diese basieren auf den Erfahrungen von Research Now.

1. **Die Befragung kurz, knapp und möglichst einfach handhabbar halten**
   Das Beantworten von Fragen auf Smartphones und Tablets braucht durchschnittlich etwas mehr Zeit. Lange Umfragen haben oft höhere Abbruchraten. Idealerweise sollte eine mobile Umfrage eine Dauer von zehn Minuten nicht überschreiten. Bei gut durchdachten und gut designten Fragebögen können aber auch 15 min akzeptabel sein. Auf längere Befragungen sollte man mobil verzichten und diese eher via Desktop/Laptop durchführen. Zudem bieten die Displays mobiler Endgeräte weniger Platz für Matrix-Fragen. Klassische Matrixfragen erschweren die Beantwortung, da hier gescrollt und der Screen vergrößert werden muss, um die Buttons anklicken zu können. Alles in allem hat die klassische Darstellungsweise einen negativen Einfluss auf die Handhabung. Dies bedeutet aber nicht, dass man Matrixfragen nicht mobil stellen kann, sondern dass man die Items nicht gesammelt, sondern auf einzelnen Screens abfragen sollte. Dieses ist für die Befragten deutlich einfacher in der Handhabung. Die Anzahl und das Design der Fragen haben demnach direkte Auswirkungen auf die Umfragedauer.

2. **Displaygröße beachten**
   Scrolling sollte auf ein mögliches Minimum reduziert werden, besonders horizontales Scrollen kann die Umfrageteilnehmer irritieren. Lange Listen und Skalen sind am Computer gut sichtbar, auf mobilen Geräten nicht. Fragen und Antworten sollten auf den ersten Blick gut sichtbar sein. Bei Skalen empfiehlt es sich, diese möglichst kurz zu halten und – aufgrund des Scrollens – eher vertikal als horizontal darzustellen. Wenn Skalen zu lang sind, kann es passieren, dass man einen Bias in den Daten hat (zugunsten der Skalenausprägungen, die ohne Scrollen sichtbar sind). Bei Fragen, deren Antwortmöglichkeiten nicht an eine festgelegte Reihenfolge geknüpft sind, bietet das Rotieren oder Randomisieren der Antworten eine gute Möglichkeit, die Gefahr des Bias zu verringern. Markenlisten sollten in alphabetischer Reihenfolge gezeigt werden, damit Probanden die gesuchten Marken einfacher und somit schneller finden können.

3. **Vergleichbarkeit der Daten auf verschiedenen Devices**

   Die Darstellung bestimmter Frage- und Antwort-Arten kann zwischen Desktop/ Laptop, Smartphones und Tablets variieren. Für valide Daten, sollte man die Fragen und Antworten so auswählen, dass sie auf unterschiedlichen Geräten möglichst identisch oder ähnlich dargestellt werden. Es empfiehlt sich, auf die Kompatibilität der Umfragen auf allen Endgeräten zu achten.

4. **Offene Fragen**

   Bei offenen Fragen zeigt sich, dass diese mobil tendenziell etwas kürzer beantwortet werden als per Desktop/Laptop. Dennoch müssen diese nicht zwangsläufig von geringerer Qualität sein. Es ist hilfreich, Fragen eher geschlossen zu stellen und offene Fragen nur mit Antwortmöglichkeiten, bei denen ein kurzes Feedback ausreichend ist. Alternativ kann man mit Audiokommentaren arbeiten.

5. **Richtiger Einsatz von Testmaterial**

   Testmaterial, wie z. B. Anzeigen, können einen Großteil des Displays einnehmen, sodass Scrollen notwendig wird. Dies kann die Befragungsdauer erhöhen. Es empfiehlt sich, keine Adobe-Flash-Elemente einzusetzen, da dadurch die Abbruchrate – aufgrund der Nichtfunktionalität auf Smartphones – massiv erhöht wird. Zudem sollten die Wiedergabemöglichkeiten in den verschiedenen Mobile-Browsern berücksichtigt werden.

6. **Einsatz von Multimedia-Funktionen**

   Media-Uploads können als ergänzender Input gezielt eingesetzt werden, ebenso Audiokommentare als Ergänzung zur Beantwortung von offenen Fragen. Es empfiehlt sich, Teilnehmer am Anfang der Studie über Media-Uploads zu informieren, um die Abbruchrate zu verringern.

7. **Testen des Fragebogens**

   Die Umfrage sollte auf verschiedenen Smartphones, Tablets, Computern und in entsprechenden Browsern getestet werden, bevor sie gestartet wird. Es ist hilfreich, sich einen Eindruck von der Nutzerfreundlichkeit des Fragebogens zu verschaffen und den Fragebogen zu ändern, wenn er an der einen oder anderen Stelle holprig wirkt.

8. **Befragungen an einem bestimmten Ort**

   Bei Studien, bei denen der Teilnehmer die Umfrage an einem bestimmten Ort beantworten soll, hilft es zur Validierung der Daten, Fragen zur Verifizierung des Ortes zu stellen (abgesehen von GPS-Daten).

9. **Akkuleistung beachten**

   Zu viele Media-Uploads oder die Nutzung von GPS beanspruchen die Akkulaufzeit.

Literatur

Binder, J., & Weber, F. (2015). Data Experience – Marktforschung in den Zeiten von Big Data. *Marketing Review St. Gallen, 3,* 30–39.

Bosnjak, M., Metzger, G., & Gräf, L. (2010). Understanding the willingness to participate in mobile surveys: Exploring the role of utilitarian, affective, hedonic, social, self-expressive, and trust-related factors. *Social Science Computer Review, 28*(3), 350–370.

Davis, F. (1989). Perceived usefulness, perceived ease of use, and user acceptance of information technology. *MIS Quarterly, 13*(3), 319–340.

Eisele, J. (2011). Marktforschung 2.0 mit Market Research Online Communities (MROCs). In U. Wagner, et al. (Hrsg.), *Das Internet der Zukunft* (S. 200–226). Wiesbaden: Springer Gabler.

Gansser, O. A. (2014). Marketingplanung als Instrument zur Krisenbewältigung. In B. Krol (Hrsg.), *ifes Schriftenreihe* (Bd. 9). Mannheim: MA Akademie.

Hagenhoff, W. (2015). Der und „Das" Befragte: Inwieweit findet Marktforschung künftig ohne Befragte statt? In B. Keller, et al. (Hrsg.), *Zukunft der Marktforschung* (1. Aufl., S. 85–104). Wiesbaden: Springer Gabler.

Hofmann, O. (2012). Entwicklungen in der Online-Marktforschung, vom ungeliebten Kind zum Allheilmittel. In F. Faulbaum, et al. (Hrsg.), *Qualitätssicherung in der Umfrageforschung.* Wiesbaden: Gabler.

Ihl, C., & Piller, F. (2010). Von Kundenorientierung zu Customer Co-Creation im Innovationsprozess. *Marketing Review St. Gallen, 4,* 8–12.

Maxl, E., & Döring, N. (2010). Selbst-administrierte mobile Non-Voice-Marktforschung: Methoden- und Forschungsüberblick. *Werbeforschung & Praxis, 1,* 22–32.

Poynter, R. (2014). Mobile market research, 2014. *International Journal of Market Research, 56*(6), 705–707.

Puleston, J. (2012). *White Paper: Online research: Game on! A look at how gaming techniques can transform your online research* (S. 1–29). Warren: Lightspeed GMI.

Schäfer, A., Knapp, M., May, M., & Voß, A. (2012). *Big Data – Vorsprung durch Wissen.* http://www.iais.fraunhofer.de/fileadmin/user_upload/Abteilungen/KD/uploads_BDA/Innovationspotenzialanalyse_Big-Data_FraunhoferIAIS_2012.pdf. Zugegriffen: 29. Dez. 2015.

Schulte, M. (2015). Mobile Befragungen im Moment-of-Truth. *Marketing Review St. Gallen, 3,* 30–40.

Unger, T. (2015). Gamification als innovative Methode zur Datenerhebung in der Marktforschung. In B. Keller, et al. (Hrsg.), *Zukunft der Marktforschung* (1. Aufl., S. 187–199). Wiesbaden: Springer Gabler.

Potenziale von Location-based Services für die Marktforschung

6

Oliver Gansser und Bianca Krol

Zusammenfassung

Mit steigender Diffusionsrate von mobilen Anwendungen und zunehmender Nutzung von Smartphones steigt auch das Potenzial der Informationsbeschaffung über mobile Devices. Die Studie zeigt, dass mobile Zielgruppen grundsätzlich aufgeschlossen gegenüber Location-based Services (LBS) sind und standortbezogene Anpassungen mobiler Anwendungen für die Marktforschung zusätzliches Informationspotenzial liefern. So determinieren neben der Benutzerfreundlichkeit, Nützlichkeit und Einstellung zur Nutzung vor allem die Informations- und Systemqualität sowie das Wahrge-

Inhaltsverzeichnis

O. Gansser (✉)
FOM Hochschule für Oekonomie & Management, ifes Institut, München, Deutschland
E-Mail: oliver.gansser@fom.de

B. Krol
FOM Hochschule für Oekonomie & Management, ifes Institut, Essen, Deutschland
E-Mail: bianca.krol@fom-ifes.de

© Springer Fachmedien Wiesbaden GmbH 2017
O. Gansser und B. Krol (Hrsg.), *Moderne Methoden der Marktforschung,* FOM-Edition,
DOI 10.1007/978-3-658-09745-5_6

nommene Vergnügen die Nutzungsabsicht von LBS. Die Herausforderungen für die Marktforschung bezüglich der Verwendung standortbezogener Anwendungen liegen vor allem in den drei letztgenannten Einflussgrößen.

6.1   Einleitung

Der Telekommunikationsmarkt unterliegt seit mehreren Dekaden einem deutlichen Wandel. Insbesondere der Mobilfunkbereich verzeichnet einen stetigen Aufschwung. Der Anteil von Haushalten in Deutschland mit einem Mobiltelefon ist von rund 30 % im Jahr 2000 auf 93,5 % im Jahr 2015 angestiegen (Statistisches Bundesamt 2016). Der Anteil der Smartphones an allen Mobiltelefonen in Deutschland lag im Jahr 2015 bei 86 % (Bitkom 2016). Ein weiterer Anstieg ist aufgrund des zunehmenden Funktionsumfangs, der Benutzerfreundlichkeit sowie der immer günstiger werdenden Tarife zu erwarten (vgl. Eimeren 2013, S. 386 f.).

Mittels Smartphone und den dazugehörigen mobilen Anwendungen können Kommunikation und der Abruf von Informationen jederzeit ortsunabhängig stattfinden. Dies bietet auch für Unternehmen vielfältige Möglichkeiten für die jeweiligen Marketing- und Vertriebsaktivitäten. Insbesondere die Daten, die durch die Nutzung der mobilen Anwendungen erzeugt werden, stellen in diesem Kontext einen deutlichen Mehrwert dar. Potenzielle Kundinnen und Kunden können zum richtigen Zeitpunkt, am richtigen Ort mit den passenden Angeboten konfrontiert werden. Unter dem Stichwort Mobile Marketing (vgl. Bauer et al. 2008) versprechen anlass-, zielgruppen- und ortsspezifische Informationen einen höheren Kundennutzen (vgl. Zhou 2010, S. 212 f.). Vor allem die standortbezogenen Dienste nehmen in diesem Kontext eine wichtige Rolle ein. Bereits im Jahr 2013 nutzten 70 % der Smartphone-Besitzer mindestens einmal monatlich einen standortbezogenen Dienst (BLM 2016a) und das Wachstumspotenzial scheint erheblich zu sein. Nach einem stetigen Anstieg in den letzten zehn Jahren betrug das Wachstum der Anbieter von standortbezogenen Dienstleistungen im Jahr 2014 im Vergleich zum Vorjahr 415 % (BLM 2016b). Für die standortbezogenen Dienstleistungen hat sich der Begriff Location-based Service (LBS) durchgesetzt. Dabei wird durch die Lokalisierung des Endgerätes der Standort des Nutzers ermittelt. Dadurch können dem Nutzer Services angeboten werden, die sich in seinem unmittelbaren geografischen Umfeld befinden. Steht z. B. eine konkrete Kaufentscheidung zu einem Produkt an, so kann der potenzielle Kunde den Anbieter in seiner Umgebung direkt aufsuchen. Weitere ortsabhängige Informationen, wie z. B. Wetterdaten, Navigationshinweise, Fahrpläne, Restaurants und Veranstaltungen fallen ebenfalls unter die Location-based Services. Dabei kann der Dienst entweder durch die Kunden aktiv angefordert werden, oder das Unternehmen löst den Dienst aus, weil die Kunden sich in der Zielregion aufhalten.

Der Nutzen von LBS für das Marketing von Unternehmen ist mittlerweile Gegenstand einer Vielzahl von Untersuchungen. Erkenntnisse über den Einsatz von LBS als Technologie für die Marktforschung scheinen hingegen noch nicht umfassend vorzuliegen, obwohl sich auch hier neue Einsatzmöglichkeiten ergeben. So können im Bereich der Online-Befragungen durch die angestiegene Anzahl an Smartphones und Tablet-Computern mittlerweile Zielgruppen mobil erreicht werden (vgl. Kuß et al. 2014, S. 131). Diese mobile Befragungsform hat zum einen den Vorteil, Zielgruppen zu erreichen, die beispielsweise über herkömmliche Telefonbefragungen nicht mehr erreichbar sind, weil sie nicht mehr über einen klassischen Festnetzanschluss verfügen. Zum anderen ergibt sich die gänzlich neue Möglichkeit, Befragungen orts- und zeitabhängig dort zu platzieren, wo das Erlebte (z. B. ein Restaurantbesuch, der Besuch eines kulturellen Angebots, die Teilnahme an einer Freizeitaktivität) oder das gekaufte Produkt unmittelbar bewertet werden kann. Ein Zeitverzug, der sich ggfs. auf die Wahrnehmung und die Einschätzung von Situationen oder Produkten auswirken kann, wird somit vermieden. Hier können die LBS aus Sicht der Marktforschung einen deutlichen Mehrwert generieren.

Um das Potenzial von LBS für die Marktforschung heben zu können, sollten in einem ersten Schritt die Akzeptanz und die Absicht der Technologienutzung bei Befragungszielgruppen untersucht werden. Nur wenn diese den LBS grundsätzlich aufgeschlossen gegenüberstehen, werden sich hier weitere Einsatzmöglichkeiten für die Marktforschung realisieren lassen. Aus diesem Grund widmet sich die vorliegende Studie den Fragen der Einstellung zur Nutzung sowie der konkreten Nutzungsabsicht von LBS durch potenzielle Marktforschungszielgruppen.

6.2   Theoretische Überlegungen

In der vorliegenden Studie steht die Nutzung durch potenzielle Auskunftspersonen von LBS im Fokus, um über diese Technologie für Marktforschungsaktivitäten zugänglich zu sein. Die Entwicklung unseres Untersuchungsmodells lässt sich auf vier grundlegende Theorien zur Verhaltensforschung im Bereich von Technologienutzung zurückführen:

- Theory of Reasoned Action (TRA) (vgl. Fishbein und Ajzen 1975)
- Theory of Planned Behavior (TPB) (vgl. Ajzen 1985, 1987 und 1991)
- Technology Acceptance Model (TAM) (vgl. Davis 1985 und 1989)
- Theory of Acceptance and Use of Technology (UTAUT) (vgl. Venkatesh et al. 2003)

Die subjektive Wahrscheinlichkeit, ein bestimmtes Verhalten zu zeigen, wird allgemein als Verhaltensabsicht bezeichnet (vgl. Fishbein und Ajzen 1975, S. 288). Aus dieser Definition der Absicht zu einer bestimmten Verhaltensweise lässt sich die Absicht zur Nutzung einer Technologie ableiten (vgl. Davis et al. 1989, S. 983). Dabei wird angenommen, dass die Nutzungsabsicht in direkter, kausaler Verbindung zur Nutzung, also zur eigentlichen Umsetzung der Absicht, steht (vgl. Davis et al. 1989, S. 997). Beide Konstrukte – Nutzungsabsicht und Nutzungshäufigkeit – bilden die grundlegenden Zielgrößen im Rahmen des Technologie-Akzeptanz-Modells (TAM), welches 1989 von Davis veröffentlicht wurde. Das TAM baut auf der Theory of Reasoned Action (TRA) und der Theorie of Planned Behavior (TPB) auf, die sich grundsätzlich mit der Entstehung von Verhaltensweisen auseinandersetzten. Das TAM ist eines der bekanntesten

Modelle zur Betrachtung der verschiedenen Einflussfaktoren auf die Akzeptanz und die Nutzungshäufigkeit von neuen Technologien, zu der die LBS momentan noch zu zählen sind. Einstellungsbezogene Determinanten der Nutzung und der Nutzungsabsicht stehen im Mittelpunkt des Modells, welches die theoretische Grundlage vieler Studien bildet (vgl. Sheppard et al. 1988).

Sowohl im Technologie-Akzeptanz-Modell als auch in der Theory of Reasoned Action wird davon ausgegangen, dass die Nutzungsabsicht einer Technologie als valider Prädiktor für die tatsächliche Nutzungshäufigkeit herangezogen werden kann (vgl. Davis et al. 1989, S. 985 f. bzw. Fishbein und Ajzen 1975, S. 288; Ajzen 1991, S. 182; Davis 1993, S. 481). Im TAM wird allerdings zusätzlich die Einstellung zur Nutzung als weitere Einflussgröße einbezogen, sodass die Nutzungsabsicht in diesem Modell durch die Einstellung zur Nutzung beeinflusst wird (vgl. Davis et al. 1989, S. 985; Ajzen 1991, S. 182; Davis 1985, S. 24; Nysveen et al. 2005, S. 336; Shin et al. 2012, S. 1419). Damit lassen sich für die vorliegende Untersuchung die ersten beiden Hypothesen formulieren:

▶ **H1:** Je größer die Nutzungsabsicht von LBS ist, desto höher ist die Nutzungshäufigkeit von LBS.

▶ **H2:** Je positiver die Nutzungseinstellung zu LBS ist, desto größer ist die Nutzungsabsicht von LBS.

Zur Erklärung der Nutzungseinstellung, Nutzungsabsicht und Nutzungshäufigkeit werden im TAM die Wahrgenommene Nützlichkeit sowie die Wahrgenommene Benutzerfreundlichkeit der jeweiligen Technologie herangezogen (vgl. u. a. Davis 1989, S. 320; Davis et al. 1989. S. 985; Venkatesh und Davis 2000, S. 197; Venkatesh und Bala 2008, S. 275). Diese beiden grundlegenden Einflussgrößen des TAM werden damit begründet, dass zum einen eine neue Technologie vor allem dann genutzt wird, wenn die Nutzung einen Mehrwert aus Sicht der Anwenderinnen und Anwender erzeugt. Zum anderen muss neben dem Mehrwert auch die Einfachheit der Bedienung gegeben sein, um eine Diffusion der Technologie in den Alltagsgebrauch zu befördern.

In Anlehnung an Davis (1989, S. 320) wird die Wahrgenommene Nützlichkeit in der vorliegenden Studie definiert als das Ausmaß, zu dem eine Nutzerin oder ein Nutzer vermutet, dass LBS zur effizienten Erfüllung ihrer bzw. seiner Bedürfnisse beiträgt. In Zusammenhang mit der vorliegenden Untersuchung bedeutet dies, dass die Nutzung von LBS beispielsweise durch das Zugänglichmachen von ortsabhängigen Informationen eine passgenauere Produktfindung am Ort und zum Zeitpunkt des Suchens möglich macht. Der Einsatz oder Gebrauch von LBS muss demnach für den Nutzer oder die Nutzerin vorteilhaft sein und zu einem besseren Ergebnis führen. Nur wenn eine neue Technologie als nützlich angesehen wird, wird diese akzeptiert und kann dann auch in den Alltagsgebrauch der Nutzer übergehen (vgl. Shin et al. 2012, S. 1418). Die Wahrgenommene Nützlichkeit hat somit einen Einfluss auf die Einstellung zur Nutzung (vgl. Davis 1985, S. 24; Nysveen et al. 2005, S. 336; Shin et al. 2012, S. 1419), auf die Nutzungsabsicht (vgl. Davis 1985, S. 24; Nysveen et al. 2005, S. 336; Shin et al. 2012, S. 1419) sowie auf die Nutzung (vgl. Davis 1993, S. 481) von LBS:

▶ **H3:** Je höher die Wahrgenommene Nützlichkeit ist, desto höher ist die Nutzungshäufigkeit von LBS.

▶ **H4:** Je höher die Wahrgenommene Nützlichkeit ist, desto größer ist die Nutzungsabsicht von LBS.

▶ **H5:** Je höher die Wahrgenommene Nützlichkeit ist, desto positiver ist die Einstellung zu LBS.

Die Wahrgenommene Benutzerfreundlichkeit entspricht in der vorliegenden Studie der Wahrnehmung der Nutzerin oder des Nutzers, dass die Nutzung von LBS ohne höheren kognitiven Aufwand erfolgen kann (vgl. Malhotra et al. 2008, S. 275). LBS sollten demnach einfach in der Handhabung sein. Ebenso wie die Wahrgenommene Nützlichkeit hat auch die Wahrgenommene Benutzerfreundlichkeit somit einen Einfluss auf die Einstellung (vgl. Davis 1985, S. 24; Shin et al. 2012, S. 1419) und auch auf die Nutzungsabsicht (vgl. Nysveen et al. 2005, S. 336) von LBS:

▶ **H6:** Je höher die Wahrgenommene Benutzerfreundlichkeit ist, desto positiver ist die Einstellung zu LBS.

▶ **H7:** Je höher die Wahrgenommene Benutzerfreundlichkeit ist, desto größer ist die Nutzungsabsicht von LBS.

Darüber hinaus hat die Wahrgenommene Benutzerfreundlichkeit über die Wahrgenommene Nützlichkeit einen indirekten Einfluss auf die Nutzungsabsicht und die Einstellung zur Nutzung (vgl. Venkatesh und Davis 2000, S. 197; Davis 1985, S. 24; Nysveen et al. 2005, S. 336; Shin et al. 2012, S. 1419). Es wird folgende Hypothese formuliert:

▶ **H8:** Je höher die Wahrgenommene Benutzerfreundlichkeit ist, desto größer ist die Wahrgenommene Nützlichkeit von LBS.

Im Zuge der Weiterentwicklung des TAM wurden weitere externe Variablen aufgenommen, die Einflüsse auf die Wahrgenommene Nützlichkeit und die Wahrgenommene Benutzerfreundlichkeit haben und damit als totaler Mediatoreffekt (vgl. Urban und Mayerl 2007, S. 1) auf die Einstellung zur Nutzung und die Nutzungsabsicht wirken (vgl. Venkatesh und Bala 2008, S. 275). Insbesondere im Zusammenhang mit Location-based Services wird die Wahrgenommene Nützlichkeit davon abhängen, wie hoch die Güte der bereitgestellten Informationen eingeschätzt wird. Nur wenn eine Nutzerin oder ein Nutzer die Qualität einer erhaltenen Information als gut bewertet, wird diese von ihr bzw. ihm als nützlich empfunden werden. In diesem Fall wird die erhaltene Information als Grundlage für die eigene Einstellung und das eigene Verhalten verarbeitet (vgl. Rohweder et al. 2008, S. 25 f.). Somit ist eine der Wahrgenommenen Nützlichkeit vorgelagerte Einflussgröße aufzunehmen, die als Wahrgenommene Informationsqualität (vgl. Shin et al. 2012, S. 1419) bezeichnet werden kann.

▶   **H9:** Je höher die Wahrgenommene Informationsqualität, desto höher die Wahrgenommene Nützlichkeit von LBS.

Eine wichtige Einflussgröße auf die Wahrgenommene Benutzerfreundlichkeit ist die Wahrgenommene Systemqualität (vgl. Shin et al. 2012, S. 1419). Die Systemqualität wird positiv bewertet, wenn bestimmte Qualitätsstandards erfüllt sind und das System in seiner Funktionalität als problemlos wahrgenommen wird. Fehlfunktionen haben eine negative Auswirkung auf die Wahrnehmung des bereitgestellten Services, da sie die Benutzerfreundlichkeit beeinträchtigen. Die Einstellung zur Technologie wird dann negativ, wodurch die Nutzungsabsicht sinken dürfte (vgl. Bauer et al. 2008, S. 210 f.).

▶   **H10:** Je höher die Wahrgenommene Systemqualität, desto höher die Wahrgenommene Benutzerfreundlichkeit von LBS.

Im Zuge des Einsatzes des TAM insbesondere in Konsumentenstudien haben sich im Laufe der Zeit neben den grundlegenden Konstrukten weitere als erklärungsrelevant herausgestellt. Dazu gehören z. B. das Wahrgenommene Vergnügen und die Subjektive Norm (vgl. Nysveen et al. 2005, S. 332). Das Wahrgenommene Vergnügen wird im Rahmen der vorliegenden Studie definiert als Grad, zu dem die Nutzung von LBS als Spaß bringend eingeschätzt wird (vgl. Davis et al. 1992, S. 1113). Das Wahrgenommene Vergnügen beeinflusst dabei sowohl die Nutzungsabsicht (vgl. Nysveen et al. 2005, S. 336; Shin et al. 2012, S. 1419) als auch die Einstellung gegenüber LBS (vgl. u. a. Bauer et al. 2008, S. 216; Shin et al. 2012, S. 1419; Nysveen et al. 2005, S. 341). Damit gehen ein direkter und ein indirekter Effekt vom Wahrgenommenen Vergnügen auf die Nutzungsabsicht aus:

▶   **H11:** Je höher das Wahrgenommene Vergnügen eingeschätzt wird, desto höher ist die Nutzungsabsicht von LBS.

▶   **H12:** Je höher das Wahrgenommene Vergnügen eingeschätzt wird, desto positiver ist die Einstellung gegenüber LBS.

Mithilfe des Konstruktes der Subjektiven Norm, welches aus der TRA entnommen wurde (vgl. Fishbein und Ajzen 1975, S. 302), wird der Einfluss des sozialen Umfeldes auf die Nutzerin oder den Nutzer bei ihrer bzw. seiner Bildung der Nutzungsabsicht einer Technologie erfasst. Im Rahmen der vorliegenden Studie wird die Subjektive Norm definiert als die Vermutung des Nutzers darüber, was für ihn wichtige Personen über seine Nutzung von LBS denken und was diese Personen grundsätzlich in Bezug auf die Nutzung von LBS als angemessen erachten (vgl. Fishbein und Ajzen 1975, S. 302; Venkatesh und Davis 2000, S. 187). Die Subjektive Norm nimmt demnach insbesondere Einfluss auf die Nutzungsabsicht von LBS (vgl. Ajzen 1991, S. 182; Davis 1985, S. 24; Nysveen et al. 2005, S. 336; Bauer et al. 2008, S. 216):

▶ **H13:** Je stärker die Subjektive Norm ausgeprägt ist, desto höher ist die Nutzungsabsicht von LBS.

Im Rahmen der Nutzung von LBS ist die Berücksichtigung des Wahrgenommenen Risikos von Bedeutung. Das Wahrgenommene Risiko bezeichnet den Umfang, in dem eine Nutzerin oder ein Nutzer Sicherheitsbedenken hat, sensible Daten oder Informationen über das Internet – hier in der konkreten Anwendung der Nutzung von LBS – zu übertragen (vgl. Salisbury et al. 2001, S. 166). Nicht selten stehen den Vorteilen der Nutzung von Technologien Risiken in Bezug auf die Datensicherheit gegenüber. Dabei kann das Wahrgenommene Risiko durchaus als höher bewertet werden als der erwartete Nutzen, den die Technologie erzeugen würde (vgl. Salisbury et al. 2001, S. 173). Das Wahrgenommene Risiko erfasst daher die Sicherheitsbedenken, die im Zusammenhang mit der Angabe von persönlichen Daten im Rahmen der Nutzung von LBS wahrgenommen werden. Das Wahrgenommene Risiko hat somit einen direkten Einfluss auf die Nutzungsabsicht:

▶ **H14:** Je höher das Wahrgenommene Risiko ist, desto geringer ist die Nutzungsabsicht von LBS.

6.3 Methode

6.3.1 Stichprobenbeschreibung und Untersuchungsdesign

Um die in den theoretischen Überlegungen abgeleiteten Hypothesen zu überprüfen, wurde ein Online-Fragebogen erstellt, der die in den Hypothesen enthaltenen Konstrukte und deren Beziehung untereinander misst. Insgesamt wurden 4136 Auskunftspersonen angeschrieben, von denen 536 den Fragebogen beantworteten (Rücklaufquote 13 %) und 534 für die Datenanalyse verwendet werden konnten. Die Umfrage wurde zwischen dem 12. Februar und dem 30. März 2014 durchgeführt. Bei der Frage zur Nutzungshäufigkeit gaben 234 Personen an, dass sie einen Location-based Service bis zu zweimal die Woche nutzen, 172 Personen drei- bis fünfmal, 69 Personen sechs- bis achtmal, 8 Personen neun- bis elfmal und 33 Personen mehr als zwölfmal die Woche.

Das vorliegende Modell kann als komplex bezeichnet werden, da es aus insgesamt zehn hypothetischen, mehrdimensionalen Konstrukten besteht. Zur Untersuchung solcher Konstrukte und den Wirkstärken untereinander bietet sich die Strukturgleichungsanalyse an. Grundsätzlich kann zwischen zwei Alternativen im Rahmen der Strukturgleichungsanalyse unterschieden werden: dem kovarianzbasierten und dem varianzbasierten Verfahren. Der Ansatz dieser Untersuchung ist deutlich prognoseorientiert und hat seinen Fokus weniger auf der Überprüfung von Theorien. Dies spricht für die Wahl eines varianzbasierten Verfahrens (vgl. z. B. Weiber und Mühlhaus 2014, S. 73 ff.), sodass für die vorliegende Untersuchung der Partial-Least-Squares-Ansatz (vgl. Chin 1998) gewählt wurde, welcher mittels Smart-PLS, Version 3.2.4, umgesetzt wurde.

Um bei der Befragung einen Common Method Bias (Methodenverzerrung) möglichst gering zu halten, wurden gemäß Podsakoff et al. (2003) sowie MacKenzie und Podsakoff (2012) einige empfohlene Ansätze berücksichtigt. Die Anonymität der Auskunftspersonen wurde gewährleistet, es wurde erläutert, dass es keine richtigen oder falschen Antworten gibt, und die Messindikatoren wurden durch die Verwendung geeigneter Fragen und Items verbessert. Darüber hinaus wurde ein Harman's Single-Factor Test (Harman 1976) durchgeführt, um zu beurteilen, ob ein Common Method Bias in den Daten vorliegt. Um den Single-Factor Test durchzuführen, wird über alle Variablen eine explorative Faktorenanalyse auf einen einzelnen Faktor ohne Rotation durchgeführt (Podsakoff et al. 2003). Der so gebildete latente Faktor erklärt lediglich 32 % der Gesamtvarianz. Dieser Wert ist kleiner als 50 %, weshalb nicht davon auszugehen ist, dass ein Common Method Bias in den Daten vorliegt.

Da nicht davon auszugehen war, dass alle Befragungsteilnehmerinnen und -teilnehmer Location-based Services kennen, wurde dieser standortbezogene Dienst zu Beginn der Befragung kurz erklärt und bei weiterem Bedarf ein zusätzliches im Fragebogen verlinktes Video (Dauer 3:32 min) angeboten.

6.3.2 Operationalisierung und Prüfung der äußeren Messmodelle

Die einzelnen Konstrukte des hier entwickelten Modells zur Akzeptanz von LBS wurden über multiple Items erfasst. Alle Konstrukte sind nach ausführlicher Literatursichtung ausgewählt worden. Damit handelt es sich um bereits etablierte Messinstrumente, die in vorausgegangenen Studien entwickelt und validiert wurden.

- Aus der Studie von Shin et al. (2012) wurden die Items zu den Konstrukten Wahrgenommene Informationsqualität, Wahrgenommene Systemqualität, Wahrgenommene Nützlichkeit, Wahrgenommene Benutzerfreundlichkeit, Nutzungsabsicht und Subjektive Norm adaptiert.
- Aus der Studie von Nysveen et al. (2005) sowie Bauer et al. (2008) wurden die Items zur Einstellung zur Nutzung adaptiert.
- Die Items für das Konstrukt Wahrgenommenes Vergnügen wurden aus der Studie von Nysveen et al. (2005) adaptiert.
- Aus der Studie von Zhou (2010) wurden die Items für die Messung des Wahrgenommenen Risikos adaptiert.

Zur Messung der Items wurde eine siebenstufige Likert-Skala gewählt, die eine Beurteilung von „1 = stimme überhaupt nicht zu" bis „7 = stimme voll und ganz zu" ermöglichte.

Im Zuge der Operationalisierung der latenten Konstrukte muss jeweils entschieden werden, ob eine reflektive oder formative Spezifikation der Messmodelle zutreffend ist. In reflektiven Messmodellen wird davon ausgegangen, dass die Ausprägungen der beobachtbaren Indikatoren durch das latente Konstrukt verursacht wird (vgl. Eberl 2004, S. 2 ff.). Eine Veränderung des latenten Konstruktes würde sich in einer Veränderung aller ihm zugeordneter Indikatoren widerspiegeln. In formativen Messmodellen ist der Bezug zwischen Indikatoren und latenten Konstrukten genau gegenläufig. Hier verursachen die beobachtbaren Indikatoren die Ausprägung des latenten Konstruktes (vgl. Eberl 2004, S. 5 ff.). Die Entscheidung für eine reflektive oder formative Spezifikation muss sehr sorgfältig getroffen werden, da sowohl der Erhebungsprozess der Indikatoren als auch die Formulierung der zu schätzenden Strukturgleichungsmodelle davon abhängen (vgl. z. B. Weiber und Mühlhaus 2014, S. 108 ff.). Neben den grundlegenden theoretischen Überlegungen zur Konzeption eines Messmodells wird häufig der Fragenkatalog von Jarvis et al. (2003, S. 203) zur Entscheidungshilfe herangezogen. Weitere Möglichkeiten werden durch Diamantopoulos und Riefler (2008, S. 1184 ff.) diskutiert. In dieser Studie kommen ausschließlich reflektive Messmodelle zum Einsatz. In Tab. 6.1 befinden sich alle Konstrukte mit den zugehörigen Items sowie deren Ladungen und die Gütemaße Cronbachs Alpha, Composite Reliabilität und durchschnittlich erfasste Varianz (AVE).

Zur Beurteilung der Qualität der Messmodelle von latenten Konstrukten werden deren *Reliabilität* und *Validität* überprüft. Eine zusammenfassende Erklärung der Qualitätskriterien findet man unter anderem bei Gansser und Krol (2015). Eine gute Übersicht über die Einstellungsparameter und die Anwendung der Kriterien für die Modellprüfung sind bei Hair et al. (2011) sowie Hair et al. (2012) sehr gut tabellarisch dokumentiert.

Die *Zuverlässigkeit* der reflektiven Multi-Item-Skalen wurde gemessen durch das Cronbachs Alpha, die Composite Reliabilität und die durchschnittlich erfasste Varianz (AVE). Bagozzi und Yi (1988, S. 84, Fußnote 1) empfehlen als Indikatorenanzahl für die latenten Variablen mindestens drei. Mit einer Ausnahme (Systemqualität) gibt es bei jedem Konstrukt mindestens drei Indikatoren, die eine ausreichend hohe Ladung aufwiesen. Die Ladung des dritten Items bei der Systemqualität war hier geringer als 0,7, sodass es aus der weiteren Analyse ausgeschlossen wurde. Bei allen Konstrukten überschreitet das Cronbachs Alpha den von Nunnally und Bernstein (1994, S. 252) geforderten Wert von 0,7. Die AVE-Werte betragen 0,85 (Benutzerfreundlichkeit), 0,78 (Einstellung zur Nutzung), 0,78 (Informationsqualität), 0,78 (Nutzungsabsicht), 0,85 (Nützlichkeit), 0,81 (Risiko), 0,74 (Subjektive Norm), 0,77 (Systemqualität) und 0,65 (Vergnügen) und übertreffen damit deutlich die geforderte Schwelle von 0,5 (vgl. Bagozzi und Yi 1988, S. 82). Die Werte der Composite Reliabilität reichen von 0,87 bis 0,96 und übertreffen damit den üblichen Schwellenwert von 0,6 ebenfalls deutlich (vgl. Bagozzi und Yi 1988, S. 82). Zusammengefasst zeigen alle Reliabilitätskriterien eine interne Konsistenz an.

Konvergenzvalidität wird angezeigt, wenn alle Ladungen auf die latenten Variablen statistisch signifikant sind (vgl. Dunn et al. 1994, S. 164). Bei allen Messmodellen sind die Ladungen der Items auf die latenten Konstrukte hoch signifikant ($p < 0{,}001$). Somit sind alle verwendeten Messmodelle als zuverlässig einzuschätzen und sie indizieren eine erfüllte Konvergenzvalidität.

Anschließend wird eine konfirmatorische Faktorenanalyse durchgeführt, um die *Eindimensionalität* der latenten Variablen zu testen (vgl. Gerbing und Anderson 1988, S. 187). Dies erfolgt für alle Konstrukte, die mindestens drei Items aufweisen (Benutzerfreundlichkeit, Einstellung zur Nutzung, Informationsqualität, Nutzungsabsicht, Nützlichkeit, Risiko,

Subjektive Norm und Vergnügen). Die Messmodelle der Konstrukte zeigen einen akzeptablen Fit, mit folgenden globalen Gütemaßen: Chi-Quadrat-Statistik = 1011,84, (df = 296, p < 0,001), RMSEA = 0,069, NFI = 0,9, NNFI = 0,92, CFI = 0,93, RNI = 0,93, IFI = 0,93, SRMR = 0,09. Alle Kriterien erfüllen die in der Literatur geforderten Cutoff-Werte (vgl. Weiber und Mühlhaus 2014, S. 215, 222).

Zur Überprüfung der *Diskriminanzvalidität* der latenten Konstrukte werden das Fornell-Larcker-Kriterium, die Kreuzladungen der Indikatoren und das Heterotrait-Monotrait-Verhältnis (HTMT)-Kriterium herangezogen. Das Fornell-Larcker-Kriterium ist erfüllt, wenn die durchschnittlich erfassten Varianzen (AVE) der latenten Konstrukte größer sind als die quadrierten Korrelationen mit anderen latenten Konstrukten (Fornell und Larcker 1981, S. 46). Wie in Tab. 6.1 und 6.2 ersichtlich, ist die Spanne der AVE-Werte der einzelnen Konstrukte zwischen 0,65 und 0,85. Die jeweiligen Korrelationen zu anderen latenten Konstrukten sind deutlich geringer.

Gemäß dem Kriterium der Kreuzladungen liegt Diskriminanzvalidität vor, wenn jeder Indikator auf das eigene latente Konstrukt höher lädt als auf andere Konstrukte (vgl. Chin 1998, S. 321 f.). Kein Indikator lädt höher auf andere Konstrukte. Das Heterotrait-Monotrait-Verhältnis (HTMT) ist mit einem Wert von 0,858 nur bei Nützlichkeit auf Informationsqualität höher als die konservativste Schwelle von 0,85. Jedoch sind alle HTMT-Werte hoch signifikant kleiner als 1, was für das Vorhandensein von Diskriminanzvalidität spricht, sodass sich alle Beziehungspaare im Modell empirisch unterscheiden (vgl. Henseler et al. 2015, S. 121 f.).

Insgesamt sind alle Kriterien der Gütebeurteilung reflektiver Messungen erfüllt. Die Konstrukte sind eindimensional, reliabel und valide.

6.3.3 Bewertung des inneren Modells

Zunächst wird geprüft, ob *Multikollinearität* bei einem endogenen Konstrukt vorliegt, welches durch zwei oder mehr latente Größen bestimmt wird. Hierzu kann in einem ersten Schritt die Betrachtung der Korrelationsmatrix in Tab. 6.2 herangezogen werden. Hohe Korrelationen (größer 0,5) liefern erste Anhaltspunkte für Multikollinearität bei den bivariaten Beziehungen. Da die endogenen Konstrukte nicht nur mit einer latenten Variable hoch korrelieren können, sondern mit mehreren, wird für den Ausschluss von Multikollinearität die Betrachtung des Varianzinflationsfaktors herangezogen (Weiber und Mühlhaus 2014, S. 364). Die Überprüfung erfolgt über die Toleranz ($1 - R^2$) oder den Varianzinflationsfaktor (VIF), der den Kehrwert der Toleranz darstellt (Weiber und Mühlhaus 2014, S. 364). Kollinearitätsprobleme können bereits ab einem VIF von 2 auftreten, was einem Toleranzwert von kleiner 0,5 entspricht. Weiber und Mühlhaus (2014) empfehlen eine genauere Inspektion ab VIF-Werten größer 3. Als weitere Diagnostik erfolgt die Betrachtung der Konditionsstatistik, um die verantwortlichen Einflussgrößen für die hohe Korrelation zu identifizieren (Weiber und Mühlhaus 2014, S. 365). Der Konditionenindex lässt sich in R mit der Funktion cond.index aus dem Paket klaR

Tab. 6.1 Messung der Konstruktitems

Konstrukt; Item	Ladung	Cronbachs Alpha	Composite Reliabilität
Benutzerfreundlichkeit		0,94	0,96
Für mich ist die Benutzung von LBS leicht zu erlernen	0,91		
Es ist leicht, mit LBS das zu machen, was ich machen möchte	0,91		
Meine Interaktion mit LBS ist für mich klar und verständlich	0,93		
Es ist einfach, LBS zu nutzen	0,94		
Einstellung zur Nutzung; Den Nutzen von LBS sehe ich als ...		0,91	0,93
... schlecht bis gut	0,86		
... unsinnig bis sinnvoll	0,88		
... nachteilig bis vorteilhaft	0,89		
... negativ bis positiv	0,91		
Informationsqualität; Ich denke, dass LBS ...		0,86	0,91
... eine Vielzahl an Informationen und Services bereitstellt	0,87		
... LBS sehr nützliche Informationen und Services bereitstellt	0,92		
... mir rechtzeitig die Informationen und Services zur Verfügung stellt, die ich brauche	0,86		
Nutzungsabsicht		0,86	0,91
Ich beabsichtige, LBS in Zukunft zu nutzen	0,92		
Ich beabsichtige, LBS in Zukunft regelmäßig zu nutzen	0,93		
Ich werde anderen empfehlen, LBS zu nutzen	0,80		
Nützlichkeit; Ich finde, die Nutzung von LBS ...		0,91	0,95
... erspart mir Zeit	0,93		
... verbessert meine Effizienz	0,91		
LBS ist nützlich für mich	0,92		
Risiko; Die Bereitstellung von persönlichen Informationen ...		0,89	0,93
... sehe ich als riskant an	0,92		
... verbinde ich mit hoher Unsicherheit	0,92		
... verbinde ich mit einem möglichen Verlust der Privatsphäre	0,87		

(Fortsetzung)

Tab. 6.1 (Fortsetzung)

Konstrukt; Item	Ladung	Cronbachs Alpha	Composite Reliabilität
Subjektive Norm; Ich möchte LBS nutzen, …		0,82	0,89
… da meine Kollegen/Freunde dies auch machen	0,83		
… da es einen Teil meiner Persönlichkeit widerspiegelt	0,86		
… da Personen, die mir wichtig sind, diese Dienste empfehlen	0,88		
Systemqualität; Ich denke, dass …		0,70	0,87
… LBS einen sehr zuverlässigen Service bietet	0,91		
… die Geschwindigkeit des Services ausreichend ist	0,84		
… LBS sicher in der Anwendung ist	gelöscht		
Vergnügen; Ich empfinde die Nutzung von LBS …		0,83	0,88
… als unterhaltend	0,84		
… als angenehm	0,78		
… als aufregend	0,76		
… als spaßig	0,83		

Tab. 6.2 Deskriptive Statistik und Fornell-Larcker-Kriterium

Konstrukt	Mittelwert	Standard-abweichung	1	2	3	4	5	6	7	8	9
1. Benutzer-freundlichkeit	5,36	1,28	0,92 (0,85)								
2. Einstellung zur Nutzung	4,82	1,36	0,42 (1,76)	0,88 (0,78)							
3. Informationsqualität	5,21	1,24	0,65	0,50	0,88 (0,78)						
4. Nutzungsabsicht	4,72	1,41	0,44 (1,83)	0,61 (1,5)	0,49	0,88 (0,78)					
5. Nützlichkeit	5,22	1,37	0,65 (1,73)	0,49 (2,0)	0,76 (1,73)	0,56 (2,1)	0,92 (0,85)				
6. Risiko	5,21	1,24	0,12	-0,07	0,16	-0,21 (1,1)	0,08	0,90 (0,81)			
7. Subjektive Norm	2,25	1,26	-0,12	0,17 (1,3)	0,01	0,21 (1,34)	-0,02	-0,21	0,86 (0,74)		
8. Systemqualität	3,93	1,10	0,54	0,49	0,60	0,47	0,61	0,00	0,04	0,88 (0,77)	
9. Vergnügen	3,66	1,32	0,30	0,44 (1,6)	0,51	0,51 (1,7)	0,46	-0,09	0,39	0,38	0,80 (0,65)

Anmerkung: In der Diagonalen befinden sich $\sqrt{AVE}$- und die AVE-Werte in Klammern, außerhalb der Diagonalen die Korrelationen. In den Klammern wird die Kollinearitätsstatistik (VIF) für Konstrukte angezeigt, die mehr als eine Einflussgröße aufweisen (vgl. Weihs et al. 2005) berechnen (vgl. Gansser und Krol 2015, S. 158). Da hier keine VIF-Werte größer als 3 angezeigt werden (vgl. Tab. 6.2), kann auf die Überprüfung der latenten Konstrukte mittels der Konditionsstatistik verzichtet werden.

Die primären Bewertungskriterien für ein Strukturmodell sind die *erklärte Varianz (R²)* der endogenen Konstrukte (vgl. Hair et al. 2012, S. 426) und die *Höhe und Signifikanz der Pfadkoeffizienten* (Hair et al. 2011, S. 147). Abhängig vom Untersuchungskontext und der Rolle des Konstrukts innerhalb des Modells sollte für die endogenen Konstrukte im Modell ein akzeptables R² vorliegen (Hair et al. 2012, S. 426 f.). Im Strukturmodell in Abb. 6.1 sind sowohl die Werte für die erklärte Varianz (R²) als auch die Pfadkoeffizienten abgebildet. Die Werte für die erklärte Varianz sind entsprechend hoch, was darauf hindeutet, dass es sich um ein akzeptables Strukturmodell handelt. Die einzelnen Pfadkoeffizienten des Modells können als standardisierte Beta-Koeffizienten (β) interpretiert werden (vgl. Hair et al. 2011, S. 147) und spiegeln die Wirkstärke einer Einflussgröße auf eine Zielgröße des Zusammenhangs zweier Konstrukte wider.

Um die *Erklärungs-* und *Prognoserelevanz* für endogene Konstrukte (vgl. Hair et al. 2012, S. 426) zu berechnen, werden noch zusätzlich die Effektstärke (f²) und die Crossvalidated redundancy (Q²) geprüft. Die Effektstärke zeigt die Relevanz der Erklärung

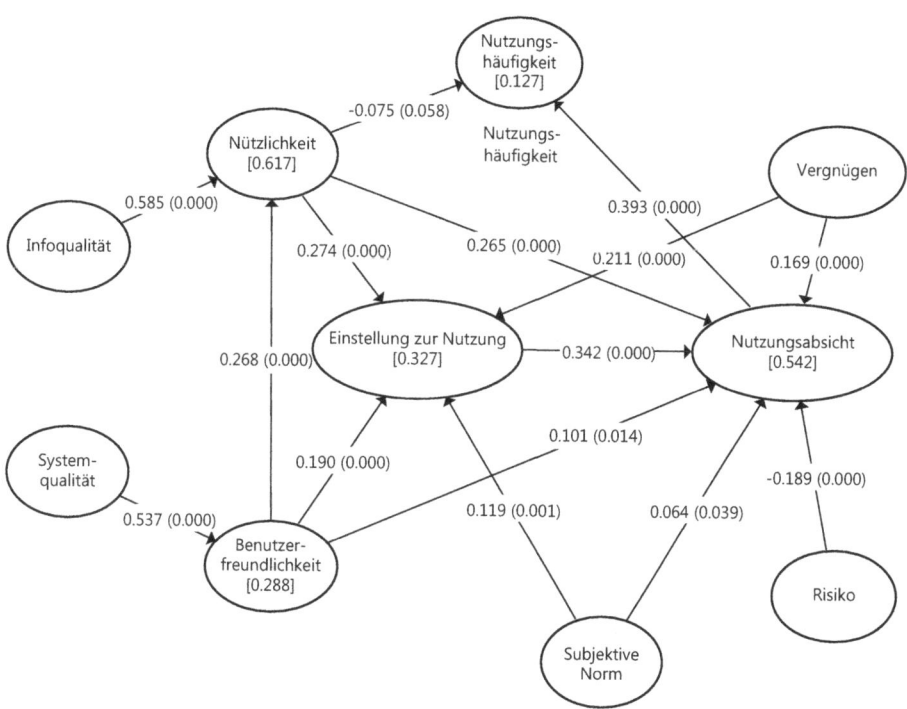

Abb. 6.1 Pfadanalyse mit Ergebnissen (R² der endogenen Konstrukte, Pfadkoeffizienten und p-Werte)

eines endogenen Konstrukts durch ein exogenes Konstrukt an, wobei Werte ab 0,02 eine geringe, ab 0,15 eine mittlere und ab 0,35 eine hohe Relevanz indizieren (vgl. Hair et al. 2012, S. 430). Hier zeigt sich, dass lediglich die Subjektive Norm als exogenes Konstrukt und die Benutzerfreundlichkeit auf die Nutzungsabsicht sowie die Nützlichkeit auf die Nutzungshäufigkeit eine geringe Relevanz haben. Alle anderen exogenen Konstrukte besitzen eine hohe Relevanz (Einstellung zur Nutzung, Informationsqualität und Systemqualität) oder eine mittlere Relevanz (die verbleibenden Beziehungen). Das Stone-Geisser-Kriterium (Q^2) misst die Prognoserelevanz der reflektiven endogenen Konstrukte. Alle endogenen Konstrukte weisen ein Q^2 größer Null (vgl. Hair et al. 2012, S. 430) auf und sind somit prognoserelevant.

Die Bewertung des inneren Modells bezüglich Multikollinearität, erklärter Varianz, Höhe und Signifikanz der Pfadkoeffizienten sowie der Prognoserelevanz ist als akzeptabel einzuschätzen. Dies lässt auf eine zuverlässige Schätzung des Strukturmodells schließen.

6.4 Ergebnisse

Die Schätzung des Strukturmodells erfolgte mit SmartPLS 3.2.4. Die Einstellung zur Nutzung ($R^2 = 33\,\%$) und die Zielgröße Nutzungsabsicht ($R^2 = 54\,\%$) werden im vorliegenden Modell (Abb. 6.1) durchschnittlich erklärt (vgl. Chin 1998, S. 323). Das Stone-Geisser-Kriterium für die Nutzungsabsicht ($Q^2 = 0,415$) zeigt, dass das Modell Prognoserelevanz besitzt. Mit einer Wirkstärke von 0,342 hat die Einstellung zur Nutzung einen Erklärungsbeitrag zur Nutzungsabsicht. Beide Konstrukte werden ebenfalls stark von der Nützlichkeit (0,274 bzw. 0,265) beeinflusst. Die Nützlichkeit ($R^2 = 0,617$) wird in diesem Modell von der Informationsqualität mit 0,585 und der Benutzerfreundlichkeit mit 0,268 erklärt.

Das Bootstrapping mit 5000 Subsamples und einseitigem Testen zeigt, dass alle Pfadkoeffizienten (Beziehungen im Modell) mindestens zum 10 %-Niveau signifikant sind. Damit können alle 14 Hypothesen beibehalten werden.

Im Strukturmodell gibt es einige partielle Mediator-Effekte. Die vier erforderlichen Voraussetzungen für Mediatoreffekte sind bis auf eine Ausnahme gegeben (vgl. Urban und Mayerl 2007, S. 10):

1. Alle Prädiktoren haben einen signifikanten Effekt auf den Mediator.
2. Alle Prädiktoren haben einen direkten signifikanten Effekt auf die abhängige Variable.
3. Die Mediatoren haben einen signifikanten Effekt auf die abhängige Variable.
4. Die Effekte der Prädiktoren auf die abhängige Variable verringern sich, wenn ein zusätzlicher Prädiktor als mediierende Variable aufgenommen wird.

Bei der Erklärung der Nutzungshäufigkeit liegt ein Suppressor-Effekt vor, da der direkte Effekt negativ und der indirekte positiv ist (vgl. Urban und Mayerl 2007, S. 4). Der indirekte Effekt von Nützlichkeit auf Nutzungshäufigkeit ist 0,141 (0,265 x 0,393) und der Totaleffekt 0,07 ($-0,075 + 0,141$, $p < 0,1$), was bedeutet, dass sich die Nützlichkeit von

LBS über eine positive Nutzungsabsicht auf die Nutzungshäufigkeit auswirkt. Ohne die Mediatorschätzung kann ein deutlich stärkerer direkter Effekt von Nützlichkeit auf Nutzungshäufigkeit festgestellt werden ($\beta = 1{,}45$, $p < 0{,}001$). Bei der Überprüfung von H2 sollte also nicht der direkte Effekt herangezogen werden, sondern der Totaleffekt, der nicht sehr hoch, aber positiv und signifikant ist.

Ähnlich verhält es sich beim Einfluss der Subjektiven Norm auf die Nutzungsabsicht. Hier beträgt der direkte Effekt 0,064 und der indirekte Effekt 0,041 (0,119 x 0,342) was zu einem Totaleffekt von 0,105 (0,064 + 0,041, $p < 0{,}05$) führt. Der Effekt ohne die Mediatorschätzung ist mit 0,069 ($p < 0{,}05$) nur marginal höher. Bei dem direkten Effekt von der Benutzerfreundlichkeit auf die Nutzungsabsicht erhöhte sich der Pfadkoeffizient ohne Mediatorschätzung ebenfalls nur marginal um 0,001 auf 0,102 ($p < 0{,}05$). Lediglich bei dem direkten Effekt von Vergnügen auf die Nutzungsabsicht verringert sich der Pfadkoeffizient ohne Mediatorschätzung marginal um 0,003 auf 0,169 ($p < 0{,}05$). Das heißt, die Voraussetzung 4 ist hier verletzt und das Wahrgenommene Vergnügen hat keinen Mediatoreffekt, sondern einen direkten und einen indirekten Effekt auf die Einstellung zur Nutzung mit einem Totaleffekt in Höhe von 0,241 ($p < 0{,}001$). Dies zeigt die starke Bedeutung des Wahrgenommenen Vergnügens. Nur noch die Nützlichkeit (0,359, $p < 0{,}001$) und die Einstellung zur Nutzung (0,342, $p < 0{,}001$) und die Benutzerfreundlichkeit (0,262, $p < 0{,}001$) haben einen größeren Totaleffekt.

6.5   Fazit

Bereits im Bereich der deskriptiven Analyse der vorliegenden Daten zeigt sich, dass in der untersuchten Zielgruppe sowohl die Nutzungsabsicht (Mittelwert = 4,72 auf einer Skala von 1 bis 7) von Location-based Services als auch deren Einflussgrößen Benutzerfreundlichkeit (Mittelwert = 5,36), Nützlichkeit (Mittelwert = 5,22) und Einstellung zur Nutzung (Mittelwert = 4,82), die aus dem Technology Acceptance Model abgeleitet worden sind, positiv bewertet wurden. Die weitergehende Analyse hat die positiven Einflüsse auf die Nutzungsabsicht als signifikant bewertet.

Neben den drei genannten Einflussgrößen auf die Nutzungsabsicht spielt das Wahrgenommene Vergnügen im Rahmen der Nutzung von LBS-Anwendungen eine große Rolle. Dieses hat zusätzlich einen signifikant positiven Einfluss auf die Einstellung zur Nutzung von LBS. Wenn die Anwendung keinen Spaß macht, wirkt sich das negativ auf die Einstellung zu LBS und damit auch auf die Nutzungsabsicht aus. Ferner ist eine vorhandene Systemqualität Grundvoraussetzung für die Wahrgenommene Benutzerfreundlichkeit. Ein zuverlässiger und schneller Service sowie eine sichere Anwendung werden einen positiven Effekt auf die Nutzungshäufigkeit haben. Gleiches gilt für die Informationsqualität. Hier ist es wichtig, zur richtigen Zeit einen ausreichenden Umfang an Informationen zur Verfügung zu stellen, die einen hohen Zusatznutzen haben.

Für die Marktforschung lässt sich insgesamt für den Einsatz der durch LBS unterstützten mobilen Befragungen festhalten, dass die potenziellen Zielgruppen der Nutzung von LBS sehr aufgeschlossen gegenüberstehen. Daraus lässt sich schließen, dass die LBS für diese Befragungsform durchaus vorteilhaft sind. Mobile Zielgruppen können über diese Technologie angesprochen werden. Im Rahmen der konkreten Umsetzung sollte insbesondere auf die Faktoren geachtet werden, die die Nutzungshäufigkeit von LBS vergleichsweise stärker beeinflussen. Es wird also Aufgabe der Marktforscher sein, den Befragten im Zuge der mobilen Erhebung neben der entsprechenden Informations- und Systemqualität ein als vergnüglich empfundenes Erlebnis zu bereiten.

Literatur

Ajzen, I. (1985). From intentions to actions: A theory of planned behavior. In J. Kuhl & J. Beckmann (Hrsg.), *Action-control: From cognition to behavior* (S. 11–39). Heidelberg: Springer.

Ajzen, I. (1987). Attitudes, traits, and actions: Dispositional prediction of behavior in personality and social psychology. In L. Berkowitz (Hrsg.), *Advances in experimental social psychology, 20* (S. 1–63). New York: Academic Press.

Ajzen, I. (1991). The theory of planned behavior. *Organizational Behavior and Human Decision Processes, 50*(2), 179–211.

Bagozzi, R. P., & Yi, Y. (1988). On the Evaluation of Structural Equation Models. *Journal of the Academy of Marketing Science, 16*(1), 74–94.

Bauer, H. H., Dirks, T., & Bryant, M. D. (2008a). Die Zukunft des Mobile Marketing. Ein Leitfaden für eine erfolgreiche Umsetzung. In H. H. Bauer, T. Dirks, & M. D. Bryant (Hrsg.), *Erfolgsfaktoren des Mobile Marketing* (S. 3–15). Berlin: Lang.

Bauer, H. H., Haber, T. E., Reichardt, T., & Bökamp, M. (2008b). Konsumentenakzeptanz von Location Based Services. In H. H. Bauer, T. Dirks, & M. D. Bryant (Hrsg.), *Erfolgsfaktoren des Mobile Marketing* (S. 205–220). Berlin: Lang.

Bitkom. (2016). *Anteil von Smartphones und herkömmlichen Handys am Mobiltelefonabsatz in Deutschland in den Jahren 2009 und 2015.* Statista. http://de.statista.com/statistik/daten/studie/218496/umfrage/absatzanteile-von-smartphones-und-handys-in-deutschland/. Zugegriffen: 23. Juni 2016.

BLM. (2016a). *Wie oft nutzen Sie Location Based Services auf Ihrem Smartphone?* Statista. http://de.statista.com/statistik/daten/studie/310237/umfrage/haeufigkeit-der-nutzung-von-location-based-services-in-deutschland. Zugegriffen: 23. Juni 2016.

BLM. (2016b). *Anzahl der Anbieter von Standortbezogenen Diensten in Deutschland von 2005 bis 2014.* Statista. http://de.statista.com/statistik/daten/studie/310072/umfrage/anzahl-der-anbieter-von-location-based-services-in-deutschland. Zugegriffen: 23. Juni 2016.

Chin, W. W. (1998). The partial least squares approach to structural equation modeling. In G. A. Marcoulides (Hrsg.), *Modern methods for business research* (S. 295–336). London: Psychology Press.

Davis, F. D. (1985). *A technology acceptance model for empirically testing new end-user information systems – theory and results.* PhD thesis, Massachusetts Inst. of Technology.

Davis, F. D. (1989). Perceived usefulness, perceived ease of use, and user acceptance of information technology. *MIS Quarterly, 13*(3), 319–340.

Davis, F. D. (1993). User acceptance of information technology: system characteristics, user perceptions and behavioral impacts. *International Journal of Man-Machine Studies, 38*(3), 475–487.

Davis, F. D., Bagozzi, R. P., & Warshaw, P. R. (1989). User acceptance of computer technology: A comparison of two theoretical models. *Management Science, 35*(8), 982–1003.

Davis, F. D., Bagozzi, R. P., & Warshaw, P. R. (1992). Extrinsic and intrinsic motivation to use computers in the workplace. *Journal of Applied Social Psychology, 22*(14), 1111–1132.

Diamantopoulos, A., & Riefler, P. (2008). Formative Indikatoren: Einige Anmerkungen zu ihrer Art, Validität und Multikollinearität. *ZFB Zeitschrift für Betriebswirtschaft, 78*(11), 1183–1196.

Dunn, S. C., Seaker, R. F., & Waller, M. A. (1994). Latend variables in business logistics research: Scale development and validation. *Journal of Business Logistics, 15*(2), 145–172.

Eberl, M. (2004). *Schriften zur Empirischen Forschung und Quantitativen Unternehmensplanung: Formative und reflektive Indikatoren im Forschungsprozess: Entscheidungsregeln und die Dominanz des reflektiven Modells.* (Bd. 19). München: Institut für Organisation, Seminar für Empirische Forschung und Quantitative Unternehmensplanung.

Eimeren, B. (2013). „Always on" – Smartphone, Tablet & Co. als neue Taktgeber im Netz. *Media Perspektiven, 7–8,* 386–390.

Fishbein, M., & Ajzen, I. (1975). *Belief, attitude, intention, behavior: An introduction to theory and research.* Reading: Addison-Wesley.

Fornell, C., & Larcker, D. F. (1981). Evaluating structural equation models with unobservable variables and measurement error. *Journal of Marketing Research, 18*(1), 39–50.

Gansser, O., & Krol, B. (2015). Ein Modell zur Erklärung und Prognose des Planungserfolges. In O. Gansser & B. Krol (Hrsg.), *Markt- und Absatzprognosen* (S. 149–169). Wiesbaden: Springer Gabler.

Gerbing, D. W., & Anderson, J. C. (1988). An updated paradigm for scale development incorporating unidimensionality and its assessment. *Journal of Marketing Research, 25*(2), 186–192.

Hair, J. F., Sarstedt, M., Ringle, C. M., & Mena, J. A. (2012). An assessment of the use of partial least squares structural equation modeling in marketing research. *Journal of the Academy of Marketing Science, 40*(3), 414–433.

Hair, J. F., Ringle, C. M., & Sarstedt, M. (2011). PLS-SEM: indeed a silver bullet. *Journal of Marketing Theory and Practice, 19*(2), 139–151.

Harman, H. H. (1976). *Modern factor analysis* (3rd Aufl.). Chicago: University of Chicago Press.

Henseler, J., Ringle, C. M., & Sarstedt, M. (2015). A new criterion for assessing discriminant validity in variance-based structural equation modeling. *Journal of the Academy of Marketing Science, 43*(1), 115–135.

Jarvis, C. B., MacKenzie, S. B., & Podsakoff, P. M. (2003). A critical review of construct indicators and measurement model misspecification in marketing and consumer research. *Journal of Consumer Research, 30*(2), 199–218.

Kuß, A., Wildner, R., & Kreis, H. (2014). *Marktforschung – Grundlagen der Datenerhebung und Datenanalyse.* Wiesbaden: Springer Gabler.

Malhotra, Y., Galletta, D. F., & Kirsch, L. J. (2008). How endogenous motivations influence user intentions: Beyond the dichotomy of extrinsic and intrinsic user motivations. *Journal of Management Information Systems, 25*(1), 267–300.

MacKenzie, S. B., & Podsakoff, P. M. (2012). Common method bias in marketing: Causes, mechanisms, and procedural remedies. *Journal of Retailing, 88*(4), 542–555.

Nunnally, J. C., & Bernstein, I. H. (1994). *Psychometric theory* (3rd Aufl.). New York: McGraw-Hill.

Nysveen, H., Pedersen, P. E., & Thorbjørnsen, H. (2005). Intentions to use mobile services: Antecedents and cross-service comparisons. *Journal of the Academy of Marketing Science, 33*(3), 330–346.

Podsakoff, P. M., MacKenzie, S. B., Lee, J.-Y., & Podsakoff, N. P. (2003). Common method biases in behavioral research: A critical review of the literature and recommended remedies. *Journal of Applied Psychology, 88*(5), 879–903.

Rohweder, J. P., Kasten, G., Malzahn, D., Piro, A., & Schmid, J. (2008). Informationsqualität – Definitionen, Dimensionen und Begriffe. In K. Hildebrand, M. Gebauer, H. Hinrichs, & M. Mielke (Hrsg.), *Daten- und Informationsqualität. Auf dem Weg zur Information Excellence* (S. 25–45). Wiesbaden: Springer Vieweg.

Salisbury, D. W., Pearson, R. A., Pearson, A. W., & Miller, D. W. (2001). Perceived security and world wide web purchase intention. *Industrial Management & Data Systems, 101*(4), 165–176.

Sheppard, B. H., Hartwick, J., & Warshaw, P. R. (1988). The theory of reasoned action: A meta-analysis of past research with recommendations for modifications and future research. *Journal of Consumer Research, 15*(3), 325–343.

Shin, D.-H., Jung, J., & Chang, B.-H. (2012). The psychology behind QR codes – user experience perspective. *Computers in Human Behaviour, 28*(4), 1417–1426.

Statistisches Bundesamt (2016). Anteil der privaten Haushalte in Deutschland mit einem Mobiltelefon von 2000 bis 2001. Statista. http://de.statista.com/statistik/daten/studie/198642/umfrage/anteil-der-haushalte-in-deutschland-mit-einem-mobiltelefon-seit-2000. Zugegriffen: 23. Juni 2016.

Urban, D., & Mayerl, J. (2007). Mediator-Effekte in der Regressionsanalyse. http://www.uni-stuttgart.de/soz/soziologie/regression/Mediator-Effekte_v1-3.pdf. Zugegriffen: 30. Juni 2016.

Venkatesh, V., Morris, M. G., Davis, G. B., & Davis, F. D. (2003). User acceptance of information technology: Toward a unified view. *MIS Quarterly, 27*(3), 425–478.

Venkatesh, V., & Bala, H. (2008). Technology acceptance model 3 and a research agenda on interventions. *Decision Sciences, 39*(2), 273–315.

Venkatesh, V., & Davis, F. D. (2000). A theoretical extension of the technology acceptance model: Four longitudinal field studies. *Management Science, 46*(2), 186–204.

Weiber, R., & Mühlhaus, D. (2014). *Strukturgleichungsmodellierung. Eine anwendungsorientierte Einführung in die Kausalanalyse mit Hilfe von AMOS, SmartPLS und SPSS* (2nd Aufl.). Wiesbaden: Springer Gabler.

Weihs, C., Ligges, U., Luebke, K., & Raabe, N. (2005). klaR – analyzing German business cycles. In D. Baier, R. Decker, & L. Schmidt-Thieme (Hrsg.), *Data analysis and decision support* (S. 335–343). Berlin: Springer.

Zhou, T. (2010). The impact of privacy concern on user adoption of location-based services. *Industrial Management & Data Systems, 111*(2), 212–226.

Biometrische Messung in der Produktmarktforschung

Jürgen Meixner

Zusammenfassung

Obwohl die Ratio nur die Spitze des Eisbergs im menschlichen Erleben und Verhalten darstellt, hat die Marktforschung erst in jüngerer Vergangenheit unbewusstes Verbrauchererleben messbar gemacht. Bislang wurden biometrische Verfahren wie Blickaufzeichnung, Facial Coding oder Hautwiderstandsmessung in der Marktforschung allerdings mehr oder weniger als Insellösung eingesetzt, allenfalls kombiniert mit Befragungen. Durch die Verknüpfung von Befragung, Beobachtung und biometrischer Messung gelingt es in dem hier vorgestellten ganzheitlichen Untersuchungsansatz für die Produktmarktforschung, von JM Results 2015 als *tri*PRO* eingeführt, rational-kognitive Bewertung, Verhalten bei der Handhabung sowie positive oder negative unbewusste Erregung von Testpersonen synchron zu erfassen. Fallbeispiele belegen, dass die ganzheitliche Betrachtung der Verbraucherreaktion, das heißt alsodie Verhaltensbeobachtung, das Gespräch und die Messung der impliziten, unbewussten Reaktion eineerheblichen Zusatznutzen zum besseren Verständnis des Verbrauchers liefert.

J. Meixner (✉)
JM Results GmbH, Rambin auf Rügen, Deutschland
E-Mail: juergen.meixner@jm-results.com

© Springer Fachmedien Wiesbaden GmbH 2017
O. Gansser und B. Krol (Hrsg.), *Moderne Methoden der Marktforschung*, FOM-Edition,
DOI 10.1007/978-3-658-09745-5_7

Inhaltsverzeichnis

7.1 Ausgangslage

Paradigmenwechsel ziehen sich durch Philosophie und Sozialwissenschaften wie Perlen an der Schnur, und damit auch wechselnde Menschenbilder: „Viel ist über die unterschiedlichen Menschenbilder der Soziologen und Ökonomen geschrieben worden; ..." (Weise 1989, S. 148 ff.).

Wir haben an den Homo sapiens sapiens als Nachfahre des Homo erectus geglaubt, aus dem in den letzten Jahrhunderten mehr aus philosophisch-wissenschaftlichen Sichtweisen denn aus evolutionären Gegebenheiten neue Versionen wurden, wie der Homo oeconomicus aus den Wirtschaftswissenschaften oder der Homo sociologicus aus den Sozialwissenschaften. Später wurden dann auch der Homo faber und der Homo ludens entdeckt.

Gemeinsam ist allen die Fähigkeit zur Rationalität; besonders ausgeprägt ist diese beim Homo oeconomicus (vgl. Tietzel 1981, S. 115–138).

Alle diese modernen Menschenbilder legen die Vermutung nahe, dass wir Kraft der Kognition sehr viel begründen und erklären können, was insbesondere in der Marktforschung sehr hilfreich ist. Unsere neokortikal jüngsten Strukturen, ein Meisterwerk der Evolution, eröffnen vielversprechende Wege in der Marktforschung: Der Verbraucher ist ein rationales Wesen und verhält sich rational, somit bestens erklärbar und auch voraussagbar.

Realität ist allerdings, dass die skalierte Abfrage von Kriterien unter anderem in der quantitativen Produktmarktforschung eher dazu dient, Benchmarks fortzuschreiben, als subjektiv relevante Wahrheit aufzudecken. Genau um diese subjektiv relevante Wahrheit geht es allerdings, wenn wir das wirkliche Produkterleben abbilden wollen.

Häufig erleben wir hier mit einiger Sensibilität beim Beobachten von persönlichen Interviews, dass die Antworten (z. B. mittels einer vorgelegten Intervallskala) von Testpersonen auf bestimmte Fragen, wie etwa beim Gesamtgefallen (Likeability) eines Testobjekts, oder der Beurteilung der Intuitivität oder der Einfachheit seiner Handhabung, von dem abweicht, was wir diffus an der Reaktion von Testpersonen wahrzunehmen glauben.

Unter anderem spielen hier auch Einflüsse eine Rolle, die im Interview schlecht kontrollierbar sind. Ein wichtiger Einfluss ist sicher die entsprechende Rollenerwartung.

Befragen wir z. B. eine Krankenschwester zur Handhabung einer bestimmten Spritze, können wir davon ausgehen, dass die Befragte aus ihrer Rolle heraus zunächst einmal signalisieren könnte, dass sie selbstverständlich ohne Probleme mit Spritzen umgehen kann.

Die Schwierigkeit mit dem Erfassen: Was geht wie?

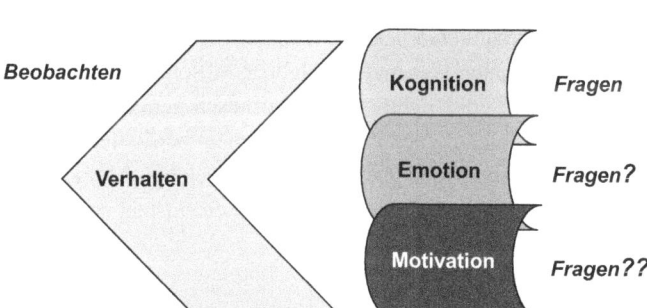

Abb. 7.1 Psychische Ebenen: Verhalten, denken, fühlen, wollen

Schließlich ist das ihre Aufgabe. Auch wenn zu Beginn im Interview betont wird, dass die Befragte die Spritzen testet, und nicht der Interviewer die Testperson, mag immer noch ein Stück weit das Rollenverhalten der Testperson die Antworten beeinflussen.

Ein anderes bemerkenswertes Phänomen ist, dass manchmal zwei verglichene Testprodukte mit nahezu gleich sehr gutem, statistisch nicht signifikant unterschiedlichem Gesamtdurchschnittswert beurteilt wurden, obwohl man bei vielen im Teststudio beobachteten Interviews das Gefühl hatte, dass doch eines der beiden viel besser hätte abschneiden, viel klarer hätte präferiert werden müssen: intensiver betrachtet, länger in der Hand gehalten, zögerlicher zurückgelegt und so weiter, all diese kleinen nonverbalen Hinweise.

Der Marktforscher mit der Aufgabe, die Wahrheit der Testpersonen herauszufinden, kann mit solchen unvollständig wirkenden Befunden nicht zufrieden sein.

Quantitativ-kognitiv orientierte Befragungsmethoden stoßen an ihre Grenzen, aufwendige qualitativ-tiefenpsychologische Verfahren hingegen, die in der Lage wären, tiefer zu schürfen, sind nicht Benchmark-fähig und wären außerdem mit entsprechend hoher Fallzahl völlig unökonomisch.

Was also tun?

7.2 Methodische Notwendigkeiten

In der Produktmarktforschung muss es darum gehen, ein möglichst vollständiges Bild der Reaktionen von Testpersonen auf das Produkt zu zeichnen, also ihr Erleben und Verhalten möglichst vollständig abzubilden. Hierzu muss man sich klar darüber sein, welche Ebene des Erlebens und Verhaltens (siehe Abb. 7.1) wie erfasst werden kann.

Dem Denken, also kognitiven Bewertungen, kommt der Marktforscher mit quantitativ orientierten Befragungstechniken auf die Spur. Notwendig sind dann aber auch die Erfassung des Verhaltens der Probanden bei der Handhabung von Produkten sowie die Erfassung nicht bewusster, emotional-motivationaler Reaktionen. Nur so erhält man ein Gesamtbild der Verbraucherreaktion.

Wenn es Aufgabe eines Marktforschungsprojektes ist, z. B. die Handhabung einer bestimmten Spritze mit Sicherheitsvorrichtung durch Pflegepersonal zu testen, benötigt man zu einem vollständigen Bild der Reaktion jeder einzelnen Testperson nicht nur die befragbaren Details, wie etwa den Gesamteindruck, die Einfachheit der Handhabung dieser Sicherheitsspritze, die wahrgenommenen Vor- und Nachteile usw., sondern auch die beobachtbaren Details der Handhabung (was wird richtig, was wird falsch gemacht, wo gibt es Handhabungsprobleme) und darüber hinaus auch die messbare nicht bewusste, spontane emotionale Reaktion der Testperson während der Handhabung (in welchen Momenten ergeben sich positive Erregungsmuster bei Erfolgserlebnissen, in welchen entsteht negativer Stress?).

7.2.1 Befragung

Zur Erfassung der kognitiven Bewertung eines Produktes bzw. seiner Handhabung bedient sich der Marktforscher standardisierter Fragen mit überwiegend geschlossenen Antwortmöglichkeiten, insbesondere unter Zuhilfenahme von Skalen.

Die Verwendung geeigneter Skalen sowie deren Messmöglichkeiten und Aussagekraft sollten an anderer Stelle diskutiert werden.[1]

Neben den üblichen geschlossenen Fragen zum Gesamteindruck sowie zu Einfachheit der Handhabung und Intuitivität (selbsterklärende Handhabung), erhoben in der Regel mittels vorgelegter Skalen, werden auch Fragen mit offener Antwortmöglichkeit gestellt, insbesondere zu den Likes und Dislikes zu einem Testprodukt. Hier allerdings muss auch klar sein, dass die Geschichte, die im Interview erzählt wird, also dazu, was man an einem Produkt im Einzelnen mag, und was nicht, sicherlich wertvolle inhaltliche Hinweise liefert, dennoch aber bereits durch den Filter der Ratio gelaufen ist. Interviewer müssen sorgsam darauf achten, dass Testpersonen bei diesen Interviewphasen narrativ bleiben, also selbst-explorativ erzählen, und nicht argumentativ werden, also in die Defensive geraten und ihr Urteil zu verteidigen suchen (vgl. Schütze 1983, S. 283–293).

7.2.2 Verhaltensbeobachtung

Bevor Interviewer allerdings die Testpersonen zum Testprodukt und seiner Handhabung befragen, wird beobachtet: Die Interviewer schauen den Testpersonen im wahrsten Sinne des Wortes auf die Finger. Sie protokollieren minutiös, Schritt für Schritt, inwieweit die einzelnen Handhabungsschritte mehr oder weniger korrekt erfolgen.

Hierzu bedient sich das Markforschungsinstitut, wie auch aus anderen Gründen (siehe hierzu Abschn. 7.3), idealerweise einer programmierten Fragebogenversion und einer sehr intuitiven Bildschirmoberfläche für die Interviewer.

---

[1]Einfach erklärt bei Wyss 1991.

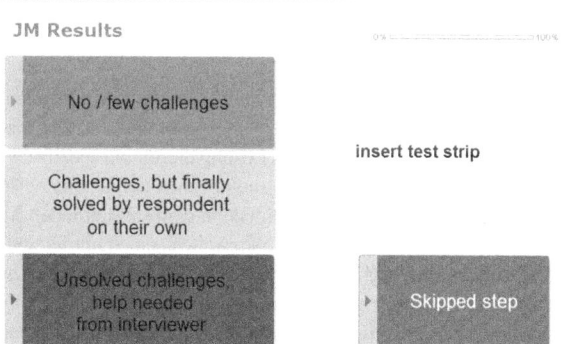

Abb. 7.2 Die Umsetzung

Die Abb. 7.2 zeigt, wie es Ampelfarben und große Antwortfelder zum Anklicken auf einem Laptopdisplay leicht machen, die Bewältigung der einzelnen Handhabungsschritte durch den beobachtenden Interviewer erfassen zu lassen.

Zur Sicherstellung der Befragungsqualität durchlaufen die eingesetzten Interviewer, wie bei Studien dieser Art üblich, ein Zusatztraining, bei dem das Projektmanagementteam (Kunde und Institut) die einzelnen Testprodukte (im medizintechnischen Bereich z. B. Stechhilfen, Sicherheitsspritzen, Blutzuckermessgeräte) detailliert vorstellt und den Interviewern ausreichend Gelegenheit gibt, anhand von Bedienungsanleitungen die Handhabung selbst zu üben. Die Interviewer werden hierdurch in die Lage versetzt, die Korrektheit der einzelnen Handhabungsschritte durch die Testpersonen in den Interviews zu beurteilen, und darüber hinaus im Zweifelsfall auch Testpersonen, falls erforderlich, in der Handhabung zu unterstützen.[2]

Inwieweit nun die Befunde aus dem Befragungsteil des Interviews (also unter anderem „Wie einfach ist es, mit dieser Spritze eine Injektion durchzuführen?") mit den Beobachtungsergebnissen des Interviews in Einklang stehen – oder auch voneinander abweichen, wird in Abschn. 7.4 gezeigt.

7.2.3 Biometrische Messung

Parallel zu Beobachtung und Befragung messen wir bei den Testpersonen den Verlauf des Hautwiderstandes. Der Verlauf des Hautwiderstands indiziert die nicht bewusste, emotional-motivationale und spontan der Ratio nicht zugänglichen Reaktion der Testperson auf das Testprodukt (siehe Abb. 7.3).

---

[2]So muss man z. B. manchmal Patienten mit Motorikproblemen behilflich sein, bei einer Spritze die Nadelkappe zu entfernen, damit die Injektion durchgeführt werden kann. Dies tritt etwa bei Patienten mit Rheumatischer Arthritis auf, die Zielgruppe eines Tests für subkutane MTX-Injektionen sein können.

Wissenschaftlicher Hintergrund des Einsatzes dieser Methode in der Produktmarktforschung stellen die Arbeiten von Georgios Papastefanou dar, der im Folgenden detailliert zitiert wird (Papastefanou Georgios 2013):

> Bei der Messung von emotionalen Reaktionen stellt sich die neu formulierte Forderung nach
> Echtzeitmessung in den Sozial- und Verhaltenswissenschaften (…). Die methodische Ausrich-
> tung des Ambulatorischen Assessment bietet als Lösung hierfür ein spezifisches Instrumentarium,
> mit dem die Erfassung von subjektiven, skeleto-motorischen und physiologischen Komponenten
> emotionaler Reaktionen in situ, also in dem Moment, in dem sie stattfinden (…). Hier spielen die
> physiologischen Komponenten eine wichtige Rolle, weil sie einen unmittelbaren und quasikonti-
> nuierlichen Zugang zu spontanen und unwillkürlich ablaufenden Reaktionen erlauben (…).
> Eine Lösung könnte in den gut gesicherten Ergebnissen der psychophysiologischen For-
> schung, wonach emotionale Reaktionen als Folge von automatisch ablaufenden, kognitiv-
> affektiven Bewertungsprozessen (appraisal) im Gehirn immer auch mit der Veränderung
> spezifischer physiologischer Funktionen einhergehen (…), und zwar vermittelt über die
> Aktivierung des autonomen Nervensystems (ANS). Dabei sind negative Emotionen mit stär-
> keren Reaktionen verbunden als positive Emotionen (…). Die Aktivierung des ANS führt
> über Nervenbahnen des Sympathikus und Parasympathikus zu spezifischen körperlichen
> Funktionsveränderungen, wie erhöhter Schweißdrüsenaktivität, einer Verengung der Arteri-
> olen, sowie verstärkter oder reduzierter Herz- und Atmungsaktivität.
> Der Zusammenhang dieser physiologischen Reaktionen mit Basisemotionen wie Ärger,
> Furcht und Ekel ist in zahlreichen Studien immer wieder bestätigt worden.[3]
> Die unter Laborsettings induzierten negativen Basisemotionen können als stresshafte
> Belastungen verstanden werden, und zwar in dem Maße wie Stresserfahrungen durch Überfor-
> derung, soziale Angriffe und Konflikte, Misserfolg und negative Erwartungen im Kern (Schulz
> et al. 2005) als Ärger- und Furcht-Reaktionen als Folge einer unwillkürlichen Bewertung des
> Bedrohungs- bzw. Risikopotenzials wahrgenommener Stimuli verstanden werden können (…).
> So erwies sich beispielsweise die schon die Erwartung eines aversiven Ereignisses (z. B. einer
> als „mild" beschriebenen Stromreizung) als wirkungsvoller Stressoren, der sich in einer erhöh-
> ten Schweißproduktion und damit einem Anstieg der Hautleitfähigkeit niederschlug (…).
> In der Durchsicht der Forschungsliteratur von Kreibig wird gezeigt, dass vor allem Hautleitfä-
> higkeits- bzw. Hautwiderstandsreaktionen (diese beiden elektrischen Phänomene stehen in einem
> reziproken Verhältnis zueinander und sind deshalb als Begriffe austauschbar) stehen in als ver-
> lässliche Indikatoren für die Wirksamkeit von emotionalen Stress-Stimuli verwendet worden sind.
> Aber auch die periphere Körpertemperatur, wie sie an den Fingern oder an der Stirn
> gemessen werden kann, erwies sich als guter Indikator der Stresswirkung. Die Hauttem-
> peratur wird hauptsächlich durch die Blutmenge in den Gefäßen beeinflusst, die wiederum
> vom Gefäßquerschnitt bedingt wird. Indem der Gefäßquerschnitt durch die von Sympathi-
> kus-Bahnen enervierte glatte Muskulatur der Arteriolen verändert wird (…), ergibt sich ein
> Folgezusammenhang zwischen Stressreaktion und Sympathikus-Aktivierung einerseits und
> sinkender Hauttemperatur andererseits. Mit der Sympathikus-Aktivierung wird indirekt das
> Blutvolumen reduziert und die Temperatur der Hautoberfläche sinkt. Wenn die Sympathi-
> kus-Aktivierung hingegen reduziert wird, steigt die Temperatur an der Hautoberfläche (…).
> Mit der elektrischen Leitfähigkeit der Haut und der Hauttemperatur an den Extremitä-
> ten sind also zwei physiologische Indikatoren emotionaler Vorgänge gegeben, die an der
> Peripherie des Körpers abgeleitet werden können. Sie eröffnen damit die Möglichkeit,
> auch außerhalb des Labors unter normalen Lebensbedingungen, Emotionsreaktionen in situ

---

[3]Quellen hierzu siehe Kreibig 2010, S. 474–487.

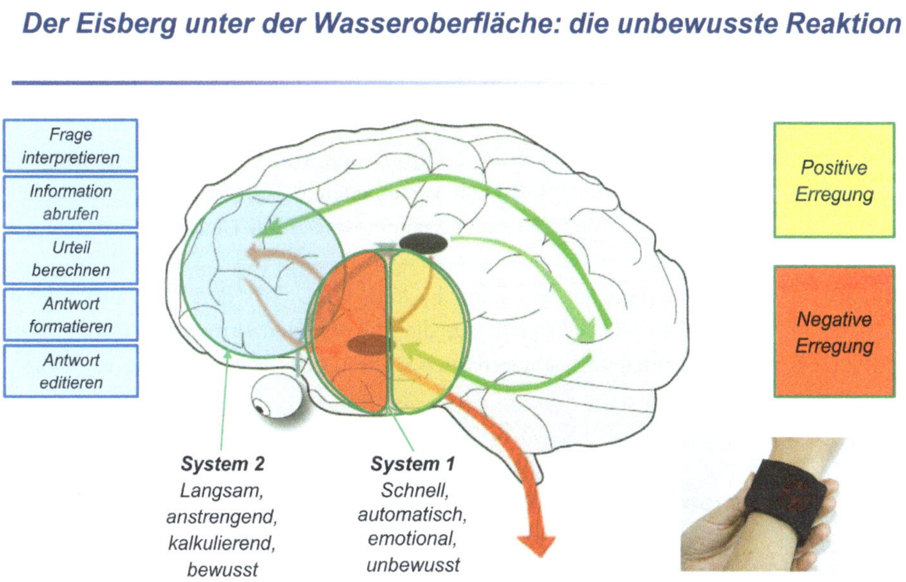

Der Eisberg unter der Wasseroberfläche: die unbewusste Reaktion

Abb. 7.3   Das limbische System

abzubilden. Hierzu bedarf es allerdings eines Instrumentes, mit dem die Messfühler bzw. Elektroden leicht angebracht und ohne Störung alltäglicher Handlungen über längere Zeit getragen werden können. In einem Pilotprojekt von GESIS zeigte sich, dass ein textiles Armband, in dem Sensoren bzw. Elektroden und Mess-Elektronik integriert sind, eine praktikable Lösung darstellt (…).

Die Abb. 7.3 zeigt links unten ein solches Armband.

Im Folgenden beschränken wir uns auf die Hautwiderstandsmessung als wichtigsten Beitrag zur biometrischen Erfassung der unbewussten Reaktionen.

Interessant ist hier nun die Tatsache, dass wir mithilfe der Technologie dieses Armbandes („SmartBand") sowie der entsprechenden Auswertungsmethodik nicht nur Amplituden erfassen (wie man sie etwa von einem Lügendetektor kennt), sondern auch – aufgrund eines speziellen Algorithmus – zwischen positiver Erregung (neugieriger, angenehmer Hinwendung) und negativer Erregung (Angst-, Stressreaktion) unterscheiden können.

Wie in Abb. 7.3 gezeigt, wird die Testperson gebeten, für die Dauer des Interviews ein SmartBand zu tragen. Der Testperson gegenüber wird dies kurz in der Einleitung der Gesprächssituation erläutert:

> Bitte denken Sie daran, dass nicht wir Sie testen, sondern Sie testen … (zum Beispiel DIESE SPRITZEN). Dabei verwenden wir Fragen, um Ihre rationalen und bewussten Reaktionen zu erfassen, sowie ein Armband, um Ihre emotionalen Reaktionen zu erfassen.

Das SmartBand wird der Testperson gleich zu Beginn des Interviews nach dieser Einleitung angelegt. Das SmartBand erfasst dann sekundengenau den Hautwiderstandswert (sowie die Hauttemperatur) während der gesamten Dauer des Interviews. Die Erfahrung zeigt übrigens, dass das SmartBand (mit seiner Funktion) wie auch eine laufende Kamera oder ein Einwegspiegel im Teststudio zur Beobachtung bzw. zur Dokumentation eines Interviews von den Probanden binnen kürzester Zeit vergessen wird.

Zu Beginn des Interviews findet eine Kalibrierung der erfassten Biometriewerte statt, indem alle Testpersonen ein Video mit verschiedenen Sequenzen (Stimuli) sehen. Dadurch lässt sich eine individuelle wie auch gemeinsame „Null-Linie" für den Test herstellen.

Eine weitere Besonderheit der Methodik besteht darin, dass durch die fortlaufende Erfassung der biometrischen Daten nicht nur die unbewussten Erregungszustände während der Testprodukthandhabung, sondern auch während der Beantwortung von Fragen gemessen werden.

7.3   Zusammenführen der Methoden

Biometrische Verfahren wie Eye-Tracking (Aufzeichnung der Blickrichtung) oder Facial Coding (Technik zur Mimik- bzw. Emotionserkennung, ein Codierungsverfahren zur Beschreibung von Gesichtsausdrücken) haben in der Marktforschung bereits eine längere Tradition. Sie werden allerdings immer (nur) dann eingesetzt, wenn es einen direkt verknüpfbaren Bezug zwischen Stimulus und Reaktion gibt.

Beim Eye-Tracking sehen wir, auf welchen Stimulus-Details der Blick verweilt, da gibt es also kein Zuordnungsproblem.

Beim Facial Coding oder anderen Verfahren zur Emotionserkennung bei TV-Spot-Tests etwa verlaufen Stimuli und die dazugehörigen Erregungsmuster immer synchron. Der Film läuft für alle Testpersonen gleich schnell, der Wagen bremst für alle Testpersonen immer in Sekunde 8, Fahrer und Beifahrer lachen immer in Sekunde 11 nach kurzer Schockstarre erleichtert auf. Somit können Biometriedaten und Stimulus-Abfolge problemlos übereinandergelegt werden.

Solche Voraussetzungen sind beim Produkttest nicht gegeben. Das Marktforschungsinstitut kann nicht wissen, ob das zweite Testprodukt nach 13 oder nach 18 min in die Hand genommen wird, ob ein einzelner Handhabungsschritt zehn Sekunden oder vielleicht sogar zwei Minuten dauert.

Die Interviewdauer in Produkttests weist erfahrungsgemäß eine sehr hohe Varianz auf und lässt sich auch sinnigerweise nicht standardisieren (was dem Ziel der Wahrheitsfindung beim Produkterleben natürlich völlig abträglich wäre). Die Zeitspanne, ein Testprodukt in der Hand zu haben, einzelne Handhabungsschritte durchzuführen, sich Gedanken über Bewertungen oder Präferenzbegründungen zu machen etc., sind von Testperson zu Testperson völlig unterschiedlich. Wenn man also bei einer bestimmten Testperson eine gewisse Amplitude in der Hautwiderstandaufzeichnung hat, weiß man nicht, ob diese dem Ereignis „Vollständiges Herunterdrücken des Kolbens" bei der zweiten Testspritze oder „Entfernen der Nadelschutzkappe" bei der dritten Testspritze zuzuordnen ist.

Der Umweg, für alle Interviews Videoaufzeichnungen zu machen und dann in „Handarbeit" bei der Analyse zu jedem Ereignis pro Testperson die Zeit zu stoppen, um diese dem Verlauf der Biometriedaten zuzuordnen, wäre zum einen ungenau und zum anderen völlig unökonomisch.[4]

Gefragt ist also ein ökonomischer, aber dennoch präziser Weg der Synchronisierung der Interview- und Biometriedaten.

Bei dieser Problematik kommt nun ein technischer Kniff zu Hilfe (siehe Abb. 7.4).

Aus verschiedenen qualitätssichernden Gründen sollten diese Tests grundsätzlich als WAPI ausgeführt werden: Web Assisted Personal Interviews.[5]

Kurz zur Erläuterung: Hierbei wird ein programmierter Fragebogen auf einem speziellen Server zur Verfügung gestellt, und die Interviewer in den Teststudios greifen für jedes Interview auf diese Programmierversion zu.

Mit WAPI-Technologie erreicht man eine höhere Datenqualität: Programmiertes Interviewen vermeidet Fehler im Interviewfluss durch eine automatische Abfolge der Fragen und Filter- bzw. Rotationsmanagement wie auch durch automatische Check-Routinen. Interviewer müssen also nicht auf „Intervieweranweisungen" wie in einem klassischen Papierfragebogeninterview achten, sondern können sich voll und ganz auf das Gespräch mit dem Probanden und auf das Handhaben und Vorführen des Testmaterials sowie auf das Antwortverhalten der Probanden konzentrieren.

Die Eingabe von Papierfragebögen in eine Erfassungsmaske entfällt sowohl als Arbeitsschritt als auch als potenzielle Fehlerquelle.

Weitere Vorteile von WAPI sind zudem:

Änderungen in Intervieweranweisungen oder in Fragenformulierungen können schnell und auch während der laufenden Feldzeit erfolgen, da der programmierte Fragebogen auf einem Server gehostet wird. Es müssen weder neue Papierfragebögen produziert und versandt noch neue Fragebogenprogramme als Dateien an die durchführenden Teststudios verschickt werden.

Ein Online Monitoring Tool informiert über den laufenden Status und liefert Vorabergebnisse live während der Feldzeit über ein Kunden-Log-in.

Nun zurück zu dem technischen Kniff, der erst durch den Einsatz der WAPI-Technologie möglich wird:

Man kann (mit etwas Aufwand und entsprechender Datenfülle) den Fragebogen in beliebig kleine Sequenzen unterteilen: nicht nur in die einzelnen vom Interviewer beobachteten Handhabungsschritte, sondern auch in die einzelnen Fragen, Skalenvorlagen und Antworten. Die Unterteilung kann im Interview z. B. durch das Drücken einer beliebigen Taste erfolgen, am besten und für den Interviewer am intuitivsten natürlich durch „ENTER" oder „WEITER". Dieser Befehl kann automatisch mit dem Senden eines

---

[4]Man stelle sich vor, wie viel Zeit und welches Budget aufzuwenden wären, bei n = 100 oder gar mehr einstündigen Interviews eine sekundengenaue Videoanalyse durchzuführen.

[5]Synonym wird der Begriff Computer Assisted Web Interviews (CAWI) verwendet; die Bedeutung ist allerdings die gleiche.

Das Problem mit der Asynchronität

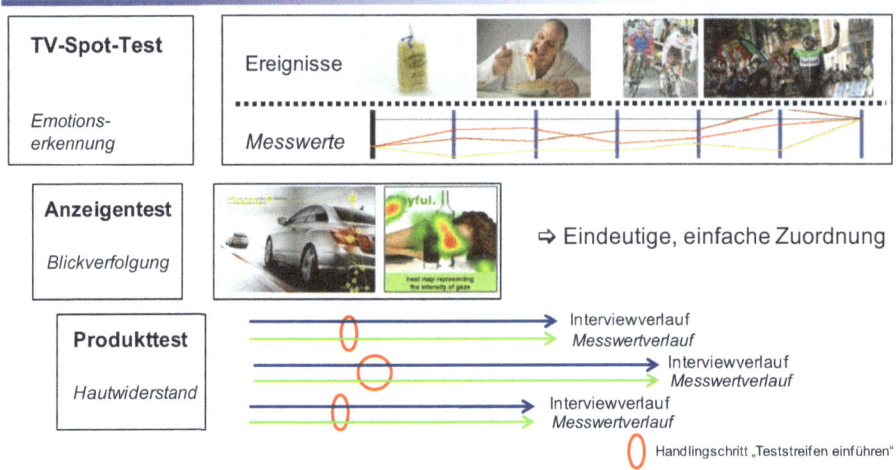

⇨ Eindeutige Zuordnung durch Setzen von Zeitstempel pro Schritt
und Prozentuieren der Prozessdauer

Abb. 7.4 Die befragungstechnische Umsetzung

sekundengenauen Zeitstempels verknüpft werden, z. B. durch das Erfassen der Rechnerzeit, die auch mit der koordinierten Weltzeit (UTC) synchronisiert werden kann.

Mittels einer Applikation wird diese am Befragungslaptop abgegriffene Zeit mit der im SmartBand erfassten Zeit synchronisiert.

Nach Abschluss jedes einzelnen Interviews werden die zugehörigen Biometriedaten vom SmartBand auf den (oder einen anderen) Befragungscomputer übertragen und dann per E-Mail zur zentralen Auswertung geschickt. Die Befragungsdaten liegen dort schon vor, da die Interviews ja direkt auf dem Server durchgeführt werden.

Beide Datenströme können dann übereinandergelegt werden.

Somit weiß man also sekundengenau, wann eine bestimmte Frage beantwortet oder ein bestimmter Handhabungsschritt durchgeführt wird, ganz unabhängig von Ort und Ortszeit und Interviewlänge, und welche unbewusste Reaktion genau zu diesem Zeitpunkt erfolgt ist.

Am Ende werden die Interviews durch eine Prozentuierung der Interviewdauer künstlich auf eine gleiche Interviewdauer gebracht und somit sowohl in Beobachtungs- und Befragungsdaten als auch biometrischer Reaktion vergleichbar.[6]

---

[6]Jedes Interview beginnt einschließlich der zugehörigen Biometriedaten bei null Prozent, das Entfernen einer Nadelschutzkappe bei Spritze A im zweiten Versuch z. B. findet von 31,2 % bis 32.4 % statt, die Bewertung der Intuitivität von Spritze 3 von 57,8 % bis 59,5 % statt, das Ende des Interviews wäre dann immer bei 100 % der verbrauchten Interviewdauer pro durchgeführtem Interview.

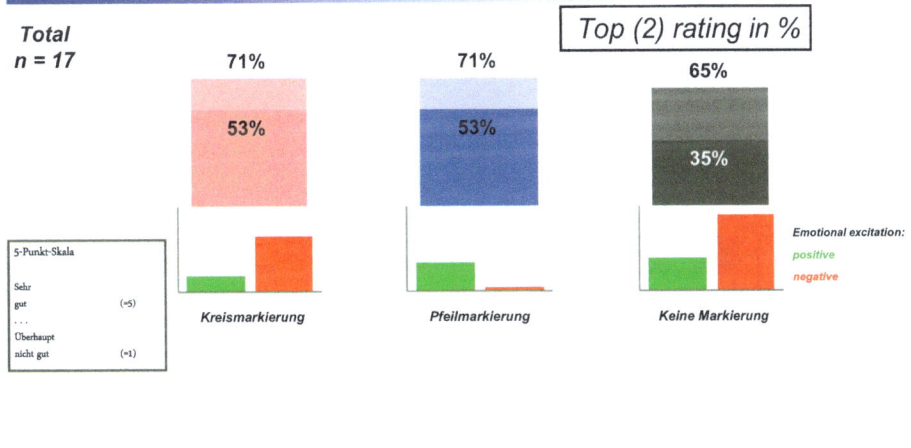

Abb. 7.5 Gesamteindruck

Für die Auswertung stehen dann präzise zugeordnete beobachtete, außerdem kognitiv von den Testpersonen geäußerte sowie deren unbewussten Reaktionen zur Verfügung.

7.4   Output

Im Folgenden werden anhand zweier Fallbeispiele Detailergebnisse dieses ganzheitlichen Untersuchungsdesigns gezeigt. Beide Beispiele sind aus dem Bereich der Medizintechnik und beziehen sich zum einen auf einen Test unterschiedlicher Teststreifen (die man bei der Messung des Blutzuckerspiegels verwendet) in Deutschland bei n = 17 Diabetespatienten (siehe Abb. 7.5, 7.6 und 7.7), zum anderen auf einen Test von Sicherheitsspritzen in den USA bei n = 160 Patienten, die sich selbst Injektionen verabreichen, und Krankenschwestern und -pflegern, die regelmäßig Injektionen verabreichen (Abb. 7.9, 7.10, 7.11 und 7.12).

Am ersten Beispiel in Abb. 7.5 bis Abb. 7.7 wird zunächst gezeigt, welche Befunde sich im Vergleich der rationalen Befragung und der Erfassung der unbewusst-emotionalen Reaktion ergeben.

Generell sieht man, dass Teststreifen mit einer Markierung die Handhabung erleichtern. Die Markierung zeigt, in welcher Richtung der Streifen in das Messgerät eingeführt werden muss. Auch auf der bewussten, kognitiven Ebene spielen die Testpersonen zurück: Eine Markierung erleichtert die Handhabung. Der Gesamteindruck der Handhabung mit markierten Streifen ist positiver, man würde sich eher für diese entscheiden und man bevorzugt diese.

In Bewertung wie Präferenz liegen dabei auf der bewussten, kognitiven Ebene die Markierungsarten Pfeil und Kreis etwa gleich auf. Interessant ist nun die wichtige

Am wenigsten negativen Stress verursacht die Entscheidung zum Wechsel zur Pfeilmarkierung

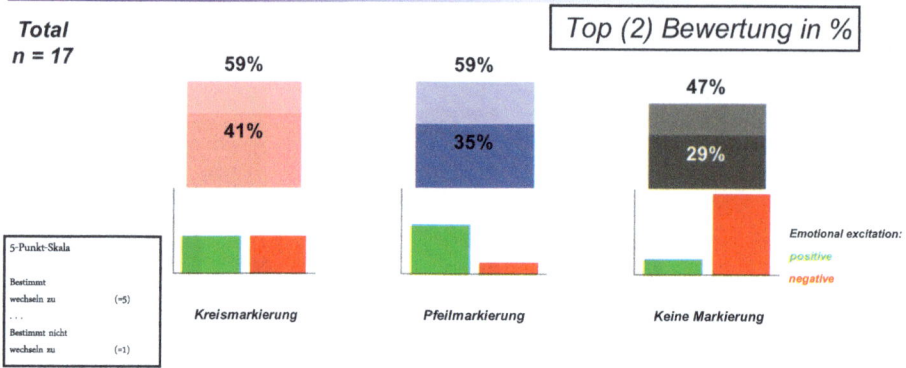

Abb. 7.6 Wechselabsicht

Die Pfeilmarkierung verursacht am wenigsten negativen Stress bei der Entscheidung

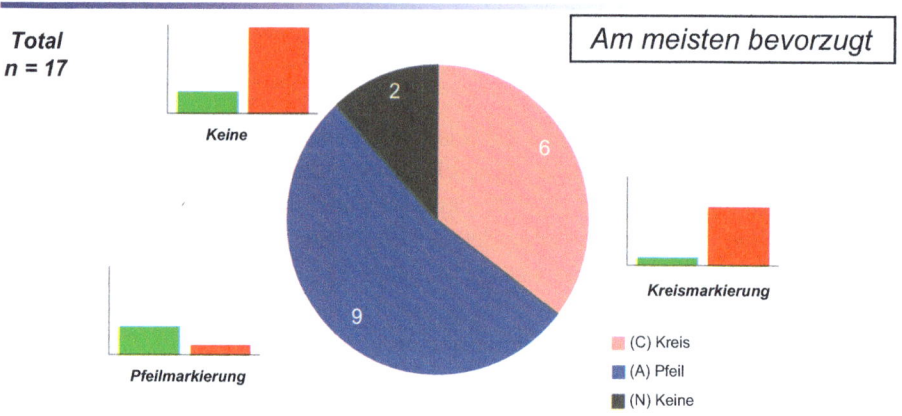

Abb. 7.7 Präferenz

Kaum Unterschiede – einige Herausforderungen beim Einführen
Geringste negative Erregung bei der Pfeilmarkierung

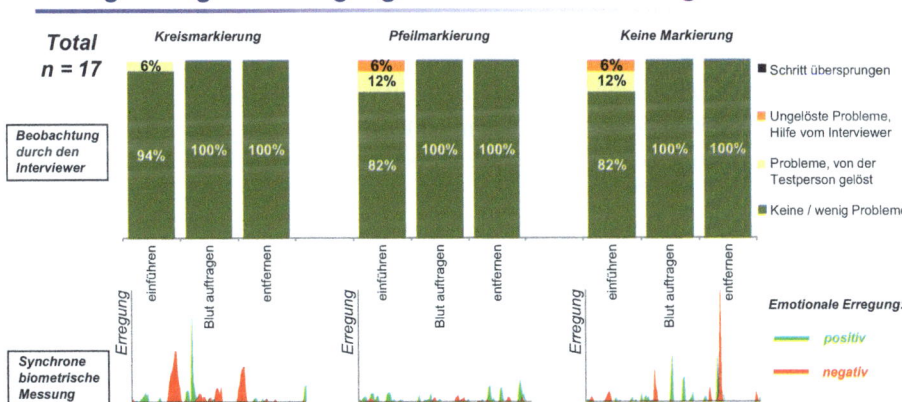

Abb. 7.8 Handhabung mit Bedienungsanleitung

Zusatzinformation, dass auf der unbewussten Ebene die Bewertung sowie auch das Präferieren der Streifen mit Pfeilmarkierung deutlich weniger negativen Stress auslösen als diejenigen mit Kreismarkierung. Offensichtlich hilft also auf der (spontan zunächst) unbewussten Ebene die Pfeilmarkierung deutlich mehr bei der Handhabung als die Kreismarkierung.

Dieser Befund verdichtet sich, wenn man sich sowohl die Ergebnisse der Handhabungsbeobachtung als auch den Erregungsverlauf in Abb. 7.8 anschaut.

Auf der unbewussten Ebene entwickelt sich deutlich am wenigsten negativer Stress bei der Handhabung der Streifen mit Pfeilmarkierung. Offensichtlich unterstützt also der Pfeil durch seine klare Richtungsvorgabe den Handhabungsprozess am besten[7] – ohne, dass es den Testpersonen spontan bewusst wird.

Somit kann das Marktforschungsinstitut einen wertvollen Hinweis geben, der durch die Kombination von Befragung, Beobachtung und vor allem biometrischer Messung generiert werden konnte.

Im folgenden zweiten Studienbeispiel wird ebenfalls augenscheinlich, wie wertvoll die Zusammenschau der Befunde aus Befragung, Beobachtung und Biometrie ist.

In einer Untersuchung in den USA, ebenfalls in einer Teststudiosituation, wurden in einem streng monadischen Ansatz (pro Stichprobensplit wird von jeder Testperson nur EIN Testprodukt getestet, ohne es mit einem oder mehreren anderen zu vergleichen) bei

---

[7]Dies ist übrigens durchaus wichtig für Diabetiker, da ein falsch eingeführter Teststreifen zu einem „Error" führt. Der Teststreifen ist „verschwendet", der Test muss wiederholt werden.

80 Patienten und 81 Schwestern/Pflegern zwei Spritzenvarianten mit zwei Bedienungsanleitungen getestet, bei dem die Testpersonen die jeweilige Spritze dreimal benutzt haben:

- Spritze O (old/alte Version) mit Bedienungsanleitung H
- Spritze N (new/neue Version) mit Bedienungsanleitung H
- Spritze O (old/alte Version) mit Bedienungsanleitung W
- Spritze N (new/neue Version) mit Bedienungsanleitung W

Nach der dreimaligen Handhabung der Spritzen anhand der Bedienungsanleitung wurde unter anderem nach der Intuitivität und der Einfachheit der Handhabung gefragt. Interessant ist hier vor allem der jeweilige Wert für die „Health Care Professionals", also die Schwestern und Pfleger (siehe Abb. 7.9 und 7.10).

Die „Profi"-Zielgruppe bewertet also im Gesamtdurchschnitt die Intuitivität der Spritzen mit 8 auf einer Zehnerskala, die Einfachheit der Handhabung sogar mit knapp 9.

Nimmt man dies als Befragungsergebnis hin, könnte man zufrieden sein: kein Problem mit diesen Spritzen!

Wie eingangs erwähnt, wirkt sich allerdings das erwartete Rollenverhalten der Testpersonen auf das Interview aus. Es ist anzunehmen, dass die eine Schwester oder der andere Pfleger doch eher signalisiert, das Applizieren von Injektionen als alltägliche Arbeit völlig selbstverständlich im Griff zu haben, als die tatsächliche Intuitivität und Einfachheit der getesteten Spritzen zu bewerten. Die Ergebnisse aus der Handhabungsbeobachtung (siehe Abb. 7.11) nämlich schlagen Alarm: Vor allem die für die Patienten- wie

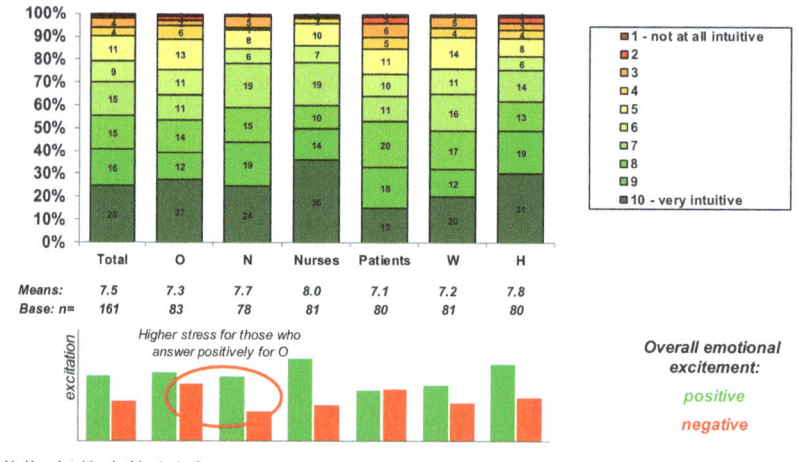

Abb. 7.9 Bewertung: Intuitivität

N wird als einfacher bewertet; die Bedienungs-anleitung H unterstützt diese Bewertung deutlicher als W auf der bewussten Ebene, macht es allerdings unbewusst schwerer

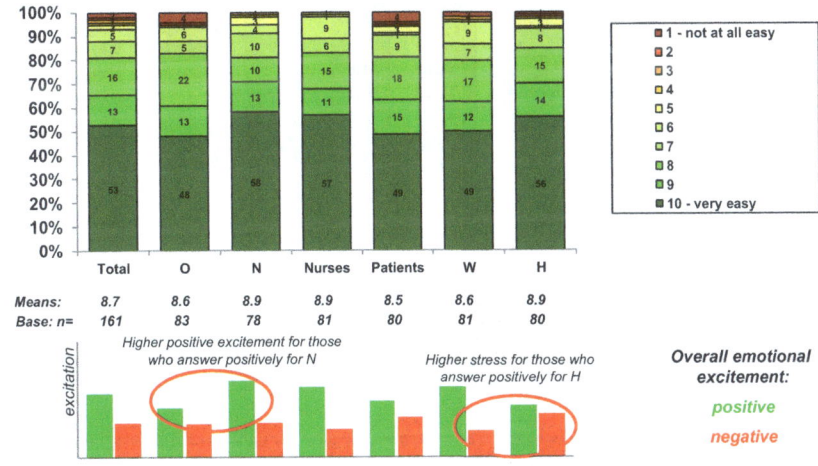

Question 42: How easy is this device to use overall?
(Means: 10 = very easy, 1 = not at all easy)

Abb. 7.10   Bewertung: Einfachheit der Handhabung

Die letzten beiden Schritte sind erklärungsbedürftig!

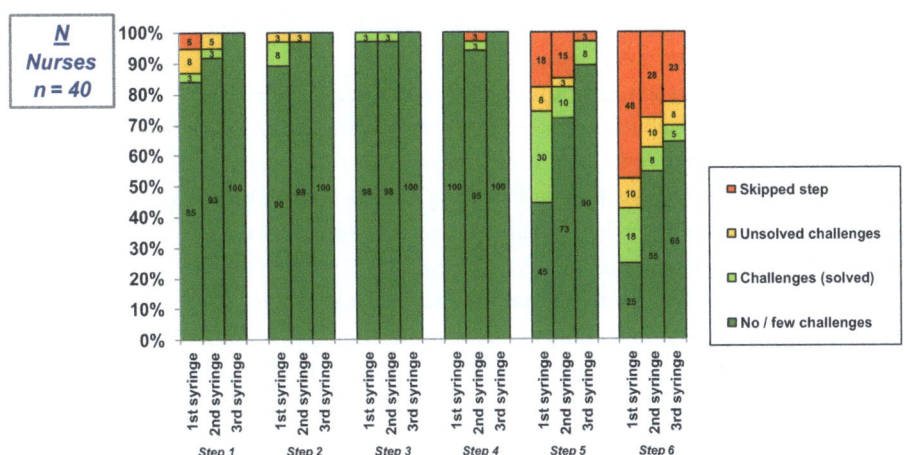

Questions 12/22/32: Please check how respondent is performing the individual steps after performing all of them. (Interviewer)
Base: syringe "new", instructions "W" & "H", Nurses, n = 40

Abb. 7.11   Spritze „N": Beobachtung der Handhabung mit drei Versuchen

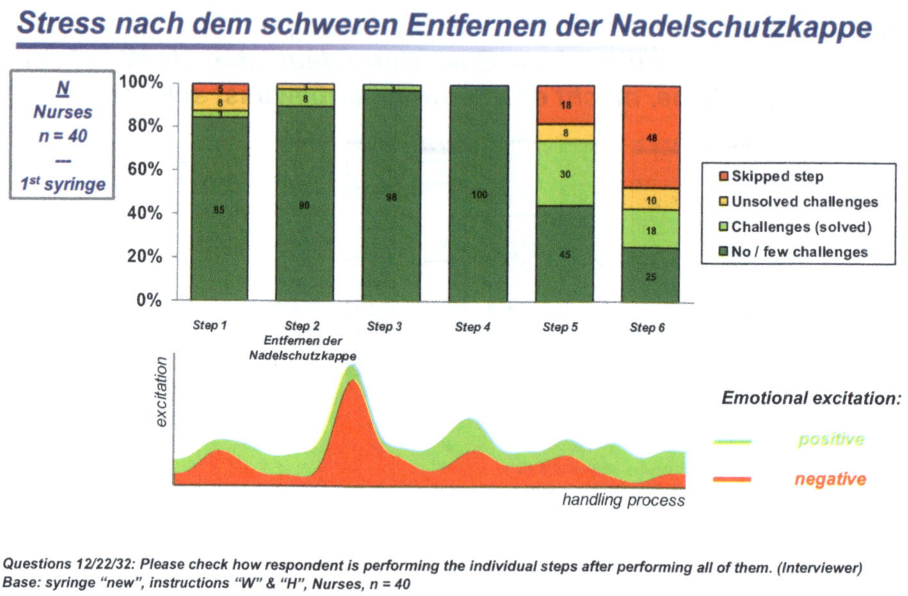

Abb. 7.12 Spritze „N": Beobachtung der Handhabung, erster Versuch

Mitarbeitersicherheit (vor ungewollten Nadelstichverletzungen und damit eventueller Kontamination) wichtigen letzten beiden Handhabungsschritte waren – selbst mit vorgelegter Bedienungsanleitung – weder für alle intuitiv noch einfach.

Klarer Befund an dieser Stelle ist, dass an den letzten beiden Bedienungsschritten der Spritze deutlich optimiert werden muss.

Interessant ist dann auch, dass offensichtlich der Kampf der „Profis" mit der schwer zu entfernenden Nadelschutzkappe zu ganz erheblicher unbewusster Erregung geführt hat. Die Abb. 7.12 zeigt negativen Stress aufgrund der unerwarteten Schwierigkeit, als Injektionsprofi in dieser Testsituation Probleme mit der Nadelschutzkappe zu haben (das würde im Arbeitsalltag erheblich aufhalten), und zum anderen wohl die Erleichterung, es nach erfolgreichem Zerren „geschafft" zu haben.

Dahingegen flacht das Profil der unbewussten Erregung am Ende der Handhabung deutlich ab, da, wo man eigentlich etwas mehr an limbischer Aktivität erwartet hätte. Eine gezielte Optimierung sollte hier dazu führen, die Hinwendung des Organismus Health Care Professional und natürlich auch Patient ganzheitlich, auch auf unbewusst-emotionaler Ebene, aufrechtzuerhalten.

Als kurzes Fazit soll abschließend zusammengefasst werden: Die ganzheitliche Herangehensweise zur Erfassung von Produkterleben macht es möglich, alle relevanten Verhaltens- und Erlebensebenen von Zielgruppen erfassen und auf Basis der Befunde gezielte Empfehlungen für die Optimierung von Produkten hinsichtlich ihrer Handhabung abgeben zu können. Dies gilt nicht nur für die Handhabung medizintechnischer Produkte, sondern selbstverständlich auch für Kaffeemaschinen, Mobiltelefone, Cremedosen und andere anfassbare Produkte aus dem täglichen Leben, die uns das selbige erleichtern und nicht erschweren sollten.

Literatur

Kreibig, S. D. (2010). Autonomic nervous system activity in emotion: A review. *Biological Psychology, 84*(3), 474–487.

Papastefanou, G. (2013). Experimentelle Validierung eines Sensor-Armbandes zur mobilen Messung physiologischer Stress-Reaktionen (GESIS-Technical Reports, 7). Köln: GESIS – Leibniz-Institut.

Schulz, P., Jansen, L. J., & Schlotz, W. (2005). Stressreaktivität: Theoretisches Konzept und Messung. *Diagnostica, 51*(3), 124–133.

Schütze, F. (1983). Biografieforschung und narratives Interview. *Neue Praxis, 1*(3), 283–293.

Tietzel, M. (1981). Die Rationalitätsannahme in den Wirtschaftswissenschaften oder Der homo oeconomicus und seine Verwandten. *Jahrbuch für Sozialwissenschaft: Zeitschrift für Wirtschaftswissenschaften, 32*(2), 115–138.

Weise, P. (1989). Homo oeconomicus und homo sociologicus, Die Schreckensmänner der Sozialwissenschaften. *Zeitschrift für Soziologie, 18*(2), S. 148 ff.

Wyss, W. (1991). *Marktforschung von A–Z – Eine Einführung aus der Praxis für die Praxis*. Adligenswil: DemoSCOPE.

Dem Publikum in die Augen schauen

8

Radio- und Fernsehwerbung im Fokus der EmotiCam

Aleksa Möntmann-Hertz und Hans-Peter Gaßner

Zusammenfassung

Werbung muss emotional aktivieren, um wahrgenommen zu werden. Die Marktforschung setzt klassischerweise auf standardisierte Werbemitteltests mit expliziten Fragestellungen. Diese können jedoch nur bewusste Prozesse messen, unmittelbar ausgelöste Gefühle lassen sich dagegen nur schwer erfassen, da diese zum Teil unbewusst sind. Um die unbewussten Prozesse zu messen, die die implizite Informationsaufnahme bei Markenkontakt steuern, werden in der Marktforschung zunehmend implizite Messverfahren eingesetzt. An zwei Fallbeispielen werden die Einsatzmöglichkeiten und der Nutzen der EmotiCam als implizites Messverfahren in der Radio- und Fernsehforschung aufgezeigt. Die EmotiCam basiert auf dem Facial Action Coding System nach Ekman und Friesen. Dabei wird die Mimik der Rezipienten den sechs Basisemotionen zugeordnet. Veränderungen in der Mimik werden sekundengenau erfasst. Auf diese Weise können die emotionale Wirkung und die Dramaturgie von Spots exakt überprüft werden.

A. Möntmann-Hertz (✉)
LINK Institut für Markt- und Sozialforschung, Frankfurt, Deutschland
E-Mail: moentmann.aleksa@link-institut.de

H.-P. Gaßner
ARD-Werbung SALES & SERVICES, Frankfurt, Deutschland
E-Mail: hans-peter.gassner@ard-werbung.de

© Springer Fachmedien Wiesbaden GmbH 2017   129
O. Gansser und B. Krol (Hrsg.), *Moderne Methoden der Marktforschung,* FOM-Edition,
DOI 10.1007/978-3-658-09745-5_8

Inhaltsverzeichnis

8.1   Emotionen und Werbung

Das Ziel der Werbung ist es, auf Angebote aufmerksam zu machen und Bedarf zu wecken. Die Werbung soll uns Orientierung geben, um in der nächsten Kaufsituation die richtige Entscheidung zu treffen. Ein Großteil der Werbebotschaften bleibt jedoch unbemerkt, da wir tagtäglich rund um die Uhr auf unterschiedlichsten Kanälen, von klassischen Kommunikationskanälen wie TV, Radio, Außenwerbung und Printmedien sowie über das Internet und Social Media mit Informationen konfrontiert werden. Unser Gehirn muss für dieses Datenvolumen eine ökonomische Vorgehensweise wählen, frei nach dem Motto „die Guten ins Töpfchen, die Schlechten ins Kröpfchen". Eingehende Informationen werden nach ihrer Relevanz klassifiziert. Nur Informationen, die als relevant eingestuft werden, gelingt es, den internen Filter zu passieren und abgespeichert zu werden. Die Emotionen fungieren dabei als „(…) Signalgeber für Relevanz (…)" (vgl. Hill 2010, S. 240) (vgl. Abb. 8.1).

Die Entscheidung über Relevanz erfolgt evolutionsbedingt unmittelbar und schnell, hierfür wird das implizite System aktiviert. Das Gehirn verfügt über zwei Systeme der

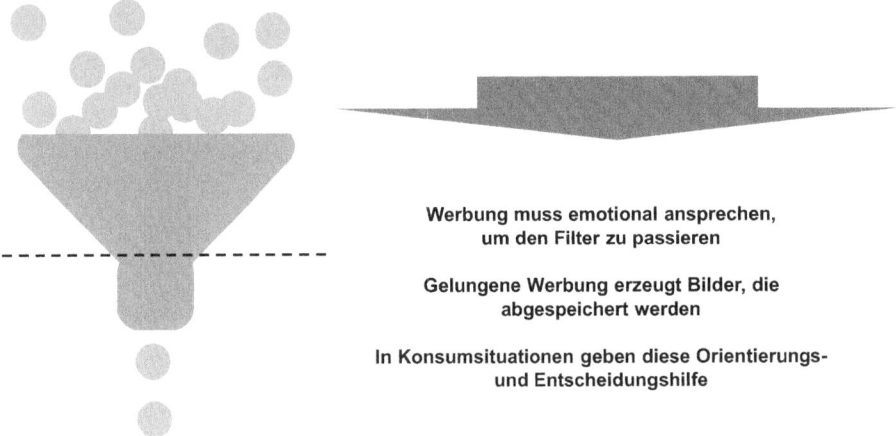

Werbung muss emotional ansprechen,
um den Filter zu passieren

Gelungene Werbung erzeugt Bilder, die
abgespeichert werden

In Konsumsituationen geben diese Orientierungs-
und Entscheidungshilfe

Abb. 8.1 Wahrnehmung von Werbung

Informationsverarbeitung. Der Nobelpreisträger Daniel Kahneman (2015) unterscheidet System 1 (implizit) und System 2 (explizit): Das implizite System wird für direkt und intuitiv zu treffende Entscheidungen benötigt. Diese Vorgänge laufen unbewusst und unreflektiert ab. Hierzu gehören Sinneswahrnehmungen, Gefühle, automatische Aktivitäten, Stereotypen, Markenwahrnehmung etc. Das implizite System ist handlungsorientiert geprägt, das explizite System ist dagegen für das langsame Denken, die rationalen Entscheidungen zuständig. Hierbei werden Vor- und Nachteile analysiert und bewusst Entscheidungen gefällt. Diese Entscheidungen lassen sich nachträglich begründen. Implizit werden deutlich größere Datenmengen als explizit verarbeitet.

> Im System 1 entstehen spontan die Eindrücke und Gefühle, die die Hauptquellen der expliziten Überzeugungen und bewussten Entscheidungen von System 2 sind (Kahneman 2015, S. 33).

Für die Werbung bedeutet das, dass sie emotional aktivieren muss, um wahrgenommen zu werden. Erfolgreicher Werbung gelingt es, Bilder zu erzeugen, die der Konsument nachhaltig verinnerlicht und abspeichert. Diese Informationen werden dann im Kaufentscheidungsprozess wieder abgerufen. Die impliziten Prozesse kommen insbesondere bei Low-Involvement-Produkten zum Tragen. Stellen wir uns die Situation am Kühlregal vor: Welchen Joghurt wählen Sie aus dem schier unerschöpflichen Angebot aus? Wer wägt an dieser Stelle alle verfügbaren Produkt- und Preisinformationen oder Produktbewertungen gegeneinander ab? Im Unterschied dazu sind rationale Abwägungen bei komplexen Dienstleistungen oder High-Involvement-Produkten notwendig, da diese mit deutlich höherem Investitionsvolumen verbunden sind. Würde jedoch jeder Einkauf von Alltagsprodukten in gleichem Maße wie ein Autokauf behandelt, wären wir über kurz oder lang nicht mehr handlungsfähig. Wir greifen daher auf bewährte Muster zurück und wählen ohne langes Nachdenken ein Produkt aus diesem Relevant Set. Marken bieten dabei eine gute Orientierungshilfe. „Wenn Menschen ihre Lieblingsmarke sehen, reduziert sich die Aktivierung in denjenigen Hirnarealen, die zum Nachdenken dienen" (Scheier 2008). Der Konsument kann risikofrei, ohne lange abzuwägen, zugreifen. Dies bringt eine immense Entlastung im Alltag mit sich.

8.2 Implizite Messverfahren in der Werbewirkungsforschung

Welcher Spot verspricht den höchsten Erfolg? Welcher Spot unterstützt am besten den Abverkauf? Um diese Fragen zu beantworten, werden in der Werbewirkungsforschung klassischerweise standardisierte Werbemitteltests durchgeführt, die das eigene Werbemittel im Wettbewerbsumfeld überprüfen: Wie wirkt das Werbemittel auf die anvisierte Zielgruppe? Wird die Botschaft verstanden? Löst das Werbemittel die gewünschten Emotionen aus? Wird der Rezipient positiv aktiviert? Welche Elemente gefallen besonders gut? Welche Elemente stören oder stoßen gar auf Ablehnung? Wie wird die Marke in Verbindung mit dem Produkt wahrgenommen? Gelingt der Transfer der Aktivierung durch den Spot auf die Marke?

Hierzu wird in der Regel ein Set von bewährten expliziten Fragestellungen eingesetzt, anhand derer ein Befragter seine Bewertung des Werbemittels begründet. Mit diesem Instrumentarium werden jedoch nur die bewussten Prozesse gemessen. Unmittelbar ausgelöste Gefühle lassen sich dagegen nur schwer erfragen, da diese dem Rezipienten zum Teil unbewusst sind. Direkt danach gefragt, versucht der Befragte, seine Gefühle nachträglich zu rationalisieren, um diese in Einklang mit seiner Bewertung zu bringen. Hierbei fließen soziale Normen und soziale Erwünschtheit in die Bewertung ein, sodass die emotionalisierenden Spotelemente nicht unverzerrt identifiziert werden können.

Die direkte Abfrage hat zusätzlich den Schwachpunkt, dass nicht alle Menschen gleichermaßen dazu in der Lage sind, die eigenen Gefühle in Worte zu fassen. So bleiben einige Bewertungen sehr allgemein, während andere sehr differenziert analysieren können, was sie konkret angesprochen oder gestört hat. Als Ergänzung eignen sich daher implizite Messverfahren, die es ermöglichen, die unbewussten Prozesse zu messen, die die implizite Informationsaufnahme bei Markenkontakt (z. B. über Werbung) steuern. Es handelt sich hierbei um nonverbale Verfahren, die Reaktionen messen, anstatt sie zu erfragen.

Das Spektrum der impliziten Messverfahren erstreckt sich von neuro-physiologischen Verfahren (vgl. Plassmann et al. 2012) wie Eye-Tracking oder Verfahren, die körperliche Parameter wie Puls, Blutdruck oder Hautwiderstand messen, über bildgebende Verfahren bis hin zu Reaktionszeitmessung (IAT) oder Facial Coding. Die funktionelle Magnetresonanztomografie (fMRT) misst Hirnaktivitäten, während eine Testperson einen Stimulus (z. B. TV-Spot) anschaut. Bildgebende Verfahren wie das fMRT erweisen sich in der Praxis als sehr aufwendig und kostenintensiv, sodass sie nur für kleine Fallzahlen geeignet sind (vgl. Scarabis und Heinsen 2008, S. 30 f.). In der Marktforschung etablieren sich aktuell Reaktionszeitverfahren und das Facial Action Coding System (FACS) (vgl. Ekman und Friesen 1978), um das Spektrum der Werbewirkungsforschung zu ergänzen. Diese Verfahren lassen sich in quantitativen Befragungen integrieren. Sie sind sowohl in Face-to-Face-Interviews als auch in Onlinebefragungen einsetzbar.

Bekanntester Vertreter der Reaktionszeitverfahren ist der implizite Assoziationstest (IAT) (vgl. Greenwald et al. 1998). Dieser zielt darauf ab, möglichst intuitiv und spontan auf vorgegebene Reize zu reagieren, um kognitive Prozesse zu unterbinden. Bei diesem Test wird die Marke über das Markenlogo verkörpert. Zu diesem Markenlogo werden verschiedene Markenwerte für wenige Sekunden auf dem Bildschirm eingeblendet, die der Proband möglichst schnell hinsichtlich ihres Markenfits bewerten soll, d. h. ob die Eigenschaft zur Marke passt oder nicht. Um eine möglichst schnelle Bewertung zu ermöglichen, erfolgt die Eingabe über zwei vorab definierte Tasten (z. B. w = trifft zu/o = trifft nicht zu). Der Test erfordert eine kurze Übungsphase, um sich mit der Nutzung der beiden Tasten vertraut zu machen. Anschließend werden die Reaktionszeiten erfasst. Die Analyse dieser Zeiten gibt Aufschluss darüber, welche Markenwerte besonders stark mit der Marke verbunden sind. Je schneller die Eingabe erfolgt, desto stärker ist die Eigenschaft mit der Marke assoziiert.

Während beim Reaktionszeitfahren der Proband eine aktive Bewertung abgeben muss, ist das FACS ein passives Verfahren, das nonverbale Reaktionen misst. Das FACS wurde in den 1970er Jahren von Paul Ekman und Wallace Friesen (vgl. Ekman und Friesen 1978) entwickelt. Es handelt sich um ein Verfahren, das die Mimik anhand objektiver Kriterien Emotionen zuordnet. Dazu wurden für 7 000 verschiedene Gesichtsausdrücke die dazugehörigen Muskelbewegungen klassifiziert und in das FACS überführt. Unter Mimik werden die sichtbaren Bewegungen der Gesichtsoberfläche bezeichnet. Die Mimik gilt als angeboren, bereits Babys sind in der Lage, Gesichtsausdrücke zu deuten. Die Mimik der Mitmenschen zu verstehen, ist wesentlicher Bestandteil unserer Kommunikation. Dabei ist Mimik international, d. h., das Repertoire ist bei allen Menschen weltweit in seinen Grundzügen gleich.

Emotionen, die in unserem Gehirn entstehen, lassen sich unmittelbar an unserem Gesicht ablesen, ohne dass wir das bewusst steuern können (vgl. Krämer 2011). Die Gesichtsausdrücke entstehen dadurch, dass das Gehirn emotional codierte Impulse über einen Gesichtsnerv aussendet, der die Gesichtsmuskulatur kontrolliert und die Gesichtszüge steuert (vgl. Hill 2010, S. 8). Nach Hill (2010) verlaufen Gesichtsausdrücke wellenförmig. Ein Gesichtsausdruck muss sich erst aufbauen, bis er komplett sichtbar ist, und klingt dann wieder ab. In den ersten Sekundenbruchteilen spiegelt unser Gesicht unsere unverstellten Gefühle wider, unbeeinflusst von sozialen Normen. Wir haben in diesem Moment keine Manipulationsmöglichkeiten, diese impliziten Prozesse lassen sich weder kontrollieren noch unterdrücken. Jeder kennt den Ausdruck „da ist ihm alles aus dem Gesicht gefallen". Das veranschaulicht sehr deutlich, wie wenig Einfluss wir auf unsere Mimik haben. Erst nach einem kurzen Moment, der alles offenbart, sind wir wieder in der Lage, unsere Gesichtszüge zu ordnen. Manche Menschen haben eine große Fertigkeit, ihre Gefühle zu verbergen. Dennoch zeigen sich in jedem Gesicht in unterschiedlicher Intensität Emotionen. Minimalste Veränderungen manifestieren sich in Mikroexpressionen und sind damit der Messung durch das FACS zugänglich.

Die Gesichtsausdrücke werden durch das Zusammenspiel verschiedener Regionen unseres Gesichts zum Ausdruck gebracht. Das Gesicht ist sehr beweglich und kann durch Kontraktionen der Muskulatur im Bereich der Stirn, der Augenbrauen, Augen, Nase, Mund und Kinn eine Vielzahl von Gesichtsausdrücken erzeugen, die sich den Basisemotionen zuordnen lassen. Insgesamt wurden 44 Action Units von Ekman und Friesen identifiziert, die das gesamte Gesicht abdecken. Der obere Teil des Gesichts umfasst zwölf, der untere Teil des Gesichts 32 Bewegungseinheiten. Die Action Units im Untergesicht werden hinsichtlich der Richtung der Bewegung unterteilt. Es lassen sich horizontale, schräge, kreisförmige und gemischte Aktionen unterscheiden. Sorci et al. (2010) haben das Gesicht in sogenannte Facial Landmarks eingeteilt (vgl. Sorci et al. 2010) (vgl. Abb. 8.2).

Allgemein geht man von sechs Basisemotionen aus: Ärger, Ekel, Trauer, Angst, Freude und Überraschung. Evolutionsbedingt überwiegen die negativen Emotionen, da diese für das Überleben vorrangig waren. Die Ausprägungen der Gesichtsausdrücke für diese Emotionen sind in ihren Grundzügen immer identisch und lassen sich wie folgt

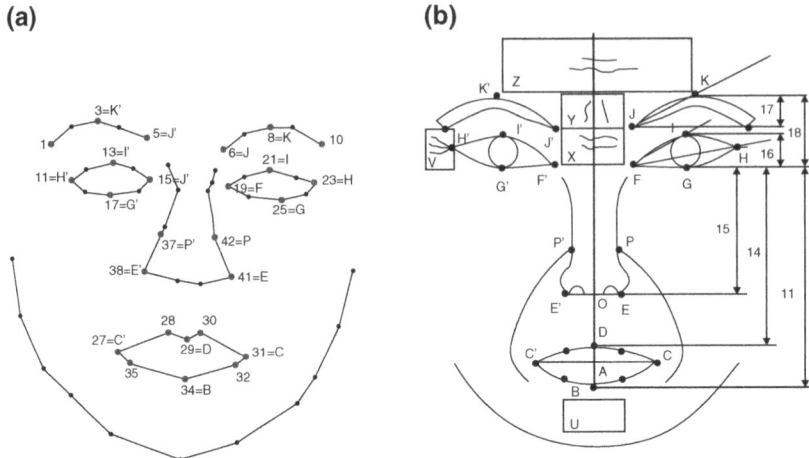

(a) Facial Landmarks (55 points);
(b) the geometrical relationship of facial feature points, where the rectangles
represent the regions of furrows and wrinkles.

Abb. 8.2 Facial Landmarks. (Sorci et al. 2010)

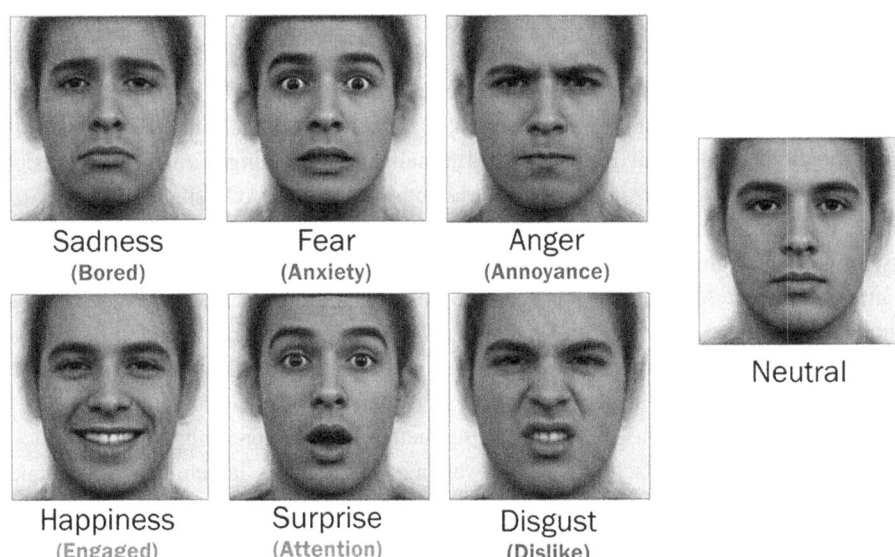

Abb. 8.3 Die sechs Basisemotionen. (Quelle: nViso SA)

beschreiben (vgl. Hill 2010, S. 76–98). Die Abb. 8.3 zeigt die sechs Basisemotionen im Überblick:

- Angst: Die Augenbrauen ziehen sich nach oben und innen zusammen, die Augen weiten sich, gleichzeitig öffnet sich der Mund und verbreitet sich das Kinn.
- Ärger: Die Augenbrauen werden heruntergezogen, die Augen verengen sich, die Nase wird aufgebläht und die Lippen werden zusammengepresst.
- Ekel: Die Nase wird gerümpft, die Oberlippe wird hochgezogen, die Unterlippe schiebt sich nach vorn.
- Trauer: Das traurige Gesicht ist erkennbar an Falten auf der Stirn, die Augenbrauen gehen nach unten, in den Augenwinkeln zeigen sich ebenfalls Falten. Die Mundwinkel wandern nach unten und der Graben zwischen Nasenflügel und dem oberen Bereich des Mundes vertieft sich.
- Freude: Die einzige positive Emotion ist die Freude. Deutlichstes Zeichen für Freude sind die hochgezogenen Mundwinkel und Wangen. Gleichzeitig werden die Lachfältchen um die Augen zusammengezogen. Diese Emotion ist für das Gros der Werbespots zentral, es soll ein positives Gefühl vermittelt und mit der Marke assoziiert werden.
- Überraschung: Als neutral wird die Überraschung gewertet, diese kann sowohl positiv als auch negativ sein. Für die Werbewirkung bedeutet Überraschung auch Aufmerksamkeit. Überraschung kann Neugierde und Interesse wecken.

8.3 Gesichtserkennung mittels der EmotiCam

Das Schweizer Unternehmen nViso SA hat basierend auf dem FACS eine Software entwickelt, die es ermöglicht, das Facial Coding System digital anzuwenden (vgl. Sorci et al. 2010). Diese Methodik hat den Vorteil, dass der Proband in vertrauter Umgebung das Stimulusmaterial, sei es ein TV-Spot oder ein Radiospot, anschauen bzw. anhören kann. Dabei muss er nichts weiter tun, als auf den Bildschirm seines Computers zu schauen. Für den Einsatz der EmotiCam ist nur minimales Equipment notwendig, das im Großteil aller Haushalte vorhanden ist. Benötigt werden lediglich ein Computer mit Internetverbindung und Webcam. Es ist keine Softwareinstallation erforderlich. Der Proband erteilt zu Beginn des Tests sein Einverständnis, dass das Gesicht gefilmt werden und das dabei entstandene Video zu Analysezwecken genutzt werden darf. Abb. 8.4 illustriert die Funktionsweise der EmotiCam.

Zu Beginn des Tests sieht der Proband einen Bluescreen. Der gemessene Status quo wird in der Analyse als Referenzwert für die Veränderungen genutzt. Dem Probanden wird dann ein Video oder eine Audio-Datei vorgespielt. Während der gesamten Rezeption des Stimulusmaterials wird das Gesicht des Probanden über die aktivierte Webcam gefilmt. Über die Software wird das gefilmte Gesicht vermessen, dabei wird ein virtuelles Netz aus 143 Punkten über das Gesicht gespannt. Die Maske verändert sich mit jeder

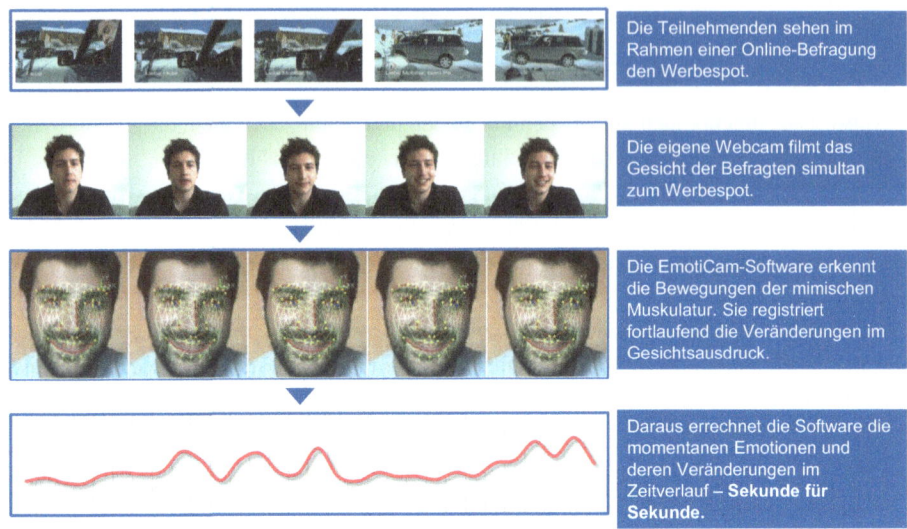

Abb. 8.4   Funktionsweise der EmotiCam. (LINK Institut und nViso SA)

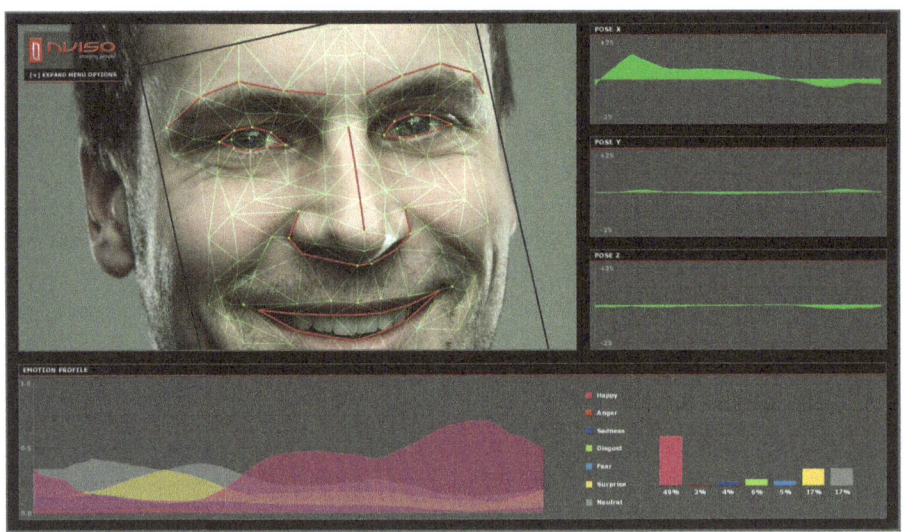

Abb. 8.5   EmotiCam. (nViso SA)

Veränderung der Mimik. Die Veränderungen werden sekundengenau und synchron zum Stimulus erfasst.

Die Software errechnet die Emotionen (Zuordnung der Action Units) anhand der Veränderung der Maske (vgl. Abb. 8.5).

Grundvoraussetzung hierfür ist, dass der Proband permanent auf den Bildschirm schaut. Dabei soll sich dieser so natürlich verhalten wie möglich. Einzige Einschränkungen sind, dass man nicht gleichzeitig essen, trinken oder reden darf, da dies naturgemäß einen Einfluss auf die Muskulatur hat. Ebenso sind Sonnenbrillen und Kopfbedeckungen abzunehmen, die Teile des Gesichts verdecken können. Dagegen sind Sehhilfen und Bärte unproblematisch. Die Software ist in der Lage, Mikroexpressionen, die mit bloßem Auge kaum erkennbar sind, zu messen. Minimalste Kontraktionen der Gesichtsmuskulatur werden erfasst. So werden auch die unmittelbaren Reaktionen erfasst, bevor der Proband versucht, seine Mimik unter Kontrolle zu bringen.

Als Output erhält man ein Emotion Profile, das präzise und granular die Emotionen sowohl in ihrer Intensität als auch in deren Ausprägung misst. Das Emotion Profile berechnet die prozentuale Veränderung aller sechs Emotionen in Bezug auf den Ausgangswert. Die Veränderungen können sowohl positiv als auch negativ sein. Ein negativer Wert sagt aus, dass die Intensität der Emotion relativ zum Ausgangswert abgenommen hat. Die Veränderungsraten bewegen sich typischerweise innerhalb der Range –150 und +150 %. Durch die Berechnung der Veränderungsraten lassen sich die unterschiedlichen Ausgangsniveaus der einzelnen Probanden relativieren. Zusätzlich wird der Emotion Lift ausgewiesen, der die gesamte emotionale Aktivierung durch den Stimulus misst.

Für die Entwicklung von Werbespots bietet der Einsatz der EmotiCam viel Potenzial im Vergleich zu klassischen Werbemitteltests. Durch die sekundengenaue Messung der emotionalen Entwicklung kann die Dramaturgie des Spots exakt evaluiert werden. Unwillkürliche Emotionen werden direkt gemessen. Im Marketing können die Ergebnisse genutzt werden, um eindeutig zu überprüfen, ob die Pointe verstanden wurde, welche Bestandteile relevant für die (positive) Aktivierung sind sowie ob der Transfer auf die Marke erfolgreich ist. Auch zeigt sich, wie lange es dauert, bis der Spot emotional aktiviert bzw. ob Kürzungspotenzial besteht, was für die werbetreibenden Unternehmen in hohem Maße kostenrelevant ist. Die Integration der EmotiCam in Onlinestudien bietet die Möglichkeit, schnell und kostengünstig interpretierbare Fallzahlen zu realisieren.

8.4 Reaktionen auf Radiowerbung sekundengenau verfolgen

Werbemitteltests zählen zu den Klassikern der Marktforschung. Am Markt gibt es eine Reihe etablierter Instrumente, die vielfach eingesetzt Auskunft über den Werbeerfolg einer Anzeige, eines Fernseh- oder Radiospots, von Online-Werbung oder eines Plakates geben. Für Radiowerbung sind die wichtigsten Instrumente die Spot-Analyse Radio sowie das IMAS-Psychometer. Die von der ARD-Werbung SALES & SERVICES (AS&S) entwickelte Spot-Analyse Radio basiert auf Telefonbefragungen von Hörern, die Kontakt mit einer aktuell ausgestrahlten Kampagne hatten. Ein Motiv daraus wird im Interview vorgespielt und es werden sodann Fragen zu Erinnerung und Bewertung gestellt. Dem IMAS-Psychometer liegen Studiotests zugrunde, in denen Werbeblöcke vorgespielt werden und die Teilnehmer ebenfalls Fragen zu Erinnerung und Bewertung der Spots beantworten (vgl. Gaßner 2011).

Mit der Verfügbarkeit innovativer Testverfahren wie der EmotiCam bietet sich für die Werbemittelforschung die Chance, zu neuen Erkenntnissen zu gelangen. Zum einen lässt sich überprüfen, ob man auf implizitem Wege zu den gleichen Ergebnissen gelangt wie durch das explizite Frage-Antwort-Spiel der klassischen Instrumente. Sprich: Schmunzeln Hörer womöglich über einen Spot, den sie im Interview als schlecht bewertet haben, oder gelangt man auf beiden Wegen zum gleichen Ergebnis? Darüber hinaus liefert die sekundengenaue Messung der Reaktion genauere Einblicke in die Dramaturgie eines Radiospots. Und schließlich bietet die Anschaulichkeit des Verfahrens möglicherweise einen überzeugenden Beweis für die emotionalisierende Kraft des Mediums Radio.

Um auch bei Radiospots zu brauchbaren Resultaten zu gelangen, musste ein Verfahren gefunden werden, das den Blickkontakt der Teilnehmer zur Webcam sicherstellt. Denn Radiospots kann man – anders als Fernsehwerbung – rezipieren, ohne permanent auf den Bildschirm zu schauen. Es besteht also die Gefahr, dass die Mimik der Teilnehmer nicht zuverlässig aufgezeichnet werden kann, weil sie an die Zimmerdecke o. ä.

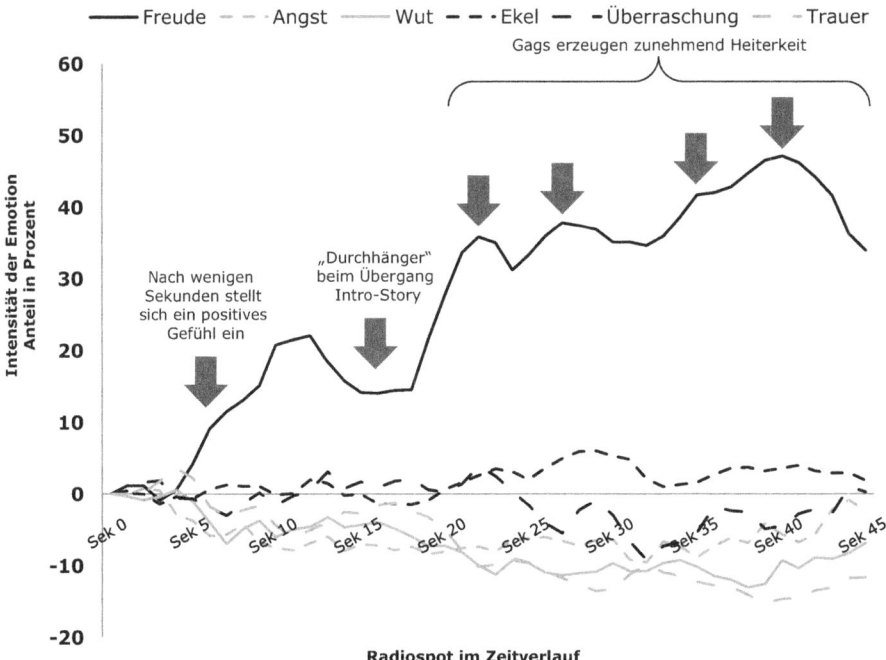

Abb. 8.6 Emotionsprofil eines Radiospots. (LINK Institut und nViso SA)

schauen. Die Lösung: Beim Abspielen der Spots war auf dem Screen ein bewegliches Audio-Wave-Bild zu sehen. So gab es etwas zu hören *und* zu sehen – der für die Erfassung der Emotionen notwendige Blickkontakt war sichergestellt.

In der im Juli 2013 durchgeführten Pilotstudie wurden für zwölf Radiospots aus verschiedenen Branchen die Reaktionen der Hörer mit der EmotiCam aufgezeichnet. Aufgeteilt in zwei Testgruppen mit 239 bzw. 242 Befragten wurde den Probanden jeweils ein Werbeblock mit sechs Spots vorgespielt. Ergänzend zu dieser Messung beantworteten die Teilnehmer „klassische" Fragen zur Bewertung des Spots (Gefallen, Spotprofil, Likes/Dislikes). Dies war wichtig, um die Ergebnisse des neuen Verfahrens vergleichen und einordnen zu können.

Die Abb. 8.6 zeigt die emotionalen Reaktionen, die ein 43 s langer Radiospot für ein Heimwerkergerät bei den Hörern auslöst. Der Spot gewährt auf heitere Art Einblick in die Qualitätskontrolle beim Hersteller. Es wird Schwäbisch gesprochen und die kritischen Nachfragen des Chefs zeigen nur immer wieder, dass bei der Konzeption des Geräts offensichtlich alle relevanten Punkte für die Herstellung eines Qualitätsprodukts berücksichtigt wurden. Bei den Hörern stellt sich bereits nach wenigen Sekunden ein

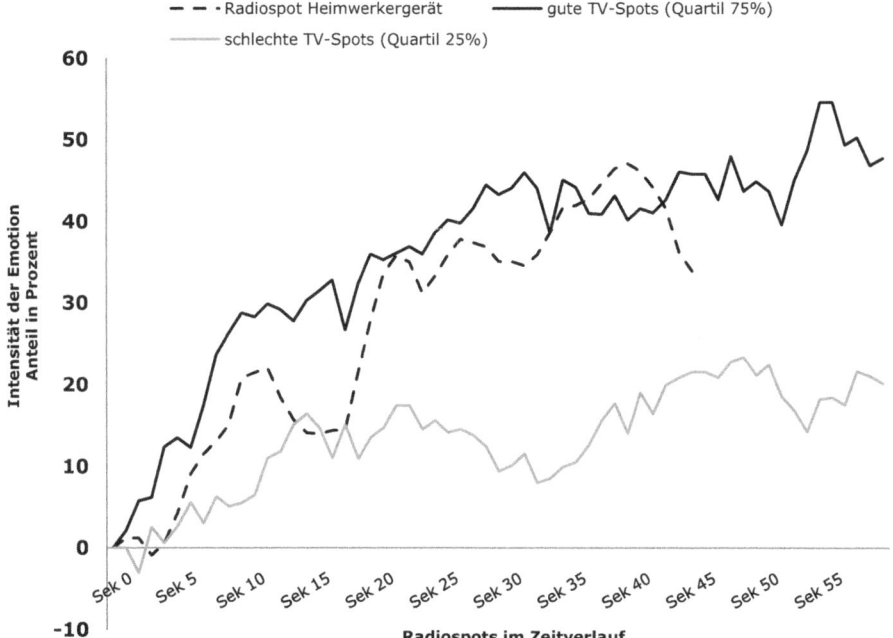

Basis: mindestens 180 Interviews
TV-Benchmark: ca. 300 TV-Spots, 35-60 Sek., verschiedene Branchen

Abb. 8.7 Gute Radiospots gleichauf mit TV. (LINK Institut und nViso SA)

positives Gefühl ein. Danach gibt es einen kurzen „Durchhänger" beim Übergang vom Intro zur Geschichte. In der Folge geht die Happiness-Kurve stetig nach oben – die Gags zünden offensichtlich.

Diese Ergebnisse und die Art der Darstellung sind sehr nützlich: Durch die sekundengenaue Messung liegen nicht nur Informationen für den Spot als Ganzes vor, sondern auch für seine einzelnen Bestandteile. Somit ist ersichtlich, welche Elemente bestimmte Reaktionen auslösen. Man sieht, ob die Dramaturgie des Spots funktioniert, bzw. erhält Hinweise zur Optimierung. Außerdem ist die Ergebnisdarstellung äußerst zeitgemäß: Die Reaktion der Hörer lässt sich auf einem Dashboard simultan zum Hören des Spots verfolgen. Dies bietet Werbekunden und Kreativen einen intuitiven Zugang zu Markforschungsergebnissen.

Über die Einzelbetrachtung hinaus bieten die vorliegenden Resultate aus EmotiCam-Untersuchungen mit Fernsehwerbung die Möglichkeit des Vergleichs der beiden Medien. Die Abb. 8.7 zeigt, dass der Heimwerkergeräte-Spot das gleiche Maß an Freude bei den Hörern auslöst wie die besten TV-Spots. Für das Medium Radio, das ja nur über den akustischen Kanal arbeitet und somit keine visuellen Reize zur Verfügung hat, eine

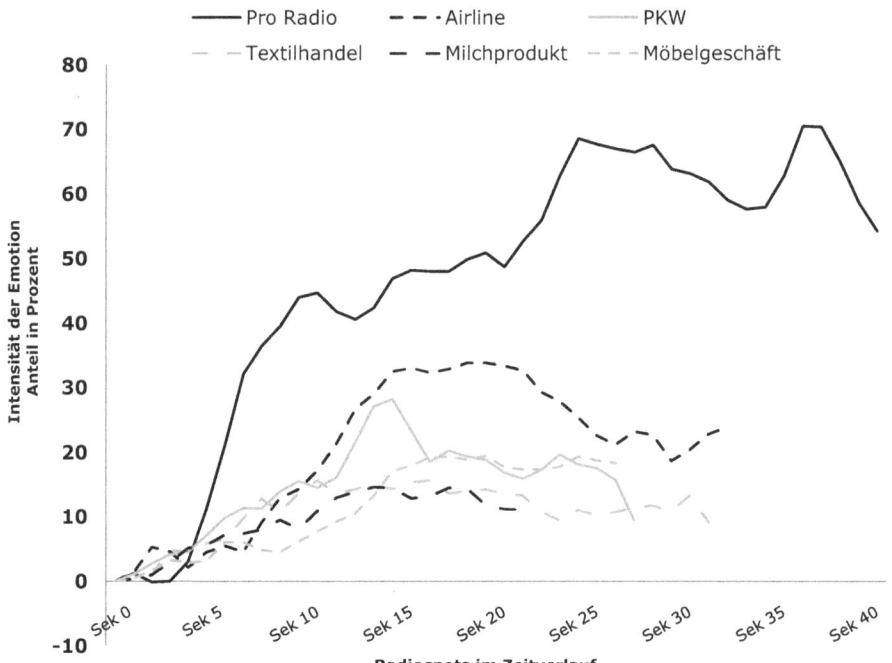

Basis: jeweils mindestens 180 Interviews

Abb. 8.8 Spots performen unterschiedlich. (LINK Institut und nViso SA)

beachtliche Leistung. Insgesamt erreichten vier der zwölf mit der EmotiCam getesteten Radiospots das Niveau der Top-TV-Spots. Für alle Werbungtreibenden, die auf Radio setzen, lautet die Botschaft dieser EmotiCam-Ergebnisse: Radio kann Gefühle! Und positiven Gefühlen wird von nicht wenigen Werbewirkungstheorien ein verstärkender Effekt zugeschrieben (vgl. Engel 2010).

Die Abb. 8.8 zeigt das unterschiedlich große Maß an Freude, das durch sechs Radiospots aus verschiedenen Branchen ausgelöst wurde. Wie bei klassischen Werbemitteltests gibt es auch hier erfolgreiche und weniger erfolgreiche Motive. Außerordentlich viel Begeisterung löst das Motiv aus der Pro-Radio-Kampagne der Radiozentrale aus. Diese wurde mehrfach ausgezeichnet und produziert auch bei der EmotiCam extreme Ausschläge. Sehr gut kommen auch die Motive der Airline und des Pkw-Herstellers an. Die drei übrigen Motive hingegen lösen bei den Hörern weniger Freude aus.

Die spannende Frage aus methodischer Sicht lautet, inwiefern sich die Ergebnisse der impliziten Messung mit der EmotiCam mit denen der expliziten Beurteilung der Spots decken. Die Abb. 8.9 zeigt den Zusammenhang zwischen der anhand des Gesichtsausdrucks ermittelten Freude und der im anschließenden Interview abgegebenen Bewertung des Spots. Die Korrelation für die zwölf getesteten Spots beträgt 0.74. Damit decken sich implizite und explizite Messung in einem hohen Maße. Aber natürlich sind angesichts der schmalen Datenbasis weitere Vergleichsstudien nötig, um solide Aussagen hinsichtlich der Validität des Verfahrens treffen zu können.

Einer weiteren interessanten Frage wurde im Rahmen eines separaten Pilotprojekts nachgegangen. Aus dem von AS&S Radio und RMS betriebenen Werbewirkungstool

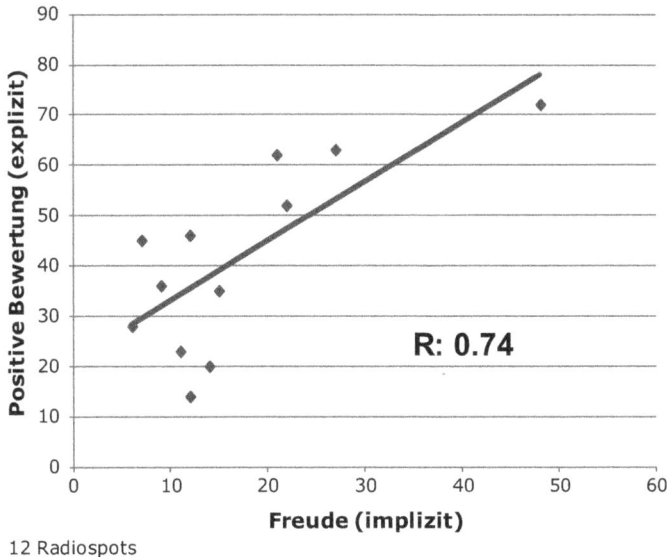

Abb. 8.9 Explizit = Implizit. (LINK Institut und nViso SA)

Abb. 8.10 Freude = Euro. (AS&S Sonderstudie EmotiCam)

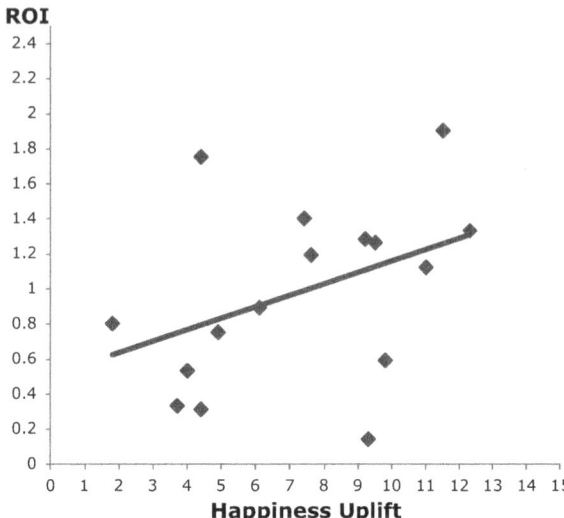

Basis: 16 getestete FMCG-Spots

Sales Effekt liegen Informationen zur Wirkung von Radiowerbung auf den Abverkauf von Produkten vor. 16 Radiospots aus dieser Testreihe wurden nachträglich mit der EmotiCam getestet. Die Abb. 8.10 zeigt den Zusammenhang zwischen der durch die Spots ausgelösten Freude und dem Abverkaufserfolg. Demnach erzielten Spots, die beim Hören Freude hervorriefen, tendenziell einen höheren Return on Investment (ROI). Der ROI gibt an, wie viel von einem in Werbung investierten Euro über den Umsatz wieder zurückkommt. Auch hier ist die Datenbasis schmal. Doch zeigt auch die klassische Werbemittelforschung mit der Spot-Analyse Radio, dass unterhaltsame Spots stärker zum Kauf anregen (vgl. Domenichini und Gaßner 2015). Für die Praxis bedeutet dies, dass unterhaltsame Spots, die beim Hörer ankommen, kein Selbstzweck sind, sondern helfen, das oberste Kommunikationsziel, den Abverkauf, zu erreichen.

Insgesamt zeigt die Pilotstudie, dass die EmotiCam emotionale Reaktionen auf Radiowerbung in dem angewandten Setting messen kann. Die Ergebnisse decken sich weitgehend mit den Befunden der „klassischen" Fragen. Spannend ist die sekundengenaue Darstellung der Reaktion, die Hinweise zur Optimierung der Dramaturgie geben kann. Als Tool zur Erfassung der emotionalen Reaktion liefert die EmotiCam natürlich keinerlei Hinweise auf die Erinnerungsleistung eines Spots. Somit kann die EmotiCam klassische Verfahren nicht ersetzen. Sehr wohl liefert die EmotiCam über die klassischen Kennwerte hinaus einen tieferen Einblick in die emotionalen Prozesse, die Radiowerbung auslöst.

8.5 Emotionalisierung durch Sportevents im Fernsehen

Werbung im Umfeld von Sportberichterstattung erfreut sich großer Beliebtheit. Im Jahr 2014 wurden im Fernsehen rund 380 Mio. EUR für Werbung im Umfeld von Sportberichterstattung ausgegeben. Das entspricht einem Anteil von 2,9 % an den gesamten TV-Spendings (vgl. Nielsen Media Research, Brutto-Spendings). Ein Grund dafür sind die hohen Reichweiten, die gerade Großereignisse wie die Fußball-Weltmeisterschaft oder die Olympischen Spiele erzielen. Die Live-Übertragungen der Spiele der FIFA Fußball-WM 2014 verfolgten im Durchschnitt 12,33 Mio. Zuschauer ab drei Jahren (vgl. jeweils AGF in Zusammenarbeit mit GfK, TV Scope, Basis: BRD gesamt). Die Spiele der deutschen Mannschaft sahen durchschnittlich 28,91 Mio. Zuschauer ab drei Jahren, was einem Marktanteil von 84,0 % entspricht. Die Live-Übertragungen der Olympischen Winterspiele 2014 wurden von durchschnittlich 3,33 Mio. Zuschauern ab drei Jahren verfolgt, was einem Marktanteil von 25,9 % entspricht. Insgesamt erreichten die Live-Übertragungen der Winterspiele in ARD und ZDF zusammen über 72,5 % der Zuschauer ab drei Jahren. Aber auch die reguläre Fußball-Bundesliga oder Champions League erreichen beachtliche Zuschauerzahlen. So sahen im Durchschnitt der Saison 2014/2015 5,82 Mio. Zuschauer ab drei Jahren die Berichterstattung zur Fußball-Bundesliga in der Sportschau. Dies entspricht einem Marktanteil von 31,3 % (vgl. jeweils AGF in Zusammenarbeit mit GfK, TV Scope, Basis: BRD gesamt). Ein weiterer Grund für Werbung im Sportumfeld ist die angestrebte Emotionalisierung der beworbenen Marke durch diesen Kontext.

Das vom LINK Institut im Auftrag der ARD-Werbung SALES & SERVICES durchgeführte Projekt sollte vor diesem Hintergrund folgende Fragen beantworten:

- Lässt sich eine Emotionalisierung durch Sportberichterstattung mit einem impliziten Tool wie der EmotiCam empirisch nachweisen?
- Wie entwickeln sich Wirkungsparameter wie Bekanntheit, Awareness und Image bei Werbung im Umfeld von Sportberichterstattung?

Die Beantwortung dieser Fragen erfolgte am Beispiel der Berichterstattung über die Olympischen Winterspiele in Sotchi (Skispringen Team, 17. Februar 2014) sowie der Fußball-Bundesliga in der Sportschau (1. März 2014). Beim Skispring-Wettbewerb errang das deutsche Team die Goldmedaille, der Spieltag der Bundesliga war u. a. geprägt vom „Nord-Derby" Werder Bremen gegen den Hamburger Sportverein. Zur Erfassung der emotionalen Reaktion sahen die Untersuchungsteilnehmer die jeweilige Berichterstattung für 25 min (Skispringen) bzw. 40 min (Fußball) über den Livestream von Das Erste. Während dieser Zeit zeichnete die Webcam die Mimik kontinuierlich auf. Zur Ermittlung der Werbewirkungsparamater beantworteten die Teilnehmer bereits im Rekrutierungsinterview Fragen zu Bekanntheit, Awareness und Image der Marken, deren Werbung sie später sehen sollten. Die gleichen Fragen wurden dann abermals nach dem Anschauen des Sportevents und der in diesem Umfeld ausgestrahlten Werbung gestellt. Somit war ein Vorher-/Nachher-Vergleich möglich. Für jedes Ereignis standen 40 Teilnehmer zur Verfügung. Die Abb. 8.11 zeigt das Untersuchungsdesign im Überblick.

Abb. 8.11 Design

Die Durchführung der Untersuchung unter Live-Bedingungen stellte in vielerlei Hinsicht eine Herausforderung dar. Dies betraf zum einen die Notwendigkeit, die Teilnehmer für einen fixen Termin zu rekrutieren. Da Reaktionen auf Live-Berichterstattung untersucht werden sollten, mussten die Teilnehmer zu genau diesem Zeitpunkt vor ihrem Computer sitzen und sich diese Zeit im Vorhinein freihalten. Üblicherweise können Teilnehmer von Online-Interviews den Zeitpunkt der Befragung frei wählen, was eine weitaus geringere Hürde darstellt. Zum anderen war die sekundengenaue Zuordnung von Programm und der mit der EmotiCam gemessenen Reaktion leider nicht exakt möglich. Aufgrund des unterschiedlichen Offsets des Livestreams sahen die Teilnehmer nämlich niemals zugleich das identische Bild. Die Differenz kann – abhängig von den technischen Voraussetzungen – mehrere Sekunden betragen. Diesem Umstand wurde durch die Berechnung eines gleitenden Mittelwertes begegnet, der die Abweichungen glättet.

Die Ergebnisse der Pilotstudie waren, insbesondere für das Skispringen, extrem aufschlussreich. Dabei erwies es sich als Glücksfall, dass sich der Teamwettbewerb an diesem Tag als spannendes Kopf-an-Kopf-Rennen zwischen Deutschland und Österreich gestaltete. Dies spiegelt sich nahezu perfekt in den Reaktionen der Zuschauer wider. In den beiden Phasen mit Springern der beiden führenden Nationen am Start schlägt die Freude-Kurve deutlich nach oben aus. Kein Wunder, da die deutschen Sportler jeweils vor den österreichischen

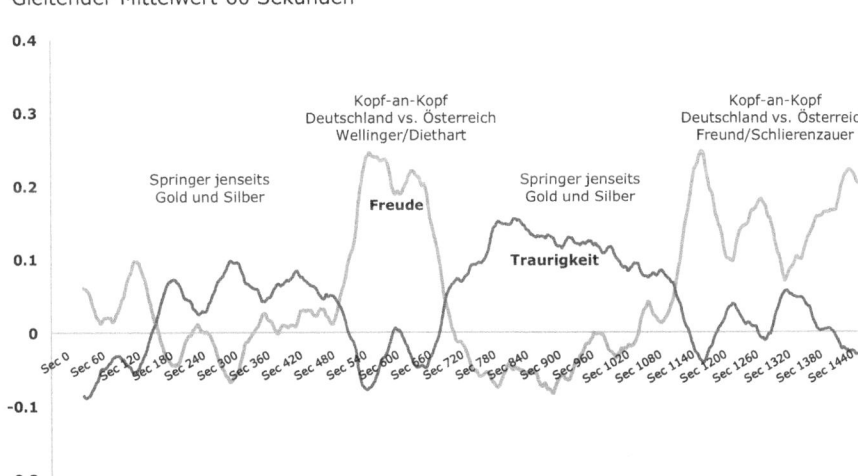

Abb. 8.12 Emotionale Reaktion Skispringern. (LINK Onlinebefragung EmotiCam und nViso SA)

Konkurrenten lagen. In den Wettbewerbsabschnitten mit Springern jenseits von Gold- und Silber-Platzierungen dominiert eine andere Emotion, nämlich Traurigkeit. Diese Springer sind für die deutschen Zuschauer weniger interessant, was in der entsprechenden emotionalen Reaktion zum Ausdruck kommt. Die Abb. 8.12 weist die beschriebenen Reaktionen im Verlauf des Skispringens anhand des gleitenden Mittelwertes aus.

Für die Fußballberichterstattung ist eine entsprechend konsistente Darstellung leider nicht möglich. Offenbar hängt die emotionale Reaktion hier auch von anderen Faktoren ab, die im Rahmen der Pilotstudie nicht kontrolliert werden konnten. So reagieren Zuschauer ganz unterschiedlich auf den Spielverlauf, nämlich abhängig davon, ob sie Anhänger des Vereins sind, der gerade ein Tor erzielt hat, oder Anhänger des Vereins, der diesen Treffer hinnehmen musste. Dennoch ist anhand eines gröberen Indikators auch für die untersuchte Sportschau-Berichterstattung eine deutliche Emotionalisierung der Zuschauer feststellbar. Die Abb. 8.13 zeigt den „Emotion Lift" für Olympia Live und Sportschau, die beide praktisch identisch hoch sind (61,9 bzw. 60,4 %). Der „Emotion Lift" fasst sämtliche sechs emotionalen Reaktionen zusammen, um einen Kennwert für die Emotionalisierung insgesamt zu liefern. Zusammenfassend lässt sich also festhalten, dass sowohl vom Skispringen als auch vom Fußball bei den Zuschauern starke Emotionen ausgelöst wurden. Beim Skispringen handelte es sich um echte Live-Berichterstattung. Bei der Sportschau hingegen werden die Höhepunkte der Spiele des Samstagnachmittags gezeigt. Dass dies für die Zuschauer dennoch spannend ist, kann unter anderem darauf zurückgeführt werden, dass zwei Drittel der Probanden (64 %) die Ergebnisse der Spiele noch nicht kannten.

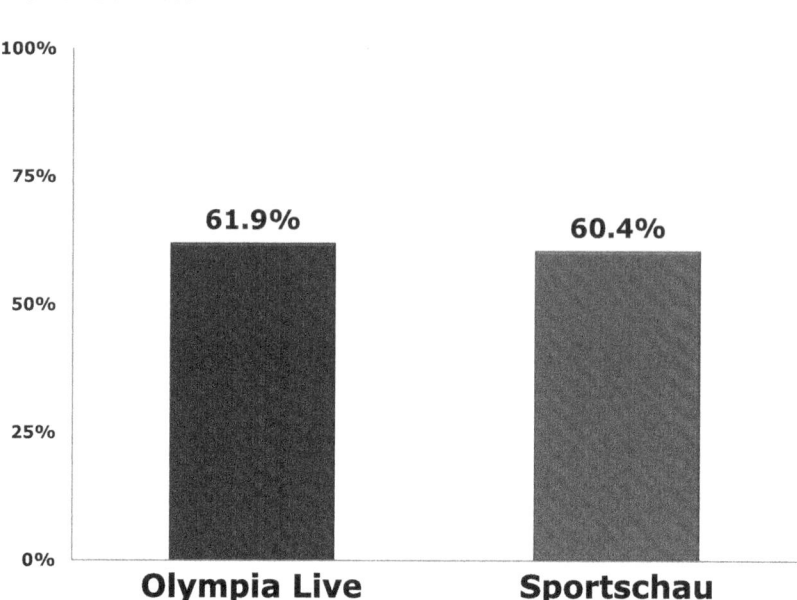

Abb. 8.13 Emotion Lift im Vergleich. (LINK Onlinebefragung)

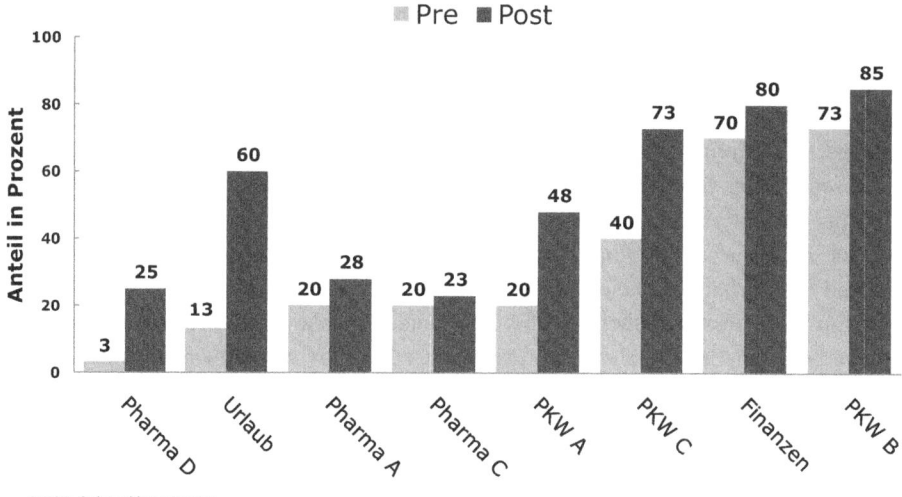

Basis: Seher Olympia Live

Abb. 8.14 Awareness/gestützt. (LINK Onlinebefragung)

Sport im Fernsehen emotionalisiert also – doch wie steht es um den Werbeerfolg der dort präsentierten Marken? Da im Vorfeld bereits bekannt war, welche Marken in den beiden Umfeldern werben würden, konnte die Rekrutierung (die einige Tage vor der eigentlichen Studie stattfand) genutzt werden, um für diese Marken Werbe-Awareness sowie Bekanntheit und Image für ein reduziertes Markenset abzufragen. Zur Messung des Images wurde der Implizite Assoziationstest (vgl. Abschn. 8.2) als zweites implizites Verfahren eingesetzt. Nach dem Anschauen der jeweiligen Berichterstattung beantworteten die Teilnehmer die gleichen Fragen noch einmal. Abb. 8.14 zeigt die Awareness („Werbung für Marke X im Fernsehen gesehen") im Vorher-/Nachher-Vergleich am Beispiel von Olympia Live. Ausnahmslos alle Marken sind in den Köpfen der Befragten präsenter, nachdem sie deren Werbung im Umfeld der Sportberichterstattung gesehen haben. Die Unterschiede sind dabei zum Teil signifikant, wie z. B. für die Urlaubs- (13 vs. 60 %) oder Pharma-Werbung (drei vs. 25 %). Ein ähnlicher Anstieg lässt sich auch für die Bekanntheit der Marken feststellen. Und auch hier zeigt sich bei der Sportschau eine ähnliche Entwicklung hinsichtlich Awareness und Bekanntheit wie bei Olympia Live.

Abschließend bleibt die Frage nach dem Effekt der Werbung im Sportumfeld auf das Image der Marke. Das wahrgenommene Image gaben die Teilnehmer anhand der Zustimmung zu einer Batterie von insgesamt 15 einschlägigen Items an, auch dies sowohl vor als auch nach Kontakt mit der Werbung. Um auch hinsichtlich dieses Kennwertes ein implizites Maß zu erhalten, erfasste die Befragungs-Software neben der Zustimmung bzw. Ablehnung auch die Reaktionszeit, die für die entsprechende Angabe benötigt wurde. Eine schnelle Reaktion gilt dabei als wertiger als eine langsame, da sie dem spontanen Urteil der befragten Personen entspringt. Die Ergebnisse lassen sich am Beispiel des Spots eines Pkw-Herstellers illustrieren. Beworben wurde ein Kompakt-SUV, der unterschiedlichsten Straßen- und Witterungsverhältnissen gewachsen ist, was der 23-sekündige Spot anschaulich zeigte. Im Vorher-/Nachher-Vergleich zeigte sich, wie in Abb. 8.15 zu sehen ist, eine deutliche Verbesserung bei den Attributen „abenteuerlustig", „abwechslungsreich", „macht neugierig" und „gefällt mir". Bei allen vier Items stieg die Zustimmung von zuvor unter 50 % auf Werte darüber. Die Reaktionszeit reduzierte sich jeweils von über eine Sekunde auf Werte unter einer Sekunde, sprich die Einschätzung der Marke verbesserte sich und erfolgte spontaner, ohne langes Überlegen. Entsprechende Effekte (Verbesserung des Images, schnellere Reaktion) zeigten sich auch für einen weiteren untersuchten Pkw-Spot sowie für die Werbung eines Tourismus- und eines Energieunternehmens.

8.6 Fazit

Zusammenfassend lässt sich auf Grundlage der Studie zur Emotionalisierung von Sport im Fernsehen feststellen:

- Sportberichterstattung im Fernsehen erzeugt nachweislich Emotionen. Dies gilt für Live-Berichterstattung (Olympische Winterspiele in Sotchi) und auch für Aufzeichnungen (Fußball-Bundesliga in der Sportschau).

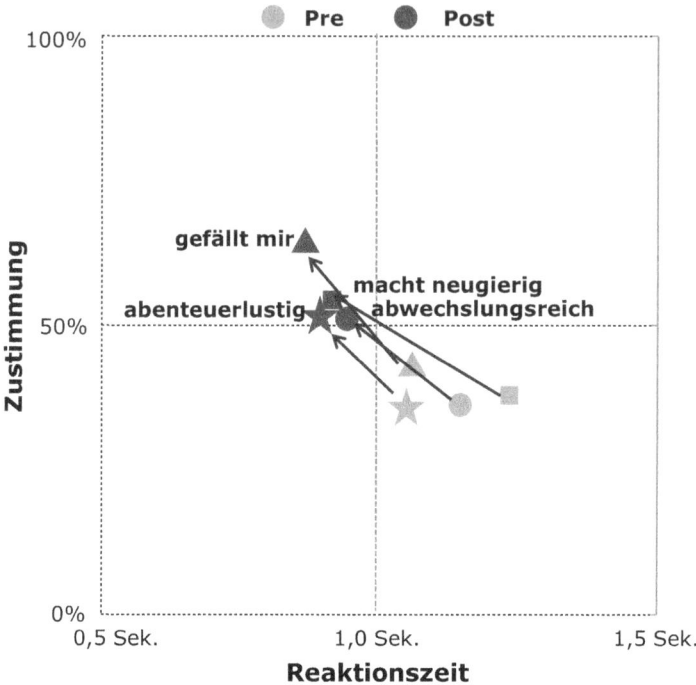

Abb. 8.15 Image Pkw-Marke. (LINK Onlinebefragung)

- Werbung profitiert offensichtlich von diesem Umfeld. Unternehmen und Marken, die in diesem Umfeld präsent sind, werden im Vorher-/Nachher-Vergleich besser erinnert.
- Die werbliche Botschaft wird augenscheinlich nicht vom Umfeld überlagert. Das Image der werbenden Marken wird jeweils in die gewünschte Richtung gelenkt.

Als Bilanz der beiden EmotiCam-Studien, die das LINK Institut im Auftrag der ARD-Werbung SALES & SERVICES durchgeführt hat, bleibt festzuhalten, dass dieses innovative Tool für Radio und Fernsehen gleichermaßen eingesetzt werden kann und jeweils äußerst interessante Ergebnisse liefert. Auch ist es sowohl zur Untersuchung von Werbung (Radio-, Fernsehspots) als auch für redaktionelle Inhalte (hier: Sportberichterstattung) einsetzbar.

Literatur

Domenichini, B., & Gaßner, H. (2015). Spots zum Hinhören. Eine forschungsbasierte Anleitung zur Gestaltung erfolgreicher Radiowerbung. *Media Perspektiven, 6,* 269–275.

Ekman, P., & Friesen, W. (1978). *Facial action coding system: A technique for the measurement of facial movement*. San Francisco: Consulting Psychologists Press.

Engel, D. (2010). *Involvement & TV –Alle Zeichen auf Empfang*. http://de.slideshare.net/dirkengel/involvement-tv-alle-zeichen-auf-empfang.

Gaßner, H. (2011). Die Kraft auf die Straße bringen: Wie man Radiospots wirksam gestaltet. In D. Müller & E. Raff (Hrsg.), *Praxiswissen Radio. Wie Radio gemacht wird – und wie Radiowerbung anmacht* (2. Aufl., S. 163–178). Wiesbaden: VS Verlag.

Greenwald, A. G., McGhee, D. E., & Schwartz, J. L. K. (1998). Measuring individual differences in implicit cognition: The implicit association test. *Journal of Personality and Social Psychology, 74*, 1464–1480. doi:10.1037/0022-3514.74.6.1464.

Hill, D. (2010). *Emotionomics. Erfolg hat, wer Gefühle weckt*. München: Redline.

Kahneman, D. (2015). *Schnelles Denken, Langsames Denken*. München: Pantheon.

Krämer, T. (2011). Ich sehe, was Du fühlst. https://www.dasgehirn.info/handeln/mimik-gestik-koerpersprache/ich-sehe-was-du-fuehlst. Zugegriffen: 21. Juli 2015.

Plassmann, H., et al. (2012). Branding the brain: A critical review and outlook. *Journal of Consumer Psychology, 22*, 18–36. doi:10.1016/j.jcps.2011.11.010.

Scarabis, M., & Heinsen, S. (2008). „Implicit Diagnostics" — Die Fenster zum Unbewussten öffnen. *Marketing Review St. Gallen, 25*(6), 29–33. doi:10.1007/s11621-008-0104-0.

Scheier, C. (2008). Neuromarketing – Über den Mehrwert der Hirnforschung für das Marketing. In R. T. Kreutzer & W. Merkle (Hrsg.), *Die neue Macht des Marketing* (S. 305–323). Wiesbaden: Gabler. doi:10.1007/978-3-8349-9562-9_15.

Sorci, M., et al. (2010). Modelling human perception of static facial expressions. *Image and Vision Computing, 28*, 790–806. doi:10.1109/afgr.2008.4813428.

Eye-Tracking zur empirischen Validierung von Celebrity Endorsement

Joachim Riedl, Anna-Katharina Pleier und Sebastian Zips

Zusammenfassung

Die Werbung mit Prominenten („Celebrities") wird von Werbetreibenden eingesetzt, um Markenartikel durch das positive Image des Testimonials aufzuwerten. Studien zur effektiven Wirkung der Werbeunterstützung, die von Prominenten ausgeht, dem sogenannten „Celebrity Endorsement", stützen sich zumeist auf Ex-post-Tests oder auf Veränderungen im Kaufverhalten der Zielgruppen. Damit bleibt der Vorgang der tatsächlichen Informationsaufnahme unterbelichtet. Die Blickaufzeichnung während der Exposition von Probanden mit Werbung liefert wertvolle Informationen über die Lenkung der Aufmerksamkeit der Zielgruppen durch das Celebrity Endorsement und ersetzt damit reine Wirkungshypothesen durch reale Beobachtungen.

J. Riedl (✉)
Hochschule Hof, Hof, Deutschland
E-Mail: jriedl@hof-university.de

A.-K. Pleier
Five Views Concept, Kulmain, Deutschland
E-Mail: ap@fiveviews.de

S. Zips
AccessMM e.V., Weidenberg, Deutschland
E-Mail: dr.zips@accessmm.de

© Springer Fachmedien Wiesbaden GmbH 2017   151
O. Gansser und B. Krol (Hrsg.), *Moderne Methoden der Marktforschung*, FOM-Edition,
DOI 10.1007/978-3-658-09745-5_9

Inhaltsverzeichnis

9.1   Einführung

Weltweit setzen multinationale Unternehmen Prominente als Werbebotschafter für ihre Marken ein. Berühmte Testimonials gelten als besonders aufmerksamkeitsfördernd, um in der Masse der Werbemaßnahmen in allen Medien hervorzustechen. Gerade von internationalen „Stars" wird angenommen, dass sie für die Globalisierungsstrategie von Marken einen bedeutsamen Beitrag leisten, da sie sprachliche und kulturelle Hürden überwinden (Money et al. 2006).

In Anbetracht der hohen Kosten für Werbeverträge mit internationalen Prominenten sollten Untersuchungen zur Werbewirkung und Effizienz des Celebrity-Marketings von hoher Relevanz für die Praxis sein. Auch ist zu berücksichtigen, dass es neben positiven Zielen wie Aktivierung und Imagetransfer beim Einsatz von Prominenten Gefahren gibt. So kann z. B. ein übermäßiges Auftreten von Prominenten in der Werbung zu abnehmender Glaubwürdigkeit in den Augen der Zielgruppen führen (Mowen und Brown 1981; Tripp et al. 1994; Roy 2012; Gnanapragash und Sekar 2013). Bekannt sind auch Fälle, in denen die Celebrities durch verschuldete oder unverschuldete Skandale plötzlich imageschädigend wirkten (Boris Becker, Lance Armstrong) und/oder quasi über Nacht nicht mehr einsetzbar waren (Michael Schumacher, Walter Sedlmayer). Aber selbst wenn solche „Kollateralschäden" ausbleiben und die Attraktivität der Prominenten ungebrochen bleibt, kann ihre Wirkung für das werbetreibende Unternehmen dysfunktional ausfallen (Till und Shimp 1998). Hinter Begriffen wie „Kannibalisierung" und „Vampireffekt" steht ein möglicher Effekt, dem zufolge ein hochattraktives Testimonial die ganze Aufmerksamkeit auf sich zieht, sodass die beabsichtigte Werbebotschaft bei den Zielgruppen mit ihrer begrenzten Aufnahmefähigkeit nur noch unzureichend ankommt (Kuvita und Karlíček 2014).

Trotz solcher möglichen Negativ-Wirkungen sind die Werbetreibenden in der Praxis mehr denn je vom Einsatz der Prominenten überzeugt. In den USA fußt grob jeder vierte Werbespot auf Celebrity Endorsement, weltweit werden in etwa 20 % aller Werbeaktionen berühmte Personen eingesetzt (Hollensen und Schimmelpfennig 2013, S. 88). In Deutschland stieg der Einsatz von Prominenten in der Werbung zwischen 1991 und 2012 von knapp zwei auf 15 % (Kilian 2013, S. 113), sodass in einzelnen Studien bereits eine gewisse Übersättigung der Zielgruppen konstatiert wurde (Carrillat et al. 2013). Es entsteht der Eindruck, dass es eher die finanziellen Restriktionen der Werbetreibenden und nicht die Bedenken über mögliche schädliche Wirkungen sind, die einem noch umfangreicheren Einsatz der Prominenten in der Werbung entgegenstehen.

Die Zahl von allgemeinen Studien zur Wirkung des Celebrity Endorsement ist Legion, es handelt sich um ein internationales Lieblingsthema der Marketingforschung. Im Ergebnis findet sich zur Wirkung oder Nicht-Wirkung jedes gewünschte statistische Resultat, wenn man lange genug sucht. Dies gilt selbst für Kontingenzansätze, die den Einsatz der Prominenten in Abhängigkeit von situativen Bedingungen wie Branchen (Krugman 2014), dem mit Produkten verbundenen Risiko (Lebtig 2004), der Attraktivität von Produkten (Kamins 1990), dem Produkttyp (Till und Busler 2000; Erdogan 2001; Bhatt 2013), dem Involvement (Zwilling und Fruchter 2013) oder Persönlichkeitseigenschaften, wie der Anfälligkeit für Normativität (Brett 2008), untersuchen. Am häufigsten wird seit jeher der Grad der Attraktivität des Testimonials als Unabhängige für den Erfolg gesehen und untersucht (Kahle und Homer 1985).

Bloße Erfolgsbeispiele, die von Agenturen und Werbetreibenden gerne und häufig publiziert werden (Beispiel der Beitrag von *George Clooney* zum Erfolg von *Nespresso* oder der von *Michael Jordan* für *Nike*), sind wissenschaftlich und letztlich auch praktisch ohne Wert, da sie die Wirkung des Werbestimulus innerhalb des breiten Feldes werblicher Gestaltungsoptionen nicht situationsunabhängig kontrollieren, sodass ein Ursache-Wirkungs-Zusammenhang nicht hergestellt werden kann. Gleichzeitig vermittelt der Blick auf bekannte Erfolgsbeispiele ein verzerrtes Bild der Realität, weil stattgefundene Misserfolge zumeist schnell und stillschweigend aus dem öffentlichen Blickfeld getilgt werden.

Wenn, wie erwähnt, das empirische Feld sehr disparate Ergebnisse liefert, sollte in wissenschaftlichen Studien verstärkt Wert darauf gelegt werden, die Anforderungen an echte Experimentdesigns zu erfüllen, wozu beispielsweise die faktische Kontrolle des Experimentstimulus durch den Experimentator und (zumindest im Ansatz) die Überprüfung relevanter Störfaktoren gehören (Böhler 2004, S. 41). In Studien für die Praxis muss sehr viel mehr Wert auf die Analyse des Prozesses der Werbewirkung gelegt werden. Einfache Ex-post-Einschätzung von Werbemaßnahmen mit Celebrities („war erfolgreich oder nicht") bringt keinen Lernerfolg für die zukünftige Testimonialauswahl. Auch gängige Größen wie Recall und Recognition erklären nicht, worauf sich die Werbewirkung stützt.

Man kann zwar akzeptieren, dass die Werbepraxis aus Zeit- und Kostengründen wenig Motivation für die Suche nach der „optimalen" Werbegestaltung aufbringt. Auch haben die Agenturen zumeist eine Abneigung gegen jede Form von Kontrolle ihrer Empfehlungen und Entwürfe. Will man aber zentrale Maßnahmen wie den Testimonialeinsatz nicht der „Intuition" oder dem „Zufall" überlassen, dann muss der Auswahl- und Gestaltungsprozess so gestaltet werden, dass zumindest ein heuristischer Lernprozess in Gang

gesetzt wird. Alle Methoden, die den Prozess der Informationsaufnahme und -verarbei-
tung bei den Zielgruppen in kontrollierter Weise erhellen, sind nutzbringend.

Mittels Blickaufzeichnung kann „objektiv" festgestellt werden, welche Elemente
einer visuellen Botschaft überhaupt wahrgenommen werden. Ob also die im Rahmen
des Wording wohlformulierten Claims und Argumente gesehen werden, ob ein Testimonial die Aufmerksamkeit in erwünschter Wirkung erhöht und die Botschaftsvermittlung
verbessert oder ob die Markenbotschaft aufgrund des Vampireffektes eher schlechter bei
den Zielgruppen ankommt, all dies lässt sich jenseits kognitiv kontrollierter Urteile beim
Konsumenten direkt messen. Aus der Verbindung von Blickverlaufsdaten mit fragebo-
gengestützter Erhebung von Recall, Recognition, Einstellung und Kaufabsicht lassen
sich belastbare Schlussfolgerungen über die Werbewirkung bei den Zielgruppen ziehen.
Geeignete Forschungsdesigns sollten den Werbetreibenden Möglichkeiten eröffnen, vor
dem großflächigen Werbemitteleinsatz Sicherheit über zu erwartende Werbewirkungen
zu gewinnen und somit Flops zu verhindern.

9.2   Beschreibende Modelle des Testimonialeinsatzes

Im *Source-Credibility-Model* wird postuliert, dass die Effektivität einer Aussage von der
Glaubwürdigkeit der Kommunikationsquelle abhängt (Hovland und Weiss 1951). Die
Glaubwürdigkeit eines Kommunikators beruht auf den zwei Elementen Kompetenz/
Expertise und Vertrauenswürdigkeit. Letztere wird durch Seriosität, Glaubhaftigkeit und
Ehrlichkeit determiniert. Die Kompetenz wird durch Wissen, Erfahrung und Fähigkeiten
bestimmt, wobei es darauf ankommt, wie stark solche Kommunikatoreigenschaften von
den Adressaten wahrgenommen werden. Die Kaufabsicht steigt nach gängiger Meinung
durch die Intensität der beiden Faktoren. Das von *McGuire* (1985) entwickelte *Source-
Attractiveness-Model* besagt weiterhin, dass der Erfolg des Testimonials von seiner
Attraktivität abhängig ist. Die Attraktivität bezieht sich dabei nicht ausschließlich auf opti-
sche und physische Merkmale, sondern beinhaltet auch Aspekte wie Vertrautheit, Sympathie und die wahrgenommenen Gemeinsamkeiten zwischen Testimonial und Rezipient.

Beide Source-Modelle haben durch zahlreiche Studien Unterstützung erfahren. Kritisch ist zu konstatieren, dass sie zu stark auf Aussagen zur psychischen und physischen
Attraktivität des Testimonials fokussieren und relevante Eigenschaften des Produkts
ebenso vernachlässigen wie den Fit zwischen Marke und Testimonial. Im *Celebrity-Pro-
duct-Congruence-Model* von *Kamins* (1990) wird die Komponente der Kongruenz eingeführt, der zufolge die Werbewirkung besser ist, je positiver der Fit zwischen dem Image
des Testimonials und den Attributen des Produkts ausfällt. Angenommen wird, dass die
Attraktivität des eingesetzten prominenten Kommunikators die Glaubwürdigkeit erhöht,
wenn die beworbenen Produkte in direktem Zusammenhang mit Aspekten dieser Attraktivität stehen. Vielfach wird auch „Kongruenz", also eine sachlogische Verbindung zwischen Testimonial und beworbener Marke, gefordert und für erfolgsförderlich befunden
(Misra und Beatty 1990; Ohanian 1991; Kamins und Gupta 1994; Asmadi 2006).

Aufgrund verschiedenartiger Kritikpunkte wurden die Source-Modelle erweitert, etwa im *Meaning-Transfer-Model*. Ihm zufolge hängt die Effektivität eines Testimonials von den Bedeutungen ab, die es in den Prozess der Produktbefürwortung einbringt (z. B. Alter, Lifestyle, sozialer Status, Persönlichkeitstyp). Die Kombination mehrerer Charaktereigenschaften macht einen Prominenten erfolgreich, wenn es gelingt, diese Bedeutungen auf die beworbene Marke zu übertragen (McCracken 1989).

Trotz zunehmender Elaboration können die Source-Modelle die Gründe für Misserfolg des Einsatzes von Prominenten oft nicht hinreichend erklären. Gerade die triviale Anforderung, dass der Zusammenhang zwischen prominentem Testimonial und Markenbotschaft von den Rezipienten überhaupt *gesehen* wird, wird zumeist stillschweigend und ungeprüft vorausgesetzt, während man sich gleich den interessierenden Wirkungshypothesen zuwendet. Zunehmende Verfeinerung von Wirkungstheorien oder statistischen Auswertungsmethoden können aber wenig zur Aufhellung beitragen, wenn der banale Grundbestandtat der faktischen Rezeption des werblich Dargebotenen unbeleuchtet bleibt.

9.3 Grundlagen zur Blickaufzeichnung

Bei der apparativen Blickverlaufsmessung werden Fixationen und Sakkaden unterschieden (Abb. 9.1). Sakkaden bezeichnen die Bewegungen der Augen zwischen zwei Punkten; sie dauern zwischen zehn bis 100 ms. Währenddessen nimmt das Auge kaum Informationen auf. Zur Wahrnehmung optischer Reize sind Sakkaden notwendig, da die Auflösung der optischen Reizwahrnehmung außerhalb des fovealen Blickfeldes

Abb. 9.1 Fixationen und Sakkaden im sog. Scanpath

abnimmt. Bei Fixationen ruht das Auge für mindestens 150 ms auf einem Punkt, um das Bild für den Bereich des scharfen Sehens auf der Netzhaut (Fovea) zu stabilisieren und Informationen aufzunehmen.

Der Blickverlauf kann vorwärts und rückwärts erfolgen. Rücksprünge des Auges auf zuvor bereits fixierte Punkte bezeichnet man als Regressionen. Das Auge scannt die Umgebung mit Fixationen, die durch Sakkaden und Regressionen unterbrochen werden und setzt die gewonnenen Informationen im Gehirn zu einem räumlichen Bild zusammen. Die Fixations-Sakkaden-Muster ergeben Blickpfade (Scanpaths), die Aufschlüsse über das individuelle Rezeptionsverhalten geben.

Der Leistungsfähigkeit des fovealen und peripheren Sehens kommen unterschiedliche Funktionen zu. Das foveale Sehen ermöglicht die detaillierte Wahrnehmung ausgewählter Bereiche des Blickfeldes. Um einen gesamten Überblick über eine Anzeige zu erzielen, müssen die Elemente sukzessive „fovealisiert" und anschließend zu einem mentalen Bild zusammengefügt werden. Im peripheren Sichtfeld können markante Elemente registriert werden, wie z. B. große Überschriften, die dann später fokussiert werden. Peripheres Sehen ist die Umgebungsbeobachtung und die Vorbereitung des Auges auf darauffolgende Ziele.

Bei der Auswertung der Blickbewegungen wird zumeist die Fixationsdauer betrachtet, die misst, wie lange ein Element betrachtet wird. Eine generelle Zuordnung von „lang ist gut" und „kurz ist schlecht" ist nicht möglich, da die Fixationsdauer contentabhängig ist und wie jede Beobachtung einer weiteren Interpretation bedarf. Lange Fixation kann sowohl besonderes Interesse als auch Verständnisschwierigkeiten repräsentieren. Kurze Fixation kann z. B. „irrelevant", „uninteressant", aber auch „kenne ich schon, also weiter" bedeuten. In der Regel werden solche Interpretationen des Verhaltens durch begleitende Befragung, Aufzeichnung verbaler oder mimischer Äußerungen des Probanden oder Ex-post-Befragungen gewonnen.

Tendenziell ziehen reizstarke Elemente die Aufmerksamkeit eher auf sich und werden länger betrachtet als weniger prägnante. Die absolute Anzahl der Fixationen wird als Fixationshäufigkeit bezeichnet. Sie gibt Einblick in die Prozesse der Informationsaufnahme und -verarbeitung und verdeutlicht, welche Merkmale einer Vorlage besonders reizstark sind. Die Bedeutung einzelner Elemente einer Vorlage kann mit der relativen Fixationsdauer gemessen werden, indem die Verweildauer in verschiedenen Bereichen prozentual zur Gesamtbetrachtungszeit berechnet wird. Die relative Fixationshäufigkeit eines Elements kann interpretiert werden als die Wahrscheinlichkeit, dass ein Element Aufmerksamkeit auf sich zieht.

Scanpaths zeigen die Fixationsreihenfolge mit den dazwischenliegenden Sakkaden und stellen die prozessuale Abfolge der Prozesse der Informationsaufnahme des einzelnen Probanden räumlich und zeitlich dar. Bei der räumlichen Verdeutlichung spielt die Länge des Blickverlaufs die zentrale Rolle, welche die Distanz vom Start- bis zum Endpunkt durch die Länge der Sakkaden bestimmt. In zeitlicher Hinsicht sind die Fixationsreihenfolge sowie die Dauer des Blickverlaufs von Bedeutung.

Es ist anzunehmen, dass der Einsatz eines berühmten Testimonials zu einem veränderten Blickverlauf führt. Es wird dabei explizit nicht davon ausgegangen, dass die

Präsentation der Prominenten die Betrachtung nur so verändert, dass zeitlich „on top" der Betrachtung aller anderen Vorlagenelemente eine Fixation des berühmten Testimonials erfolgt. Vielmehr ist zu erwarten, dass die Celebrities bei den vorliegenden Werbeanzeigen den Blickverlauf der Zielgruppen so modifizieren, dass andere Bestandteile weniger oder gar nicht mehr gesehen werden. Um dies zu eruieren, werden die Bestandteile der Print-Anzeigen in Areas of Interest (AOI) eingeteilt, deren Beachtung durch die Probanden besonders überprüft werden kann.

9.4 Studiendesign

In der empirischen Studie war beabsichtigt, die Wirkung des Testimonialeinsatzes in Printanzeigen auf die Beurteilung von Marken zu untersuchen und die Wahrnehmung der dargebotenen Stimuli durch die Probanden in einem Zweigruppendesign „mit und ohne Testimonial" mittels Eye-Tracking zu erfassen. Für die Auswahl der Stimuli wurden folgende Anforderungen definiert:

- Produkte müssen für Probanden im Alter von 20 bis 35 relevant sein,
- geschlechtsunabhängig relevante Produkte,
- je zwei Produkte mit eher hoher und eher niedriger Attraktivität für die Probanden,
- Marken mit hoher Bekanntheit bei den Probanden,
- international bekannte und hoch attraktive Testimonials.

Die Anforderungen wurden in einer Vorstudie geprüft, das individuelle Involvement der Probanden und weitere personenbezogene Kriterien wurden im begleitenden Fragebogen kontrolliert.

Da reale Werbekampagnen unterschiedlich lange und mit variierendem Werbedruck laufen, wäre bei ihrer Verwendung im Experiment keine Vergleichbarkeit der Ergebnisse gegeben gewesen. Um der Experimentanforderung einer zielgerichteten Steuerung der Stimuli durch den Experimentator zu genügen, wurden künstliche, jedoch realitätsnahe Printanzeigen kreiert. Hierzu wurden in reale Werbeanzeigen von vier Marken der Produktkategorien Mobiltelefon, Sonnenbrille, Schokolade und Zahncreme per Bildbearbeitung internationale Prominente als Testimonials eingebaut. Die Tab. 9.1 zeigt die Experimentanordnung. Die originalen und modifizierten Printanzeigen sind teilweise im Ergebnisteil (Abschn. 9.5) abgebildet.

Als die vier wichtigsten Elemente der Anzeigen wurden Testimonial, Produkt, Markenlogo und Markenclaim als AOI definiert. Für diese Bereiche wurden im Experiment zahlreiche Indikatoren des Blickverlaufs erfasst, von denen der „Index der Betrachtungsreihenfolge der AOI", die „durchschnittliche Verweildauer der Probanden im AOI", der „Prozentanteil der Probanden, die das AOI betrachten", die „durchschnittliche Anzahl der Wiederholungsbesuche im AOI", die „durchschnittliche Dauer einer Fixation" und die „durchschnittliche Zahl der Fixationen im AOI" weiter analysiert wurden.

Tab. 9.1 Experimentdesign der vier Stimuli über zwei Experimentgruppen

	Experimentgruppe 1		Experimentgruppe 2	
	Produkt	Testimonial	Produkt	Testimonial
Stimulus 1	*Smartphone*	ohne	*Schokolade*	ohne
Stimulus 2	*Sonnenbrille*	ohne	*Zahncreme*	ohne
Stimulus 3	*Schokolade*	*Sängerin*	*Smartphone*	*Schauspielerin*
Stimulus 4	*Zahncreme*	*Sportler*	*Sonnenbrille*	*Sänger*

9.4.1 Rücklauf und Strukturierung des Datenbestands

In einem sechswöchigen Erhebungszeitraum konnten 61 vollständige Einzelexperimente mit studentischen Probanden höherer Semester einer bayerischen Hochschule durchgeführt werden. Die Probanden wurden per Zufallsauswahl auf Experimentgruppe 1 (n = 30) und EG2 (n = 31) verteilt. Im Sample sind 28 Männer und 33 Frauen, das Durchschnittsalter liegt bei gut 24 Jahren.

Wie oben dargestellt, wurde jeder Proband mit vier Stimuli (Printanzeigen) konfrontiert. Für die wesentlichen Auswertungen wurde der Datenbestand so umstrukturiert, dass jede Beobachtung zu einem der vier Stimuli als eigener Datensatz gewertet wird, sodass aus 61 Probanden insgesamt 244 Datensätze (Cases) resultieren. Eine Indikatorvariable ermöglicht Auswertungen, wie das Rezeptionsverhalten und andere Variablen unter den beiden Experimentbedingungen „mit" und „ohne" Testimonialeinsatz variieren.

9.4.2 Prüfung der Experimentalbedingungen

Zur Messung der Experimenteffekte ist es essenziell, dass die beiden Gruppen hinsichtlich wesentlicher Eigenschaften und Prädispositionen gleich sind. Die Tab. 9.2 zeigt einige Variablen, für welche die Mittelwerte der Experimentgruppen überprüft wurden. Die Gruppenunterschiede sind in allen Fällen nicht signifikant, sodass diese Modellvoraussetzung als erfüllt gelten kann.

9.5 Ergebnisse

9.5.1 Daten zum Blickverlauf in den Areas of Interest

Die Tab. 9.3 zeigt die Betrachtungsdauer in den AOI über alle 244 Cases, jeweils getrennt nach den beiden Experimentbedingungen „mit" und „ohne" Testimonialeinsatz.

Unschwer ist zu erkennen, dass die Präsentation eines prominenten Testimonials das Blickverhalten signifikant beeinflusst. Das Testimonial wird als Erstes betrachtet, es wird

Tab. 9.2 Überprüfung der Experimentgruppen mittels Mittelwerten und Standardabweichungen in ausgewählten Variablen

	EG2		EG1		
	Mittelwert	Std. Abw.	Mittelwert	Std. Abw.	Unterschied EG1-EG2 (Anova)
Wichtigkeit der Produktkategorie (0…100)	**59,5**	30,06	**59,9**	30,63	n. s.
Informationsstand über Prominente (0…100)	**45,4**	24,17	**47,5**	25,52	n. s.
Glaubwürdigkeit der Prominenten (0…100)	**57,7**	22,17	**57,3**	24,02	n. s.
Sympathiewert der Prominenten (0…100)	**61,5**	23,67	**63,8**	24,70	n. s.
Ausgabebereitschaft, Bsp. eine Schachtel Pralinen	**10,80**	5,34	**11,40**	4,63	n. s.
Alter	**24,2**	2,19	**24,5**	1,79	n. s.

am längsten betrachtet, es wird von allen Probanden fixiert und schließlich erzielt das AOI Testimonialbereich auch die mit Abstand höchste Zahl der Fixationen.

Die durchschnittliche Verweildauer der Probanden im AOI entspricht der oben aufgestellten Hypothese, dass die Betrachtung der Prominenten zulasten der anderen AOI geht, vor allem zulasten des Markenprodukts selbst. Dass das AOI Claim „mit" Testimonialeinsatz ebenfalls geringfügig länger betrachtet wird, ist so zu verstehen, dass die Probanden sich vergewissern wollen, wofür dieser Prominente hier steht und ob es sich um eine Aussage „aus seinem Munde" handelt. Hier ist aus dem Blickverlauf zu lernen, dass bei Testimonialeinsatz nicht das Produkt „für sich" spricht, sondern dass in der Wahrnehmung der Probanden quasi das Testimonial eine Aussage trifft. Vielfache Forderungen nach Kongruenz zwischen Testimonial und Marke (s. o.) erfahren somit Bestätigung.

Die Gesamtbetrachtung in Tab. 9.3 gibt alle wesentlichen Ergebnisse wieder. Auf die Daten der einzelnen Marken kann an dieser Stelle verzichtet werden, da die Tendenzen sämtlich die identische Richtung aufweisen, allerdings bei geringeren Signifikanzen, da die Zellenbesetzungen bei Einzelmarkenbetrachtung in den beiden Experimentgruppen stets bei nur etwa 30 liegen.

9.5.2 Grafische Auswertung der Blickverläufe

Die Blickverläufe von Personengesamtheiten lassen sich mit sogenannten Heatmaps darstellen, wobei die Häufigkeit der Betrachtungen mit den Farbstufungen weiß-blau-grüngelb-rot in ihrer Intensität unmittelbar anschaulich wird (in den Abbildungen sind die Originalmarken und die Prominenten aus rechtlichen Gründen verpixelt dargestellt).

Tab. 9.3 Ausgewählte Resultate zum Blickverlauf in vier Areas of Interest

		Mittelwerte		Anova	
		ohne Testimonial	mit Testimonial	F	p
Index-Reihenfolge der Betrachtung der AOI	Markenlogo	2,2	2,6	1,129	,289
	Produkt	1,6	2,5	37,939	,000
	Claim	2,5	3,1	24,196	,000
	Testimonialbereich	2,1	1,2	15,030	,000
Durchschnittliche Verweildauer der Probanden im AOI (in Millisekunden)	Markenlogo	1167	678	8,643	,004
	Produkt	4561	2419	54,837	,000
	Claim	2458	2902	3,078	,081
	Testimonialbereich	2652	7080	113,526	,000
Prozentanteil der Probanden, die das AOI betrachten (Hit Ratio)	Markenlogo	74,6	66,4	1,970	,162
	Produkt	100,0	94,3	7,365	,007
	Claim	92,5	96,7	2,023	,156
	Testimonialbereich	98,3	100,0	,284	,595
Durchschnittliche Anzahl Wiederholungsbesuche (Revisits)	Markenlogo	1,4	0,6	11,351	,001
	Produkt	3,0	2,1	15,086	,000
	Claim	2,1	2,0	,001	,977
	Testimonialbereich	2,6	3,0	,536	,465
Durchschnittliche Dauer einer Fixation (in Millisekunden)	Markenlogo	240	176	8,026	,005
	Produkt	271	271	,002	,962
	Claim	235	264	5,161	,024
	Testimonialbereich	304	307	,013	,910
Durchschnittliche Zahl der Fixationen im AOI (Fixation Count)	Markenlogo	3,4	2,5	3,696	,056
	Produkt	15,2	7,8	69,881	,000
	Claim	9,0	9,8	,902	,343
	Testimonialbereich	8,1	21,8	114,351	,000

Die Abb. 9.2 zeigt, wie in der Experimentbedingung „mit Testimonialeinsatz" (rechts) die Aufmerksamkeit vom Gesicht der Schauspielerin angezogen wird, während die Probanden im linken Fall das Markenprodukt selbst länger, häufiger und genauer betrachten. Claim und Marke werden im rechten Fall (noch) gesehen, aber weniger intensiv als bei Präsentation „ohne" Testimonial.

Die Abb. 9.3 zeigt die Heatmap für die Zahncreme, die Ergebnisse für die Produkte Sonnenbrille und Schokolade fallen stets ähnlich aus.

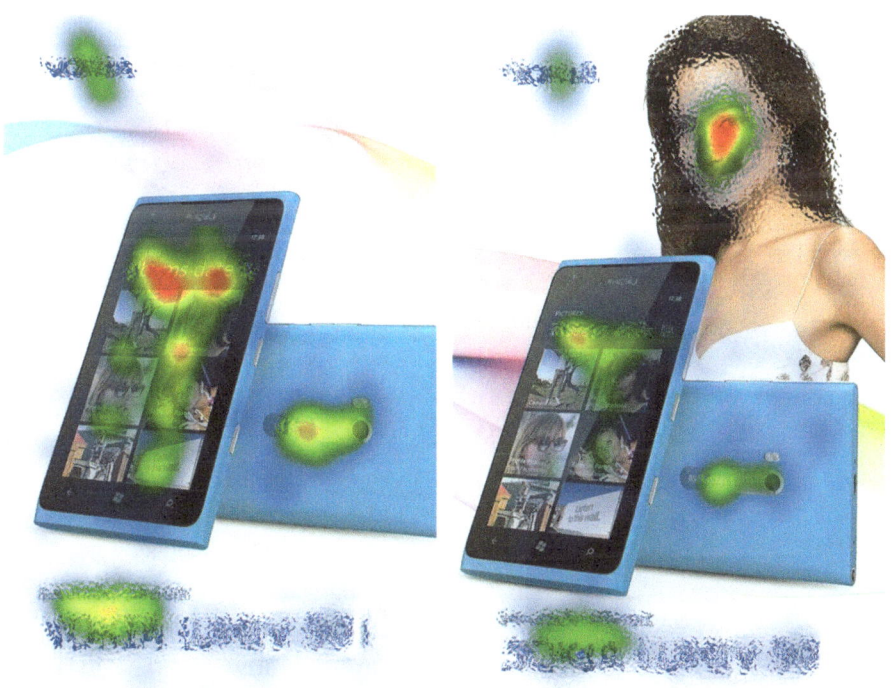

Abb. 9.2   Heatmaps Smartphone, ohne und mit Testimonial

Abb. 9.3   Heatmaps Zahncreme, links ohne, rechts mit Testimonial

9.5.3   Zusammenhänge mit weiteren Variablen

Im Anschluss an die Konfrontation mit den Printanzeigen wurden alle Probanden gefragt, wie gut sie die vier Prominenten kennen, für wie glaubwürdig sie diese halten und wie sympathisch sie diese einschätzen. Weiterhin wurden die Glaubwürdigkeit der

Tab. 9.4 Korrelationen zwischen Vorkenntnissen, individuellen Urteilen und Blickverhalten

		Durchschnittliche Verweildauer der Proban-den im AOI			
		Markenlogo	Produkt	Claim	Testimonial
Informationsstand über Promi-nente (0…100)	Pearson r	,010	,087	**−,117**	−,052
	Sign. (2-seitig)	,882	,174	**,077**	,545
	N	244	244	229	137
Glaubwürdigkeit der Prominenten (0…100)	Pearson r	−,018	**,114**	−,080	−,047
	Sign. (2-seitig)	,783	**,076**	,228	,587
	N	244	244	229	137
Sympathiewert der Prominenten (0…100)	Pearson r	,055	,073	−,049	,030
	Sign. (2-seitig)	,388	,255	,457	,732
	N	244	244	229	137
Glaubwürdigkeit der Anzeige (0…100)	Pearson r	**,191**	**−,256**	,091	,001
	Sign. (2-seitig)	**,003**	**,000**	,168	,994
	N	244	244	229	137
Gefallen der Anzeige („Note" 1–6)	Pearson r	**−,231**	**,140**	,099	−,040
	Sign. (2-seitig)	**,000**	**,029**	,134	,643
	N	244	244	229	137

Printanzeige und das subjektive Gefallen erhoben. Daraus ergeben sich vielfältige Analy-semöglichkeiten über Zusammenhänge zwischen solchen subjektiven Urteilen und dem gemessenen Blickverhalten der Probanden.

Ex ante ist zu erwarten, dass solche Zusammenhänge eher schwach ausfallen, da das Blickverhalten von einer Vielzahl von Determinanten abhängt und da der Proband einen präsentierten Stimulus in einer Experimentsituation *auf jeden Fall* ansehen wird, also auch dann, wenn Vorkenntnisse und Involvement gering, und die Einstellung gegenüber Marke oder Testimonial schlecht sind etc.

Für die Darstellung in Tab. 9.4 wurde als Indikator des Blickverhaltens die Verweil-dauer im AOI ausgewählt, da sich diese „Dwell Time" im Vergleich der Indikatoren (Tab. 9.3) als besonders diskriminierungsfähig zwischen den Verweilmustern in den AOI erweist. In der Grundtendenz fallen die Ergebnisse bei Bezugnahme auf andere Indikato-ren des Blickverlaufs ähnlich aus.

Wie Tab. 9.4 zeigt, gibt es eine leicht negative Korrelation (r = −0,117) zwischen dem Informationsstand über Prominente und dem Claim. Der Zusammenhang liegt knapp unter der Grenze der statistischen Signifikanz, lässt sich jedoch explorativ so interpre-tieren, dass bei geringerer Kenntnis der präsentierten Persönlichkeit andere Elemente in den Hintergrund rücken, da die Frage „Wer ist das?" im Vordergrund steht.

Ein schwach positiver Zusammenhang, ebenfalls nahe der Grenze der Signifikanz, besteht zwischen der Glaubwürdigkeit des Prominenten und der Betrachtung des Produkts. Die beim Probanden aufkommende Frage „Wofür wirbt der/die hier?" ist die eingängige Erklärung für dieses Blickverhalten.

Interessanterweise zeigen sich zwischen dem Sympathiewert, der dem Prominenten beigemessen wird, und dem Blickverhalten überhaupt keine relevanten Zusammenhänge. Einer der in der Testimonialforschung meistbeachteten Indikatoren der Kommunikatorwirkung hat damit im Untersuchungssample keine Lenkungswirkung für die Anzeigenrezeption durch die Probanden.

Die beigemessene „Glaubwürdigkeit" und das „subjektive Gefallen" der Anzeige zeigen einen nahezu identischen Zusammenhang mit dem Blickverhalten. Dabei ist zu berücksichtigen, dass das subjektive Gefallen aus Gründen der Überprüfung verschiedener Skalierungsformen abweichend von allen anderen Skalen mit einer „Notenskala" versehen wurde. Bei dieser Skala entspricht der niedrigere Punktwert dem besseren Urteil, während bei den sonst verwendeten 100er-Skalen das bessere Urteil dem höheren Punktwert entspricht. Korrelationen in der Skala „Gefallen der Anzeige" respektive „Glaubwürdigkeit der Anzeige" mit Drittvariablen erbringen daher Werte mit umgekehrten Vorzeichen, wie in Tab. 9.4 zu erkennen ist.

Warum Gefallen und Glaubwürdigkeit in einem retrograden Verhältnis mit der Verweildauer auf dem AOI-Produkt stehen, lässt sich nur mit begleitenden Befragungen oder auf Basis verbaler Äußerungen der Probanden während des Experiments aufklären. Im Sample erschien es so, dass „Fans" einer Marke das Produkt selbst gar nicht mehr so intensiv betrachten müssen, da es ihnen ohnehin bekannt ist. Solche Fans finden dann gleichzeitig die Anzeige sympathisch und glaubwürdig. In der Reihenfolge des Blickverlaufs (Tab. 9.3) wird das Produkt relativ früh gesehen, danach wendet man sich schnell wieder ab, vor allem, wenn ein Testimonial präsentiert wird.

Das Markenlogo wird relativ spät und insgesamt am kürzesten fixiert (Tab. 9.3). Der positive Zusammenhang mit Gefallen und Glaubwürdigkeit der Anzeige in Tab. 9.4 scheint zum Ausdruck zu bringen, dass sich die Probanden mit dem kurzen Blick auf das geschätzte Markenlogo nochmals vergewissern wollen, dass es sich hier um die attraktive Marke handelt.

Auch wenn man die Ergebnisse aufgrund der schwachen Zusammenhänge und der begrenzten Stichprobenzahl nicht überinterpretieren sollte, lassen sich somit einige interessante Erkenntnisse gewinnen. Bemerkenswert ist die hohe Bedeutung des Logos als Transportmittel der Markenbotschaft, während das Produkt selbst weniger den Blick lenkt.

Dass das AOI Testimonial in dieser Auswertung keine signifikanten Zusammenhänge erbringt, liegt methodisch daran, dass hier nicht zwischen Präsentationen mit und ohne Testimonial unterschieden wird. Die Ergebnisinterpretation lautet also nicht, dass das Testimonial nicht relevant ist, sondern im Gegenteil, dass das Testimonial *in allen Fällen,* also unabhängig von Vorkenntnissen, Prädisposition und Ex-post-Einschätzungen von höchster Relevanz ist (Tab. 9.3 und 9.5).

Tab. 9.5 Ausgewählte Kennziffern zum Blickverlauf in vier Areas of Interest

	Experimentbedingung				Signifikanz		
	ohne Testimonial		mit Testimonial		t	df	p (2-tailed)
	Mittelwert	Standard-abweichung	Mittelwert	Standard-abweichung			
Wie empfeh-lungswert ist die Marke allgemein (0…100)	**61,0**	25,04	**60,5**	25,63	0,17	242	0,866
Hochwertig-keit des Pro-dukts (0…100)	**66,7**	20,51	**67,2**	22,56	−0,18	242	0,859
Empfeh-lung des Produkts an einen Freund (0…100)	**53,7**	27,94	**54,1**	30,40	−0,10	242	0,923
Glaubwür-digkeit der Anzeige (0…100)	**51,6**	25,76	**65,8**	23,35	−4,50	242	0,000
Gesamtur-teil Gefallen der Anzeige („Note" 1…6)	**2,82**	1,18	**2,78**	1,11	0,33	242	0,738
Als angemes-sen empfundener Preis	**78,40**	90,69	**67,66**	81,43	0,97	242	0,331

9.5.4 Experimentwirkungen

Das Zweigruppendesign des Experiments erlaubt die Analyse, wie sich die Präsentation der Printanzeigen „mit" und „ohne" prominentes Testimonial auf die Urteile und Verhaltensneigungen der Probanden auswirkt.

Als abhängige Variablen der Experimentwirkung können die sechs in Tab. 9.5 dargestellten Indikatoren betrachtet werden. Für die Fragen wurde eine 100-Punkte-Skala vorgegeben, für das Gesamturteil eine „Notenskala". Um bei der Frage nach dem angemessenen Preis realistische Urteile zu motivieren, wurde in der Formulierung eine Preisrange vorgegeben, Beispiel: *Für solche und ähnliche Zahnpasta finden sich im Handel Preise zwischen 1,50 EUR und 4,00 EUR. Welchen Preis würden Sie persönlich für die abgebildete Marke für angemessen halten?*

Wie Tab. 9.5 zeigt, sind die Experimentwirkungen hinsichtlich der meisten abhängigen Variablen gering und nicht signifikant. Erstaunlicherweise fällt der als angemessen empfundene Preis „ohne" Testimonialeinsatz sogar höher aus als „mit". Das Konzept des „Celebrity Endorsement" kommt hier ins Wanken, gerade wenn man in Betracht zieht, wie intensiv die Testimonials durch die Probanden betrachtet wurden und dass es sich um internationale „A-Promis" handelt, von denen man positive Image- und Verhaltenseffekte erwarten würde.

Nun kann eingewendet werden, dass Prominente dieser Kategorie am vorteilhaftesten bei Premium- und Luxusgütern wirken, während im Experiment überwiegend Konsumgüter des täglichen Bedarfs beworben wurden. Agenturen werden zusätzlich einwenden, dass die Gestaltung der Printanzeigen mit Prominenten professioneller ausfallen könnte als in den verwendeten Experimentvorlagen.

Zumindest dem letzten Argument steht wiederum entgegen, dass gerade die Glaubwürdigkeit der Anzeigen durch die Testimonials deutlich gesteigert werden konnte, hier handelt es sich um einen hochsignifikanten Effekt. Demgegenüber fällt die Glaubwürdigkeit der Originalanzeigen mit einem Score von 51,6 auf der 100er-Skala bedenklich niedrig aus.

Über die Gesamtdarstellung in Tab. 9.5 hinaus liefert die Analyse der Wirkungen bei Einzelmarken keine zusätzlichen Erkenntnisse, die Effekte sind im Wesentlichen identisch.

9.6   Fazit

Was ist nun „neu" an der vorgestellten Methodik? Neu ist weder die Beobachtung des Blickverhaltens mittels Eye-Tracking noch die schriftliche Erhebung von Experimentwirkungen. Die durchgeführte Studie zeigt vielmehr, dass es die Kombination der Methoden ist, die wichtige zusätzliche Einsichten verschafft. So würde man bei Beschränkung auf die Blickaufzeichnung herausfinden, dass die Testimonials viel Aufmerksamkeit auf sich ziehen und die anderen Areas of Interest entsprechend weniger betrachtet werden. Wie dies auf die Probanden wirkt, bliebe unklar. Dass die Vermittlung einer Markenbotschaft durch die Fokussierung auf die Prominenten erschwert wird, könnte man nur vermuten. Die Verfechter des Celebrity Endorsement würden argumentieren, dass dieser Effekt durch die positiven Imageübertragungseffekte vom Prominenten auf Produkt und Marke überkompensiert wird. Dass die internationalen Stars intensiv betrachtet werden, ist ja gerade explizit beabsichtigt.

Bei reiner Analyse der statistischen Werbewirkungen (ohne Blickaufzeichnung) käme man zu dem Ergebnis, dass mit Ausnahme einer Erhöhung der Glaubwürdigkeit keine positiven Wirkungen des Celebrity Endorsement eintreten, im Gegenteil sinkt die Preisbereitschaft sogar. Unklar bliebe, ob das z. B. daran liegt, dass die Prominenten nicht ausreichend gesehen wurden. Auch der Umfang, in dem bestimmte Botschaftselemente rezipiert werden, könnte nicht bestimmt werden.

Unabhängig von einzelnen dargestellten Experimentwirkungen, deren Stabilität bei einer begrenzten Stichprobe immer infrage gestellt werden kann, liefert die vorliegende Studie hinreichende Belege dafür, dass die Kombination der Methoden Beobachtung und Befragung tiefer gehende Einsichten vermittelt und davor schützt, Fehlschlüsse aus Partialergebnissen der einen oder anderen Methode zu ziehen. Zu empfehlen ist des Weiteren, bei Werbewirkungsstudien Grundanforderungen von Experimentdesigns einzuhalten. Gerade auch in der Werbepraxis ist es möglich, vor der Werbeschaltung mit alternativen Gestaltungen die Wirkungen des Testimonialeinsatzes abzuschätzen. Die dafür entstehenden Kosten sind im Verhältnis zu den Summen, die für Werbung ausgegeben werden, gering.

Literatur

Alsmadi, S. (2006). The power of celebrities endorsement in brand choice behavior. An empirical study of consumer attitudes. *Journal of Accounting, Business and Management, 13*, 69–84.

Bhatt, N., Jayswal, R., & Patel, J. (2013). Impact of celebrity endorser's source-credibility on attitude towards advertisements and brands. *South Asian Journal of Management, 20*(4), 74–95.

Böhler, H. (2004). *Marktforschung* (3. Aufl.). Stuttgart: Kohlhammer.

Brett, M., Wentzel, D., & Tomczak, T. (2008). Effects of susceptibility to normative influence and type of testimonials on attitudes toward print advertising. *Journal of Advertising, 37*(1), 29–43.

Carillat, F. A., d'Astous, A., & Lazure, J. (2013). For better, for worse? What to do when celebrity endorsements go bad. *Journal of Advertising Research, 53*(1), 1–15.

Erdogan, B., Baker, M., & Tagg, S. (2001). Selecting celebrity endorsers. *Journal of Advertising Research, 41*(3), 39–48.

Gnanapragash, T., & Sekar, P. (2013). Celebrity-aided brand recall and brand-aided celebrity recall: An assessment of celebrity influence using the hierarchy of effects model. *IUP Journal of Brand Management, 10*(3), 47–67.

Hollensen, S., & Schimmelpfennig, C. (2013). Selection of celebrity endorsers – A case approach to developing an endorser selection process model. *Marketing Intelligence & Planning, 31*(1), 88–102.

Hovland, C., & Weiss, W. (1951). The influence of source credibility on communication effectiveness. *Public opinion quarterly, 15*(4), 635–650.

Kahle, M., & Homer, P. (1985). Physical attractiveness of the celebrity endorser. A social adaption perspective. *Journal of Consumer Research, 11*(4), 954–961.

Kamins, M. (1990). An investigation into the 'match-up' hypothesis in celebrity advertising: When beauty is only skin deep. *Journal of Advertising, 19*(1), 4–13.

Kamins, M., & Gupta, K. (1994). Congruence between spokesperson and product type: A match-up hypothesis perspective. *Psychology & Marketing, 11*(6), 569–586.

Kilian, K. (2013). Prominente in der Werbung. *Markenartikel, Sonderausgabe, 1*, 112–115.

Krugmann, J. (2014). *Zwischen Authentizität und Inszenierung. Eine empirische Studie zum Erfolg von Testimonials in der Markenkommunikation. Bachelorarbeit.* Hamburg: HAW.

Kuvita, T., & Karlíček, M. (2014). The risk of vampire effect in advertisements using celebrity endorsement. *Central European Business Review, 3*(3), 16–22.

Lebtig, C. (2004). *Märchenhafte Stars. Der Mehrwert von Prominentenwerbung. Diplomarbeit.* Mannheim: IFM Mannheim.

McCracken, G. (1989). Who is the celebrity endorser? Cultural foundation of the endorsement process. *Journal of Consumer Research, 16*(3), 310–321.

McGuire, W. J. (1985). Attitudes and attitude change. In G. Lindzey & E. Aronson (Hrsg.), *Handbook of Social Psychology* (Bd. 2, S. 233–346). New York: Random House.

Misra, S., & Beatty, S. (1990). Celebrity spokesperson and brand congruence. *Journal of Business Research, 21*(2), 159–173.

Money, R. B., Shimp, T. A., & Sakano, T. (2006). Celebrity endorsement in Japan and the United states: Is negative information all that harmful? *Journal of Advertising Research, 46*(1), 113–126.

Mowen, J., & Brown, S. (1981). On explaining and predicting the effectiveness of celebrity endorsers. *Advances in Consumer Research, 8,* 437–444.

Ohanian, R. (1991). The impact of celebrity spokespersons' perceived image on consumers' intention to purchase. *Journal of Advertising Research, 31*(1), 46–53.

Roy, S. (2012). To use the obvious choice: Investigating the relative effectiveness of an overexposed celebrity. *Journal of Research for Consumers, 22,* 41–69.

Till, B., & Shimp, T. (1998). Endorsers in advertising. The case of negative celebrity information. *Journal of Advertising, 17*(1), 67–82.

Till, B. D., & Busler, M. (2000). The match-up hypothesis: „Physical attractiveness, expertise, and the role of fit on brand attitude, purchase intent, and brand beliefs". *Journal of Advertising, 29*(3), 1–14.

Tripp, C., Jensen, T. D., & Carlson, L. (1994). The effects of multiple product endorsements by celebrities on consumers' attitudes and intentions. *Journal of Consumer Research, 20,* 535–547.

Zwilling, M., & Fruchter, G. (2013). Matching product attributes to celebrities who reinforce the brand. An innovative algorithmic selection model. *Journal of Advertising Research, 53*(4), 391–410.

Weiterführende Literatur

Agrawal, J., & Kamakura, W. A. (1995). The economic worth of celebrity endorsers: An event study analysis. *Journal of Marketing, 59*(3), 56–62.

Badura, B., Maafi, S., & Kluge, A. (2011). Heller, größer, bunter…!? Der Einfluss gestalterischer Aspekte der Lichtwerbung auf die visuelle Aufmerksamkeit und die Erinnerungsleistung von KonsumentInnen. *Journal of Business and Media Psychology, 3*(2), 10–19.

cpi Performance Celebrity. (2014). *Effektivität von Testimonial-Kampagnen.* 16 aktuelle TV-Kampagnen im Wirkungstest Februar 2014.

Elberse, A., & Verleun, J. (2012). The economic value of celebrity endorsements. *Journal of Advertising Research, 52*(2), 149–165.

Erdogan, B. (1999). Celebrity endorsement: A literature review. *Journal of Marketing Management, 15*(4), 291–314.

Erfgen, C., Rodenhausen, T., & Sattler, H. (2010). Vampire im Tageslicht. *Absatzwirtschaft, 5,* 38–39.

Friedman, H., & Friedman, L. (2007). Endorser effectiveness by product type. *Journal of Advertising Research, 22,* 63–71.

Hofer, N., & Klaghofer, M. (2010). Vampire in der Werbung. Die Bedeutung der Blickregistrierung für die Werbewirkungsmessung. *Transfer. Werbeforschung & Praxis, 1,* 41–45.

Langmeyer, L., & Walker, M. (1991). A first step to identify the meaning in celebrity endorsers advances. *Consumer Research, 18,* 364–371.

Ohanian, R. (1990). Construction of a scale to measure celebrity endorsers' perceived expertise, trustworthiness and attractiveness. *Journal of Advertising, 19*(3), 39–52.

Pleier, A. (2015). *Die Optimierung der Web Usability mittels Eye-Tracking. Eine empirische Studie. Masterthesis.* Hof: Hochschule.

Walker, M., Langmeyer, L., & Langmeyer, D. (1992). Celebrity endorsers: Do you get what you pay for? *Journal of Services Marketing, 9*(2), 35–45.

Berücksichtigung der Psycho-Physiognomik bei der Auswahl von Werbegesichtern in der Marktforschung

10

Oliver Gansser und Elena Taube

Zusammenfassung

Werbegesichter müssen nicht unbedingt bekannt sein, aber der Charakter muss passen. Basierend auf der menschenkundlichen Lehre Huters untersucht die Studie anhand der drei primären Naturelle der Psycho-Physiognomik (Bewegung, Empfindung und Ernährung), ob ein Charakterfit bei Testimonials einen Einfluss auf die personenbezogenen Eigenschaften des Werbegesichts hat und ob er als moderierender Effekt zu einer positiveren Einstellung zur Werbeanzeige führt. Die personenbezogenen Eigenschaften werden durch die Attraktivität, die Kompetenz, die Sympathie und die Vertrauenswürdigkeit eines Testimonials gemessen.

O. Gansser (✉)
FOM Hochschule für Oekonomie & Management, München, Deutschland
E-Mail: oliver.gansser@fom.de

E. Taube
FOM Hochschule München, München, Deutschland
E-Mail: elena.taube@web.de

© Springer Fachmedien Wiesbaden GmbH 2017
O. Gansser und B. Krol (Hrsg.), *Moderne Methoden der Marktforschung,* FOM-Edition,
DOI 10.1007/978-3-658-09745-5_10

Inhaltsverzeichnis

10.1 Einleitung

Wenn Unternehmen für ihre Produktwerbung Testimonials einsetzen, gehen sie stets davon aus, dass das Werbegesicht Rückschlüsse auf die Persönlichkeit des Testimonials zulässt und somit in einem positiven Zusammenhang mit der Einstellung zum Produkt und zur Werbeanzeige steht. Wenn es sich nun um ein unbekanntes Testimonial handelt, bei dem bei der Werbezielgruppe keine Vorannahmen über die Persönlichkeit vorhanden sind, bleibt nur die Beurteilung des Gesichts. Dieser Beurteilungseffekt kann bei bestehenden Vorannahmen die Einstellung verstärken oder abmildern.

Es kann davon ausgegangen werden, dass für bekannte Testimonials mit einer vorangenommenen Persönlichkeit für Werbetreibende grundsätzlich mehr Kosten für das Honorar anfallen, als für unbekannte Testimonials. Da Werbung, außer bei Erhaltungswerbung, darauf abzielt, eine Einstellungsänderung beim Rezipienten auszulösen, hängt diese auch von den Vorannahmen der Persönlichkeit des Testimonials ab und ist somit risikobehaftet. Basierend auf der menschenkundlichen Lehre nach Carl Huter (vgl. Castrian und Nachbargauer 2008), welche anhand des Äußeren eines Menschen dessen Wesensart, Neigungen und Talente bestimmt, werden drei menschliche Grundtypen als Testimonial modelliert. Mithilfe dieser Manipulation wird untersucht, ob eine Einstellungsänderung aufgrund von psycho-physiognomischen Kriterien systematisch beeinflusst werden kann. Damit könnten selektierte Werbegesichter besser für den Einsatz in der Werbepraxis berücksichtigt werden. Für die Gestaltung einer erfolgreichen Werbekampagne ist es essenziell, das geeignete markenkonforme Werbegesicht zu finden, welches wiederholt auf unterschiedlichen Kommunikationsinstrumenten abgebildet werden kann, ohne dass es sich abnutzt. Zwischen Produkt und Werbegesicht sollte ein möglichst großer Fit bestehen.

▶ **Charakterfit** Ein Fit ist dann gegeben, wenn das Werbegesicht in seinen Persönlichkeitseigenschaften der Marke oder dem Produkt ähnlich ist.

Die Psycho-Physiognomik verhilft zu einer besseren Menschenkenntnis und zum Verständnis der Einzigartigkeit jedes Menschen und seiner individuellen Charaktereigenschaften, Neigungen und Talente. Diese Erkenntnis findet in verschiedenen Lebensbereichen wie Partnerschaft, Kindererziehung, Berufswahl, Karriereplanung oder Personalauswahl Anwendung. Es sind keine Studien bekannt, die diese Methodik im Bereich Marketing, speziell in der Kommunikation, eingesetzt oder untersucht haben. Aus diesem Grund ist die Studie begrenzt auf die Wahrnehmung eines Werbegesichts im Rahmen der Kommunikationspolitik im Marketing.

10.2 Theoretische Überlegungen zum Einfluss der Psycho-Physiognomik auf die Auswahl von Werbegesichtern

Markenerlebnisse sind umso realer, je mehr Sinne bei den Menschen angesprochen werden können (Göbel 2014, S. 46). Gemäß der Imagery-Theorie stellt die visuelle Kommunikation für den Empfänger die leichteste Art der Informationsaufnahme dar, weshalb die Werbeindustrie bezüglich des Kommunikationskanals ihren Fokus auf diesen Sinn legt (vgl. Esch et al. 2008, S. 70 f.; Kroeber-Riel et al. 2009, S. 149, 390 ff.). Bedenkt man, dass lediglich eins bis zwei Prozent der gesendeten Informationen tatsächlich wahrgenommen werden (vgl. Kreutzer 2006, S. 49; Kroeber-Riel und Weinberg 2003, S. 643; Kroeber-Riel et al. 2009, S. 421, 657), wird die Bedeutung der Psycho-Physiognomik als Methode zur systematischen Deutung des Inneren einer Person anhand ihrer äußeren Erscheinung verständlich.

10.2.1 Einführung und historischer Hintergrund der Psycho-Physiognomik

Die Psycho-Physiognomik basiert auf der Annahme, dass sich das Innere im Äußeren und das Äußere im Inneren widerspiegelt und kennzeichnet die Lehre zur Beurteilung der Persönlichkeit und Psyche eines Menschen anhand seiner äußeren Gestalt – insbesondere anhand seines Gesichts, dessen Formen und Mimik (vgl. Castrian 2010, S. 3; Thornton und Ritter 2010, S. 17; Castrian und Nachbargauer 2008, S. 8; Deiss 2011, S. 12 f.; Schneemann 2002, S. 18). Der Begriff Psycho-Physiognomik kommt aus dem Griechischen und setzt sich aus drei Wortbestandteilen zusammen: Das Wort „Psyche"

beschreibt die Seele, „Physis" den Körper und „Gnomon" den Kenner und das Wissen
(vgl. Castrian und Nachbargauer 2008, S. 8; Castrian 2010, S. 2 f.; Standop 2014, S. 30).

Historisch geht die Gesichtslesekunde bereits auf den Philosophen Konfuzius
(551–479 v. Chr.) zurück, dessen überlieferten Aussagen vom Wissen über die Lehre
der Gesichtsdeutung hinweisen (vgl. Standop 2014, S. 21). Die älteste systematische
Abhandlung über die Physiognomik ist auf den Philosophen Aristoteles (384–322
v. Chr.) zurückzuführen. Sein Werk „Physiognomica" behandelt die Wechselbeziehung
von Körper und Seele (vgl. Castrian und Nachbargauer 2008, S. 6; Castrian 2010, S. 8;
Schneemann 2002, S. 11; Standop 2014, S. 22). Als Begründer der Psycho-Physiognomik gilt der deutsche Künstler und Heilkundige Carl Huter (1861–1912) mit seinen For-
schungen im Bereich der Ausdruckskunde (vgl. Castrian 2010, S. 12 f.).

10.2.2 Formelemente in der Psycho-Physiognomik

Die Psycho-Physiognomik stellt ein in sich schlüssiges System dar, welches das Zusammenspiel der Einzelteile und Formenelemente als Ganzes interpretiert. Sie darf jedoch
keinesfalls als Universalschlüssel missverstanden werden, denn sie basiert auf dem
Grundgedanken, dass der Mensch etwas Unteilbares darstellt. Ihre Anwendung birgt die
Gefahr, dass aufgrund einzelner, dominierender Merkmale frühzeitig Rückschlüsse auf
den Charakter und das Wesen einer Person gezogen werden (vgl. Aerni 2010, S. 66 f.;
Castrian 2010, S. 6 f.; Deiss 2011, S. 12 f.).

In der Psycho-Physiognomik wird bei der Betrachtung der einzelnen Formelemente
des menschlichen Gesichts eine abwärts durchgeführte horizontale Dreiteilung zwischen
Geist, Seele und Körper deutlich (vgl. Schneemann 2002, S. 56 ff.). Folgende Formelemente bezüglich des menschlichen Gesichts sind dabei von Bedeutung:

- das Gesicht,
- das Seitenhaupt,
- das Mittelgesicht,
- die Stirn,
- die Augen,
- die Nase,
- die Ohren,
- der Mund,
- das Untergesicht und der Hals sowie
- das Haar und die Haut.

10.2.3 Die drei Naturelle der Psycho-Physiognomik

Die Formulierung der drei primären Naturelle stellt das Fundament der Psycho-Physiognomik nach Huter dar, deren Anlage der Keimblatt-Theorie zufolge bereits während

der embryonalen Entwicklung in den drei Keimblättern verankert ist (vgl. Thornton und Ritter 2010, S. 22 f.). Als Keimblätter bezeichnet man in der Entwicklungsbiologie der Gewebetiere eine erste Differenzierung eines Embryos in verschiedene Zellschichten, aus denen sich anschließend unterschiedliche Strukturen, Gewebe und Organe entwickeln. Zunächst entwickelt sich das innere Keimblatt, das „Endoderm". Dieses ist für die Entwicklung des Ernährungssystems verantwortlich. Danach erwächst das äußere Keimblatt „Ektoderm" und sorgt für die Ausbildung des Empfindungssystems mit seinen Schwerpunkten auf der Reizverarbeitung und Kommunikation. Zuletzt wird das mittlere „Mesoderm" gebildet, welches die Information für das Bewegungssystem enthält (vgl. Castrian und Nachbargauer 2008, S. 14; Schneemann 2002, S. 32 f.).

Das am stärksten herausgebildete Keimblatt bildet durch seine Präferenz ein dominierendes Naturell, das sogenannte *primäre Naturell* mit seiner jeweiligen Grundveranlagung in Körperform und geistig-seelischer Ausrichtung (vgl. Castrian 2010 S. 16 f.; Deiss 2011, S. 13). Neben der Möglichkeit der Ausprägung eines einzigen dominierenden Naturells existiert die Bildung einer Vielzahl weiterer Mischformen wie *sekundäre Naturelle,* die eine Mischform von zwei primären Naturellen darstellen, *tertiäre* und *neutrale Naturelle, harmonische* und *disharmonische* Naturelle (vgl. Castrian 2010, S. 36 ff.).

Für unser Studie werden lediglich die primären Naturelle betrachtet, mit dem Fokus auf ihren Gesichtsmerkmalen einschließlich Hals- und Schulterpartie und der daraus resultierenden charakterlichen Eigenschaften. Es ist davon auszugehen, dass ein Fit der charakterlichen Eigenschaften des Werbegesichts mit einer Marke oder einem Produkt bei unbekannten Testimonials mit der Wahrnehmung der äußeren Erscheinung zusammenhängt. Nachfolgend werden die Merkmale aller Gesichtselemente der drei primären Naturelle dargestellt und die charakterlichen Eigenschaften des Naturells beschrieben.

10.2.3.1 Bewegungs-Naturell

Das Bewegungs-Naturell (Tab. 10.1) zeichnet sich durch Dynamik, einen starken Antrieb zu motorischen Aktivitäten sowie einer großen Willens- und Tatkraft aus. Sein Bewegungswille begründet seine Freiheitsliebe und den Drang nach einem breiten Aktionsradius (vgl. Castrian 2010, S. 20; Thornton und Ritter 2010, S. 39 ff.). Menschen, die diesem Naturell angehören, haben eine realistische, rationale und praktische Denkweise. Sie stellen dabei nicht die Ökonomie, sondern die Effektivität und Zielerreichung in den Mittelpunkt. Personen dieses Naturells besitzen die Energie und den Willen, Vorhaben voranzutreiben und ihre Realisierung zu forcieren. Sie verfolgen strenge Grundsätze und unternehmen praktische Lösungsversuche, anstatt sich in theoretischen Überlegungen zu verlieren. Dafür stellen sie Ruhe, Behaglichkeit, sowie geistige und körperliche Genüsse in den Hintergrund (vgl. Castrian 2010, S. 20 f.; Deiss 2011, S. 155). Die gleiche Willenskraft und Aktivität erwarten sie auch von anderen Personen in ihrem Umfeld, was dazu führen kann, dass sie als hart, kühl und überheblich wahrgenommen werden (vgl. Thornton und Ritter 2010, S. 42 f.).

Tab. 10.1 Gesichtselemente Bewegungs-Naturell

Gesichtselement	Gesichtsmerkmal
Gesicht	Gesichtsform: länglich, kastenförmig, eckig, markant
	Mittleres und unteres Gesichtsdrittel: dominierend
Seitenhaupt	Oberes Seitenhaupt: flach, schmal
	Unters Seitenhaupt: breiter als oberes Seitenhaupt
Mittelgesicht	Wangen: flach
	Jochbeine: ausgeprägt, breit, kräftig
Stirn	Oberstirn: schwach, unauffällig, fliehend ins Oberhaupt
	Unterstirn: sehr stark ausgeprägt
Augen	Augengröße: klein
Nase	Obere Nase: breite, kräftige Nasenwurzel
	Mittlere Nase: Nasenhöcker, breiter, prägnanter Nasenrücken
	Untere Nase: schmale, gespannte Nasenspitze
	Nasengröße: groß, lang, vorherrschend
Ohren	Festigkeit: knorpelig, hart, fest
	Unteres Ohr: große Ohrläppchen
	Ohrgröße: groß, lang
	Ohransatz: tief
Mund	Oberlippe: schmal
	Unterlippe: schmal, ausgeprägter als Oberlippe
	Mundgröße und -form: schmal, fest
	Pallium: lang, gespannt
Untergesicht	Kinn: breit, markant, kräftig, kantig, vorherrschend, groß
	Unterkiefer: kräftig, markant, breit, kantig, lang
Hals	Lang, sehnig, stark, muskulös
Haar	Dick, kräftig, struppig, widerspenstig
Haut	Gespannt
Schultern	Kräftig, breit

Abb. 10.1 Bewegungs-
Naturell: Porträt und Profil.
(Castrian 2010, S. 27)

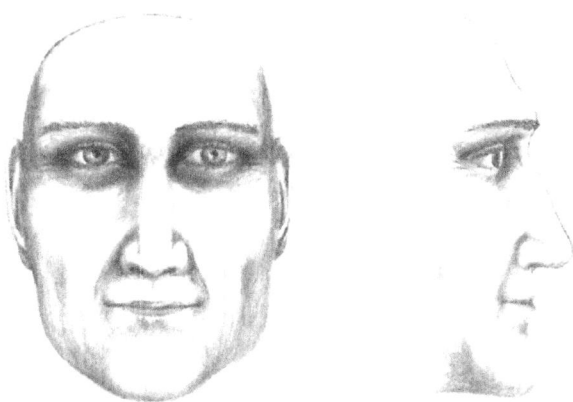

Das selbstbewusste und bestimmte Auftreten wird von einer kräftigen, sehnigen Statur, starken Muskulatur sowie einem kräftigen Knochenbau unterstützt. Das Markante in der Statur setzt sich im Gesicht und den einzelnen Gesichtseigenschaften fort (vgl. Deiss 2011, S. 155; Schneemann 2002, S. 36; Thornton und Ritter 2010, S. 39 f.). In Abb. 10.1 wird dieses Naturell dargestellt.

10.2.3.2 Empfindungs-Naturell

Hinter dem in Tab. 10.2 beschriebenen Empfindungs-Naturell verbirgt sich ein kreativer, begeisterungsfähiger Gefühls- und Ideenmensch, der zu seinem Wohlbefinden ein harmonisches, konfliktfreies Umfeld braucht. Menschen, die dem Empfindungs-Naturell angehören, verfügen über ein ausgeprägtes Einfühlungsvermögen sowie eine hohe Resonanzfähigkeit (vgl. Castrian 2010, S. 21; Deiss 2011, S. 157). Diese Eigenschaften begründen ihren Wunsch nach Verbesserung, Innovation, Qualität und Schönheit (vgl. Thornton und Ritter 2010, S. 30 f.). Diesem Bestreben steht jedoch eine mangelnde Tat- und Durchsetzungsfähigkeit gegenüber, welche die Dynamik des Naturells meist auf theoretische, geistige Prozesse beschränkt (vgl. Castrian 2010, S. 21; Thornton und Ritter 2010, S. 30 f.).

Wie in Abb. 10.2 zu sehen ist, besticht das Empfindungs-Naturell seinen Neigungen entsprechend durch eine zarte Gestalt, feine Gliedmaßen, harmonische Formen sowie einem proportional großen Kopf (vgl. Deiss 2011, S. 157; Schneemann 2002, S. 35; Thornton und Ritter 2010, S. 26 ff.).

Tab. 10.2 Gesichtselemente Empfindungs-Naturell

Gesichtselement	Gesichtsmerkmal
Gesicht	Gesichtsform: birnenförmig, nach unten hinzulaufend
	Oberes Gesichtsdrittel: dominierend
Seitenhaupt	Oberes Seitenhaupt: schmal
	Unteres Seitenhaupt: schmaler als oberes Seitenhaupt
Mittelgesicht	Wangen: zart, fein, eher flach
	Jochbeine: schmal bis kräftig ausgebaut
Stirn	Oberstirn: kräftig, breit, plastisch, nach außen gewölbt
	Unterstirn: unauffällig
Augen	Augengröße: groß, ausdrucksstark
	Unteres Augenlid: dünn
Nase	Obere Nase: betonte, leicht hervorstehende Nasenwurzel
	Mittlere Nase: fein, schmal, gerade
	Untere Nase: dünne, schmale Nasenspitze
	Nasengröße: klein, zart, mittellang
Ohren	Festigkeit: feines Hautgewebe, zart modelliert
	Unteres Ohr: kleine, feine, dünne Ohrläppchen
	Ohrgröße: klein bis mittelgroß
	Ohransatz: hoch
Mund	Oberlippe: dominierend
	Mundgröße und -form: klein, zart
	Pallium: kurz, fein, konkav
Untergesicht	Kinn: klein, gerundet, fein geformt, zurückliegend
	Unterkiefer: zart, eher zurückliegend, schmal, weicher Kieferbogen
Hals	Dünn, mittellang, zart
Haar	Dünn, sehr fein, seidig
Haut	Zart, fein
Schultern	Schmal

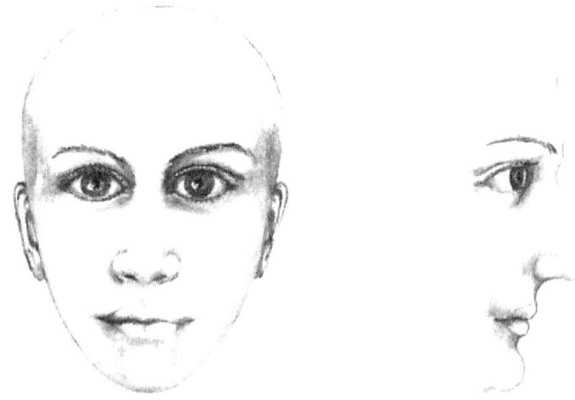

Abb. 10.2 Empfindungs-Naturell: Porträt und Profil. (Castrian 2010, S. 27)

Tab. 10.3 Gesichtselemente Ernährungs-Naturell

Gesichtselement	Gesichtsmerkmal
Gesicht	Gesichtsform: breit, rund, apfelförmig
	Oberes Gesichtsdrittel: zurücktretend
	Mittleres und unteres Gesichtsdrittel: dominierend, voluminös, massig
Seitenhaupt	Oberes Seitenhaupt: mäßig ausgebaut
	Unteres Seitenhaupt: stark gerundet, breiteste Stelle des Gesichts
Mittelgesicht	Wangen: breit, voll, füllig, weich
	Jochbeine: breit, weich
Stirn	Oberstirn: schmal, unauffällig
	Unterstirn: breit, ausgeprägt, zum Seitenhaupt gerundet
Augen	Augengröße: mittelgroß
	Unteres Augenlid: gut gefüllt
Nase	Obere Nase: schmale Nasenwurzel
	Mittlere Nase: breit, fleischig ohne Festigkeit
	Untere Nase: füllig, kräftige, runde, fleischige Nasenspitze
	Nasengröße: kurze bis mäßig lange Nase
Ohren	Festigkeit: weich, samtig
	Unteres Ohr: dominierend, dicke, fleischige, weiche Ohrläppchen
	Ohrgröße: mittelgroß
	Ohransatz: sehr tief
Mund	Oberlippe: voll, fleischig
	Unterlippe: dominierend, voll, fleischig
	Mundgröße und -form: kurz, dick, weich, fleischig
	Pallium: mittellang, voll, fleischig
Untergesicht	Kinn: breit, groß, weich, gerundet, wenig hervorstehend, Doppelkinn
	Unterkiefer: groß, weich, gerundet, fleischig
Hals	Kurz, dick, weich
Haar	Mitteldick, schmiegsam
Haut	Weich, samtig
Schultern	Breit und fleischig

10.2.3.3 Ernährungs-Naturell

Die dem Ernährungs-Naturell (Tab. 10.3) zugrundeliegenden Werte können unter Ökonomie, Sicherheit und reale Lebensgenüsse zusammengefasst werden (vgl. Castrian
2010, S. 28). Menschen, die diesem Naturell zugeordnet werden, verfolgen eine praktische, sachliche und auf Sicherheit ausgerichtete Lebensweise (vgl. Deiss 2011, S. 156).
Sie haben einen rationalen und ökonomischen Lebensbezug. Weiterhin haben sie,

Abb. 10.3 Ernährungs-
Naturell: Porträt und Profil.
(Castrian 2010, S. 23)

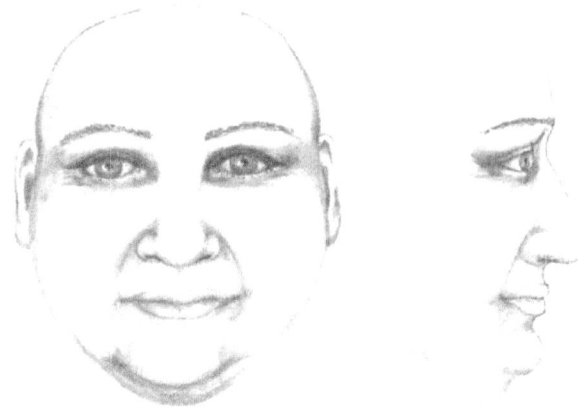

dem Namen und Organsystem entsprechend, eine gute „Verdauungsfähigkeit" und ein schwach ausgeprägtes Bewegungsbedürfnis. Sie bevorzugen für ein seelisches Gleichgewicht körperliche Genüsse, Ruhe und Behaglichkeit (vgl. Castrian 2010, S. 20 ff.; Deiss 2011, S. 156; Thornton und Ritter 2010, S. 37). Dem Hang zur Behaglichkeit und den körperlichen Genüssen folgend fällt das Ernährungs-Naturell durch runde, breite und füllige Formen (siehe Abb. 10.3) sowie einen korpulenten, massigen Körperbau auf (vgl. Deiss 2011, S. 156; Schneemann 2002, S. 34; Thornton und Ritter 2010, S. 32 ff.).

10.2.4 Überlegungen zum Einfluss des Charakterfits auf die Einstellung zur Werbeanzeige

Das Konzept der Einstellung ist das in der Konsumentenforschung am häufigsten verwendete Verhaltenskonstrukt zur Untersuchung der Kaufbereitschaft. In der einschlägigen Literatur sowie in vielen Kaufprognosen und Studien wird von der Hypothese ausgegangen, dass die Kaufwahrscheinlichkeit mit einer zunehmenden positiven Einstellung zum Produkt bzw. zur Marke steigt. Folglich zielen die Kommunikationsmaßnahmen der werbetreibenden Unternehmen darauf ab, die Einstellung zum Produkt bzw. zur Marke positiv zu beeinflussen und damit die Kaufwahrscheinlichkeit, welche zum tatsächlichen Kauf führen kann, zu erhöhen (vgl. Meffert et al. 2012, S. 740 f.).

Es ist denkbar, dass der Charakterfit einen indirekten Effekt auf die Einstellung über personenbezogene Eigenschaften eines Werbegesichts hat. Es existieren zwei Modelle in der Literatur, die personenbezogene Eigenschaften im Zusammenhang mit der Werbewirkung erklären. Das auf McGuire zurückgehende *Source-Attractiveness Model* untersucht die Effektivität einer Botschaft anhand der Einflussgrößen *familiarity, likability, similarity und attractiveness* (vgl. Ohanian 1990, S. 40). Hovland und Kollegen entwickelten im Jahr 1953 das *Source-Credibility Model*, welches die Glaubwürdigkeit des Kommunikators

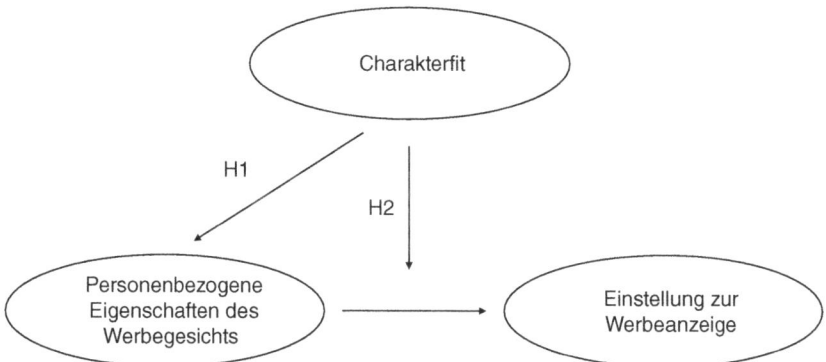

Abb. 10.4 Indirekter und moderierender Effekt des Charakterfits auf die Einstellung

anhand der beiden Eigenschaften *expertise* und *trustworthiness* misst (vgl. Gierl und Prax-marer 2001, S. 237; Simpson und Kahler 1980, S. 18). Aufgrund dieser Modelle werden für die vorliegende Studie folgende personenbezogenen Eigenschaften gemessen:

- Attraktivität einer Person
- Kompetenz einer Person
- Sympathie einer Person
- Vertrauenswürdigkeit einer Person

Ferner ist vorstellbar, dass eine attraktive und glaubwürdige Person mit Charakterfit stär-ker die Einstellung beeinflusst als eine nicht attraktive und nicht glaubwürdige Person. Der Charakterfit könnte sich also gemäß dieser Argumentation so auswirken, dass die Beziehung zwischen personengezogenen Eigenschaften des Testimonials und der Ein-stellung verstärkt wird.

In Abb. 10.4 sind diese beiden möglichen Effekte dargestellt. Die skizzierten Bezie-hungen werden in einer empirischen Studie getestet, deren Konzeption und Befunde nun vorgestellt werden.

Diese Überlegungen führen zu folgenden Annahmen:

▶ **Hypothese H₁:** Empfänger einer Werbebotschaft, bei der ein Charakterfit zwischen Werbegesicht und Produkt existiert, bewerten die personenbezoge-nen Eigenschaften einer Person positiver als Empfänger einer Werbebotschaft, bei der es diesen Fit nicht gibt.

▶ **Hypothese H₂:** Bei Empfängern einer Werbebotschaft mit Charakterfit gibt es einen stärkeren Zusammenhang zwischen personenbezogenen Eigenschaf-ten des Werbegesichts und Einstellung zur Werbeanzeige als bei Empfängern einer Werbebotschaft ohne Charakterfit.

10.3   Methode

10.3.1 Stichprobenbeschreibung

Im Rahmen der empirischen Untersuchung wurde eine bundesweite Online-Umfrage der FOM Hochschule für Oekonomie und Management unter der Bezeichnung „FOM fragt nach" im Zeitraum vom 03.06. bis 13.06.2015 durchgeführt. Zur Generierung einer umfangreicheren Stichprobe wurde die Umfrage ferner außerhalb der FOM über den Erhebungszeitraum vom 13.06. bis 23.08.2015 fortgeführt.

Die Befragung konzentrierte sich dabei auf keine bestimmte Zielgruppe im Hinblick auf Alter, Geschlecht, Beruf oder Einkommen. Folglich erreichte der Online-Fragebogen u. a. Studentinnen und Studenten sowie ehemalige Studierende der Hochschule für Oekonomie und Management, Marketing Interessierte in sozialen Netzwerken sowie Personen aus Freundes-, Bekannten- und beruflichen Kreisen der Autoren.

Fragebögen, die mehr als 20 % fehlende Daten enthielten, wurden aus der Untersuchung eliminiert. Die bereinigte Stichprobengröße umfasst schließlich n = 467 Personen und setzt sich aus 260 weiblichen sowie 198 männlichen Probanden zusammen. Neun Personen gaben ihr Geschlecht nicht an. Zwischen 16 bis 26 Jahre haben 193 Personen, zwischen 27 und 31 Jahren haben 121 Personen und zwischen 32 und 68 Jahre haben 146 Personen geantwortet. Sieben Personen gaben ihr Alter nicht an.

Alle Items im Fragebogen, außer Geschlecht und Alter, wurden anhand einer sechsstufigen Likert-Skala (Stapelskalierung) abgefragt mit den Skalenstufen 1 = „stimme überhaupt nicht zu" bis 6 = „stimme voll und ganz zu".

10.3.2 Untersuchungsdesign

Die Product-Match-up-Hypothese stellt eine Grundsatzüberlegung für die Modellierung des Untersuchungsdesigns dar. Diese Hypothese besagt, dass die Effektivität der Testimonialwerbung von der Übereinstimmung von Testimonial und beworbenem Produkt abhängt (vgl. Lynch und Schuler 1994, S. 419). Ausgehend von den drei primären Naturellen der Psycho-Physiognomik nach Carl Huter (Bewegung, Empfindung und Ernährung) und ihren Prädispositionen für bestimmte Berufsfelder wurde für jedes Naturell zunächst das von ihm präferierte Tätigkeitsfeld in Form eines zu bewerbenden fiktiven

Tab. 10.4 Neun Untersuchungsgruppen mit Gesicht-Produkt-Kombination

	Rasenmäher (RAS)	Kamera (FOTO)	Steuer-Software (TAX)
Bewegungs-Naturell (BEW)	Fit	Kein Fit	Kein Fit
Empfindungs-Naturell (EMP)	Kein Fit	Fit	Kein Fit
Ernährungs-Naturell (ERN)	Kein Fit	Kein Fit	Fit

Produkts bestimmt und zugeordnet. Die gewählten Produkte umfassen die Steuer-Software „Smart TAX" (TAX), die Fotokamera (FOTO) von „NACON" sowie den Rasenmäher (RAS) von „Green's Garden Experts". Bei den Produktmarken handelt es sich um fiktive Namen und Firmenlogos. Im zweiten Schritt wurde jedes dieser Produkte den zwei weiteren, nicht-konformen Naturellen zugeteilt. Daraus resultieren schließlich die neun in Tab. 10.4 aufgeführten Naturell-Produkt-Kombinationen. Die Felder in der Diagonalen sind die drei der Psycho-Physiognomik-Lehre zufolge konformen Naturell-Produkt-Kombinationen.

Die neun Kombinationen wurden in grafisch eigens angefertigte Layouts zu neun unterschiedlichen Werbeanzeigen zusammengefügt (s. Abb. 10.5). Bei der Entwicklung der Werbeanzeigen wurde im Besonderen auf eine einheitliche Gestaltung in Bezug auf Aufbau, Farben, Formen, Logogestaltung, Platzierung und Größe des Werbegesichts geachtet, um diese Störgrößen zu eliminieren.

Im Vordergrund jeder Anzeige steht das jeweilige frontal abgebildete männliche Testimonial. Ausgangspunkt der Modellierung der drei Testimonials war ein auf der Bilderplattform von Shutterstock, Inc. erworbenes Männergesicht. Dieses wurde grafisch anhand der Merkmalsprotokolle der drei primären Naturelle zu drei unterschiedlichen

Fragebogen 1* (BEW-RAS)   Fragebogen 2 (BEW-FOTO)   Fragebogen 3 (BEW-TAX)

Fragebogen 4 (EMP-RAS)   Fragebogen 5* (EMP-FOTO)   Fragebogen 6 (EMP-TAX)

Fragebogen 7 (ERN-RAS)   Fragebogen 8 (ERN-FOTO)   Fragebogen 9* (ERN-TAX)

Abb. 10.5 Neun Kombinationen von Werbegesicht und Produkt

Testimonials modifiziert. Ferner wurde entsprechend des beworbenen Produkts ein dazu passendes oberes Kleidungsstück (TAX: Hemd, FOTO: Polo-Shirt, RAS: T-Shirt) in der Farbe Weiß gewählt. Auf diese Weise tritt jedes Naturell in die Rolle des unbekannten und nach Gierl und Niesner glaubwürdigen Experten-Testimonials (vgl. Gierl und Niesner 1999, S. 6).

10.3.3 Operationalisierung der in der Studie verwendeten Konstrukte

Um eine möglichst valide und reliable Messung der in der Studie verwendeten Konstrukte zu gewährleisten, wurden alle Items aus bestehenden Studien abgeleitet oder übernommen:

- Items zur Attraktivität einer Person stammen aus den folgenden Studien: (Praxmarer 2006), (Gierl und Praxmarer 2000), (Gierl und Praxmarer 2001), (Ohanian 1990), (Masip et al. 2004), (DeSarbo und Harshman 1985).
- Items zur Sympathie einer Person stammen aus den folgenden Studien: (Berlo et al. 1969), (Masip et al. 2004), (Simpson und Kahler 1980–1981), (Gierl und Praxmarer 2000).
- Items zur Kompetenz einer Person stammen aus den folgenden Studien: (Masip et al. 2004), (Simpson und Kahler 1980–1981), (Berlo et al. 1969), (Gierl und Praxmarer 2000), (Gierl und Praxmarer 2001), (Ohanian 1990), (DeSarbo und Harshman 1985).
- Items zur Vertrauenswürdigkeit einer Person stammen aus den folgenden Studien: (Masip et al. 2004), (Ohanian 1990), (DeSarbo und Harshman 1985), (Gierl und Praxmarer 2000), (Gierl und Praxmarer 2001), (Simpson und Kahler 1980–1981).
- Items zur Einstellung zur Werbeanzeige stammen aus den folgenden Studien: (Praxmarer 2006), (Gierl und Praxmarer 2001).

Um systematische Fehler bei der Planung, dem Aufbau und der Durchführung der Studie zu vermeiden, wurden gemäß Eichhorn (2014) im Voraus und bei der Gestaltung der Datenerhebung folgende Grundsätze beachtet: So waren die unabhängigen und abhängigen Variablen methodisch voneinander getrennt. Das Fragebogendesign war so angelegt, dass Anonymität gewährleistet wurde. Durch eine vorab klare Kommunikation, dass es keine richtigen oder falschen Antworten gibt, wurde die Besorgnis der Befragen über ihre Antworten reduziert. Die Reihenfolge der Fragen im Fragebogen und die Zuteilung der Auskunftspersonen zu einer der neun Untersuchungsgruppen waren randomisiert. Es wurden geeignete Fragen verwendet, die eindeutig und klar formuliert wurden. Die Skalen waren einheitlich und wurden nicht umgekehrt und es wurden keine zweideutigen Fragen gestellt. Darüber hinaus wurde ein Single-Faktor-Test von Harman (1976) durchgeführt, um die Existenz eines Common Methode Bias (Systematischer Fehler) innerhalb unserer Daten zu beurteilen. Der Single-Faktor-Test wird über eine explora-

Tab. 10.5 Items zu Einstellung und personenbezogenen Einflussgrößen

Konstrukt	Item	Ladung
Einstellung zur Werbeanzeige (Cronbachs Alpha = 0,9462)	Die Anzeige ist überzeugend	0.85
	Die Anzeige ist ansprechend	0.85
	Die Anzeige gefällt mir	0.85
	Die Anzeige ist interessant	0.82
	Die Anzeige ist geschmackvoll	0.78
	Ich halte die Anzeige für glaubwürdig	0.78
	Die Anzeige erweckt einen positiven Eindruck	0.76
	Die Anzeige ist sympathisch	0.73
	Die Anzeige ist informativ	0.64
Kompetenz (Cronbachs Alpha = 0,9411)	Die Person ist qualifiziert	0.85
	Die Person ist kompetent	0.83
	Die Person ist sachkundig	0.82
	Die Person ist erfahren	0.80
	Die Person ist gebildet	0.80
	Die Person ist intelligent	0.75
	Die Person hat ein professionelles Auftreten	0.66
	Die Person ist ein Experte für das beworbene Produkt	0.64
Sympathie (Cronbachs Alpha = 0,9375)	Die Person ist freundlich	0.84
	Die Person ist nett	0.81
	Die Person ist herzlich	0.81
	Die Person ist sympathisch.	0.78
	Die Person ist umgänglich	0.72
	Die Person ist angenehm	0.56
Attraktivität (Cronbachs Alpha = 0,913)	Die Person ist attraktiv	0.83
	Die Person ist sexy	0.82
	Die Person ist schön	0.80
	Die Person ist ansprechend	0.72
	Die Person ist interessant	0.67
Vertrauenswürdigkeit (Cronbachs Alpha = 0,9487)	Die Person ist ehrlich	0.74
	Die Person ist aufrichtig	0.69
	Die Person ist zuverlässig	0.59
	Die Person ist verlässlich	0.59
	Die Person ist vertrauenswürdig	0.54

tive Faktorenanalyse ohne Rotation durchgeführt, in der alle Variablen auf einen einzigen Faktor laden (Podsakoff et al. 2003). Der gemeinsame latente Faktor erklärt 49 % der Varianz. Das sind weniger als 50 % der Varianz – was darauf hinweist, dass keine ernsthafte gemeinsame Methoden-Varianz vorliegt.

10.3.4 Hauptkomponentenanalyse zur Dimensionsreduktion

Um eine klare Struktur der von 467 Auskunftspersonen beurteilten Items zur Einstellung zu den personenbezogenen Eigenschaften des Werbegesichts zu erhalten, wurde eine Hauptkomponentenanalyse mit Varimax Rotation (PCA) durchgeführt. Die KMO-Statistik von 0,96 belegt, dass die Korrelationsstruktur in den Daten genügend Informationen zur Durchführung einer Hauptkomponentenanalyse enthält. Der Bartlett-Test ist hochsignifikant (Bartlett Statistik: 13553, p < 0,001) und spricht nicht gegen eine Anwendung der Hauptkomponentenanalyse. Es konnten fünf Hauptkomponenten mit einem Eigenwert größer als 1 berücksichtigt werden. Das Cronbachs Alpha der einzelnen Konstrukte war jeweils über 0,7, was dafür spricht, dass die interne Konsistenz des Messinstruments, und damit die Reliabilität, gegeben ist. In Tab. 10.5 sind die Konstrukte, das Cronbachs Alpha und die Ladungen der Items auf die Konstrukte angegeben. Durch die vier Hauptkomponenten können 77 % der Gesamtvarianz erklärt werden.

10.4   Ergebnisse

Bevor die Hypothesen überprüft werden, gilt es zu prüfen, ob sich die drei Naturell-Typen bezüglich der personenbezogenen Eigenschaften, unabhängig von der Beurteilung der Werbeanzeige und dem Einfluss eines Charakterfit, unterscheiden. Hierzu wurde eine Gruppenvariable mit den drei Teilgruppen der Naturelle (Bewegung, Empfindung und Ernährung) gebildet. Die Abb. 10.6 zeigt die Mittelwerte der personenbezogenen Eigenschaften je Naturell.

Es zeigt sich, dass sich die Mittelwerte bei drei Eigenschaften abhängig vom Naturell signifikant voneinander unterscheiden. Eine Varianzanalyse liefert bei Attraktivität (F = 45,19, p < 0,001), bei Sympathie (F = 9,132, p < 0,001) und bei Vertrauenswürdigkeit (F = 4,797, p < 0,01) signifikante Unterschiede. Bei Kompetenz ist der Unterschied nicht signifikant. Dieses Ergebnis zeigt, dass die personenbezogenen Eigenschaften für drei Naturelle unterschiedlich beurteilt werden und eine Hypothesenüberprüfung grundsätzlich sinnvoll ist.

Im Folgenden wird zunächst Hypothese H_1 überprüft. Diese Hypothese besagt, dass bei einem Charakterfit die personenbezogenen Eigenschaften positiver bewertet werden als bei einem fehlenden Charakterfit. In Abb. 10.7 wurden die Mittelwerte für die Bewertung der personenbezogenen Eigenschaften des Werbegesichts (Attraktivität, Kompe-

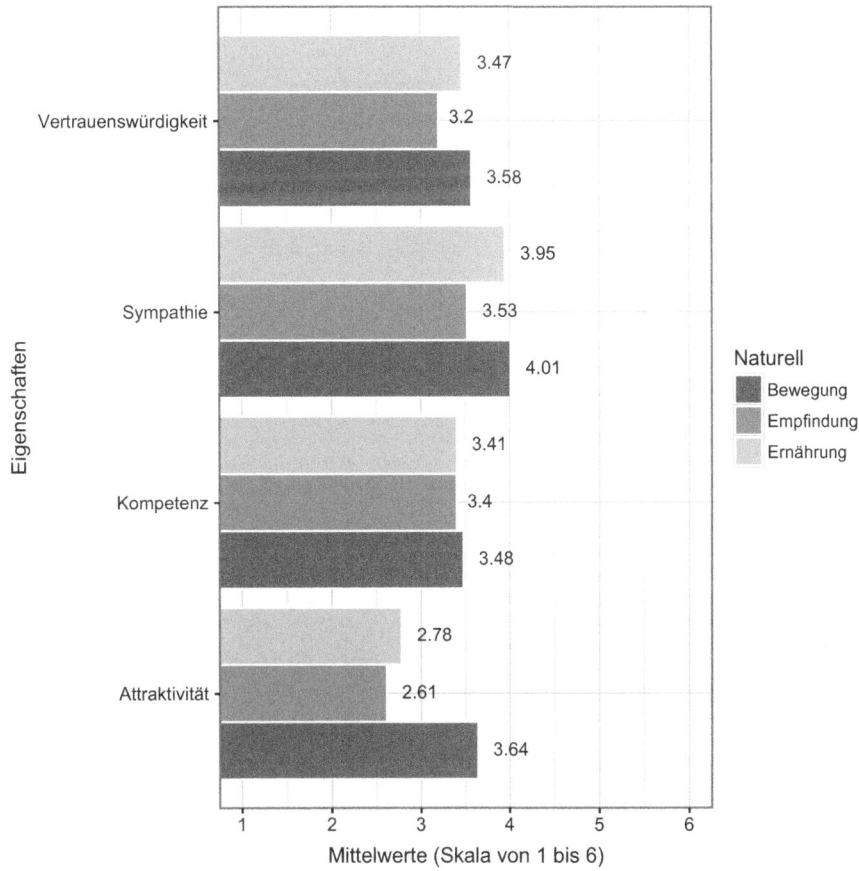

Abb. 10.6 Bewertung der personenbezogenen Eigenschaften je Naturell

tenz, Sympathie und Vertrauenswürdigkeit), getrennt für die Untersuchungsgruppe mit und ohne Charakterfit berechnet ($n_1 = 157$, $n_2 = 310$).

Es wird ersichtlich, dass bei einem Charakterfit alle vier personenbezogenen Eigenschaften positiver bewertet werden als bei fehlendem Fit. Die Mittelwerte unterscheiden sich signifikant für die Eigenschaften Attraktivität ($t = 1{,}966$, $p < 0{,}05$), Sympathie ($t = 2{,}189$, $p < 0{,}01$) und Vertrauenswürdigkeit ($t = 1{,}657$, $p < 0{,}05$). Lediglich bei der Beurteilung der Kompetenz gibt es einen nicht signifikanten Unterschied, wie auch bei der Unterscheidung bezüglich der Naturelle. Geht man davon aus, dass Empfänger von Werbebotschaften das Werbegesicht attraktiv, sympathisch und vertrauenswürdig finden, und auch eine positivere Einstellung zur Werbeanzeige haben, so wirkt sich der Charakterfit indirekt positiv auf die Einstellung zur Werbeanzeige aus.

Ferner wird aufgrund von Hypothese H_2 erwartet, dass bei einem Charakterfit eine positive Beurteilung von personenbezogenen Eigenschaften des Werbegesichts zu einer

Tab. 10.6 Beziehungsstärke zwischen personenbezogenen Eigenschaften des Werbegesichts und der Einstellung zur Werbeanzeige

	Korrelation zwischen personenbezogenen Eigenschaften des Werbegesichts und Einstellung zur Werbeanzeige		z-Test auf Gleichheit der Korrelationskoeffizienten
	Charakterfit	Kein Charakterfit	
Attraktivität	0,531***	0,469***	z = 0,84
Kompetenz	0,59***	0,462***	z = 1,8*
Sympathie	0,57***	0,345***	z = 2,91***
Vertrauenswürdigkeit	0,584***	0,378***	z = 2,74**

***p < 0,001
**p < 0,05
*p < 0,1

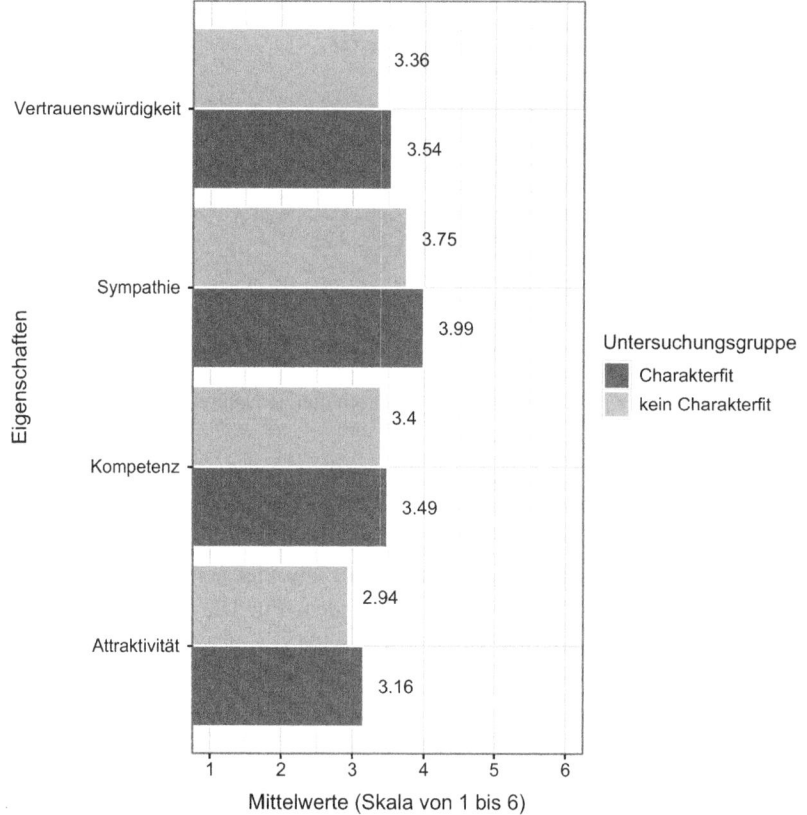

Abb. 10.7 Bewertung der personenbezogenen Eigenschaften des Werbegesichts mit und ohne Charakterfit

positiveren Einstellung zur Werbeanzeige führt. Falls dies zutrifft, müsste bei einem Charakterfit die Korrelation zwischen der Bewertung der personenbezogenen Eigenschaften und der Einstellung zur Werbeanzeige höher sein als ohne den Fit. In Tab. 10.6 sind die diesbezüglichen Befunde aus der Studie aufgeführt.

Die Einstellung zur Werbeanzeige ist erwartungsgemäß umso höher, je positiver die personenbezogenen Eigenschaften Attraktivität, Kompetenz, Sympathie und Vertrauenswürdigkeit bewertet werden. Alle Korrelationen, unabhängig davon, ob sie in der Gruppe mit Charakterfit oder ohne Charakterfit berechnet worden sind, erweisen sich als auf dem 0,1-%-Signifikanzniveau signifikant positiv. Vergleicht man aber die Korrelationen in den beiden Gruppen, so ergibt sich bei der Eigenschaft Kompetenz in der Gruppe mit Charakterfit eine auf dem Zehn-Prozent-Niveau höhere Korrelation als in der Gruppe ohne Charakterfit (0,59 > 0,462). Bei der Eigenschaft Sympathie ergibt sich in der Gruppe mit Charakterfit eine auf dem 0,1-%-Signifikanzniveau höhere Korrelation als in der Gruppe ohne Charakterfit (0,57 > 0,345) und bei der Eigenschaft Vertrauenswürdigkeit in der Gruppe mit Charakterfit eine auf dem Fünf-Prozent-Signifikanzniveau höhere Korrelation als in der Gruppe ohne Charakterfit (0,584 > 0,378). Lediglich die höhere Korrelation bei Attraktivität ist in der Gruppe mit Charakterfit zwar höher als in der Gruppe ohne Charakterfit (0,531 > 0,3469), aber nicht signifikant. Dies bedeutet, dass H_2 zumindest partiell, bei drei von vier Eigenschaften, statistisch gestützt ist.

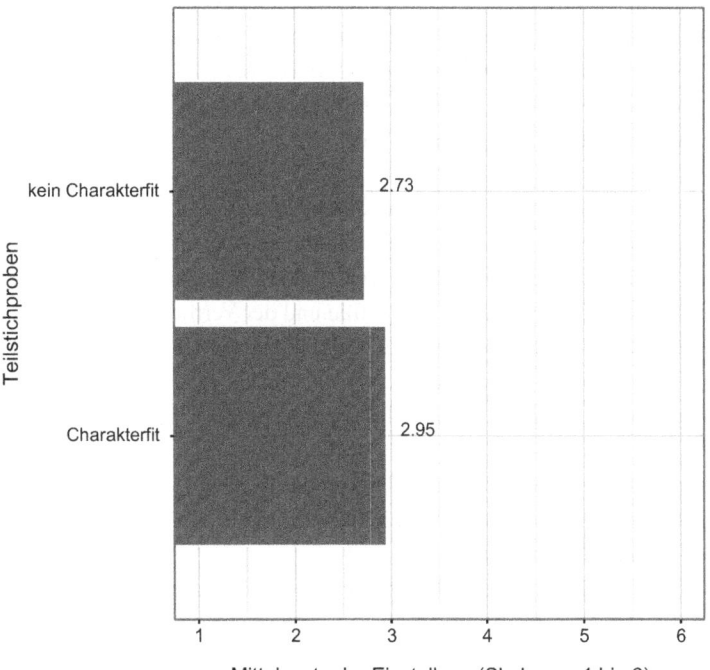

Abb. 10.8 Gesamteffekt des Charakterfits auf die Einstellung zur Werbeanzeige

Abschließend wird der Gesamteffekt von Charakterfit auf die Einstellung zur Werbeanzeige geschätzt. Hierfür wird der Mittelwert der Einstellung zur Werbeanzeige in den zwei Teilstichproben mit und ohne Charakterfit verglichen. In Abb. 10.8 sind die beiden Mittelwerte der Teilstichproben enthalten.

Das Ergebnis zeigt, dass ein Charakterfit zu einer positiveren Einstellung zur Werbeanzeige führt (Mittelwerte 2,95), als es ohne den Charakterfit (Mittelwert = 2,73) der Fall wäre. Der Mittelwertunterschied zwischen den beiden Gruppen ist zum Fünf-Prozent-Niveau signifikant (t = 2,0273). Die Ursachen für diesen Effekt sind, wie H_1 und H_2 zeigten, zweifacher Art: Zum einen bewerten Empfänger einer Werbebotschaft die personenbezogenen Eigenschaften eines Werbegesichts bei einem Charakterfit positiver, als wenn dieser Fit nicht existiert oder wahrgenommen wird. Zum anderen wirken sich personenbezogene Eigenschaften eines Werbegesichts bei einem Charakterfit stärker auf die Einstellung zur Werbeanzeige aus als ohne diesen Fit.

10.5 Fazit

Ziel der Studie war es, herauszufinden, ob sich der Charakterfit eines Werbegesichts positiv auf die Einstellung zur Werbeanzeige auswirkt. Hierfür wurden 467 Auskunftspersonen in gleich verteilten neun Untersuchungsgruppen befragt. Zur Messung wurden die Einstellung zur Werbeanzeige und vier personenbezogene Eigenschaften des Werbegesichts (Attraktivität, Kompetenz, Sympathie und Vertrauenswürdigkeit) bei Existenz und Nichtexistenz eines Charakterfits untersucht.

Um nun den Einfluss des Charakterfits auf die Einstellung zur Werbeanzeige zu belegen, wurde ein dreistufiges Vorgehen gewählt:

1. Messung des mediierenden Effekts von einem Charakterfit auf die drei unabhängigen Konstrukte Attraktivität, Kompetenz, Sympathie und Vertrauenswürdigkeit.
2. Messung des moderierenden Effekts von einem Charakterfit auf die Wirkung der Attraktivität, der Kompetenz, der Sympathie und der Vertrauenswürdigkeit.
3. Prüfung des Gesamteffekts von einem Charakterfit auf die Einstellung zur Werbeanzeige.

Durch unsere Untersuchungen können folgende Erkenntnisse abgeleitet werden:

1. Bei einem existierenden Charakterfit beurteilen die Empfänger einer Werbebotschaft die Attraktivität, Sympathie und Vertrauenswürdigkeit eines Werbegesichts durchweg positiver als ohne Charakterfit.
2. Bezüglich des moderierenden Effekts von einem Charakterfit auf die Wirkung der unabhängigen Größen auf die Einstellung zur Werbeanzeige besteht ein signifikanter Unterschied zwischen den Korrelationen der Attraktivität, der Sympathie und der Vertrauenswürdigkeit des Werbegesichts zwischen den beiden Gruppen.

3. Werbeanzeigen mit Charakterfit des Werbegesichts zum Produkt werden positiver bezüglich der Einstellung zur Werbeanzeige beurteilt als Werbeanzeigen ohne diesen Fit.

Für die weitere Forschung wäre es wichtig, zu prüfen, ob sich diese Effekte auch bei ähnlicher Variation auf andere Gesichter und andere Produkte übertragen lassen.

Literatur

Aerni, F. (2010). *Begabung, Talent, Genie* (2. Aufl.). Zürich: Carl-Huter-Verlag.

Berlo, D. K., Lemert, J. B., & Mertz, R. J. (1969). Dimensions for evaluating the acceptability of message sources. *Public Opinion Quarterly, 33,* 563–576.

Castrian, W., & Nachbargauer, A. (2008). *Praktische Psycho-Physiognomik nach Carl Huter* (1. Aufl.). Hilden: Nachbargauer.

Castrian, W. (2010). *Lehrbuch Psycho-Physiognomik – Antlitzdiagnostik für die Praxis* (4. Aufl.). Stuttgart: Haug.

Deiss, H. (2011). *Unser Gesicht lügt nicht – Psycho-Physiognomik Persönlichkeits- und Charakteranalyse* (1. Aufl.). Gelnhausen: Wagner.

DeSarbo, W. S., & Harshman, R. A. (1985). Celebrity-Brand Congruence Analysis. *Current Issues and Research in Advertising, 1,* 17–52.

Eichhorn, B. R. (2014). *Common method variance techniques. Cleveland State University.* http://www.mwsug.org/proceedings/2014/AA/MWSUG-2014-AA11.pdf. Zugegriffen: 3. März 2016.

Esch, F.-R., Herrmann, A., & Sattler, H. (2008). *Marketing – Eine managementorientierte Einführung* (2. Aufl.). München: Vahlen.

Gierl, H., & Niesner, M. (1999). Der Einsatz von Testimonials in der Werbungr. *der markt – International Journal of Marketing, 38*(1), 5–11.

Gierl, H., & Praxmarer, S. (2000). Attraktive Kommunikatoren in der Anzeigenwerbung und Einstellungen der Rezipienten. *Marketing ZFP, 22*(1), 25–42.

Gierl, H., & Praxmarer, S. (2001). Die wahrgenommene Dynamik des Kommunikators und Einstellungen des Rezipienten. *Marketing ZFP, 23*(4), 236–251.

Göbel, V. (2014). Marken mit allen Sinnen erfahren. *Markenartikel, 4,* 46–50.

Harman, H. H. (1976). *Modern factor analysis* (3. Aufl.). Chicago: University of Chicago Press.

Kreutzer, R. T. (2006). *Praxisorientiertes Marketing* (1. Aufl.). Wiesbaden: Gabler.

Kroeber-Riel, W., & Weinberg, P. (2003). *Konsumentenverhalten* (8. Aufl.). München: Vahlen.

Kroeber-Riel, W., Weinberg, P., & Gröppel-Klein, A. (2009). *Konsumentenverhalten* (9. Aufl.). München: Vahlen.

Lynch, J., & Schuler, D. (1994). The matchup effect of spokesperson and product congruence: A schema theory interpretation. *Psychology and Marketing, 11*(5), 417–445.

Masip, J., Garrido, E., & Herrero, C. (2004). Facial appearance and impressions of credibility: The effects of facial babyishness and age on person perception. *International Journal of Psychology, 39*(4), 276–289.

Meffert, H., Burmann, C., & Kirchgeorg, M. (2012). *Marketing – Grundlagen marktorientierter Unternehmensführung* (11. Aufl.). Wiesbaden: Gabler.

Ohanian, R. (1990). Construction and validation of a scale to measure celebrity endorsers' perceived expertise, trustworthiness, and attractiveness. *Journal of Advertising, 19*(3), 39–52.

Podsakoff, P. M., MacKenzie, S. B., Lee, J.-Y., & Podsakoff, N. P. (2003). Common method biases in behavioral research: A critical review of the literature and recommended remedies. *Journal of Applied Psychology, 88*(5), 879–903.

Praxmarer, S. (2006). Auswirkungen der Attraktivität von Testimonials auf Einstellungen von Zielpersonen: Welche Auffassung der Match-up Hypothese ist haltbar? *Die Unternehmung, 60*(6), 443–457.

Schneemann, D. (2002). *Wer bin ich? Wer bist du? – Das große Buch der Menschenkenntnis.* Königswinter: Heel.

Simpson, E. K., & Kahler, R. C. (1980-81). A Scale for Source Credibility, Validated in the Selling Context. *Journal of Personal Selling & Sales Management,* Fall/Winter 1980/81, 17–25.

Standop, E. (2014). *Gesichtlesen Face Reading – Charakter und Persönlichkeit* (4. Aufl.). Darmstadt: Schirner.

Thornton, K., & Ritter, K. (2010). *Das Gesicht und seine Faszination* (1. Aufl.). Gelnhausen: Wagner.

Mediaeffektivitätsanalysen: Analysen für Webkampagnen erweitert durch CRM

11

Jörg Reinnarth

Zusammenfassung

Reichweitenanalysen und Effektivitätsanalysen sind bereits seit längerer Zeit Standard für Webkampagnen. Der aktuelle Trend geht in die Richtung, diese Analysen um *Customer-Relationship-Management*(CRM)-Informationen zu erweitern. Geben Reichweiten und Effektivitätsanalysen an, wie viele Nutzer erreicht wurden, sprich wie viele Nutzer geklickt und gekauft haben, erweitern Mediaeffektivitätsanalysen unter Einbeziehung von CRM das Spektrum um den wirklichen Mehrwert der Kampagnen.

Die Einbeziehung von CRM-Daten ermöglicht, nicht nur Aussagen über die Quantität der erreichten Nutzer zu tätigen, sondern auch festzustellen, welche Art von Kundentypologien erreicht wurden und wie sie sich innerhalb des Kundenstamms entwickeln. Anhand eines praktischen Beispiels aus dem Bankwesen wird im folgenden Beitrag aufgezeigt, wieso eine Verknüpfung von Mediaeffektivitätsanalysen mit CRM-Informationen und einer Long-Term-Betrachtung der gewonnenen Kunden die Kundenansprache hinsichtlich der Zielgruppenerreichung optimieren und somit die Wirkung des Mediaspendings deutlich erhöhen kann.

J. Reinnarth (✉)
Cintellic GmbH, Bonn, Deutschland
E-Mail: joerg.reinnarth@cintellic.com

© Springer Fachmedien Wiesbaden GmbH 2017   191
O. Gansser und B. Krol (Hrsg.), *Moderne Methoden der Marktforschung*, FOM-Edition,
DOI 10.1007/978-3-658-09745-5_11

Inhaltsverzeichnis

11.1 Problemstellung

Zunehmende Wettbewerbsintensität, anspruchsvollere und wechselbereitere Kunden sowie neue Informations- und Kommunikationstechnologien haben in den vergangen Jahren zu einer Entwicklung hin zum kundenzentrierten Unternehmen geführt. Während bis Ende der 1980er-Jahre noch eine qualitätsorientierte und in den 1990er-Jahren eine prozessorientierte Denkweise in vielen Unternehmen vorherrschte, sind die Wertschöpfungsketten und die Unternehmensorganisation vieler moderner Unternehmen auf den Kunden ausgerichtet (Neckel und Knobloch 2005, S. 3 ff.).

Infolgedessen geben immer mehr Unternehmen jedes Jahr sehr hohe Beträge, in Form sogenannter Mediaspendings, für zielgruppenspezifische Werbemaßnahmen aus. Die Kundenansprache via Online-Kanäle gewinnt dabei u. a. aufgrund des Kostenvorteils im Vergleich zu den klassischen Kanälen wie etwa Fernseh- und Printwerbung zunehmend an Bedeutung. Zu den typischen Zielen dieser Marketingmaßnahmen zählt neben der Steigerung des Markenimages besonders die Gewinnung von Neukunden. Mithilfe einer gezielten Steuerung der Werbemittel, basierend auf einer datenbezogenen Kundenanalyse, können definierte Zielgruppen optimal angesprochen und letztendlich möglichst viele Neukunden aus der Zielgruppe für das Unternehmen gewonnen werden.

Im Gegensatz zum klassischen Massenmarketing, bei dem generell der gesamte Markt im Fokus steht und eine vollständige Marktabdeckung angestrebt wird, zielt ein selektives Marketing nur auf einzelne definierte Zielgruppen ab. Im Umkehrschluss bedeutet dies, dass bestimmte Kunden oder Kundengruppen nicht als Zielmarkt angesehen werden. Dies ermöglicht es den Unternehmen, ihre Produkte sowie ihre Kommunikationsinstrumente individueller auf die ausgewählten Zielgruppen zuzuschneiden, Teilmärkte intensiver zu bearbeiten und sich letztendlich auf mittel- bis langfristig profitable Kunden zu konzentrieren (Neckel und Knobloch 2005, S. 21). Damit Unternehmen ihre Kundenansprache, durch eine Fokussierung auf diese Kunden, optimieren können, sind besonders zwei Schritte von Bedeutung:

1. die Definition der Zielgruppen, die durch die Marketingmaßnahmen angesprochen werden sollen
2. sowie die Auswahl der richtigen Kanäle.

Sowohl für die Auswahl des richtigen Kanals, als auch für den Vergleich, ob die ange-sprochenen Personen auch den vorab definierten Zielgruppen entsprechen, ist eine detail-lierte und umfangreiche Analyse der Kundendaten auf qualitativer Ebene unerlässlich.

11.2 Verbesserung von Mediaeffektivitätsanalysen durch analytisches CRM

Klassische Reichweiten- und Effektivitätsanalysen ermöglichen es Unternehmen, ihre Marketingmaßnahmen hinsichtlich quantitativer Kennzahlen, z. B. in Form von Erkenntnissen über die Anzahl an gewonnen Neukunden in einem bestimmten Zeit-raum zu messen. Zwar sind diese quantitativen Kennzahlen für Unternehmen durchaus von Bedeutung, entscheidend ist jedoch, dass diese um qualitative Informationen wie Kundencharakteristika und Kundentypologien ergänzt werden. Um dieses Verständ-nis aufbauen zu können, ist ein umfangreiches und detailliertes Wissen über den Kun-den unerlässlich. Damit dieses Wissen aufgebaut und im zweiten Schritt kontinuierlich weiterentwickelt werden kann, ist es notwendig, dass alle relevanten Informationen, die zwischen Unternehmen und Kunde an den unterschiedlichen Kontaktpunkten entstehen, gespeichert und in ein CRM integriert werden. Mithilfe der anschließenden Analyse und der daraus gewonnenen Erkenntnisse können Unternehmen ihre Werbemaßnahmen bewerten und das entstandene Wissen sowohl für die weitere Betreuung der Kunden als auch für die Neukundengewinnung nutzen (Neckel und Knobloch 2005, S. 26 ff.).

Die Einbeziehung eines CRM-Systems ermöglicht es insbesondere, die zu betrach-tenden Kunden anhand der gewonnen Informationen zu analysieren und in sich homo-gene Kundensegmente (Zielgruppen) zu unterteilen. Somit lässt sich überprüfen, ob die angesprochenen Personen auch den vorab definierten Zielgruppen des Unternehmens ent-sprechen oder ob gegebenenfalls andere Kundengruppen verstärkt und im Umkehrschluss bestimmte Zielgruppen weniger erreicht wurden als in der Marketingstrategie vorgesehen.

Die Erweiterung von Mediaeffektivitätsanalysen um den Faktor CRM ermöglicht es neben der rein quantitativen Messung, auch eine valide Beurteilung über den Erfolg von Werbekampagnen hinsichtlich der Zielgruppenansprache treffen zu können.

11.3 Methodik – Kundensegmentierung

In den letzten Jahren hat die Entwicklung, speziell auf den Konsumgütermärkten, zu einer zunehmenden Individualisierung des Kaufverhaltens geführt. Dies hat zur Konsequenz, dass das Einkaufsverhalten über den gesamten Kundenstamm betrachtet, immer unkalku-lierbarer wird und traditionelle Zielgruppeneinteilungen zur Marktbearbeitung nicht mehr angemessen sind. Aufgrund dessen ist es bei der Durchführung von Marketingmaßnahmen sinnvoll, nicht alle Kunden identisch zu behandeln, sondern Differenzen in der Kunden-struktur zu analysieren und unterschiedliche Kundengruppen auch different anzusprechen.

Gerade in der heutigen Zeit der Informationsüberflutung ist dies ein entscheidender Faktor für den Erfolg einer Marketingkampagne (Neckel und Knobloch 2005, S. 62).

Auch auf Unternehmensseite stellt die stetig steigende Datenmenge eine Herausforderung dar. Je größer das Unternehmen bzw. je größer der aktive Kundenstamm, desto schwieriger wird es, das aufschlussreiche Kaufverhalten des einzelnen Kunden zu untersuchen und für strategische Unternehmensentscheidungen zu nutzen. Vielmehr ist eine Verdichtung der Daten in Form einer Kundensegmentierung notwendig, um die in den Daten enthaltenen Informationen und Zusammenhänge sichtbar zu machen und nutzen zu können. Des Weiteren stellt die Kundensegmentierung die Basis für ein selektives Marketing, sprich für die Auswahl der richtigen Zielgruppen, dar. Dies ermöglicht eine optimale Verteilung des oftmals knappen Marketingbudgets auf besonders rentable Kunden (Neckel und Knobloch 2005, S. 62 f.).

Eine Segmentierung lässt sich generell als eine nach bestimmten Kriterien durchgeführte Trennung einer vorab bestimmten Gesamtmenge in einzelne Teilmengen definieren. Unternehmensbezogen bedeutet dies, dass der Kundenstamm so in eine bestimmte Anzahl an Segmenten aufgeteilt wird, dass die Gruppen in sich möglichst homogen sind, während die Gruppen untereinander eine möglichst heterogene Struktur aufweisen (Berekoven et al. 2004, S. 243).

11.3.1 Aufbau der Customer-DNA

Um eine Kundensegmentierung sinnvoll durchführen zu können, muss im ersten Schritt eine genaue Analyse der Kundendaten erfolgen. Dies kann sowohl der gesamte Kundenstamm des Unternehmens sein oder nur eine bestimmte Gruppe an Kunden. Ein Beispiel wäre die Betrachtung aller innerhalb eines Jahres gewonnen Neukunden im Rahmen einer Mediaeffektivitätsanalyse unter Einbeziehung von CRM-Informationen.

Um dieses detaillierte Kundenverständnis aufbauen zu können, wird der Kunde hinsichtlich seiner sogenannten Customer-DNA analysiert. Diese umfasst alle für das Unternehmen relevanten Kundeninformationen. Wie aus Abb. 11.1 ersichtlich wird, werden zur Entwicklung dieses ausführlichen Kundenbildes sowohl unternehmensinterne Daten, wie Kundenstammdaten und Bon-Daten, als auch externe Informationen, wie z. B. soziodemografische Daten, hinzugezogen.

Aus den Kundenstammdaten können allgemeine Informationen über die Person gewonnen werden: Was ist das für eine Person? Wie alt ist er/sie? Können Informationen über das Einkommen des Kunden aus den vorliegenden Daten gewonnen werden? Ist der Wohnort bekannt? Die Adresse ermöglicht es, weitere externe Daten wie geografische und soziodemografische Daten an die internen Kundendaten anzuspielen und somit zusätzliche Informationen zu gewinnen. Bei den geografischen Daten wird zwischen Makro- und Mikroebene differenziert. Während makrogeografische Merkmale Kunden nach Bundesländern, Regionen oder Stadt/Land segmentieren, liegt der Maßstab bei den mikrogeografischen Merkmalen unterhalb des Stadtlevels. Hier erfolgt die

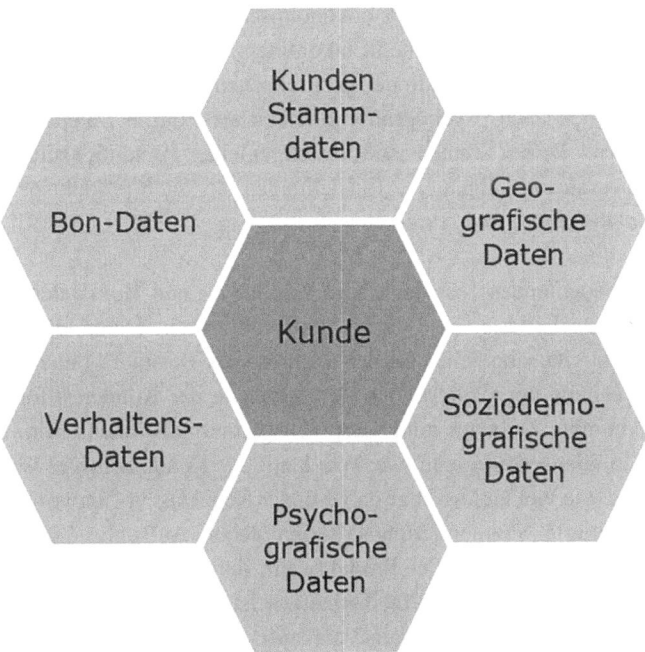

Abb. 11.1 Aufbau der Customer-DNA. (Cintellic Consulting Group)

Einteilung nach Stadtteilen, Wohngebieten oder Straßenzügen (Neckel und Knobloch 2005, S. 65 f.).

Für den Aufbau der Customer-DNA sind insbesondere die mikrogeografischen Merkmale von Bedeutung. Der Grund hierfür ist die zentrale Annahme der Nachbarschaftsaffinität: Menschen mit ähnlichem Lebensstil und Konsumverhalten bevorzugen häufig die gleichen Wohngegenden. Typische Beispiele, die sich mit analogen Strukturen in fast allen Ballungsgebieten wiederfinden lassen, sind Villenvororte der Oberschicht, Gastarbeiter-, Studenten- und Künstlerviertel. Dieser sozialpsychologische Zusammenhang zwischen der sozialen und räumlichen Distanz von Menschen dient als Grundlage für die weitere Analyse der soziodemografischen und psychografischen Daten mithilfe der mikrogeografischen Merkmale. Generell gilt in diesem Zusammenhang: je größer der Maßstab, desto homogener die Segmente und desto höher die Aussagekraft (Neckel und Knobloch 2005, S. 66). Erfolgt die Segmentierung z. B. auf Stadt- oder Gemeindeebene, müssen in der Regel die beschreibenden Eigenschaften eines Segments deutlich oberflächlicher gefasst werden, als dies auf Stadtteil- oder sogar Wohnquartierebene der Fall ist.

Soziodemografische Daten können in demografische und sozioökonomische Daten untergliedert werden. Neben dem Geschlecht und Alter, das in der Regel bereits durch die internen Daten verfügbar ist, bieten demografische Daten anhand der Adresse auch Informationen über Familienstand, Anzahl und Alter der Kinder, Haushaltsgröße sowie

Position im Familienlebenszyklus. Sozioökonomische Daten beinhalten häufig Informationen bezüglich des durchschnittlichen Einkommens und der Kaufkraft, der Nationalität sowie der sozialen Schicht innerhalb der geografischen Zelle. Neben den soziodemografischen Daten können auch psychografische Daten als externe Daten über die Adresse angespielt werden. Diese können sowohl allgemeine Persönlichkeitsmerkmale wie Lebensstil, Interessen und allgemeine Einstellungen, als auch produktspezifische Merkmale wie Kaufabsichten und Präferenzen umfassen (Neckel und Knobloch 2005, S. 66 f.).

Ein weiteres bedeutendes Kriterium sind Verhaltens- und Bon-Daten. Im Gegensatz zu beiden vorherigen Kriterien sind dies in der Regel interne Daten, die anhand der bisherigen Kundenaktivität abgeleitet werden können. Als Beispiel können Telekommunikationsanbieter anhand der vorliegenden Verbindungen des Kunden Informationen über Häufigkeit, Zeitpunkt, Zielnetze und Gesprächspartner gewinnen. Mithilfe von Bon-Daten lassen sich wiederum Fragen wie: Was kauft der Kunde bei mir? Wie häufig kauft er bei mir ein und wie viel Geld gibt er dabei in der Regel aus? beantworten.

Verhaltensorientierte Segmentierungskriterien geben Aufschluss über den Kunden hinsichtlich des Preisverhaltens, der Produktwahl, der Mediennutzung sowie der Wahl der Einkaufsstätte. Bezüglich des Preisverhaltens ist zum einen von Interesse, in welcher Preisklasse der Kunde üblicherweise einkauft: Kauft er überwiegend Markenqualität oder tendiert er eher zu Low-Budget-Produkten? Zum anderen ist die Preissensibilität ein wichtiges Kriterium: Kauft der Kunde regelmäßig Sonderangebote, beispielsweise in der Happy-Hour oder wurden Produkte von ihm abgestoßen, als der Preis für diese gestiegen ist? Ebenfalls von Bedeutung ist das Potenzial des Kunden. Könnte er noch mehr Produkte konsumieren, oder ist er aufgrund seiner finanziellen Möglichkeiten bereits nicht mehr in der Lage, sich mehr der Unternehmensprodukte leisten zu können?

Im Kontext der Produktwahl werden besonders Informationen über das Einstiegsprodukt sowie den Folgekauf, die Verwendungsintensität, die Kaufhäufigkeit und das Kaufvolumen betrachtet.

In Bezug auf die Einkaufsstätten kann z. B. zwischen Kunden unterschieden werden, die gerne im Geschäft einkaufen, um sich vor Ort beraten zu lassen, und online-affinen Kunden, die ihre Käufe gerne im Online-Shop tätigen. Des Weiteren sind die Geschäftstreue und Geschäftswechsel von Interesse: Besucht und kauft der Kunde im Geschäft/ Online-Store regelmäßig oder handelt es sich bei ihm eher um einen Wechselkunden? Die Kaufhäufigkeit und der Aktivitätsgrad, beispielsweise der Zeitpunkt des letztens Einkaufs, sind auch im Zusammenhang mit der Einkaufsstättenwahl mögliche Kriterien.

Zusätzlich lassen sich aus den internen Daten Informationen bezüglich der genutzten Medien analysieren. Welche Produkte schaut sich der Kunde an, wenn er auf der Website unterwegs ist? Wie oft wurde der Kunde angeschrieben, z. B. im Zuge von Werbemaßnahmen und wie hoch war die Response-Quote? Über welche Kanäle hat der Kunde bereits Einkäufe getätigt und wie häufig werden diese Kanäle vom Kunden genutzt?

Eine umfangreiche Analyse der Verhaltens- und Bon-Daten ermöglicht es, ein detailliertes Bild über den Kunden zu erstellen und für eine anschließende Kundensegmentierung zu nutzen.

Eine effektive Möglichkeit, die notwendigen Daten zu erhalten, stellen klassische Kundenkarten dar. Mittels Antragsdaten der Kundenkarten lassen sich Informationen darüber gewinnen, wie lange die Kundenkarte bereits genutzt wird und somit über die Mindestdauer der Kundenbeziehung. Je nach Art der Karte können auch Informationen über den Vertriebsweg, mögliche Kundenbetreuer und die Häufigkeit, mit der er diese nutzt, sowie die Anzahl der Kartennutzer ermittelt werden. Auch bezüglich der oben aufgeführten Verhaltensdaten bietet die Kundenkarte die Möglichkeit, relevante Daten, wie etwa die Anzahl und Frequenz von Zahlungen, zu erhalten. Im Kontext der verhaltensbezogenen Daten ist auch das Thema Kundenkontakt von Bedeutung: Wie häufig hat der Kunde Kontakt zum Unternehmen und in welchen zeitlichen Abständen? Gibt es Informationen über Beschwerden seitens des Kunden?

Letztendlich gilt es, alle relevanten Informationen, die sowohl aus den allgemeinen Kundenstammdaten als auch aus den internen Daten über das bisherige Kundenverhalten extrahiert werden können, zu nutzen, um die Customer-DNA zu entwickeln. Des Weiteren können externe Daten wie soziodemografische und psychografische Informationen angespielt werden, um ein sehr genaues Bild über jeden einzelnen Kunden zu erhalten.

11.3.2 Clusteranalyse

Die Clusteranalyse ist ein exploratives Verfahren der multivariaten Datenanalyse, da die Gruppen dem Analysten zu Beginn des Verfahrens nicht bekannt sind und die Gruppierung erst durch das Clusterverfahren identifiziert und herausgearbeitet wird. Charakteristisch für die Clusteranalyse ist, dass in der Regel alle vorliegenden Eigenschaften der Untersuchungsobjekte gleichzeitig zur Bildung der Gruppen einbezogen werden. Ziel des Verfahrens ist es, die Untersuchungsobjekte, z. B. alle gewonnenen Neukunden eines bestimmten Zeitraumes, mithilfe eines mathematischen Algorithmus zu Gruppen mit ähnlichen Eigenschaften (sogenannte Cluster) zusammenzufassen. Im Hinblick auf die analysierten Eigenschaften weisen die einzelnen Untersuchungsobjekte innerhalb eines Clusters eine homogene Struktur auf, wohingegen zwischen den Gruppen eine möglichst große Heterogenität vorliegen soll (Backhaus et al. 2011, S. 397 ff.).

Die Vorgehensweise bei einer Clusteranalyse hängt zum Teil vom gewählten Clusterverfahren ab. Grundlegend lassen sich aber folgende Ablaufschritte definieren:

1. Bestimmung der Ähnlichkeiten
2. Auswahl des Fusionierungsalgorithmus
3. Bestimmung der Clusterzahl

Im ersten Schritt werden die Ausprägungen der Beschreibungsmerkmale für eine geringe Anzahl an Untersuchungsobjekten geprüft und die Übereinstimmung bzw. Unterschiede mittels Proximitätsmaß gemessen. Anschließend erfolgt im zweiten Schritt die Gruppierung mithilfe der analysierten Ähnlichkeits- bzw. Distanzwerte, dabei werden Untersuchungsobjekte mit weitgehend übereinstimmenden Eigenschaften in einer Gruppe gefasst. Der Prozess wird so lange durchgeführt, bis alle Objekte, basierend auf den Vorschriften des Fusionierungsalgorithmus, zu einer einzigen Gruppe zusammengefasst wurden.

Im dritten Schritt der Clusteranalyse erfolgt die Auswahl der Clusteranzahl. In diesem Zusammenhang ist vor allem die Kontroverse zwischen Handhabbarkeit (durch eine geringe Anzahl an Clustern) und Homogenitätsanforderung (hohe Clusterzahl) abzuwägen (Backhaus et al. 2011, S. 397 f.).

11.4   Ergebnisse aus der Praxis am Beispiel des Bankwesens

Das übergeordnete Ziel des Projektes lag darin, eine Erfolgsbeurteilung einer vergangenen Werbekampagne durchzuführen und anhand der Analyseergebnisse Optimierungspotenziale für zukünftige Maßnahmen zu definieren. Auf der einen Seite wurde das Media-Budget des Klienten in den vergangenen Jahren kontinuierlich gekürzt, sodass der Spielraum für weitere Kostensenkungen immer niedriger wurde. Auf der anderen Seite besteht in diesem Branchenumfeld, das durch steigende Werbeausgaben der Wettbewerber gekennzeichnet ist, der Anspruch, die Wirksamkeit des Mediaspendings zu erhöhen und den Produktabsatz zu steigern.

Mittels einer CRM-basierten Mediaeffektivitätsanalyse sollten die gewonnenen Neukunden, hier in Form von Vertragsabschlüssen innerhalb eines bestimmten Jahres, charakterisiert und in Kundensegmente gegliedert werden. Ziel des Projektes war es, zu überprüfen, ob durch die Werbemaßnahmen die gewünschten Zielgruppen des Unternehmens erreicht wurden, oder ob die Neukunden überwiegend anderen Gruppen zuzuordnen sind und im Umkehrschluss gewünschte Zielgruppen nur geringfügig erreicht wurden. Die derzeitige Marketingstrategie des Unternehmens zielte auf fünf verschiedene Zielgruppen ab. Aufgrund dessen lag das Ziel darin, fünf Segmente aus den zu analysierenden Kundendaten zu ermitteln.

Des Weiteren sollten im Zuge des Projektes sogenannte Segmentsteckbriefe für jede der fünf Zielgruppen erstellt werden. Mithilfe solcher Segmentsteckbriefe kann beschrieben werden, was die Person ausmacht und warum sie gerade diesem Segment zugeordnet wurde. Zusätzlich dienen die Steckbriefe dazu, das Segment mithilfe von Eigenschaften, die idealerweise aus der Analyse der Kundendaten extrahiert werden, zu beschreiben und somit jeder Zielgruppe einen Namen zu geben.

Das methodische Vorgehen im Projekt beinhaltete die Durchführung einer Kundensegmentierung der gewonnen Neukunden des zu untersuchenden Jahres mittels einer Clusteranalyse. Um entsprechend homogene Gruppen bilden zu können, wurden die Kunden, soweit es die Datengrundlage ermöglicht hat, hinsichtlich unterschiedlicher Merkmale, wie etwa Soziodemografie, Abschlussverhalten und Interessen, untersucht. Die externen soziodemografischen Daten, die vor allem Informationen über den Lebenstypus enthalten, wurden wie eingangs beschrieben über die Adresse angespielt und somit zur Anreicherung der internen Kundendaten genutzt. In Bezug auf die Produktnutzung wurden die Daten hinsichtlich folgender Fragestellungen untersucht: Welche Produkte wurden verwendet? Was ist das Einstiegsprodukt gewesen? Welche Produkte besitzt der Kunde aktuell? Wie hoch ist der aktuelle Kontostand? Besitzt der Kunde Kredite, wenn ja, ist die Pünktlichkeit bei den Zahlungen gegeben?

Ebenfalls aus externen Quellen angespielt wurden Daten über Lebenswelten, Freizeitaktivitäten und Einstellungen der Kunden. Zusätzlich wurden durch die genaue Analyse der internen Verhaltensdaten Rückschlüsse auf die Freizeitaktivitäten und Einstellungen der Kunden gemacht. Zum Beispiel deuten regelmäßige Zahlungen an Online-Shops auf eine höhere Online-Affinität hin. Im Gegensatz dazu deuten regelmäßige Aktivitäten wie Geldabheben am Bankautomaten oder überwiegende Produktabschlüsse innerhalb der Filiale eher eine Offline-Affinität an. Ein analoges Vorgehen wurde bei der Analyse der Bedürfnisse durchgeführt. Auch hier wurde die Kontoaktivität des Kunden auf bestimmte Transaktionen untersucht. Mithilfe von Abrechnungen für KFZ-Versicherungen oder regelmäßigen Tankquittungen kann beispielsweise überprüft werden, ob der Kunde ein Auto fährt. Ähnlich sieht es auch mit Zahlungen an Telekommunikations- oder Internetanbieter aus. Monatliche Zahlungen an einen Internetprovider deuten auf einen bestehenden Internetanschluss hin.

Eine sinnvolle Kundensegmentierung und Segmentbeschreibung lassen sich nur anhand der zur Verfügung stehenden Daten (interne als auch externe) vornehmen. Wenn anhand der analysierten Daten sichtbar ist, dass 60 % der gewonnen Neukunden einen Internetanschluss besitzen, kann im Umkehrschluss nicht angenommen werden, dass die restlichen 40 % keinen Anschluss besitzen, da auch die Möglichkeit besteht, dass dieser über ein Konto bei einer anderen Bank oder über eine andere Person im Haushalt abgewickelt wird. Allgemein bedeutet dies, dass anhand der Analyse der Kundendaten immer nur Istaussagen aus Unternehmensperspektive getroffen werden können.

Eine Frage, die gerade im Zusammenhang mit Analysen von Kundendaten gestellt wird, ist die des Datenschutzes. Aus diesem Grund wurde im Rahmen dieses Projektes ausschließlich mit pseudonymisierten Daten gearbeitet. Zwar wurden die relevanten Informationen an den Kunden angespielt, allerdings erfolgte dieser Schritt nur anhand einer ID. Ziel des Projektes war es nicht, die Eigenschaften einer bestimmten Person zuzuordnen, sondern über die Gesamtmenge herauszufinden, wie viele Kunden aus dem Segment eine bestimmte Eigenschaft oder ein bestimmtes Merkmal aufweisen.

Wie eingangs erwähnt, sollten mithilfe der Analyse fünf Kundensegmente identifiziert werden. Die definierten Segmente können mithilfe von fiktiven Beispielkunden charakterisiert werden. Wie bereits anhand der Segmentnamen in Abb. 11.2 zu erkennen ist, waren die Hauptkriterien vor allem das Alter und das monatliche Einkommen der Kunden. Die Anzahl der beschreibenden Merkmale kann jedoch von Projekt zu Projekt variieren. Auch in diesem Fall wurden die Gruppen durch weitere Merkmale beschrieben, allerdings waren die prägnantesten die beiden oben genannten. Interessant ist, dass

Abb. 11.2 Segmentsteckbriefe Beispielkunden (kurz). (Cintellic Consulting Group)

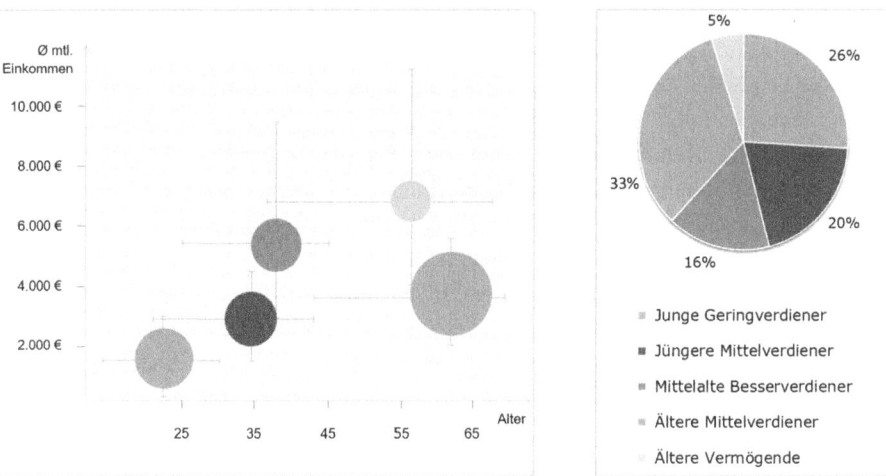

Abb. 11.3 Verteilung der Hauptkriterien Alter und Einkommen (links) sowie der Neukunden über die Segmente (rechts). (Cintellic Consulting Group)

entgegen der ersten Vermutung die beiden Merkmale Alter und monatliches Einkommen nicht zwangsläufig korrespondieren, sondern für jede Altersgruppe (abgesehen von den Junge Geringverdiener) eine normalverdienende und eine überdurchschnittlich verdienende Klasse vorliegt. Im ersten Schritt wurde jedes Segment mithilfe eines Namens, eines aussagekräftigen Bildes sowie eines kurzen Steckbriefs definiert, um gerade der Marketingabteilung ein griffiges Gefühl für die Segmente geben zu können.

Wie Abb. 11.3 veranschaulicht, treten in der Regel gewisse Überschneidungen zwischen den Segmenten bezüglich der Hauptkriterien auf. Die Von-Bis-Balken in der

Darstellung zeigen, dass z. B. manche monatliche Durchschnittseinkommen in zwei Segmenten auftreten. Entscheidend ist jedoch, dass sich die einzelnen Segmente hinsichtlich des Schwerpunkts, hier durch den Bubble dargestellt, deutlich voneinander unterscheiden. Ein weiterer wichtiger Aspekt ist die Verteilung der Kunden über die verschiedenen Segmente, ebenfalls in der Abbildung dargestellt. Im Idealfall verteilen sich die Kunden gleichmäßig über alle extrahierten Segmente. In der Praxis, treten jedoch häufiger Fälle auf, wie z. B. in diesem Fall die „Älteren Vermögenden", die mit lediglich fünf Prozent der Kunden von der restlichen Verteilung abweichen. Da sich dieses Segment bezüglich der Hauptkriterien von den anderen Segmenten deutlich unterscheidet, ist eine differenzierte Betrachtung dieser Kunden allerdings sinnvoll.

Im nächsten Schritt erfolgte eine Analyse der typischen Altersverteilung. Aus Abb. 11.4 lässt sich entnehmen, dass beispielsweise die beiden Segmente „Jüngere Mittelverdiener" und „Mittelalte Besserverdiener" überwiegend Personen zwischen 26 und 45 Jahren umfassen, wohingegen die beiden Segmente „Ältere Mittelverdiener" und „Ältere Vermögende" mit 76 % und 67 % vor allem Personen im Alter 46 plus beinhalten. Anhand der beiden erst genannten Gruppen lässt sich auch noch einmal erkennen, dass in den Segmenten durchaus Personen aus anderen Altersgruppen enthalten sein können.

In diesen Fällen erfolgte die Zuordnung aufgrund von weiteren Merkmalen und entgegen dem Hauptkriterium Alter. Zusätzlich wurde die Altersverteilung in den Segmenten mit der Gesamtbevölkerung, den Gesamtkunden sowie den Neukunden des zu analysierenden Jahres verglichen.

Analog zur Altersverteilung (Abb. 11.4) wurde auch das zweite Hauptkriterium, das monatliche Durchschnittseinkommen, hinsichtlich der Verteilung innerhalb der Segmente sowie im Vergleich zur Gesamtbevölkerung, der Gesamtkunden sowie der

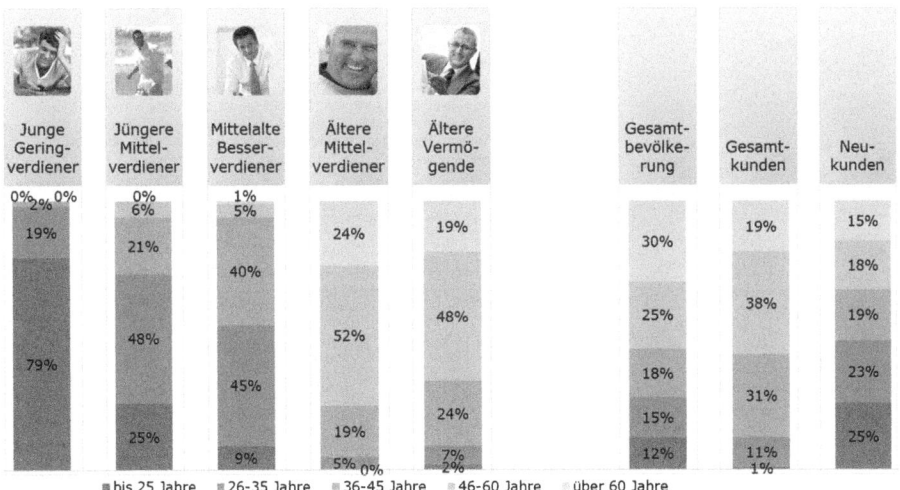

Abb. 11.4 Altersverteilung innerhalb der Kundensegmente und bestimmter Vergleichsgruppen. (Cintellic Consulting Group)

Neukunden analysiert. Bereits aus den Ergebnissen dieser einfachen Analysen konnte die Marketingabteilung für sie sehr nützliche Informationen ziehen und für eine Optimierung der Kundenansprache nutzen.

Im Anschluss wurden im nächsten Schritt die fünf Kundensegmente mithilfe einer Matrix in Bezug auf diverse Eigenschaften, wie z. B. Netto-Einkommen, Nutzung des Internets als Kommunikationskanal, Urbanität der Wohngegend, Anzahl der Produkte und „Kunde wurde geworben (ja/nein)" analysiert und mit einer Skala von stark unterdurchschnittlich bis stark überdurchschnittlich bewertet. Dabei haben sich bestimmte Kriterien als besonders trennscharf erwiesen, sodass mithilfe dieses Verfahrens eine bessere Beschreibung der Kundengruppen erfolgte, sowie Unterscheidungsmerkmale deutlich wurden. Diese Ergebnisse können für die Optimierung der zukünftigen Kundenansprache genutzt werden. So können z. B. Kunden aus einem online-affinen Segment kostengünstig über einen Online-Kanal angesprochen werden. Des Weiteren ermöglichen Informationen über genutzte bzw. nicht genutzte Produkte, Cross-Selling-Potenziale besser ausschöpfen zu können.

Als letzter Schritt wurde für jede Zielgruppe ein detaillierter Segmentsteckbrief entworfen, der in die Oberpunkte Überblick, Lebenssituation und Produktnutzung gegliedert ist (s. Abb. 11.5, 11.6 und 11.7). Neben einer kurzen Beschreibung des Beispielkunden enthält der Oberpunkt „Überblick" auch Informationen über die Online-/Offline-Präferenz, den bevorzugten Abschlusskanal sowie über das durchschnittliche Nettoeinkommen. Wie sich dem dargestellten Segmentsteckbrief entnehmen lässt, umfasst der Oberpunkt „Lebenssituation" soziodemografische Daten sowie Lifestyle-Informationen. Letztere wurden sowohl durch die Analyse der internen Kundendaten als auch durch das

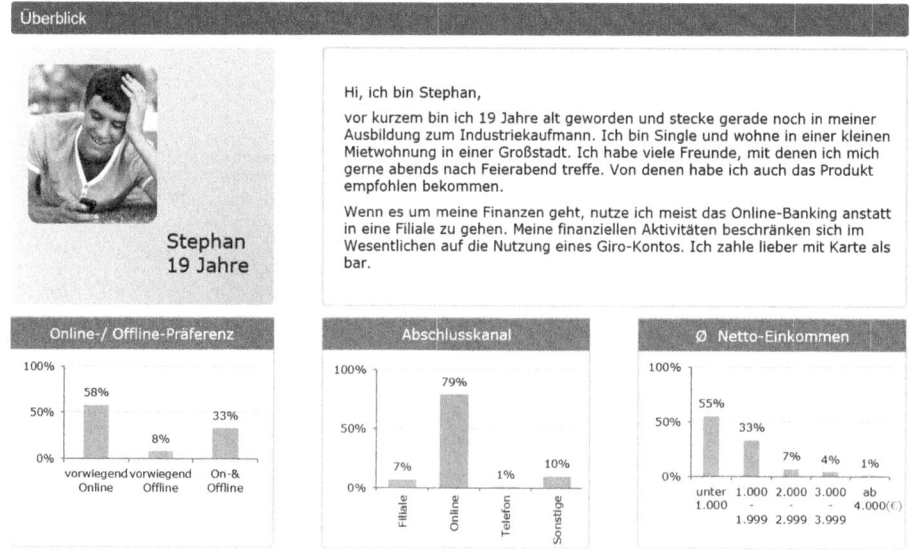

Abb. 11.5 Detaillierter Segmentsteckbrief – I. (Cintellic Consulting Group)

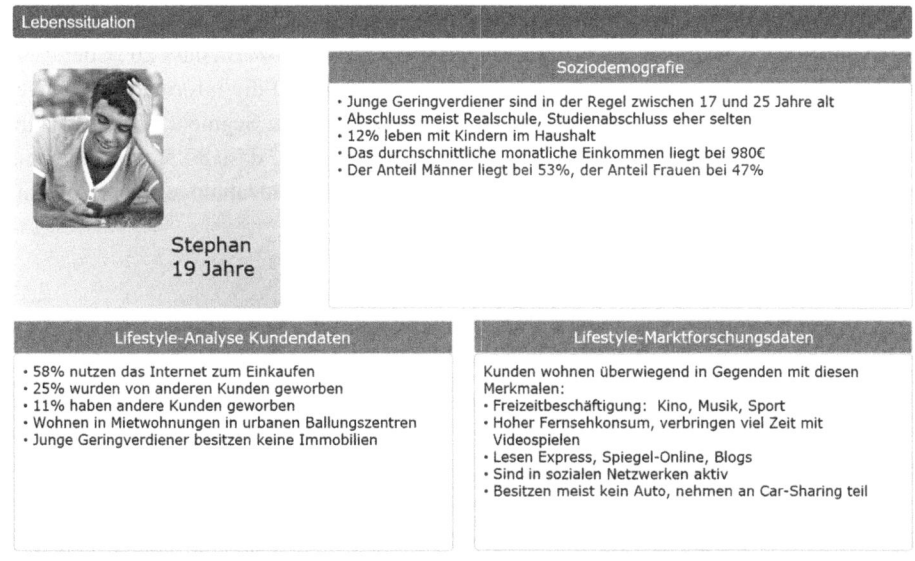

Abb. 11.6   Detaillierter Segmentsteckbrief – II. (Cintellic Consulting Group)

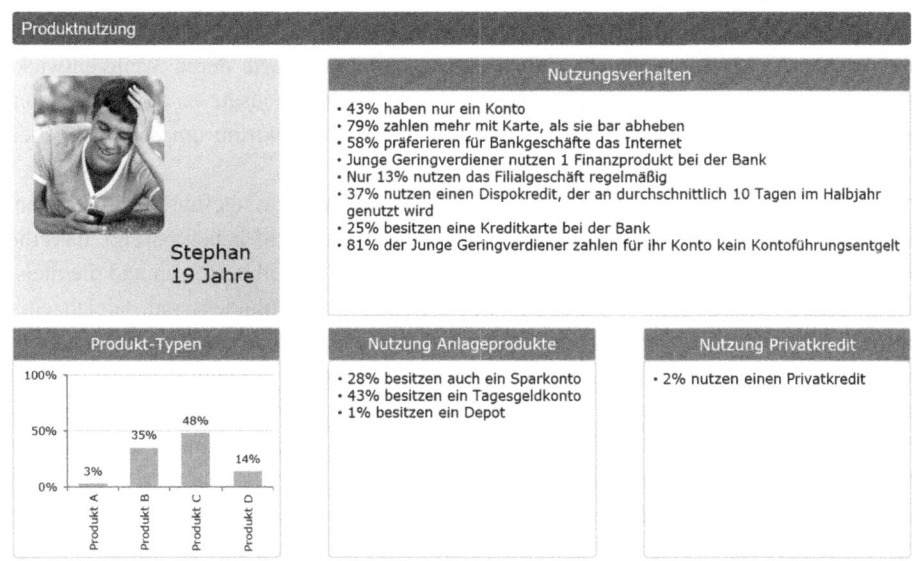

Abb. 11.7   Detaillierter Segmentsteckbrief – III. (Cintellic Consulting Group)

Anspielen von externen Daten gewonnen. Eine detailliertere Übersicht über die typische Produktnutzung der Zielgruppe ist im dritten Oberpunkt des Steckbriefes aufgeführt. Zusätzlich zum allgemeinen Nutzungsverhalten ist auch eine Übersicht über die verschiedenen Produkttypen sowie die Nutzung ausgewählter Produkte dargestellt.

Wichtig ist, dass nur Informationen aufgeführt werden, die auch in den untersuchten Daten der Kunden zu finden sind. Ergab die Analyse der Daten z. B., dass 20 % der Zielgruppe A Kindergeld beziehen, kann für den Segmentsteckbrief die Information herangezogen werden, dass mindestens jeder fünfte Kunde aus diesem Segment Kinder hat. Im Umkehrschluss kann aber nicht die Aussage getroffen werden, dass 80 % des Segments keine Kinder haben, nur weil keine entsprechenden Kindergeldzahlungen über das entsprechende Konto bezogen werden.

11.5   Fazit

Zum einen investieren jedes Jahr immer mehr Unternehmen enorme Summen in ihre Marketingmaßnahmen in Form sogenannter Mediaspendings und zum anderen wächst dabei der Anspruch, diese Investitionen effektiver einsetzen zu können. Während Reichweiten- und Effektivitätsanalysen schon seit einiger Zeit zu den Standards in der Analyse von Webkampagnen zählen, besteht der aktuelle Trend in der Erweiterung um Informationen aus einem analytischen CRM. Erst genannte Analysen beziehen sich fast ausschließlich auf quantitative Kennzahlen, wie etwa die Anzahl erreichter Nutzer oder gewonnener Neukunden in einem bestimmten Zeitraum. Zusätzlich zur rein quantitativen Untersuchung ermöglichen es Mediaeffektivitätsanalysen unter Einbeziehung eines analytischen CRM, Aussagen über die Kundentypologien sowie deren Weiterentwicklung innerhalb des Kundenstamms treffen zu können. Im Gegensatz zu den klassischen Reichweiten- und Effektivitätsanalysen wird dadurch das Spektrum um den wirklichen Mehrwert der Kampagnen erweitert.

Die Ergebnisse der von der Cintellic Consulting Group durchgeführten Projekte im Bereich Mediaeffektivitätsanalyse unter Einbeziehung von CRM haben gezeigt, dass die Unternehmen ihre Mediaspendings zum Großteil bereits sinnvoll einsetzen und die meisten definierten Zielgruppen auch in den Ergebnissen wiederzufinden sind. Gleichzeitig haben die Projekte verdeutlicht, dass in den meisten Fällen mindestens ein Kundensegment erreicht wurde, auf das die Marketingstrategie nicht ausgerichtet gewesen war. Im Fall des vorgestellten Projektes waren dies die Jungen Geringverdiener, ein Kundensegment, das zumindest kurzfristig betrachtet aufgrund einer geringen Anzahl an Produkten und der Nutzung weniger gewinnbringender Produkte für das Unternehmen einen geringeren Mehrwert darstellt. Im Umkehrschluss bedeutet dies, dass mit der Marketingstrategie nicht alle angestrebten Zielgruppen im geplanten Umfang erreicht wurden und eine Anpassung der Marketingstrategie für die Zukunft notwendig ist.

Die Erkenntnisse aus den Analysen ermöglichten es dem Unternehmen, erstens ihre bestehenden Zielgruppendefinitionen noch einmal deutlich klarer zu differenzieren und zweitens die folgenden Mediaspendings effektiver einzusetzen.

CRM-gestützte Mediaeffektivitätsanalysen können somit dem Anspruch eines effektiveren Einsatzes des Marketingbudgets gerecht werden, indem sowohl Streuverluste reduziert als auch Cross- und Upselling-Potenziale verstärkt werden können.

Literatur

Backhaus, K., Erichson, B., Plinke, W., & Weiber, R. (2011). *Multivariate Analysemethoden. Eine anwendungsorientierte Einführung*. Heidelberg: Springer.

Berekoven, L., Eckert, W., & Ellenrieder, P. (2004). *Marktforschung – Methodische Grundlagen und praktische Anwendung*. Wiesbaden: Gabler.

Neckel, P., & Knobloch, B. (2005). *Customer Relationship Analytics. Praktische Anwendung des Data Mining im CRM*. Heidelberg: dpunkt.

Weiterführende Literatur

Bacher, J., Pöge, A., & Wenzig, K. (2010). *Clusteranalyse. Anwendungsorientierte Einführung in Klassifikationsverfahren*. München: Oldenbourg.

Dold, T., Hoffmann, B., & Neumann, J. (2004). *Marketingkampagnen effizient managen. Methoden und Systeme – Effizienz durch IT-Unterstützung – Integration in das operative CRM*. Wiesbaden: Vieweg.

Freter, H. (2008). *Markt- und Kundensegmentierung. Kundenorientierte Markterfassung und -bearbeitung*. Stuttgart: Kohlhammer.

Helmke, S., Uebel, M. F., & Dangelmaier, W. (2003). *Effektives Customer Relationship Management. Instrumente – Einführungskonzepte – Organisation*. Wiesbaden: Gabler.

Hippner, H., & Wilde, K. D. (2006). *Grundlagen des CRM. Konzepte und Gestaltung*. Wiesbaden: Gabler.

Kleiner, T. (2008). *Ansätze zur Kundensegmentierung und zu deren Implementierung im Finanzdienstleistungssektor. Schriften zum europäischen Management*. Wiesbaden: Gabler.

Teles, N. (2014). *Customer Relationship Management. Vorschläge zur Optimierung von CRM-Systemen*. Hamburg: Igel.

Die Möglichkeiten der Werbewirkungsmessung und Mediaoptimierung vor dem Hintergrund der Parallelnutzung von TV und Internet

12

Andreas Steinrücke

Zusammenfassung

In diesem Beitrag wird ein innovativer Ansatz zur Messung und Optimierung von Werbeeinsätzen vorgestellt, dessen Grundlage die parallele Nutzung der Medien TV und Internet ist. Die sogenannte Second-Screen-Nutzung ist in den letzten Jahren kontinuierlich angestiegen und hat zu einem veränderten Verhaltensmuster aufseiten der Konsumenten geführt. Diese Entwicklung gibt Unternehmen und Medien die Chance, das Nutzerverhalten auf dem Second Screen dem Impuls aus dem Fernsehen direkt zuzuordnen und somit den Audience Flow zwischen den Medien TV und Online genauer zu analysieren. Ziel ist es, die direkte Wirkung der TV-Kampagne zu quantifizieren und auf dieser Grundlage Leistungsindikatoren zu entwickeln, die für Optimierung und Vorhersage der Wirkung von TV-Werbung eingesetzt werden können. Neben der Vorstellung der Mechaniken zur crossmedialen Werbewirkungsmessung und -optimierung gibt dieser Beitrag einen Ausblick auf die Steuerungsmöglichkeiten des crossmedialen Audience Flows. Mit der Realtime-Synchronisation von TV- und Online-Maßnahmen lassen sich über TV-Kampagnen erreichte Besucher direkt im Netz „abholen" und zielgerichtet ansprechen.

Der Autor dankt Herrn Alexander Mayer für die Unterstützung in den Kapiteln *Einleitung, Ziele der Werbung und deren Messung* und *Second Screen – Crossmediale Nutzung von TV und Internet.*

A. Steinrücke (✉)
XAD Service GmbH, München, Deutschland
E-Mail: as@xad.tv

Inhaltsverzeichnis

12.1 Einleitung

Werbung ist für Unternehmen ein wichtiges Kommunikationsinstrument und dient dem interpersonellen Austausch von Kommunikationsbotschaften. Werbung ist eine bezahlte Form der persönlichen Präsentation und Förderung von Ideen, Gütern oder Dienstleistungen in Massenmedien durch einen identifizierbaren Absender (Bruhn 2014, S. 205–206). Des Weiteren kann Werbung als der Transport und die Verbreitung werblicher Informationen über die Belegung von Werbeträgern mit Werbemitteln im Umfeld öffentlicher Kommunikation gegen ein leistungsbezogenes Entgelt charakterisiert werden, um eine Realisierung unternehmens- und marketingspezifischer Kommunikationsziele zu erreichen (Kotler et al. 2011, S. 842). Eine Erhebung des Marktforschungsunternehmens Nielsen ergab, dass Unternehmen im Jahr 2014 circa 28 Mrd. EUR für Werbung in Above-the-line-Medien in Deutschland ausgegeben haben. Die Hauptausgaben entfielen mit 16 Mrd. EUR auf die Ausstrahlung von Werbespots im TV und auf Online-Werbung (The Nielsen Company 2014). Kein Wunder, denn nach wie vor schaut die deutsche Bevölkerung durchschnittlich 240 min pro Tag TV und verbringt 111 min pro Tag im Internet. Bei genauerer Betrachtung der einzelnen Altersgruppen ist zu erkennen, dass der Fokus auf unterschiedlichen Medien liegt. Während die 14- bis 29-Jährigen 233 min ihrer täglichen Zeit im Internet verbringen, konzentrieren sich die Menschen ab 50 Jahren mit durchschnittlich 297 min in erster Linie auf das Medium TV (ARD/ZDF Onlinestudie 2014). Zu ähnlichen Ergebnissen kommt eine Umfrage des Marktforschungsinstitut TNS Infratest. Wie in Abb. 12.1 ersichtlich, stellen die Medien TV und Internet die wichtigsten Kanäle für die deutsche Bevölkerung dar.

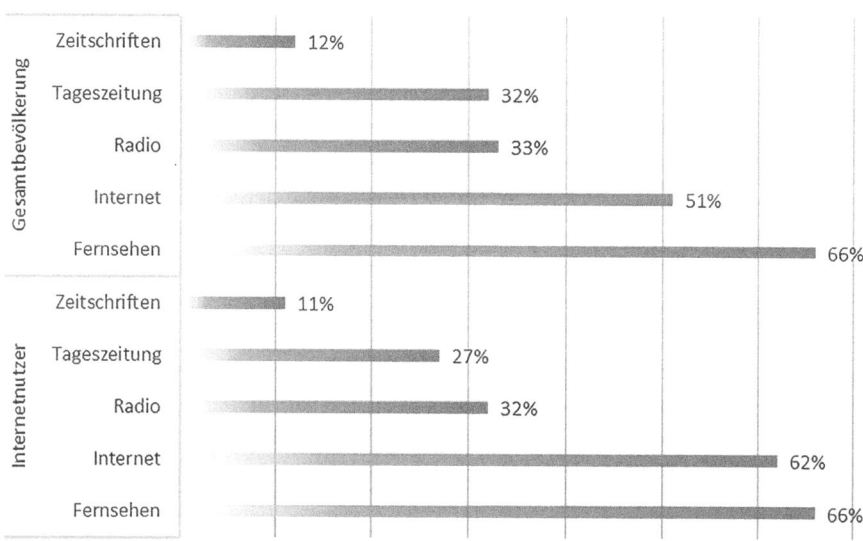

Abb. 12.1 Nennung als wichtigstes oder zweitwichtigstes Medium, Personen ab 14 Jahren in Deutschland. (TNS Infratest 2014)

Ziel dieses Beitrags ist es, einen innovativen Ansatz zur Messung und Optimierung von Werbeeinsätzen vorzustellen. Grundlage dieses Ansatzes ist die Second-Screen-Nutzung, also die parallele Nutzung der Medien TV und Internet.

12.2 Ziele der Werbung und deren Messung

Primäres Ziel der Werbung ist es, Reaktionen aufseiten der Konsumenten hervorzurufen. Um verschiedene Zielgruppen mit werblichen Kommunikationsbotschaften zu erreichen, bedarf es also für Unternehmen der Abstimmung der Kommunikationsinstrumente und der Kanäle. So können schließlich Ziele wie Markenbekanntheit, Markenimage und vor allem Kaufabsicht erreicht werden.

Dabei ist wichtig, wie die Abstimmung hinsichtlich einheitlicher und durchgängiger Kommunikation erfolgt und inwieweit sie den Kriterien der integrierten Unternehmenskommunikation entspricht. Die integrierte Kommunikation wird als ein strategischer und operativer Prozess der Analyse, Planung, Durchführung und Kontrolle bezeichnet, der darauf ausgerichtet ist, aus den differenzierten Quellen der internen und externen Kommunikation eine Einheit herzustellen, um ein für die Zielgruppe der Kommunikation konsistentes Erscheinungsbild des Unternehmens bzw. des Bezugsobjekts der Kommunikation zu vermitteln. Allerdings sollten die richtigen Schwerpunkte der Kommunikation definiert werden, um die unternehmensrelevanten Prioritäten zu setzen. Das gilt insbesondere in Zeiten einer zunehmend digitalisierten und kommerzialisierten Welt, in der jederzeit auf Produkte und Leistungen über das Internet zugegriffen werden kann. In diesem Umfeld hat sich auch die Kommunikation geändert. Da die Kaufabsicht sofort befriedigt werden kann, muss die Kommunikation zunehmend reaktiver angelegt sein.

Auch in der Vergangenheit galt es, die verschiedenen Medienkanäle aufeinander abzustimmen. In der Medienplanung sprach man von der Vernetzung von Medienkanälen bzw. vom parallelen Einsatz mehrerer möglichst synergetisch wirkender Medien. Diese crossmediale Vernetzung erhält jedoch aufgrund der steigenden Interaktivität der Medien und der Digitalisierung bei der Planung, Abstimmung und Umsetzung von Werbemaßnahmen eine ganz andere Relevanz. Die Medienwechselbereitschaft steigt in den letzten Jahren kontinuierlich, sodass die Unternehmen einen Wiedererkennungseffekt an verschiedenen Touchpoints herbeiführen müssen. Ein wichtiger Indikator für die vernetzte Schaltung von Werbeinhalten bei unterschiedlichen Medien ist der crossmediale Audience Flow. Dieser gibt den prozentualen Anteil von Zuschauern an, der eine Werbung in einem Medienkanal rezipiert und diese in einem anderen Medienkanal weiterverfolgt (Wengerter 2015, S. 24). Der häufigste Audience Flow erfolgt dabei vom Medium TV hin zu Online-Medien. Bei diesem Phänomen spricht man auch von der *Second-Screen-Nutzung.*

Dass Werbung wirkt, steht grundsätzlich außer Frage. Welche Werbebotschaft aber wie genau bei wem wirkt, ist Gegenstand unzähliger Untersuchungen. Das vornehmliche Problem bei vielen Untersuchungen ist, dass immer von den Ergebnissen subjektiv ausgewählter kleiner Gruppen auf die Zielgruppe insgesamt geschlossen werden muss. Denn die Werbekanäle sind in der Regel Massenmedien, die Millionen von Rezipienten ansprechen. Und diese Ansprache kostet Geld. Je weniger die Kommunikation gelingt, desto teurer wird es, einen potenziellen Kunden zu erreichen bzw. zum Kauf zu überzeugen. Umso einseitiger die Werbung funktioniert, desto höher werden auch die Streuverluste. Relevant ist also nicht nur, wie gut das Kommunikationsmittel in einer vermeintlichen Zielgruppe funktioniert, sondern welche Reaktionen insgesamt dieses Werbemittel im Einsatz über einen bestimmten Medienkanal hervorruft.

In der herkömmlichen Werbewirkungsmessung wird eine Person mit dem zu untersuchenden Werbemittel konfrontiert. Dabei befasst sich die Werbewirkungsforschung mit jeglicher Art von Reaktionen, mit denen die von der Werbung „berührten" Personen auf Reize der Werbemittel in ihrem inneren oder äußeren Verhalten antworten. Ziel dieser Forschungsausrichtung ist es, diese monokausalen Beziehungen zwischen Input und der darauffolgenden Reaktion zu analysieren. Dabei setzt die Werbewirkungsforschung sowohl verbale Methoden als auch apparative Verfahren ein. Die Wirkung von Werbemitteln kann entweder vor oder nach dem Einsatz auf dem Markt gemessen werden. Man unterscheidet daher Pretests und Posttests von Werbemaßnahmen. Beim Pretest wird die Wirkung im Vorhinein prognostiziert. Der Posttest zeigt den Erfolg der Werbemaßnahme. Bezüglich der Testsituation unterscheidet man zwischen Labor- und Felduntersuchungen. In einem Labor werden Testsituationen künstlich geschaffen. Der Nachteil dieser Labortests ist, dass die Versuchspersonen häufig anders reagieren, als sie es in der Realität tun würden. Der Vorteil besteht in der Möglichkeit, etwaige Störfaktoren wie

Temperatur, Lautstärke usw. auszuschalten bzw. zu kontrollieren. In der Regel werden Pretests meist im Labor durchgeführt, Felduntersuchungen erst nach dem Einsatz der Werbemittel auf dem Markt (Posttests) (Bongard 2002).

Vor dem Hintergrund dieser Herangehensweisen stellt sich die Frage, ob die traditionellen Verfahren der Werbewirkungsforschung überhaupt noch Bestand haben. Konzentrieren sich diese Ansätze nicht zu stark auf die Wirkung des Werbemittels an sich, wird hierbei nicht die Komplexität des Werbeeinsatzes, ein völlig verändertes Verhalten der Mediennutzung und die Konsequenzen technologischer Entwicklungen nur unzureichend berücksichtigt? Können objektive Entscheidungsgrundlagen für den Einsatz von Werbung erarbeitet werden?

12.3   Second Screen – Crossmediale Nutzung von TV und Internet

Die Verbreitung von Smartphones und Tablets ist in den letzten Jahren stark angestiegen. Durch diese Mobile Devices erhalten gerade Unternehmen im E-Commerce- und Social-Media-Bereich einen noch leichteren Zugang zum Konsumenten. Neben dem Laptop waren diese Technikneuerungen der ausschlaggebende Grund für das Phänomen der Second-Screen-Nutzung bzw. den Einsatz eines zweiten Bildschirms parallel zum Fernseher. Laut einer Studie von SevenOne Media aus 2015 nutzen 39 % der über 14-Jährigen ihr Smartphone häufig parallel zum TV (Abb. 12.2), unter den 14- bis 49-Jährigen sind es sogar 45 %. Die Verbreitung und damit auch die Nutzung von Tablets sind in den letzten Monaten weiter stark angestiegen und haben mittlerweile den stationären PC von Platz drei verdrängt. Die Abb. 12.3 zeigt, dass die Parallelnutzung von TV und Inter-

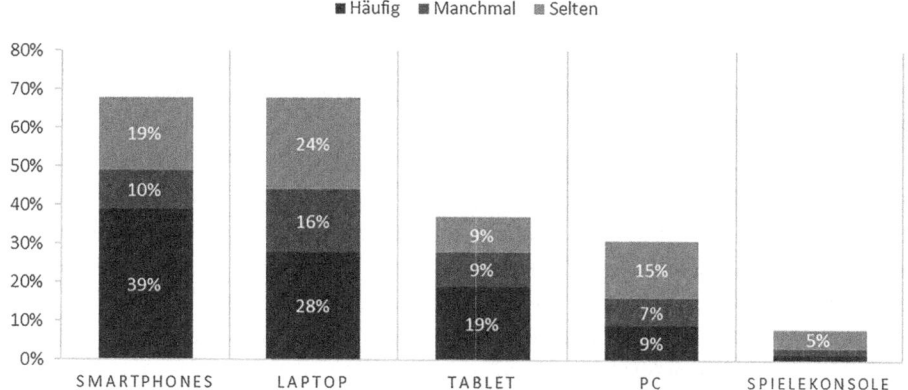

Abb. 12.2 Gerätenutzung zur Parallelnutzung TV und Internet, Angaben in Prozent. (SevenOne Media 2015, S. 23)

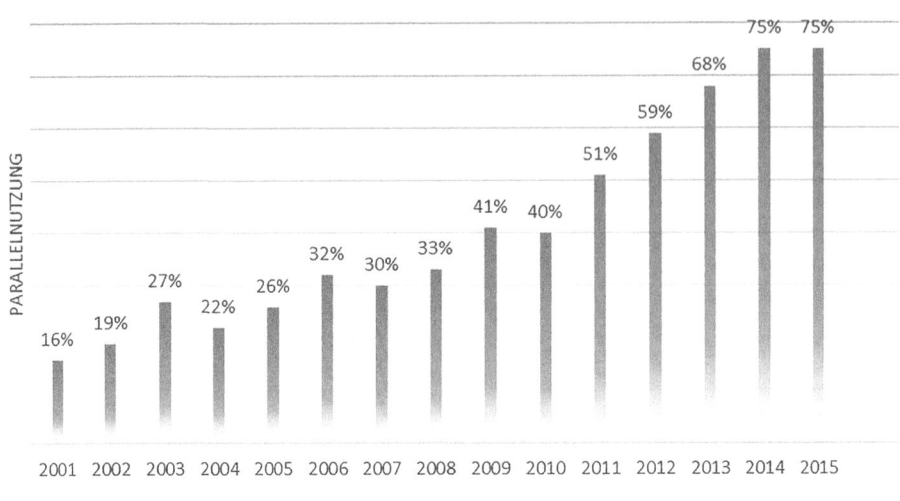

BASIS: 14-49 JAHRE, NUTZUNG TV/INTERNET: MINDESTENS SELTEN

Abb. 12.3 Parallelnutzung TV und Internet. (SevenOne Media 2015, S. 24)

net in den letzten Jahren kontinuierlich angestiegen ist. Während in 2010 der Anteil der Second Screener (mindestens selten) noch bei 40 % lag, nutzen heute bereits 75 % (mindestens selten) das Internet parallel zum TV.

In der gleichen Studie wurden die Probanden nach den Inhalten beim Thema Second-Screen-Nutzung befragt. Die Ergebnisse der Studie zeigen, dass die Second Screener ein großes Bedürfnis nach Kommunikation haben: E-Mails lesen, soziale Netzwerke besuchen und mit Freunden chatten. Zudem wird deutlich, dass TV Inhalte eine hohe Impulswirkung auf die Zuschauer ausüben. 41 % der Second Screener gehen gerne online shoppen, während der TV läuft, und 43 % geben an, dass Sie schon mal nach Produkten aus TV-Sendungen oder einem Werbespot gesucht haben (Abb. 12.4). Interessant ist, dass 79 % der Zuschauer ab 14 Jahren, die sich online über ein im TV beworbenes Produkt informiert haben, dieses Produkt im Anschluss online gekauft haben (SevenOne Media 2015, S. 27).

Aus einer Studie der Agentur Initiative aus dem Jahr 2015 geht hervor, dass sich TV-Zuschauer besonders in den Werbezeiten gerne vom Smartphone und Tablet ablenken lassen. 90 % der Befragten beschäftigen sich in den Werbepausen mit dem Second Screen (Initiative-Studie 2015). Talkrunden, Serien oder Scripted-Reality-Formate verlieren 74 bis 80 % der Zuschauer an das Smartphone oder das Tablet. Die größte Aufmerksamkeit bekommen Nachrichten oder Spielfilme. Doch auch hier liegt die Parallelnutzung bei noch 60 %.[1]

---

[1]Als Basis wurden 1055 Online-Interviews mit Deutschen im Alter von 14 bis 59 Jahren geführt, die Smartphone, Tablet, Laptop oder stationären PC parallel zum TV mindestens einmal pro Halbjahr nutzen.

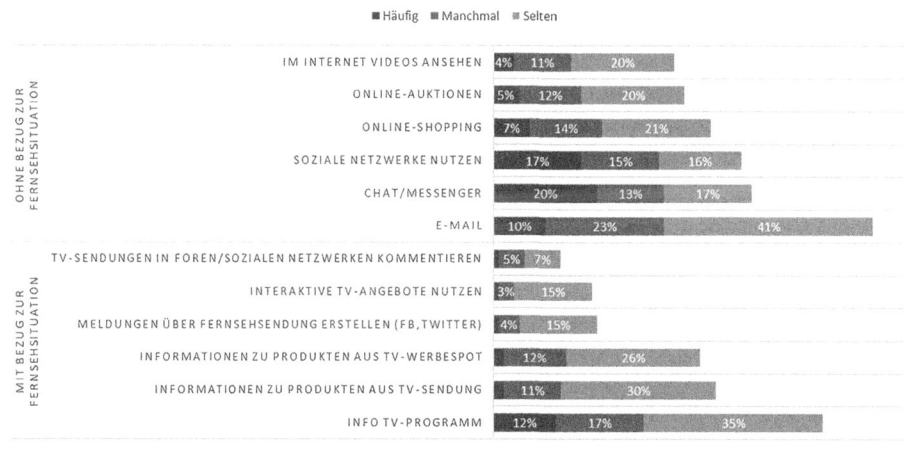

Abb. 12.4 Tätigkeiten bei Parallelnutzung TV und Internet, Angaben in Prozent. (SevenOne Media 2015, S.25)

Die Charakterisierung der Second-Screen-Nutzer bzw. die Merkmalsidentifizierung dieser Zielgruppe ist ein elementarer Baustein bei der Wirkungsmessung von TV-Werbung auf das Online-Nutzungsverhalten.

Nachdem die Relevanz der Parallelnutzung von TV und Internet im Rahmen der geänderten medialen Angebote verdeutlicht wurde, stellt sich die Frage, wie der TV-Zuschauer auf die im Fernsehen beworbenen Produkt- und Unternehmenswebsites gelangt.

Der direkteste Weg ist die Eingabe der URL in die Browserleiste. Das ist in der Regel aber nicht so einfach, da oftmals die vollständige Webadresse nicht bekannt oder zu lang ist. Alternativ gibt der TV-Zuschauer einen Produktnamen, eine Brand oder einen Schlüsselbegriff aus dem Werbespot in die Suchmaschine, meistens Google, ein. In Deutschland laufen mittlerweile mehr als 90 % aller Suchen über den US-amerikanischen Internetkonzern Google, Tendenz weiter steigend (De Micheli 2013, S. 90). Neben den organischen Suchergebnissen liefert Google zu einer Vielzahl der Suchanfragen werbliche Anzeigen aus, die sogenannten AdWords-Kampagnen. Für die Analyse der Werbewirkung von TV-Kampagnen werden hier die Traffic-Kanäle *Organic Search* und *Paid Search* voneinander unterschieden. Bestimmte Schlüsselbegriffe (Keywords) aus einem TV-Spot werden in die Suchmaschine eingegeben. Je besser die Keywords der TV-Kampagne mit den Keywords der Unternehmens- bzw. Produktseite und denen der AdWords-Kampagnen abgestimmt sind, desto größer ist die Wahrscheinlichkeit, an diesem *Touchpoint* TV-induzierte Besucher abzuholen und auf die eigene Unternehmens- bzw. Produktseite zu leiten.

In der 2015 erschienenen Studie „TV Impact on Search" von Google und Dentsu Aegis Resolutions wurde der Einfluss von TV-Werbung auf das Online-Suchverhalten

Prozent an Kampagnen, die zu einem Anstieg im Suchvolumen geführt haben

Prozent an Kampagnen, die zu einem Anstieg des Suchvolumens > 100.000 geführt haben

21%

100%

15%

Prozent an Kampagnen, die zu einem Anstieg des Suchvolumens < 10.000 geführt haben

Abb. 12.5 Einfluss von TV-Werbung auf das Online-Suchverhalten. (Google und Dentsu Aegis Resolutions 2015)

deutscher Online-Nutzer untersucht. Für die Studie wurde der Impact von 106.790 TV-Werbeausstrahlungen von insgesamt 98 Produktkampagnen analysiert. Die Analyse erfolgte anhand der Differenz der Suchanfragen im Fünf-Minuten-Intervall vor und nach Ausstrahlung jedes TV-Spots.

Die Studie hat eindeutig gezeigt, dass TV-Werbung das Online-Suchvolumen positiv beeinflusst (Abb. 12.5). Bei allen 98 Kampagnen wurde ein positiver Uplift des Website Traffics festgestellt. Die Größe des Einflusses auf das Suchvolumen kann jedoch stark variieren. Beeinflussende Faktoren sind u. a. Branche, Werbedruck, Branding, Platzierung im Werbebreak, Programmumfeld, Wochentag, Spotlänge und Kampagnenlaufzeit.

Ist der Impuls im TV gesetzt, dann sollte der Weg zu den gewünschten Informationen und bestenfalls zur Transaktion möglichst einfach und kurz gehalten werden. Dafür ist es notwendig, den TV-Zuschauer gezielt, also mit der richtigen Kommunikation, „abzuholen". Auch muss vermieden werden, den potenziellen Kunden nicht während seiner Informationsreise an einen Konkurrenten zu verlieren.

12.4   Entwicklung des E-Commerce in Deutschland

Der Begriff E-Commerce schließt jede Art von geschäftlicher Transaktion im Sinne einer Leistungsanbahnung und -abwicklung im Zuge des (Ver-)Kaufs von Waren und (Dienst-)Leistungen unter Einsatz des Internets ein. Demnach zählen neben Online-Shops z. B. auch Leistungen im Bereich Kundenservice, Dating und Online-Banking zum E-Commerce. Wie in Abb. 12.6 zu sehen, sind die über E-Commerce abgewickelten Umsätze in den letzten zehn Jahren um das Dreifache auf 41,7 Mrd. angestiegen.

In den letzten zehn Jahren hat eine Verschiebung von klassisch stationär gehandelten Produkten zu online gehandelten Produkten stattgefunden. Dabei eignen sich einige Produkte und Dienstleistungen, wie z. B. Kleidung, Unterhaltungselektronik, Entertainment und Reisen besonders für den elektronischen Vertrieb (Abb. 12.7). Für Serviceleistungen wie Vermittlungs- bzw. Vergleichsplattforen für Reisen, Finanzdienstleistungen bis

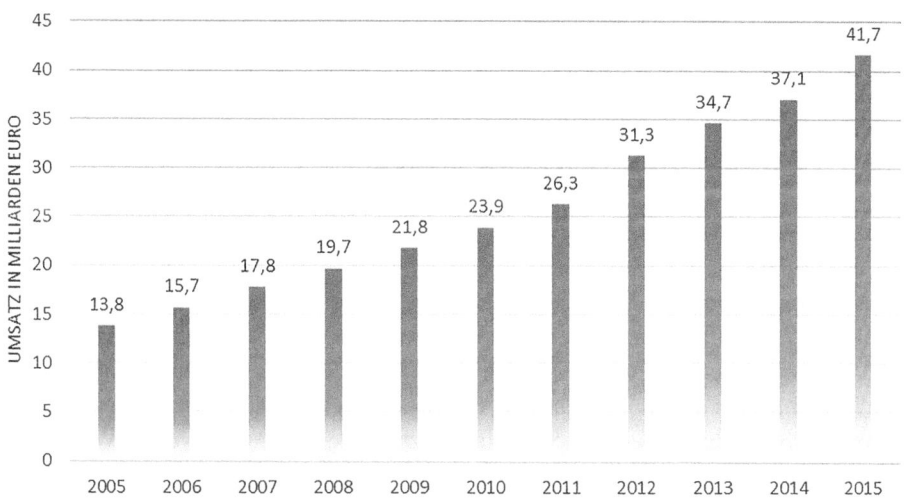

Abb. 12.6 Entwicklung der E-Commerce-Umsätze 2005–2015, in Mrd. (HDE 2015)

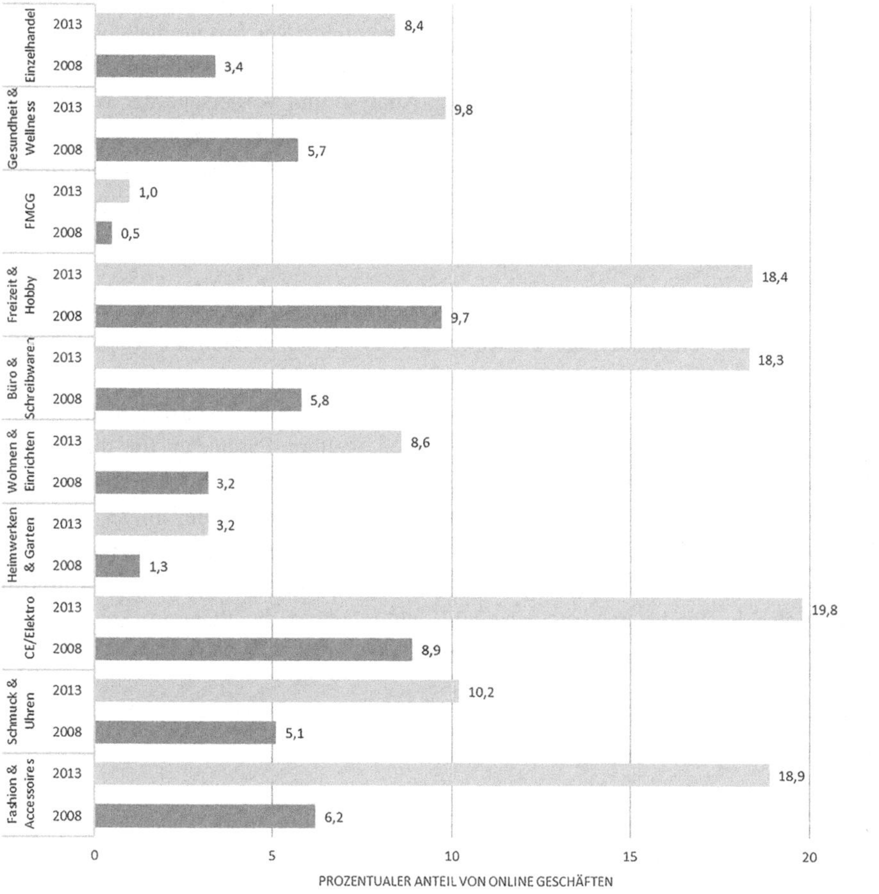

Abb. 12.7 Anteil des Online-Handels am Umsatz einzelner Sortimentsbereiche. (IFH Köln 2014)

zu Partnerbörsen oder reinen Digitalprodukten wie Online-Spiele oder ähnliches wurde durch das Internet überhaupt erst ein relevanter Markt geschaffen.

12.5 TV-Wirkungsmessung und -analyse

12.5.1 TV-Effekte messen

Das Aufkommen des Second Screens führt nicht nur zu veränderten Verhaltensmustern aufseiten der Konsumenten, sondern bietet auch Unternehmen und Medien die Chance, dieses Phänomen gewinnbringend für sich zu nutzen. Gelingt es, das Nutzerverhalten auf dem Second Screen dem Impuls aus dem Fernsehen direkt zuzuordnen, erhält man einen Indikator, wie erfolgreich ein TV-Spot eingesetzt wurde respektive, welche Wirkung er online hervorgerufen hat. Werbetreibende im TV benötigen Leistungsindikatoren für ihr eingesetztes Budget, um dieses effektiver für die jeweiligen Marketingziele einsetzen zu können. Für die Betreiber von Websites sind die wesentlichen Indikatoren der Traffic der Website sowie die Conversionrate bzw. der online generierte Umsatz. Aufseiten des TV-Einsatzes sind die Werbeausgaben und die erzielte Reichweite maßgebliche Parameter. Aus diesen Daten lassen sich verschiedene Key Performance Indicators (KPIs) ermitteln, auf deren Grundlage die Messung, Analyse und Vorhersage der Wirkung von TV-Werbung vorgenommen werden kann. Dabei gilt die Grundannahme, dass ein im TV ausgestrahlter Werbespot bei einer bestimmten Anzahl von Zuschauern zu einer direkten Reaktion online führt. Dieser direkte Impact führt zu Veränderungen des Traffics oder anderer Indikatoren auf der Website des Werbetreibenden – es wird also ein TV-Effekt ausgelöst.

Für die Messung dieses TV-Effekts müssen mindestens zwei Datenquellen bereitstehen: die genauen Schaltdaten der TV-Kampagne sowie der Verlauf des Website Traffics. Zusätzliche Datenquellen wie E-Commerce-Umsätze, zielgruppenspezifische TV-Reichweiten und in der großen Perspektive auch Umweltdaten, wie Wetterinformationen oder Planungszeiten von Großveranstaltungen, bilden weitere Parameter für die Analyse. Aus der Analyse dieser Daten kann eine Quantifizierung der TV-Effekte und die Ableitung qualitativer Einschätzungen zur Leistung einzelner Werbemittel im TV vorgenommen werden. Durch zusätzliche Algorithmen kann die bestmögliche Werbeplatzierung berechnet und so das TV-Budget optimal eingesetzt werden. Integrierte Softwarelösungen sind also imstande, nahezu vollständig automatisiert die Planung, Steuerung und Optimierung der Werbekampagnen zu übernehmen.

12.5.2 Datengenerierung

Für eine fundierte Wirkungsmessung und -analyse müssen valide Daten generiert werden. Dabei ist sicherzustellen, dass im Falle unterschiedlicher Datenquellen deren einwandfreie Zusammenführung gewährleistet ist.

12.5.2.1 Schaltdaten der TV-Spots

Die Schaltdaten bezeichnen den genauen Zeitpunkt, wann die Ausstrahlung eines TV-Spots stattgefunden hat. Entscheidend dabei ist die verwendete Datenquelle. So sind Daten, die aus der Programmplanung vom Vermarkter oder den Mediaagenturen bereitgestellt werden, oft nicht verwendbar. Diese Planungsdaten weichen in der Regel von den tatsächlichen Ausstrahlungszeitpunkten ab. Neben den Planungsdaten besteht die Möglichkeit, Realtime-Daten für die Analyse des TV-Effekts zu verwenden. Hierbei wird der TV-Spot noch während der Ausstrahlung erkannt und zeitgleich ein Signal darüber gesendet. Realtime-Daten geben zwar den tatsächlichen Ausstrahlungszeitpunkt an, jedoch reicht der Datenumfang für eine umfassende Analyse des TV-Effekts nicht aus, da lediglich Sender und Zeitpunkt der Ausstrahlung als Information in Echtzeit übergeben werden können.

Für eine aussagekräftige Analyse werden folgende Informationen benötigt:

1. Bezeichnung des Spots bzw. des jeweiligen Motivs mit eineindeutiger ID
2. Sekundengenauer Ausstrahlungszeitpunkt des Spots
3. Sender
4. Programmumfeld und Programmart
5. Kosten der Ausstrahlung
6. Sekundengenauer Zeitpunkt des Starts und des Endes der Werbeinsel
7. Anzahl der Spots in der Werbeinsel
8. Position des Spots innerhalb der Werbeinsel
9. Werbeumfeld: Produkt- und Unternehmensname aller in der Werbeinsel ausgestrahlten Spots

Neben der Datenquelle und -qualität ist die eigentliche Datengrundlage von hoher Relevanz. Zum einen sollten genügend Datenpunkte pro angestrebtem Messwert gesammelt werden, sodass man für einen Sender oder für eine Zeitschiene auf einem Sender mehrere TV-Effekte messen und einen Mittelwert bilden kann. Zum anderen sollte auch genügend Abwechslung in der zu analysierenden Media-Buchung vorliegen, sodass ausreichend Messwerte miteinander verglichen werden können. Ziel ist es schließlich, unterschiedliche Sender, Zeitschienen, Motive, Programmumfelder etc. miteinander vergleichen zu können und Ursachen für die unterschiedliche Performance zu identifizieren.

Kritischer Faktor Zeit

Zeiten sind in mehrerlei Hinsicht entscheidend. Zum einen müssen die Ausstrahlungszeiten zeitnah zur Ausstrahlung vorliegen, um die Analyse des TV-Effekts zeitnah durchführen und den TV-Einsatz optimieren zu können. Zudem muss sichergestellt sein, dass die zu analysierenden Ausstrahlungszeiten sich mit den tatsächlichen Zeiten decken. Planungsdaten sind also nicht ausreichend (siehe Abschn. 12.5.2.1). Relevant ist auch, über welchen Übertragungskanal das TV-Signal gemessen wird. Denn je nach Verbrei-

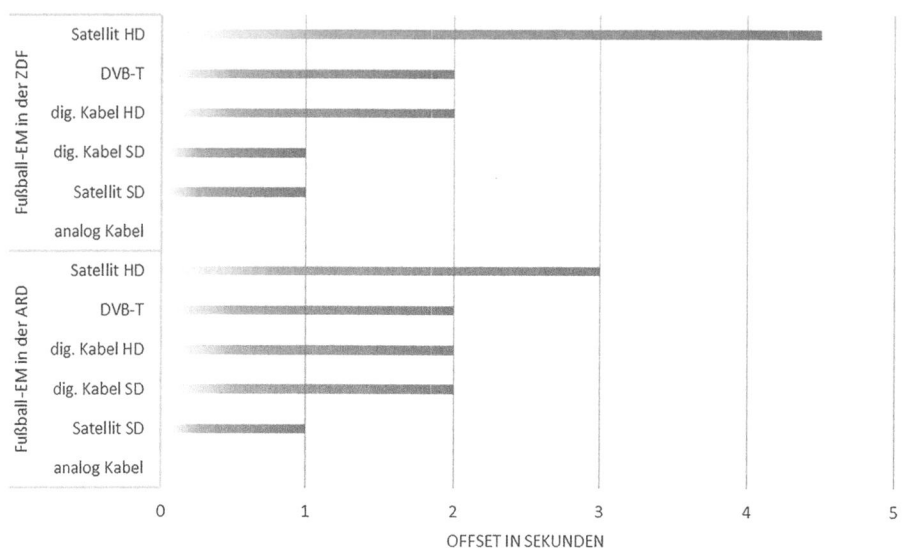

Abb. 12.8 Zeitversatz beim TV-Empfang. (Kuhlmann 2012)

tungsweg erreichen die Signale den Bildschirm der TV-Zuschauer zu unterschiedlichen Zeitpunkten und es entsteht ein *Offset*. Je nach Anteil eines Übertragungskanals an der TV-Übertragung wird die Signalantwort des TV-Effekts um den entsprechenden *Offset* verzerrt (Abb. 12.8).

Weiterhin muss sichergestellt sein, dass die TV-Daten und die online aggregierten Daten immer denselben Zeitbezug haben. Denn Grundlage der hier beschriebenen Wirkungsmessung ist das Matching der Daten. Timestamps sind sekundengenau mit Zeitzone und bekanntem *Offset* zu einem allgemeingültigen Zeitpunkt (z. B. Atomzeituhr) auszuweisen.

12.5.2.2 Website Traffic

Für die Erfassung des Website Traffics ist ein Protokoll sämtlicher von menschlichen (und nicht-menschlichen) Akteuren auf der Website angestoßener Aktionen zusammen mit den für die jeweilige Aktion charakteristischen Informationen notwendig. Der durch TV induzierte Traffic ist dann eine Anzahl an Aktionen, die mit einer bestimmten Wahrscheinlichkeit auf die Ausstrahlung eines TV-Spots zurückgeführt werden können. In diesem Kontext verwendet man die in Tab. 12.1 aufgeführten Terminologien:

Bei der Analyse des TV-Effekts wird von der Hypothese ausgegangen, dass als Reaktion auf eine TV-Ausstrahlung eine Zunahme an Visits in den Folgeminuten zu beobachten ist. Es wird also ein direkter Effekt auf das Online-Verhalten der TV-Zuschauer erwartet. Diese Visits können von erstmaligen Besuchern (New Visitors) oder wiederkehrenden Besuchern (Returning Visitors) stammen. Beide haben unterschiedliches kommerzielles Potenzial. Jeder Benutzer führt während seines Visits eine oder mehrere

Tab. 12.1 Terminologien – Website Traffic

Terminologie	Beschreibung
Unique Visitor	Ein einzelner Benutzer, entspricht einem realen Menschen/Akteur
Visit	Ein Besuch der Website durch einen Unique User; nach einer Phase der Inaktivität ohne Aktionen wird ein neuer Visit gezählt
PI/Page Impression	Ein einzelner Seitenaufruf; eine PI gehört immer zu einem Visit
Event	Eine eindeutige Aktion, die kein Seitenaufruf ist, aber auf eine Aktivität des Users zurückzuführen ist; gehört immer zu einem Visit

Aktionen aus, indem er z. B. einige Unterseiten aufruft oder Services und/oder Produkte (kostenpflichtig) in Anspruch nimmt. Die Anzahl der Aktionen in einem Zeitraum kann daher niemals niedriger sein, als die Anzahl der Visits. Allerdings muss die Zunahme der Aktionen nach einem TV-Spot nicht in dem gleichen Verhältnis erfolgen wie die Zunahme der Visits. Das Nutzungsinteresse der TV-Besucher kann ein anderes als das der nicht durch TV induzierten Besucher sein, und somit können sich auch die durch sie ausgelösten Aktionen unterscheiden. Page Impressions haben keine analytische Bedeutung über den Zeitpunkt hinaus, an dem sie stattgefunden haben. Das gilt jedoch nicht für Events. Als Events werden Aktionen bezeichnet, die zu einem Folgeverhalten führen und Auswirkungen in der Zukunft haben – z. B. die Anmeldung zu einem Newsletter. Damit sind sie relevant für die betriebswirtschaftliche Attribuierung des jeweiligen Visits und damit des TV-Effekts.

Aus diesen Zusammenhängen folgt, dass eine genaue und persistente Erfassung der Unique User mit allen Verhaltensausprägungen für eine präzise Analyse der Events unerlässlich ist.

Traffic-Quellen

Die Erkenntnisse aus dem crossmedialen Audience Flow (siehe Abschn. 12.2) definieren die von den Suchmaschinen gelieferten und für die Betrachtung und die Messung des TV-Effekts relevanten Traffic-Quellen einer Website. Es gilt, die Besucher, die aufgrund des TV-Impuls auf der Seite gelandet sind, von den weiteren Website-Besuchern zu separieren. Da man über die Website-Analyse sehr vielfältige Filter setzen kann, lassen sich verschiedene Gruppen von Besuchern ganz einfach differenzieren. Hier lassen sich z. B. die Besucher, die über einen Newsletter oder über Affiliate gekommen sind, abgrenzen. Es gibt aber eine ganze Reihe weiterer Traffic-Kanäle, über die TV-induzierte Besucher auf die Website gelangen können. In Tab. 12.2 werden die für die Analyse des TV-Effekts relevanten Kanäle beschrieben.

Eine eindeutige Zuordnung eines Visits zu einer Quelle ist allerdings nicht immer möglich. Zum Beispiel ist im Non-Paid-Bereich die Übertragung der Suchbegriffe sehr lückenhaft, sodass sich Brand Search und Non-Brand Search nicht sauber voneinander trennen lassen. Die Zuweisung zu den einzelnen Quellen erfolgt im Idealfall durch das

Tab. 12.2 Relevante Traffic-Kanäle

Bezeichnung	Beschreibung/Beispiel	Beschreibung
Organic Search[a]	Organische Suche nach Firmennamen oder nach generischen Begriffen (z. B. Suche nach Produkteigenschaften)	Der User kommt über ein reguläres Suchergebnis auf die Website, meist auf eine Unterseite, nachdem er eine spezifische Suchanfrage verfasst hat. Der Suchbegriff steht im Regelfall nicht für die Analyse zur Verfügung
Paid Search	Bezahlte Suche nach Firmennamen oder generischen Begriffen (z. B. Suche nach Produkteigenschaften)	Der User kommt über einen AdWords-Link auf die Zielseite, nachdem er nach einer Brand oder einem generischen Begriff gesucht hat. Der Suchbegriff wird übertragen
Referrer	z. B. Facebook-Link	Ein Link von einer anderen Website oder aus den Social-Media-Plattformen
Campaign	z. B. Newsletter-Link	Der Link weist spezielle Kampagnen-parameter auf, die eine Zuordnung zur Traffic-Quelle ermöglichen
Direct Type-in	Eingabe der URL in die Adresszeile des Browsers	

[a]Bei organischen Suchergebnissen handelt es sich um Platzierungen in den Suchergebnislisten, die aufgrund der Algorithmen von Suchmaschinen entstehen und nicht mit finanziellen Mitteln beeinflusst werden können.

Analysesystem selbst. Um einzelne Besucher wiedererkennen zu können, bzw. eine eindeutige ID dem Besucher zuzuweisen, werden User-Cookies auf den Domains und ggf. auf Subdomains und domainübergreifend implementiert. Es besteht jedoch immer das Risiko, dass ein User Cookies blockiert oder ein Cookie vor Ablauf seiner Lebensdauer gelöscht wird.

Folgende Kennwerte sind für eine Analyse des TV-Effekts notwendig:

a) Visit-ID
b) Timestamp der ersten Visit-Aktion

Zusätzlich Kennwerte für die Analyse der Events:

c) User-ID
d) Event-ID
e) Event-Timestamp
f) Event-Data (z. B. Warenkorb)

Trackingtools können neben den reinen Aktionen und Zugriffszeiten eine große Anzahl zusätzlicher Informationen sammeln. Dazu gehören die IP-Adresse, Referrer, Suchbegriffe, Angaben zum Browser, Bildschirmauflösung, Benutzersprache, Art des Endgerätes und vieles mehr.

12.5.3 Quantifizierung des TV-Effekts

Die Analyse der Rohdaten weist jedem TV-Spot einen TV-Effekt zu. Dies sind die durch den TV-Spot zusätzlich generierten Visits und Aktionen. Der jeweilige Effekt wird absolut in Zahlen ausgewiesen. Dabei gibt es die Maße Signifikanz und Effektstärke. Es wird abhängig von der zu Grunde gelegten statistischen Verteilung des Website Traffics ein plausibler Standardwert für die Signifikanz definiert, mit dem die Effektstärke der Abweichung vom Erwartungswert bestimmt wird. Die Analyse postuliert einen Traffic-Verlauf innerhalb des Beobachtungszeitraumes, wie er ohne Spotausstrahlung gewesen wäre – die Baseline. Die Differenz zwischen dem beobachteten Wert und der Baseline wird als TV-Effekt dem einzelnen Spot zugewiesen. Die Bestimmung der Baseline ist daher primäre Aufgabe der Analyse. Das Ergebnis dieser Analyse ist eine bestimmte Anzahl an Visits (Effektstärke), die (mit angegebener Signifikanz) auf die Ausstrahlung eines einzelnen TV-Spots zurückzuführen ist. Dies kann nur innerhalb eines bestimmten Zeitraums während und nach der TV-Ausstrahlung erfolgen. Dieser Zeitraum variiert zwischen sieben und 15 min nach Beginn der Ausstrahlung.

Die Schwierigkeit bei der Bestimmung des TV-Effekts ist aktuell noch die Unmöglichkeit, einen einzelnen Visit mit absoluter Sicherheit als TV-induziert ausweisen zu können. Allerdings hat man durch die Analyse der Visits eine plausible Hypothese über das Verhältnis von TV-induziertem zu regulärem Traffic. Dabei ist es wichtig, das Verhalten der TV-induzierten Besucher im Unterschied zu einem regulären Website-Besucher zu kennen. In der Regel ist anzunehmen, dass TV-Zuschauer nur während der Werbepause im Internet surfen und demnach ggf. den Websitebesuch vorzeitig abbrechen, sich schneller „durchklicken" oder nur oberflächlich nach Informationen suchen (siehe Abschn. 12.3). Innerhalb des Beobachtungszeitraumes entspricht die TV-Wahrscheinlichkeit eines Users, dessen Visit-Session innerhalb des Beobachtungszeitraumes begonnen hat, dem Verhältnis aus TV-Visits zu allen Visits. Nun kann man alle Aktionen dieser User in Abhängigkeit des angenommenen Verhaltens bis zu einem gewissen Zeitpunkt in der Zukunft mit einer bestimmten Wahrscheinlichkeit als TV-induziert betrachten. Dies ermöglicht die Angabe einer Anzahl an Aktionen, die wahrscheinlich auf TV-User zurückzuführen sind. Der Ausweis von TV-induzierten E-Commerce-Umsätzen geschieht analog durch die Bestimmung des Anteils an allen Warenkörben, die User aus dem Beobachtungszeitraum während der Cookie-Laufzeit des E-Commerce-Trackings tätigen.

Allerdings wird die Zuweisung der Spots zum Traffic in der Praxis durch eine Vielzahl von Faktoren erschwert. Überschneiden sich z. B. die Ausstrahlungen und der Beobachtungszeitraum zweier auf unterschiedlichen Sendern ausgestrahlten TV-Spots, kommt es zu einer Überlagerung der TV-Effekte. Die Aufteilung des TV-Effekts auf die einzelnen Spots erfolgt dann anhand von Erfahrungswerten aus den jeweiligen Spot-/Sender-/Uhrzeit-Kombinationen und/oder anhand zusätzlicher Informationen wie der zielgruppenspezifischen Reichweite einzelner Sender zum Ausstrahlungszeitpunkt. Aufgrund der bedeutsamen Unterschiede bei der Aktivierung einzelner Zielgruppen kann allerdings meist kein linearer Zusammenhang zwischen der Senderreichweite und den TV-Effekten angenommen werden. Analyseverfahren, die auf Grundlage der allgemeinen Senderreichweite arbeiten, haben daher nur bedingten Aussagenwert (Wagner 2015).

Schwierig ist die Quantifizierung des TV-Effekts bei Websites mit einem hohen Traffic kombiniert mit TV-Ausstrahlungen, die nur einen geringen direkten Effekt auf den Traffic ausüben. Hier ist der Effekt kaum ausweisbar, da sie sich im Rahmen der Standardabweichung des Traffic-Verlaufs wiederfinden. Es lässt sich also kein (signifikantes) Delta ausweisen. Eine weitere Schwierigkeit besteht bei Websites, die eine sehr hohe Volatilität im Traffic-Verlauf aufweisen. Auch hier ist der TV-Anteil nur sehr schwer zu identifizieren.

Erkenntnisse aus der Wirkungsanalyse
In der Analyse sollten mindestens folgende Einflussfaktoren und KPIs betrachtet werden:

- Zeitschiene (Prime Time, Early Fringe etc.)
- Jahr
- Monat
- Kalenderwoche
- Wochentag
- Spot-Motiv
- Position in Werbeinsel nach Spotanzahl
- Position in Werbeinsel nach Zeit (bei unterschiedlich langen Spots in der Werbeinsel)
- Konkurrierende Spots in der Werbeinsel
- E-Commerce Share pro Werbeinsel (Anteil an Spots in denen E-Commerce Produkte beworben werden)
- Visits und Conversion
- Brutto- und Nettopreise
- Cost per Visit, Cost per Click, Cost per Order
- Reichweiten – gesamt und zielgruppenspezifisch (auf Basis der Werbeinsel)
- Tausender-Kontakt-Preis (TKP)

Für eine erfolgreiche Optimierung des TV-Media-Einsatzplans ist es nicht ausreichend, zu wissen, dass ein bestimmter TV-Einsatz eine höhere Performance als ein anderer hatte. Entscheidend ist die Erkenntnis, worauf diese Performanceunterschiede zurückzuführen sind. Ein TV-Einsatz ist dann am erfolgreichsten, wenn er unter gegebenen

Rahmenbedingungen den größten TV-Effekt, also die meisten Besucher und/oder Conversions, hervorruft.

Eine der wichtigsten Rahmenbedingungen, und die in den Betrachtungen am einfachsten zu quantifizierende Größe, ist der TV-Media-Preis, also die Kosten einer einzelnen Ausstrahlung. Demgegenüber werden die absolute Anzahl der zusätzlich generierten Besucher und die dadurch realisierten Transaktionen auf der Website eines Kunden gestellt. So wird der Cost per Visit (CPV) und der Cost per Order (CPO) für jede Ausstrahlung ermittelt. Diese KPIs können nun zu jeder weiteren Information bzw. zu jedem Parameter ins Verhältnis gesetzt werden. So erfährt man z. B., welche Ausstrahlung auf welchem Sender, zu welcher Sendezeit und in welchem Programmumfeld die beste Performance liefert. Diese Analysen ermitteln auch, welchen Einfluss die Werbeblocklänge, die Position des Spots im Werbeblock oder die im gleichen Werbeblock ausgestrahlten Spots von Wettbewerbern auf die Performance haben. Darüber hinaus können auch Korrelationen in Bezug auf den Anteil von E-Commerce-Produkten in einem Werbeblock hergestellt werden. So häufen sich bei manchen Sendern in bestimmten Zeitschienen Spots mit Online-Angeboten. In welchem Maß das Einfluss auf die Wirkung des eigenen Spots hat, wird ebenfalls sichtbar. Diese Erkenntnisse sind sehr produkt-, kampagnen- und unternehmensspezifisch und betreffen damit auch die individuelle Kommunikationsstrategie eines Unternehmens.

Nichtsdestotrotz sucht man natürlich auch nach ganz allgemeingültigen Erkenntnissen, die man bei der Kampagnenplanung berücksichtigen kann. Hierzu hat die bereits genannte Studie von Google und Dentsu Aegis Resolutions (2015) festgestellt, dass die Erhöhung der Suchanfragen nach einem TV-Spot von der Branchenzugehörigkeit der beworbenen Marke, der Spotlänge, der Position des Spots im Werbebreak, dem Wochentag, der Einbettung in einem bestimmten TV-Genre oder der Popularität der Website abhängt. So führen TV-Spots aus den Branchen Retail, Telekommunikation und Technik zu einem deutlich höheren Suchvolumen als z. B. Spots aus der Versicherungs- oder Lebensmittelbranche. Die besten TV-Genres stellen Live Sport Events und TV-Shows dar. Der Suchanfragen-Uplift von TV-Spots, die während der Nachrichten oder Dokumentationen ausgestrahlt werden, fällt dagegen gering aus. Die besten Wochentage sind laut Google und Dentsu Aegis Resolutions freitags und montags. Hier ist der Uplift am höchsten. Bezüglich der Spotlänge hat die Studie gezeigt, dass, je länger ein TV-Spot ist, desto höher das Suchvolumen ausfällt.

Aktuell werden Analyseverfahren zur Werbewirkungsmessung von TV-Kampagnen in der Praxis meist eindimensional durchgeführt. Das bedeutet, dass immer bezogen auf einen einzelnen Parameter der optimale Werbeeinsatz ermittelt wird. So wird z. B. der effizienteste Sender, die effizienteste Zeitschiene oder das am besten funktionierende Genre ermittelt. Bei der Planung der Werbeeinsätze werden diese Erfahrungen dann entsprechend hierarchisch umgesetzt. Das bedeutet, man sucht sich beispielsweise den am besten funktionierenden Sender und dort die beste Zeitschiene und da das am besten funktionierende Genre aus und plant auf dieser Grundlage seinen zukünftigen Mediaeinsatz. Besser wäre es jedoch, eine multidimensionale Betrachtung durchzuführen, in der alle Faktoren in Abhängigkeit voneinander analysiert werden.

Da die Analysen täglich aktualisiert werden, können werbetreibende Unternehmen auf Grundlage der Ergebnisse ihren TV-Mediaeinsatz täglich optimieren. Natürlich kommen diese Verfahren nicht ganz ohne einen gewissen Interpretationsspielraum aus. Dieser erfordert auch Know-how und Erfahrung aus dem TV-Einsatz.

12.5.4 Die automatisierte Mediaplanung

Ziel ist eine datengestützte, voll automatisierte Erstellung der TV-Mediaplanung, die zeitnah auf veränderte Rahmenbedingungen eingehen kann. Die Lösung dafür wäre ein mehrdimensionaler Analyseansatz. Dieser berücksichtigt die verschiedenen Parameter einer TV-Ausstrahlung und kann so die verschiedenen Wirkungsfaktoren in ihrem individuellen Einflussgrad einbeziehen. Für die Planung kann man verschiedene Rahmenbedingungen und Zielvorgaben aus den vorliegenden KPIs definieren und sich dafür die bestmögliche TV-Mediastrategie errechnen lassen. Vermutlich werden die Entwicklungen in diese Richtung durch den Trend zum Programmatic Buying, also der automatisierten Buchung von Werbeinventar über entsprechende Marktplätze oder Plattformen, beschleunigt. Denn spätestens dann müssen Mediaentscheidungen immer schneller, präziser und datengestützter getroffen werden.

12.5.4.1 Anwendungsschwerpunkt

Die crossmediale Werbewirkungsanalyse wird vornehmlich von Performance-getriebenen und Direct-Response-to-Online(DRTO)-orientierten Online-Unternehmen eingesetzt. In der Regel wird die Analyse mit Beginn des TV-Flights gestartet und dieser dann auf Grundlage der Analyse laufend optimiert. Es wird also eine klassische Mediaplanung als Grundlage genommen, diese liefert dann die Daten für nachfolgende Planänderungen bzw. Optimierungen. Wurde in der Vergangenheit bereits ein TV-Flight realisiert und liegen alle notwendigen Daten hierzu vor (siehe Abschn. 12.5.2.1), können Analysen auch retrospektiv durchgeführt werden und der bevorstehende TV-Flight wird von Beginn an datengestützt geplant. Mittlerweile nutzen Unternehmen die TV-Wirkungsanalyse auch zum A/B Testing[2] verschiedener Spotversionen und Spotlängen oder von bestmöglichen Tandemkombinationen.

12.5.4.2 Anwendungsgrenzen

Je stärker sich die Kommunikationsinhalte einer TV-Kampagne auf Branding konzentrieren oder es sich gar um ein reine Imagewerbung handelt, desto weniger direkter Online

---

[2]Das A/B Testing ist ein Marketingverfahren mit dessen Hilfe z. B. die Leistung einer Website, eines Banners oder eines TV Spots durch Performancevergleiche verbessert werden kann.

Respond ist zu erwarten und desto schwächer wird die Aussagekraft der hier beschriebenen Wirkungsanalyse.

In der Praxis hat sich gezeigt, dass, je spitzer die Zielgruppe eines Produktes ist, desto effizienter kann der TV-Einsatz auf kleineren Spartensendern sein. Diese Erkenntnis spiegelt sich auch in dem Anteil von Werbespots, in denen E-Commerce-Produkte beworben werden, wider. Spartensender wie z. B. Pro7Maxx oder Sixx bewerben in bis zu 64 % der ausgestrahlten Spots E-Commerce-Produkte. Auf RTL liegt der Anteil dagegen bei lediglich 17 %.[3]

Aufgrund der verdichteten Zielgruppe der Spartensender und der oftmals geringen Reichweite ergeben sich beim TV-Einsatz auf diesen Sendern sehr geringe CPVs und CPOs. Steht für das werbetreibende Unternehmen allerdings eine schnelle Marktdurchdringung im Vordergrund, muss auf reichweitenstarke Sendern ausgewichen werden und damit ein höheres TV-Mediabudget investiert werden. Damit kann die Effizienz der TV-Buchungen abnehmen. In diesem Zusammenhang ist das übergeordnete Kommunikationsziel des Unternehmens relevant: Geht es um einen möglichst schnellen Markenaufbau oder stehen ein Performance-orientierter Mediaeinsatz und die Ansprache spitzer Zielgruppen im Vordergrund. Mittlerweile ist es über gezielte Analysen sogar möglich, zu ermitteln, wann genau der Umstieg von einer Performance-basierten Kommunikation auf eine eher Brand- und Image-orientierten Kampagne Sinn macht, bzw. über welche Kanäle gezielt in den Brandaufbau investiert werden sollte.

12.6 Fazit

Durch die Parallelnutzung von TV und Internet konnte ein Tool zur Werbewirkungsmessung entwickelt werden, das aufgrund der Datenfülle und des Umfangs der Erhebungsgruppen valide Aussagen über die Effizienz von TV-Werbung zulässt. Die derzeit im Markt angewendeten Algorithmen zur Berechnung des Traffic Uplifts variieren je nach Qualität der Anbieter. Viele Systeme liefern lediglich Aussagen über die Intensität des Uplifts auf einem bestimmten Sender zu einem bestimmten Zeitpunkt, nicht aber über die vielzähligen Einflussfaktoren, die zu erheblichen Wirkungsunterschieden führen. Erst deren Kenntnis ermöglicht eine gezielte und effektive Optimierung des TV-Mediaeinsatzes.

Genau dieser Punkt stellt den Unterschied bzw. die Erweiterung zu den herkömmlichen Werbewirkungsmessungen dar. Stand bisher die Messung des Werbemittels in Bezug auf einen Rezipienten im Focus, werden nun die Rahmenfaktoren des Werbeeinsatzes mitberücksichtigt. Das geht natürlich nur ex post. Insofern können sich beide

---

[3]Eigene Datenerhebung XAD. Bezugszeitraum ist der 01.08.2015–31.08.2015. Programmvorschauen und Werbeschaltungen, die programmeigenen Apps, Websites, etc. bewerben, sowie Promotions- und Sponsoring-Aktivitäten wurden nicht betrachtet.

Verfahren gut ergänzen. Nur sind die Mechaniken der Performance-basierten Kommunikation etwas klarer und einfacher umzusetzen als bei einem komplexen Markenaufbau.

Gesteht man der Parallelnutzung und damit der crossmedialen Kommunikation einen steigenden Stellenwert zu, sind es aber gerade die Erkenntnisse der neuen Wirkungsforschung, die eine effiziente Steuerung des Cross-Media Audience Flows ermöglichen. Denn sobald man weiß, wann und wie TV-Zuschauer reagieren und zu Besuchern im Internet werden, kann man diese auch gezielt auf die „eigene" Website lenken. Wie wir gesehen haben, wird eine Vielzahl der Impulse über Suchmaschinen geleitet. Durch die Realtime-Synchronisation von TV-Spots mit AdWords-Kampagnen in den Suchergebnissen bei Google lassen sich z. B. Besucher, die ein Produkt, eine Brand oder einen Schlüsselbegriff eingeben, direkt „abholen" und über bestimmte Landingpages schnell und effizient konvertieren. Der hier dargestellte Ansatz liefert damit nicht nur die Erkenntnis der TV-Wirkung, sondern auch der Wirkungssteigerung durch crossmediale Instrumente und dürfte sich damit als sehr zukunftsträchtig erweisen.

Literatur

ARD/ZDF Onlinestudie (2014). Onlinestudie. http://www.ard-zdf-onlinestudie.de/index. php?id=483. Zugegriffen: 31. Aug. 2015.

Bongard, J. (2002). *Werbewirkungsforschung*. Münster: LIT.

Bruhn, M. (2014). *Unternehmens- und Marketingkommunikation – Grundlagen für Studium und Praxis* (12. Aufl.). München: Vahlen.

Google und Dentsu Aegis Resolutions. (2015). TV impact on search. hamburg. https://storage. googleapis.com/think-v2-emea/v2/cfdff_TV%20on%20Search%20TWG.pdf. Zugegriffen: 1. Dez. 2015.

HDE. (2015). E-Commerce Umsätze, Entwicklung der E-Commerce-Umsätze in den vergangenen Jahren. http://www.einzelhandel.de/index.php/presse/zahlenfaktengrafiken/item/110185-e-commerce-umsaetze. Zugegriffen: 3. Dez. 2015.

IFH Köln. (2014). *Branchenreport Online-Handel 2014*. Köln: Institut für Handelsforschung.

Initiative-Studie. (2015). My screens 2014/02. Hamburg. http://www.business-on.de/dateien/ dateien/initiative_studiemyscreensii_18022015.pdf. Zugegriffen: 15. Dez. 2015.

Kotler, P., Armstrong, G., Wong, V., & Saunders, J. (2011). *Grundlagen des Marketings* (5. Aufl.). München: Pearson-Studium.

Kuhlmann, U. (2012). EM im TV: Wer zuletzt jubelt … Heise online. http://www.heise.de/newsticker/meldung/EM-im-TV-Wer-zuletzt-jubelt-1617234.html. Zugegriffen: 10. Dez. 2015.

Micheli, M. De. (2013). *Onlinemarketing – Praxis für Webshops*. Zürich: PRAXIUM-Verlag.

SevenOne Media. (2015). Media activity guide. Unterföhring. http://viewer.zmags.com/publication /040b4926#/040b4926/1. Zugegriffen: 4. Jan. 2016.

The Nielsen Company. (2014). Bruttowerbeaufwendungen Deutschland. http://www.nielsen.com/ de/de/insights/reports/2014/top-ten-trends.html. Zugegriffen: 31. Aug. 2015.

TNS Infratest. (2014). TV und Internet wichtigste Medien für Gesamtbevölkerung und Deutschlands Internetnutzer. http://www.vprt.de/thema/marktentwicklung/marktdaten/mediennutzung/ content/deutsche-bevorzugen-internet-und-fernsehen. Zugegriffen: 19. Sept. 2015.

Wagner, S. (2015). Best :Practice TV-Tracking: Warum eine einfache Baseline-Korrektur zu kurz greift! https://www.inwt-statistics.de/blog-artikel-lesen/Best_Practice_TV_Tracking.html.   Zugegriffen: 27. Dez. 2015.

Wengerter, L. (2015). *Erfolgreiches Dialogmarketing durch crossmediale Vernetzung: Status Quo und Wirkungsmessung in der Praxis.* Hamburg: Igel Verlag RWS.

„Big Data" und Kundenzufriedenheit: Befragungen versus Social Media?

13

Bernd Schönebeck und Eva-Maria Skottke

Zusammenfassung

Die Möglichkeiten, Kundenzufriedenheit via Bewertungsportale und soziale Medien zu ermitteln, werden als eine neuartige Methodenherausforderung und -chance diskutiert. Facebook, Twitter, Foren, Blogs – über praktisch jedes Produkt oder jede Dienstleistung wird irgendwo im Netz geschrieben und sich ausgetauscht. Es stellt sich die Frage: warum nicht einfach nur mitlesen, was der Kunde spontan preisgibt, anstatt aufwendige Befragungen zur Kundenzufriedenheit durchzuführen? Der vorliegende Beitrag analysiert die fünf Herausforderungen, die für ein qualitativ hochwertiges, vollständiges und permanentes Monitoring von Social-Media-Daten zu bewältigen sind: 1) die Menge der Daten und die sich daraus ergebenden 2) Zeit- und Kostenfaktoren; 3) die korrekte Erkennung des Sentiments; 4) die Relevanzbewertung; 5) die exakte Zuordnung der Bewertung/des Sentiments zu den relevanten Sachverhalten. Am Beispiel der automatischen Identifikation von inhaltlichen Treibern der Kundenzufriedenheit (des Net Promotor Scores) aus Freitexten und offenen Nennungen wird demonstriert, inwieweit innovative Softwarelösungen hilfreich sein können.

B. Schönebeck (✉)
cognesys gmbh, Theaterstr. 90, 52062 Aachen, Deutschland
E-Mail: bschoenebeck@cognesys.de

E.-M. Skottke
HMKW Köln, Höninger Weg 139, 50969 Köln, Deutschland
E-Mail: e.skottke@hmkw.de

© Springer Fachmedien Wiesbaden GmbH 2017   229
O. Gansser und B. Krol (Hrsg.), *Moderne Methoden der Marktforschung*, FOM-Edition,
DOI 10.1007/978-3-658-09745-5_13

Inhaltsverzeichnis

13.1 Die Messung von Kundenzufriedenheit

Kundenzufriedenheit wird nach Bruhn (2006) nach verschiedenen Kriterien gemessen: Einerseits gibt es objektive Messungen, wie beispielsweise das Erfassen von Umsatz oder Marktanteil (vgl. Nerdinger und Neumann 2007). Zudem gibt es subjektive Verfahren (Wahrnehmung des Kunden) und ereignisorientierte Verfahren, merkmalsorientierte Verfahren und problemorientierte Verfahren, die versuchen, die zufriedenheitsrelevanten Schwierigkeiten zu identifizieren (Bruhn 2006). Bei Letzteren äußert der Kunde seine Unzufriedenheit bzw. bei Lob seine besondere Zufriedenheit mit Vorfällen, die die Zweckmäßigkeit und/oder Güte der erlebten Leistung hervorheben bzw. infrage stellen (Hentschel 1992).

Betrachtet man hier Social Media als eine Quelle von Kundenzufriedenheitsmessung, so stellt Steffen (2014) heraus, dass beispielsweise mit Häufigkeitsverteilungen gearbeitet wird:

> Wie oft kommen Themen und Schlagworte in der Quelle vor? Mit welchem Sentiment (positiv, neutral, negativ) werden sie dort in welcher Häufigkeit diskutiert? Ein wesentliches Qualitätskriterium dieser Art von Auswertung ist typischerweise die Qualität der Natural Language Processing (NLP) Engine der eingesetzten Technologie. Können Adjektive korrekt Objekten zugeordnet werden, sodass sich Meinungsaussagen tatsächlich auf die Dinge beziehen, die gemeint wurden, oder werden pro Satz einfach die Zahl der positiven und negativen Ausdrücke gegeneinander gesetzt und auf alle Schlüsselwörter angewandt? Nach Erfahrungswerten von TNS Infratest ist gerade die automatisierte Sentimentanalyse bei sehr offenen Themen sehr ungenau (Steffen 2014, S. 98).

Kayser und Rath (2015) stellen die Sentimentanalyse mittels NLP so dar, dass NLP sehr wohl in der Lage ist, Aussagen mit unterschiedlicher Tonalität innerhalb eines

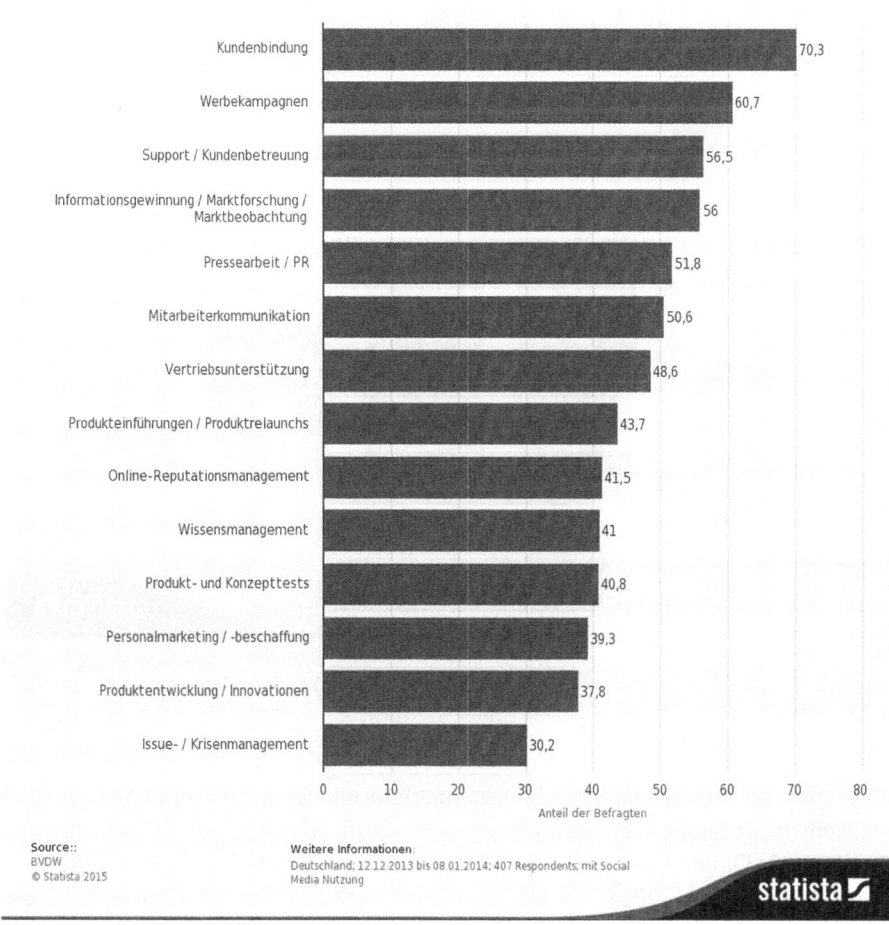

Für welche Projekte/Aufgaben setzen Sie Social Media bislang wie häufig ein?

Kundenbindung	70,3
Werbekampagnen	60,7
Support / Kundenbetreuung	56,5
Informationsgewinnung / Marktforschung / Marktbeobachtung	56
Pressearbeit / PR	51,8
Mitarbeiterkommunikation	50,6
Vertriebsunterstützung	48,6
Produkteinführungen / Produktrelaunchs	43,7
Online-Reputationsmanagement	41,5
Wissensmanagement	41
Produkt- und Konzepttests	40,8
Personalmarketing / -beschaffung	39,3
Produktentwicklung / Innovationen	37,8
Issue- / Krisenmanagement	30,2

Anteil der Befragten

Source::
BVDW
© Statista 2015

Weitere Informationen:
Deutschland; 12.12.2013 bis 08.01.2014; 407 Respondents; mit Social Media Nutzung

statista

Abb. 13.1 Häufigkeit von Social-Media-Einsatz. (Statista 2014)

Satzes sogar zu trennen (z. B. „Ich liebe den Audi A3, aber die Reifen sollten länger halten", Kayser und Rath 2015, S. 129). Die Autoren sehen die oben angesprochenen Möglichkeiten als völlig neuartige Chance der Analyse von Meinungen von Marktteilnehmern und dies insbesondere dann, wenn Daten sehr kurzfristig vorliegen müssen.

Bevor auf diesen Bereich aus eigenen Erfahrungen und Studien detaillierter eingegangen werden soll, betrachte man zunächst die aktuellsten Statistiken, wie häufig Social Media überhaupt für Marktforschungszwecke eingesetzt wird. Eine Statistik von 2014 (BDVW 2014 nach Statista 2014) zeigt, dass momentan 56 % der Befragten Social Media für Marktforschungszwecke einsetzen (Abb. 13.1). Wie dieses geschieht, ist schwer herauszulesen.

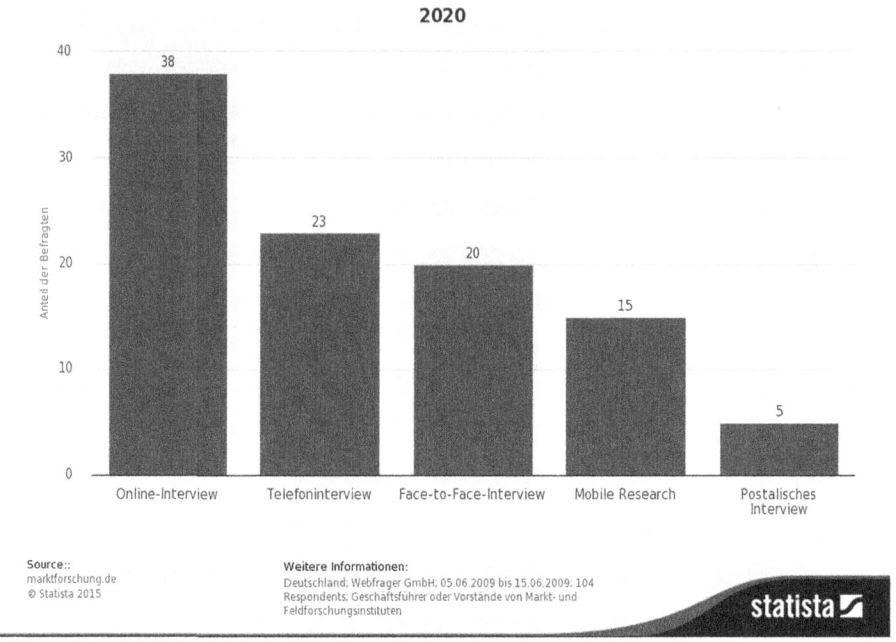

Prognose über die wichtigsten Erhebungsarten in der Marktforschung im Jahr 2020

Abb. 13.2 Prognose über die wichtigsten Erhebungsarten in der Marktforschung in 2020. (Statista 2014)

Aus einer weiteren Statistik von Statista (marktforschung.de 2009 nach Statista 2014) wird deutlich, dass auch in Zukunft (Prognose bis 2020, Abb. 13.2) eher klassische Erhebungsarten wie Online-Interviews oder Telefoninterviews an der Tagesordnung sind.

Schweidel und Moe (2014) konnten feststellen, dass viele Studien zwar untersuchten, inwiefern soziale Medien in der Lage sind, wertvolle Kenntnisse zur Sentimentanalyse zu liefern, diese Studien sich jedoch immer nur auf einen Typ von sozialer Medienplattform, wie Micro-Blogs (z. B. Twitter: Toubia und Stephen 2013, zit. nach Schweidel und Moe 2014), Foren (z. B. Godes und Mayzlin 2004; Kozinets 2002, zit. nach Schweidel und Moe 2014) oder Bewertungsportalen (z. B. Moe und Trusov 2011; Tirunillai und Tellis 2012, zit. nach Schweidel und Moe 2014), bezogen hatten und die jeweils anderen Typen ausgeschlossen waren. Ferner stellten sie fest, dass Studien darauf hindeuten, dass sich die Motive der Menschen, an Aktivitäten in sozialen Medien teilzunehmen, von Plattform zu Plattform unterscheiden: So fand eine Studie (Toubia und Stephen 2013, zit. nach Schweidel und Moe 2014) heraus, dass Nutzer von Twitter größtenteils aus Imagebezogenen Gründen Twitter nutzen und weniger aus intrinsischer Motivation. Eine weitere Studie (Hsu und Lin 2008, zit. nach Schweidel und Moe 2014) stellte fest, dass Blogger größtenteils aus intrinsischer Motivation agieren, jedoch auch Image-bezogene Gründe für ihr Handeln haben. Wieder eine andere Studie (Yang et al. 2007, zit. nach Schweidel und Moe 2014) fand heraus, dass Menschen, welche sich an Diskussionen in Internetforen beteiligen, aus intrinsischer Motivation handeln und Image-bezogene Gründe keinen Einfluss haben. Schweidel und Moe nehmen daher an, dass das Sentiment und das Thema eines Kommentars in den sozialen Medien immer im Zusammenhang damit stehen muss, wo sie abgegeben wurden.

Operatives: händische versus automatische Auswertung
Internetbasierte Befragungen sind nach Überwindung der ersten Skepsis in den 1990er-Jahren inzwischen ein etabliertes Instrument der Marktforschung und werden immer breitflächiger eingesetzt (Seiffert und Degen 2010). Mit dem Anstieg der Befragungen in fast allen Branchen verringert sich jedoch die Bereitschaft der Kunden, teilzunehmen: „Wer hat heute noch Zeit für eine Umfrage?" titelte kürzlich eine Zeitung in diesem Zusammenhang (Staudacher 2015). Mit dem Sinken der Response Rate leben bereits überwunden geglaubte Diskussionen über die Repräsentativität von internetbasierten Befragungen wieder auf (Paulus 2013).

Als Alternative erscheint die Analyse sozialer Netzwerke, von Diskussionsforen und Blogs, in denen sich Kunden und Interessenten spontan, ungefragt und ohne die Notwendigkeit von Incentives äußern. Dementsprechend ist der Boom zur Auswertung sozialer Medien ungebrochen (Schatilow und Lappe 2011; Bachem 2012; Voss 2012; Tabino 2013).

Doch können aus der Analyse spontaner Äußerungen in sozialen Netzwerken tatsächlich Consumer Insights bzw. Kundenmeinungen, Bewertungen und -wünsche gewonnen werden – oder ist dies nur über einen erfolgreichen Aufbau von Online-(Panel-)Community möglich, wie einige Autoren meinen (z. B. Voss 2012)? Letzteres wäre keine wirklich neue Herangehensweise, da das Medium Internet dann lediglich als Transportvehikel für traditionelle Auswertungen dient.

Eine wirklich revolutionäre Herangehensweise wäre das zeitlich und mengenmäßig unbegrenzte, d. h. permanente Monitoring von Bewertungen, Meinungen und Stimmungen aus dem „World Wide Web" zu den für das jeweilige Unternehmen relevanten Sachverhalten.

Abstrahiert man von den messmethodischen Klippen, die grundsätzlich bei allen Befragungen zu umschiffen sind (Repräsentativität, Reliabilität, Validität, Objektivität, Skalenniveau etc.), stehen wir bei der Analyse spontaner freitextlicher Äußerungen, die uns aus sozialen Netzwerken entgegenschwappen, vor fünf zusätzlichen Herausforderungen.

13.2 Fünf Herausforderungen bei einer permanenten Analyse von Social-Media-Daten

1. Die Menge der Daten und sich daraus ergebende
2. Zeit- und Kostenfaktoren
3. Die korrekte Erkennung des Sentiments
4. Die Relevanzbewertung
5. Die exakte Zuordnung der Bewertung/des Sentiments zu den relevanten Sachverhalten

13.2.1 Datenmenge

Ein zeitlich und mengenmäßig unbegrenztes, d. h. permanente Monitoring von Bewertungen, Meinungen und Stimmungen aus dem „World Wide Web" zu allen für das jeweilige Unternehmen relevanten Sachverhalten führt uns zwangsläufig in den Bereich „Big Data". Allein aufgrund der schieren Menge ist hier eine „händische Auswertung" nur schwer vorstellbar.

13.2.2 Kosten- und Zeitfaktoren

Müssen für die Analyse von Social-Media-Daten Experten rekrutiert werden, führt dies zu einem Zeit- und Kostenaufwand, der eine umfassende permanente Analyse praktisch unmöglich macht. Viele Marktforschungsunternehmen versuchen, mittels sogenannter Cloud-Lösungen die Situation in den Griff zu bekommen: Über Apps werden Freiwillige rekrutiert, die Social Media Posts „mal eben" zwischendurch bewerten und kategorisieren. Diese Vorgehensweise führt direkt in die Falle der o. g. messmethodischen Probleme (Reliabilität, Objektivität etc.) und ermöglicht keine qualitativ hochwertigen Ergebnisse.

Angesichts der beiden ersten Herausforderungen Datenmenge und Zeit/Kostendruck sowie zur Gewährleistung einer objektiven vom individuellen Auswerter unabhängigen Bewertung scheinen automatische Softwaretools bzw. Text-Mining-Ansätze die Verfahren der Wahl zu sein.

13.2.3 Die korrekte Erkennung des Sentiments

Was beinhaltet überhaupt der Begriff „Sentimentanalyse?" Ursprünglich wurde der Begriff des Sentiments im Börsenumfeld verwendet, um Stimmungen von Anlegern zu berücksichtigen, später wurde der Begriff auf die Stimmung von Märkten ausgeweitet. Inzwischen wird der Begriff des Sentiments relativ undifferenziert als Synonym für eine negative oder positive Bewertung von Marken, Produkten, Unternehmen, Serviceleistungen etc. verwendet. Äußert sich ein Endkunde oder Interessent positiv (gefällt mir, gut, super, Klasse) oder negativ (uncool, schlecht, Mist) wird dies als positives oder negatives Sentiment gewertet. Im Marktforschungskontext wird häufig auch der Begriff „Tonale Aussagen" verwendet, die vom Autor geäußerte Meinung bzw. Einstellung, die sogenannte Tonalität zu einem Sachverhalt (Kayser und Rath 2015).

Steffen (2014) bemängelt bei seiner Kritik der marktüblichen Social-Media-Analytiktools deren unzureichende Genauigkeit und führt dies auf die mangelnde Performance der verwendeten Natural Language Processing Engine zurück. Als ein wichtiges Leistungsmerkmal nennt er die Notwendigkeit, zumindest Adjektive korrekt Objekten zuordnen zu können. Dies allein ist jedoch bei Weitem nicht ausreichend: Sentiments können neben Adjektiven auch durch andere Wort- bzw. Begriffsklassen geäußert werden, wie die nachfolgende kurze Beispielliste verdeutlicht.

- **Positives Sentiment:**
  - Adjektiv: gut, super, cool
  - Substantive: (dickes) Lob
  - Verben: (alles) hinbekommen, geholfen
  - Redewendungen: bin wunschlos glücklich
- **Negatives Sentiment**
  - Adjektive: schlecht, grottig, uncool
  - Substantive: Mist, Dreck
  - Verben: wurde belogen, fühle mich verschaukelt, (nichts) hinbekommen
  - Redewendungen: bin echt sauer

Grundlage einer hochwertigen Sentimenterkennung ist daher die korrekte Verarbeitung diverser Wort- bzw. Begriffsklassen einschließlich Redewendungen. Darüber hinaus müssen neben der von Steffen (2014) geforderten Zuordnung von Adjektiven zu Objekten auch andersgeartete Wortkombinationen berücksichtigt werden: Hat die Serviceabteilung „wie immer geholfen", „wie immer nicht geholfen" oder „mitunter geholfen", sind dies durchaus verschiedene Bewertungen. So ist „wie immer geholfen" eine positive Bewertung, obwohl „wie immer" per se kein positives Sentiment vermittelt. Entscheidend ist hier u. a., ob die Aussage „geholfen" mit oder ohne Negation auftritt.

Sentiment und Bewertung

Sentiment steht in den genannten Beispielen eindeutig als Synonym für die Kundenstimmung. Im Bereich der Kundenzufriedenheit müssen jedoch negative Bewertungen auch dann erkannt werden, wenn diese stimmungsneutral, also im engeren Sinne ohne Sentiment, geäußert werden. So enthält die Aussage: „Habe kein Netzempfang, Mist" ein negatives Sentiment, die Aussage „Habe kein Netzempfang" ist dagegen emotional neutral formuliert. Ein beauftragendes Telekommunikationsunternehmen wird jedoch erwarten, dass beide Äußerungen im Sinne der Kundenzufriedenheit als eine negative Bewertung der Netzqualität erkannt werden. Eine nur auf emotionalen Äußerungen beruhende Sentimentanalyse ergibt daher nur ein unvollständiges Stimmungsbild.

Werden emotional neutral geäußerte Bewertungen korrekt erkannt, ermöglicht dies auch in gewissem Umfang eine Ironie-Erkennung, was von Klein und Maetje (2014) als besondere Herausforderung für automatische softwarebasierte Sentimentanalysen genannt wird. Zur Verdeutlichung ein beispielhafter Blog-Eintrag:

Beispiel (1)

„Den dritten Tag kein Internet. Super!"

Der erste Teil der Äußerung enthält eine negative Bewertung der Internetverbindung, allerdings ohne emotionale Äußerung, also ohne Sentiment im engeren Sinne. Auf diese negative Bewertung folgt das ungebundene positive (d. h. keinem anderen Thema zugeordnete) Sentiment „Super". Widersprüche dieser Art sind in der Regel ironische Äußerungen. Häufig werden solche, der vorangegangenen Bewertung widersprechenden ungebundenen Sentiments auch mit Smileys ausgedrückt. Ironie wird von den Usern somit als Bekräftigung einer negativen Bewertung eingesetzt.

13.2.4 Relevanzbewertung

Geht es um die Relevanz einer Kundenäußerung in sozialen Medien zu Produkten oder Dienstleistungen, sind für die betroffenen Firmen zwei Aspekte von Interesse:

1. Enthält eine Meinungsäußerung überhaupt relevante Inhalte?
2. Ist ein gefundenes Sentiment relevant, d. h. bezieht sich das Sentiment tatsächlich auf ein identifiziertes relevantes Thema?

Rothstock und Wenke (2012) verweisen auf „… die Wahl der richtigen Classifier, also der Suchbegriffe", damit überhaupt erst einmal die relevante Information im Internet gefunden werden kann. So sei es wichtig, Markenname und die Marken relevanter Wettbewerber als Klassifikator für eine Suche anzugeben, um zu erfahren, wie über die eigene Marke im Internet gesprochen wird.

Eine Relevanzbewertung nur anhand von isolierten Suchbegriffen oder Schlüsselwörtern oder vordefinierter Phrasen ist jedoch qualitativ hochwertig schwer möglich, da einzelne Begriffe in verschiedenen Kontexten unterschiedliche Bedeutung annehmen können. Hier ein beliebtes Beispiel:

Beispiel (2)
„Hiermit kündige ich Ihnen meinen Umzug an."

Die eindeutige Äußerung „Hiermit kündige ich" oder die scheinbar noch eindeutigere „Hiermit kündige ich Ihnen" erhält durch die Fortsetzung eine völlig andere Bedeutung. Notwendig ist also eine semantische Themenerkennung unter Berücksichtigung des Kontextes.

13.2.5 Zuordnung des Sentiments zu relevanten Sachverhalten

Doch ist dies ausreichend? Für ein Telekommunikationsunternehmen sind beispielsweise Bewertungen von Verträgen oder Handys von Interesse. Auch hier wiederum ein (fiktiver) Blogeintrag als Demonstrationsbeispiel:

Beispiel (3)
„Oma per iPhone angerufen und endlich das geile Apfelkuchenrezept bekommen."

Obwohl ein Handy erwähnt wird, ist die Relevanz dieses Blogeintrages für die Firma Apple marginal, da sich die Begeisterung des Verfassers lediglich auf das Apfelkuchenrezept bezieht. Die englische Variante eines solchen Textes macht eine einfache automatische Relevanzbewertung über sogenannte Classifier oder Schlüsselworte noch schwieriger: Mit den Wörtern „iPhone" und „Apple" (Apple Pie) wären gleich zwei Relevanz suggerierende Wörter für die Firma Apple enthalten!

Werden Sentiment und Thema nur über Schlüsselwörter oder Co-Lokationen definiert, würde die Analyse unseres Apfelkuchenbeispiels das Ergebnis: „iPhone geil" oder „endlich geiles iPhone bekommen" lauten. Das läge zwar plausibel im Trend, entspricht aber nicht dem wahren Inhalt des Blogeintrages!

Wie Klein und Maetje (2014) zu Recht kritisieren, kaschiert „Die Euphorie um Big Data … handfeste Probleme, die sich bei der Analyse großer Datenmengen ergeben". So blieben Fragen nach Gründen, Ursachen von Bewertungen unbeachtet. Nach Klein und Maetje (2014) muss jenseits reiner Monitoring-Angebote tiefer in die Inhalte der Aussagen eingetaucht werden. Dies verlangt nach Meinung der Autoren allerdings menschliche Expertise: Hier wird „der Forscher mit seinen analytischen und interpretativen Kompetenzen gebraucht". Ist dies zutreffend, wäre ein qualitativ hochwertiges permanentes Monitoring sozialer Medien aus Zeit- und Kostengründen nicht realisierbar.

Zwischenfazit

Für eine permanente Analyse von Social-Media-Daten sind fünf Probleme zu lösen: die Menge der Daten und sich daraus ergebende Zeit- und Kostenfaktoren, die korrekte Erkennung des Sentiments, eine Relevanzbewertung der unzähligen Meinungsäußerungen, eine exakte Zuordnung der Bewertung/des Sentiments zu relevanten Sachverhalten.

Angesichts der beiden ersten Herausforderungen – Datenmenge und Zeit/Kostendruck – sowie zur Gewährleistung einer objektiven vom individuellen Auswerter unabhängigen Bewertung scheinen automatische Softwaretools bzw. Text-Mining-Ansätze die Verfahren der Wahl zu sein. Doch können Softwaretools die restlichen drei Herausforderungen, nämlich Relevanzbewertung, hochwertige Sentimenterkennung, korrekte Zuordnung von Sentiment und Bewertung zum jeweiligen Sachverhalt, die für eine automatisierte permanente Analyse sozialer Medien notwendig sind, meistern? Im Folgenden werden wir versuchen, diese Frage zu beantworten.

13.3 Use Case: Auswertung freitextlicher Äußerungen in Befragungen

Cognesys betreibt für einen großen international tätigen Telekommunikationskonzern eine Online-Plattform zur automatischen Auswertungen von Kundenbefragungen im Kontext der Weiterempfehlungsbereitschaft bzw. Net-Promotor-Score-(NPS)-Erhebung. Die per SMS oder E-Mail befragten Kunden füllen ein Freitextfeld aus und begründen ihre Bewertungen inhaltlich. Diese umgangssprachlichen Äußerungen werden danach von der cognesys Software automatisch verarbeitet. Mittels der sogenannten 3-D-Analyse werden die genannten Themen (Dimension 1), deren Bewertung (Dimension 2) sowie zusätzlich evtl. ungelöste Probleme (Dimension 3) identifiziert. Dazu folgendes Beispiel:

Beispiel (4)

„Habe mir gestern neues Galaxy gekrallt. Geiles Smartphone! War mit Kumpels unterwegs, überall schnelles Internet. Bloß der Typ im Shop war zwar freundlich aber ahnungslos."

Die 3-D-Analyse liefert folgende Ergebnisse:

- **Satz 1 + 2:** Thema neue Hardware: Bewertung positiv.
- **Satz 3:** Thema Netzverbindung: Bewertung positiv.
- **Satz 4:** Thema Service Freundlichkeit: Bewertung positiv.
- **Satz 4:** Thema Service Kompetenz: Bewertung negativ.

An einem zweiten Beispiel sei die 3. Dimension – das Vorliegen eines ungelösten Problems – demonstriert:

Beispiel (5)

„Gestern hatte ich zum dritten Mal Besuch vom Techniker. Immer noch kein Internet!"

Hier wird im zweiten Satz von der Software das offene Problem der fehlenden Internetverbindung detektiert und automatisch ein Ticket für einen Rückruf durch die Serviceabteilung generiert.

Wir wollen nun prüfen, inwieweit die oben herausgearbeiteten fünf Herausforderungen für eine permanente Analyse von Social-Media-Daten am Beispiel dieses Use Case zur automatisierten Analyse offener Befragungen bewältigt werden können.

13.3.1 Datenmenge

Die Rücklaufquote bei den Befragungen ist recht hoch, sodass monatlich ca. 55.000 offene Nennungen vorliegen. Vor Einführung der cognesys-Plattform wurden die Freitexte von Mitarbeitern händisch ausgewertet. Pro Monat konnten maximal 5000 Freitexte betrachtet werden.

13.3.2 Kosten- und Zeitfaktoren

Mit der cognesys-Software werden **alle** eingehenden freitextlichen Äußerungen vollautomatisch ausgewertet. Durch ein tägliches Update ist eine tagesaktuelle Auswertung gewährleistet. Dabei haben sich die Kosten gegenüber der manuellen Bearbeitung um 30 % reduziert.

13.3.3 Die korrekte Erkennung des Sentiments

Die Software führt eine automatische semantische Sentimenterkennung durch. Mithilfe einer eigens entwickelten Sentimentdatenbank werden neben Adjektiven auch weitere Begriffsklassen (Adjektive, Substantive, Verben, Ereignisse) und Redewendungen als mögliche Sentimentquellen berücksichtigt.

Sentiment und Bewertung
Durch Anwendung der 3-D-Analyse können auch emotional neutral geäußerte, aber für das Unternehmen dennoch negativ zu bewertende Sachverhalte erkannt und entsprechende Rückruf- oder andere problemlösende Aktionen initiiert werden (s. Beispiel 5).

13.3.4 Relevanzbewertung

Im ersten Schritt der 3-D-Analyse werden für das Unternehmen relevante Sachverhalte semantisch erkannt. Die zu erkennenden Themen wurden gemeinsam mit dem Unternehmen definiert. Die semantische Erkennung beruht auf einer unternehmensspezifischen Datenbank (konkrete Tarife, Dienstleistungen etc.) und einer allgemeinen Datenbank (allgemeines Wording und Begriffe aus dem Dienstleistungsbereich), die von der cognesys Engine zur Interpretation der freitextlichen Kundenäußerungen herangezogen werden.

13.3.5 Zuordnung des Sentiments zu relevanten Sachverhalten

Wie das Beispiel 4 demonstriert, gelingt mittels der 3-D-Analyse auch eine Zuordnung der Bewertungen bzw. des Sentiments zu dem jeweiligen identifizierten relevantem Thema. Bewertungen, welche an kein relevantes Thema gebunden werden können, werden in der weiteren Analyse nicht berücksichtigt (s. Beispiel 5). Durch diesen Ausschluss irrelevanter Kundenäußerungen kann eine sehr hohe Qualität bei der vollautomatischen Auswertung der Freitexte in Befragungen erreicht werden: Die Qualität der Themenerkennung durch die cognesys-Software einschließlich der Sentimentzuordnung auf drei Stufen (positive Nennung, negative Nennung, neutrale Nennung) liegt bei ca. 90 % korrekt über allen als relevant definierten Themen.

Der beschriebene Use Case verdeutlicht die Möglichkeit, durch eine softwaregestützte automatische Analyse umfangreiche Befragungen mit offenen Nennungen/freitextlichen Antworten in hoher Qualität permanent auszuwerten. Doch welche Vorteile bringt eine über die übliche numerische Erfassung des NPS hinausgehende Berücksichtigung offener Nennungen tatsächlich?

13.4 Welchen Mehrwert erbringt die automatische Auswertung freier Äußerungen bei Befragungen? – am Beispiel des Net Promotor Scores

Der Net Promotor Score ist eine auch im Telekommunikationsumfeld weit verbreitete Kennziffer zur Messung der Kundenbindung/Kundenloyalität. Der NPS basiert auf der Frage „Wie wahrscheinlich ist es, dass Sie dieses Unternehmen einem Freund oder einem Kollegen weiterempfehlen?" Die Antwort wird numerisch auf einer Skala von 0 (unwahrscheinlich) bis 10 (sehr wahrscheinlich) erfasst (Details z. B. bei Reichheld 2006).

Durch permanentes Erfassen und Auswerten des NPS messen Unternehmen Veränderungen in der Kundenloyalität, um ggf. gezielt Maßnahmen einleiten zu können. Da der Wert numerisch erhoben wird, ist seine Auswertung im Gegensatz zu offenen freitextlichen Äußerungen problemlos möglich. Doch wie ist es mit dem Ableiten von Maßnahmen?

Ein sinkender NPS zeigt an, dass dem Unternehmen Verlust von Kunden droht. Die numerische Veränderung des NPS-Wertes erlaubt jedoch keine Aussage darüber, warum oder womit die Kunden unzufrieden sind. Werden die Kunden bei der Erhebung des NPS dagegen gebeten, ihre Bewertung zu begründen, sind aus diesen freien Äußerungen die Gründe für Zufriedenheit und Unzufriedenheit ableitbar, wie das Beispiel 4 eindrucksvoll belegt.

Im Dashboard der cognesys-Plattform werden daher die mittels 3-D-Analyse erkannten Themen samt ihrer Bewertung durch die Kunden mit dem numerisch angegebenen NPS in Bezug gesetzt. So ist auf einen Blick erkennbar, mit welchen Themen die Promotoren (Kunden mit hoher Weiterempfehlungsbereitschaft) zufrieden sind: Es sind die Themen mit positiver Bewertung. Ebenso sind die Treiber bzw. Gründe für die geringe Zufriedenheit der Detraktoren (Kunden ohne Weiterempfehlungsbereitschaft) an den negativ bewerteten Themen klar erkennbar. So können aus der automatischen Auswertung der offenen Nennungen und dem numerisch erhobenen NPS klare Handlungsempfehlungen zur Verbesserung der Kundenbindung zeitnah abgeleitet werden.

Durch die qualitativ hochwertige automatische Auswertung großer Mengen von Befragungsdaten über längere Zeiträume können zudem neue Einsichten über die Treiber der Kundenzufriedenheit gewonnen werden. So können „Gewinnerthemen" und „Verliererthemen" in Bezug auf Kundenzufriedenheit/Kundenbindung identifiziert werden.

„Gewinnerthemen" und „Verliererthemen"
Themen, deren spontane Erwähnung bei offenen Befragungen stets mit einer Verschlechterung der Kundenzufriedenheit einhergeht, werden „Verliererthemen" genannt. Themen, deren spontane positive Erwähnung das Potenzial besitzt, die Kundenzufriedenheit signifikant zu verbessern, werden „Gewinnerthemen" genannt. Die Abbildungen (Abb. 13.3, 13.4 und 13.5) verdeutlichen diese Aussage.

Die Abb. 13.3 und 13.4 verdeutlichen, dass bei positiver Nennung des Themas „Freundlichkeit der Servicemitarbeiter und Kompetenz der Servicemitarbeiter" (Kategorie 3 auf der X-Achse) der höchste NPS-Wert erreicht wird. Wird das Thema nicht erwähnt (Kategorie 4), ist der NPS Wert deutlich geringer. Am geringsten ist der NPS-Wert verständlicherweise, wenn die Freundlichkeit und Kompetenz der Servicemitarbeiter von

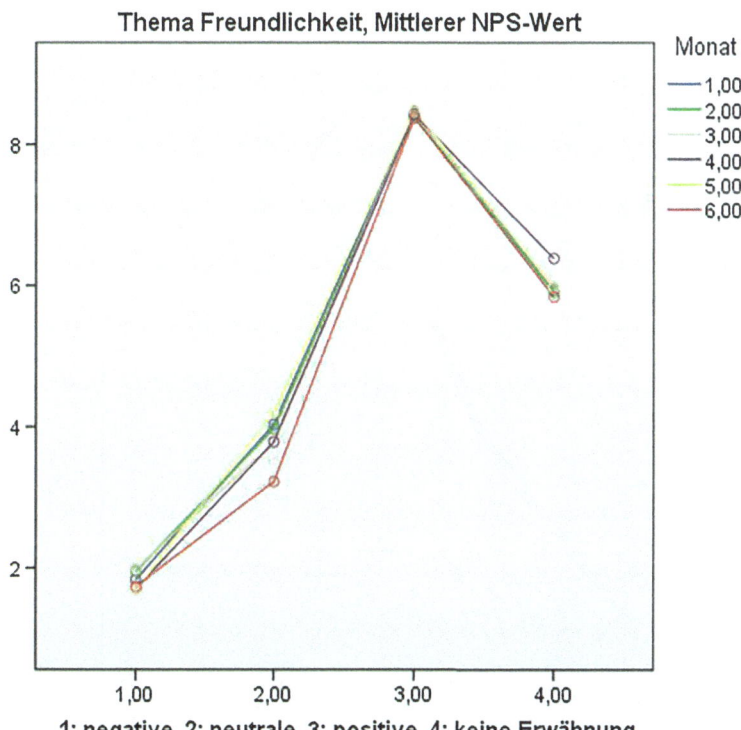

Abb. 13.3 „Freundlichkeit", aggregierte anonymisierte Daten

den Kunden spontan negativ beurteilt wird. Die Themen Freundlichkeit und Kompetenz haben also das Potenzial, die Kundenzufriedenheit bzw. den NPS zu erhöhen. Daher sind es folglich „Gewinnerthemen." Die unterschiedlichen Linienverläufe stehen jeweils für einen Monat und belegen die Stabilität der Effekte über die Zeit.

Die Abb. 13.5 bietet ein anderes Bild: Der NPS-Wert ist am höchsten, wenn das Thema „Termintreue" in den Befragungen bzw. den offenen Nennungen der Kunden spontan nicht auftaucht (Kategorie 4). Jede spontane Erwähnung des Themas, selbst eine positive, ist mit einem geringeren NPS-Wert verbunden, als wenn das Thema Termintreue nicht aufpoppt. Daher steht „Termintreue" für ein sogenanntes „Verliererthema": Hier dürfte sich ein Unternehmen keine Fehler erlauben!

13.5 Übertragbarkeit der Ergebnisse auf soziale Medien

Der Use Case zur automatischen Auswertung offener Nennungen bei Befragungen zum NPS hat belegt, dass mittels geeigneter Softwareverfahren die fünf Herausforderungen für eine permanente Analyse großer freitextlicher Datenmengen, wie sie in den sozialen Medien anfallen, nämlich:

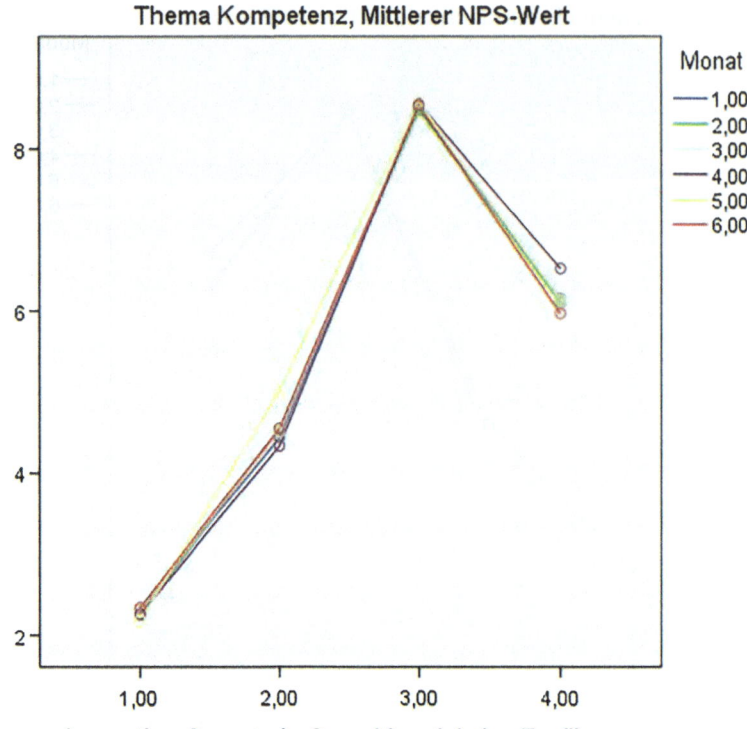

Abb. 13.4 „Kompetenz", aggregierte anonymisierte Daten

1. Die Menge der Daten und sich daraus ergebende
2. Zeit- und Kostenfaktoren
3. Die korrekte Erkennung des Sentiments
4. Die Relevanzbewertung
5. Die die exakte Zuordnung der Bewertung/des Sentiments zu den relevanten Sachverhalten bewältigt werden können. Von der technischen Machbarkeit sind ein automa-
   tisches permanentes Monitoring und die Ableitung von Kundenstimmungen aus den
   sozialen Medien durchaus möglich. Weitere Studien müssen zeigen, ob aus den Aussagen von Kunden und Interessenten im Internet inhaltlich vergleichbare Ergebnisse
   abgeleitet werden können, wie bei gezielten Befragungen.

Fest steht jedoch bereits jetzt schon, dass die zukünftige Rolle des Marktforschers „deutlich strategischer und beratender als mathematisch-analytisch sein wird" (Maasberg
2015). Die Datenmassen sollten durch smarte Befragungen ergänzt werden, Kausalitäten
verstanden werden.

Abschließend sei Klos (2014) zitiert: „Entscheidend ist, die Stimme des Kunden im
Unternehmen verfügbar und damit operativ nutzbar zu machen. Dabei ist es wichtig,

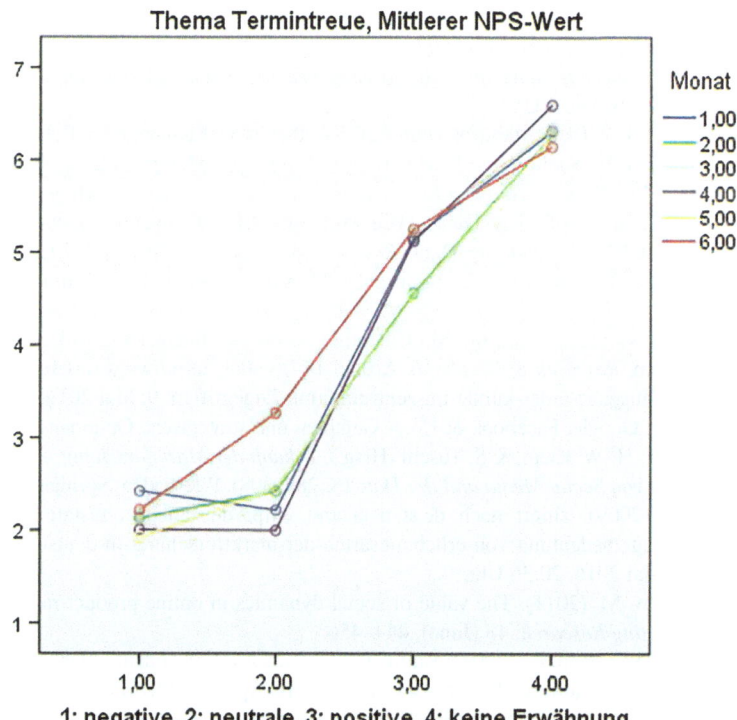

Abb. 13.5 „Termintreue", aggregierte anonymisierte Daten

Kundenfeedback kontinuierlich und in Echtzeit zu erfassen und den Mitarbeitern an der Kundenfront umgehend zur Verfügung zu stellen. Nur so kann man auf operative Probleme schnell reagieren und bestehende Kundenbeziehungen weiter ausbauen. Auf diese Weise verwandeln sich Unternehmen in kundenzentrierte Organisationen (Transformational Customer Experience Management). Effektives Customer Feedback Management unterstützt Unternehmen bei diesem Kulturwandel. Über innovative Feedback-Systeme werden Kundenerlebnisse sowie Kundenstimmen hörbar gemacht und in unmittelbare Handlungsmaßnahmen überführt" (Klos 2014).

Literatur

Bachem, C. (2012). Die Zeit ist reif. Instrument vergleicht Imagewirkung von Fanpages und Corporate Websites. *Research & Results, 5,* Artikel 12-05-54-1. http://www.research-results.de/fachartikel/2012/ausgabe-5/die-zeit-ist-reif.html. Zugegriffen: 9. Mai 2016.

BDVW. (2014), zitiert nach de.statista.com. Für welche Projekte/Aufgaben setzen Sie Social Media bislang wie häufig ein? http://de.statista.com/statistik/daten/studie/214160/umfrage/einsatzbereiche-von-social-media-in-unternehmen. Zugegriffen: 9. Mai 2016.

Bruhn, M. (2006). *Qualitätsmanagement für Dienstleistungen: Grundlagen, Konzepte, Methoden.* Wiesbaden: Gabler.

Godes, D., & Mayzlin, D. (2004). Using online conversations to study word-of-mouth communication. *Marketing Science*, 23 (4), 545–560.

Hentschel, B. (1992). *Dienstleistungsqualität aus Kundensicht: Vom merkmals- zum ereignisorientierten Ansatz*. Wiesbaden: DUV.

Kayser, S., & Rath, H. H. (2015). Marktforschung 2.0 – Authentische Meinungen in Echtzeit erschließen. In B. Keller, H.-W. Klein, & S. Tuschl (Hrsg.), *Zukunft der Marktforschung: Entwicklungschancen in Zeiten von Social Media und Big Data* (S. 121–134). Wiesbaden: Springer Gabler.

Klein, S., & Maetje, S. (2014). Big Data – Big Problems. Ein Plädoyer für mehr Qualität im Umgang mit Social Media und Big Data. *Research & Results, 2*, Artikel 14-02-34-1. http://www.research-results.de/fachartikel/2014/ausgabe-2/big-data-a-big-problems.html. Zugegriffen: 9. Mai 2016.

Klos, D. (2014). Der Kunde im Zentrum. Mit Customer Feedback Management zu kundenzentrierten Organisationen. *Research & Results, 6*, Artikel 14-06-30-1. http://www.research-results.de/fachartikel/2014/ausgabe-6/der-kunde-im-zentrum.html. Zugegriffen: 9. Mai 2016.

Maasberg, E. (2015). Google, Facebook & Co. – Gefahren und strategische Optionen für Marktforscher. In B. Keller, H.-W. Klein, & S. Tuschl (Hrsg.), *Zukunft der Marktforschung: Entwicklungschancen in Zeiten von Social Media und Big Data* (S. 289–308). Wiesbaden: Springer Gabler.

Marktforschung.de (2009), zitiert nach de.statista.com. http://de.statista.com/statistik/daten/studie/152728/umfrage/bedeutung-von-erhebungsarten-der-marktforschung-in-deutschland-2020/. Zugegriffen: 9. Mai 2016, 20:36 Uhr.

Moe, W.W., & Trusov, M. (2011). The value of social dynamics in online product ratings forums. *Journal of Marketing Research*, 48 (June), 444–456.

Nerdinger, F. W., & Neumann, C. (2007). Kundenzufriedenheit und Kundenbindung. In K. Moser (Hrsg.), *Wirtschaftspsychologie* (S. 128–144). Heidelberg: Springer Medizin.

Paulus, M. (2013). Fehlende Repräsentativität kann weh tun [Web Log Eintrag]. http://www.net-promoter.de/blog.html?start=5. Zugegriffen: 9. Mai 2016.

Reichheld, F. (2006). *Die ultimative Frage: Mit dem Net-Promoter-Score zu loyalen Kunden und profitablem Wachstum*. München: Hanser.

Rothstock, K., & Wenke, A. (2012). Ganz Ohr. Mit Buzz-Monitoring Konsumentenverhalten besser verstehen. *Research & Results, 3*, Artikel 12-03-50-1. http://www.research-results.de/fachartikel/2012/ausgabe-3/ganz-ohr.html. Zugegriffen: 9. Mai 2016.

Schatilow, M., & Lappe, R. (2011). Den Kunden binden. Mit Social Media das Customer Relationship Management optimieren. *Research & Results, 6*, Artikel 11-06-32-1. Verfügbar unter http://www.research-results.de/fachartikel/2011/ausgabe-6/den-kunden-binden.html. Zugegriffen: 9. Mai 2016.

Schweidel, D. A., & Moe, W. W. (2014). Listening in on Social Media: A joint model of sentiment and venue format choice. *Journal of Marketing Research, 51*(4). http://journals.ama.org/doi/full/10.1509/jmr.12.0424. Zugegriffen: 9. Mai 2016.

Seiffert, I., & Degen, R. (2010). Riesenschritte Richtung Zukunft. Online-Marktforschung – gestern, heute, morgen. *Research & Results, 2*, Artikel 10-02-32-1. http://www.research-results.de/fachartikel/2010/ausgabe-2/riesenschritte-richtung-zukunft.html. Zugegriffen: 9. Mai 2016.

Statista. (2014). Soziale Netzwerke – Statista-Dossier. http://de.statista.com/statistik/studie/id/11852/dokument/soziale-netzwerke-statista-dossier. Zugegriffen: 7. März 2015.

Staudacher, A. (2015). Wer hat heute noch Zeit für eine Umfrage? http://kurier.at/wirtschaft/marktplatz/marktforschung-wer-hat-heute-noch-zeit-fuer-eine-umfrage/124.273.430. Zugegriffen: 9. Mai 2016.

Steffen, D. (2014). Verknüpfung von Daten aus Sozialen Medien mit klassischen Erhebungsmethoden. In C. König, M. Stahl, & E. Wiegand (Hrsg.), *Soziale Medien: Gegenstand und Instrument der Forschung* (S. 97–110). Wiesbaden: Springer VS.

Tabino, O. (2013). Gegen alle Zweifel. Ein Plädoyer für die Social Media-Forschung. *Research & Results, 2,* Artikel 13-02-46-1. http://www.research-results.de/fachartikel/2013/ausgabe-2/gegen-alle-zweifel.html. Zugegriffen: 9. Mai 2016.

Voss, M. (2012). Das gefällt mir. Mit sozialen Netzwerken Consumer Insights gewinnen. *Research & Results, 6,* Artikel 12-06-46-1. http://www.research-results.de/fachartikel/2012/ausgabe-6/das-gefllt-mir.html. Zugegriffen: 9. Mai 2016.

Der Einsatz von Text Mining zur Bestimmung des Diffusionsprozesses von Produkten

Dr. Stefan Ebener und Monika Ebener

Zusammenfassung

Die öffentliche Ausschreibung ist ein transparentes Objekt des europaweiten Vergaberechtes und lässt umfangreiche Analysen zur Nachfrage nach Gütern, Waren und
Dienstleistungen samt finalem Zuschlag zu. Text Mining ermöglicht es, natürlichspra-
chige Texte, bspw. ein Ausschreibungsdokument, zu zerlegen und durch die Anwendung verschiedenster Verfahren auszuwerten. Die Bestimmung der Produktdiffusion
disruptiver Systemarchitekturen respektive technologischer Funktionalitäten mithilfe
des Text Minings ist Gegenstand dieser Arbeit.

Inhaltsverzeichnis

Dr. S. Ebener (✉) · M. Ebener
Düsseldorf, Deutschland
E-Mail: email@stefan-ebener.com

M. Ebener
E-Mail: monika.ebener@gmail.com

© Springer Fachmedien Wiesbaden GmbH 2017
O. Gansser und B. Krol (Hrsg.), *Moderne Methoden der Marktforschung,* FOM-Edition,
DOI 10.1007/978-3-658-09745-5_14

14.1 Einführung

Der Erfolg bzw. die Akzeptanz einer Innovation im Massenmarkt hängt maßgeblich davon ab, ob die Idee aus der Nische heraustritt und auf eine Nachfrage in der breiten Masse trifft. Diese Nachfrage kann schon immer existiert haben, aber konnte bis dato nicht gestillt werden. Auch kann die Nachfrage erst durch das neu eingeführte Produkt oder einer neuen Funktionalität erschaffen worden sein. In beiden Fällen muss ein Wendepunkt im Diffusionsprozess überschritten worden sein: die Marktpenetration von mindestens 15 bis 18 %. Erst danach kann eine Innovation tatsächlich zu einem Massenmarktgeschäft werden (Rogers 2003).

Die spannende Frage im Kontext der Produktdiffusion ist, wie es Hersteller schaffen, möglichst schnell zu diesem Wendepunkt zu gelangen. Eine wesentliche Charakteristik des Massenmarktes ist es, nach Erfahrungen und Informationen bereits existierender Kunden zu suchen. Für den Produkterfolg spielen daher die Innovatoren und Meinungsführer (engl. Opinion Leader) eine Schlüsselrolle. Sie beschäftigen sich als Erste mit einer Innovation, schaffen das Bewusstsein über die Existenz selbiger und erwirken das Verständnis dafür in ihrer Umwelt. Die interpersonelle Kommunikation, die Suche nach Gleichgesinnten für einen Wissens- bzw. Erfahrungsaustausch, spielt bei den Meinungsführern eine wichtige Rolle. Sind die anfänglichen Unsicherheiten abgelegt, sind es eben diese Personen, die andere potenzielle Kunden aktiv oder auch passiv bspw. durch Rezensionen von der Innovation überzeugen und damit den Grundstein für einen Dominoeffekt legen. Die Erfolgsmessung von Meinungsführern ist in der Gesellschaft u. a. durch Nisbet und Kotcher (2009), van den Brink et al. (2013), im Konsumermarkt u. a. durch Clement et al. (2007), Schwarz et al. (2013), Yu et al. (2012) untersucht worden. In der Investitionsgüterbranche mangelt es bis dato an derartigen Studien.

Text Mining soll den Erfolgsfaktor „Opinion Leader" für die Produktdiffusion anhand der öffentlichen Ausschreibung im System „Storage"[1] greifbar machen und letztlich eine Art der Erfolgsmessung darstellen. Die öffentliche Ausschreibung eignet sich hierbei insbesondere deshalb, da sie ein transparentes Objekt der europäischen Vergaberechtes darstellt. Dies bedeutet konkret: Jede Beschaffung des Bundes, eines Landes oder einer Kommune über einem gewissen Schwellwert muss europaweit völlig offen und neutral ausgeschrieben werden. Jede Firma oder Institution kann sich um die Vergabe bewerben.

Dieser Umstand bringt es mit sich, dass die Nachfrage der Kunden transparent ist und nachvollzogen werden kann. Die Text-Mining-basierende Analyse dieser Dokumente

---

[1]Das System „Storage" ist in der Investitionsgüterbranche verortet und beschreibt ein Beschaffungssegment der IT. Konkret handelt es sich um Speichersysteme, die durch eine hohe Innovationskraft und immer wieder aufkommende disruptive Technologien charakterisiert sind.

hinsichtlich deren Anforderungen ermöglicht es so, ein Diffusionsmodell zur Bestimmung der Zeitpunkte, zu denen Konsumenten ein neues Produkt erwerben, zu erstellen.

Der Zweck dieser Arbeit ist die Erstellung eben dieses Diffusionsmodells und die Analyse der Adoption verschiedener Systemarchitekturen respektive technologischer Funktionalitäten aus dem System „Storage".

14.2 Vom Innovator bis zum Nachzügler

Der Abschn. 14.1 hat eine kompakte Einführung zur Idee der Analyse gegeben. Im Folgenden werden nun die theoretischen Grundlagen zur Diffusionstheorie, dem Einfluss von Meinungsführern sowie dem Text Mining diskutiert. Der Abschn. 14.3 erläutert dann die eigentliche Untersuchung.

14.2.1 Grundlagen der Diffusionstheorie

In der Betriebswirtschaft stellt sich oft die Frage, wie Innovationen und neue Ideen den Weg in die Zielgruppe finden und wie bzw. wann eine kritische Masse im Absatz erreicht werden kann. Diesbezüglich lassen sich häufig Muster erkennen, denn die Verbreitung von neuen Informationen wie z. B. neuen Produkten erfolgt in sozialen Systemen nach bestimmten Regeln. Dieser zeitliche Ablauf der Ausbreitung der Information über Kommunikationskanäle wird auch Diffusion genannt (Rogers 2003).

Bevor die Diffusionsforschung in die Disziplin der Kommunikation und Betriebswirtschaft Einzug gehalten hat, wurden Ausbreitungen bereits in anderen Feldern untersucht, wie z. B. Epidemien in der Medizin oder Verhaltensweisen in der Soziologie. Den Ursprung der Diffusionsforschung legte Tarde 1890 in seinem Werk „Les lois de l'imitation", indem er die Idee präsentierte, dass jede Ähnlichkeit in sozialen Systemen auf Nachahmung beruhte (Tarde 2004). Ihren Höhepunkt erreichte die Diffusionsforschung rund 70 Jahre später in den 1960er-Jahren mit bahnbrechenden Studien von Lazarsfeld, Ryan und Gross und der umfassenden Analyse der bisherigen Diffusionsstudien (N = 1084 Publikationen) bis zum Jahr 1968 durch Rogers (siehe hierzu u. a. Berelson et al. 1954; Lazarsfeld et al. 1965; Rogers 2003; Ryan und Gross 1943, 1950).

Bezug nehmend auf den Begriff der Diffusion sind nach Rogers auch weitere Begriffe zu betrachten, um den Diffusionsprozess abbilden zu können. Zum einen ist dies die Adoption, d. h. die Entscheidung, eine Innovation anzunehmen. Der Adopter, der die Innovation übernimmt, kann dies vollständig, teilweise oder in modifizierter Form tun. Diesen Ablauf der Adoption von der Kenntnis der neuen Innovation über die Informationssuche bis zur Entscheidung über die Annahme/Ablehnung der Innovation nennt man Adoptionsprozess. Die Adoptionsrate ist dabei die relative Geschwindigkeit, mit der die Mitglieder eines sozialen Systems eine Innovation annehmen. Die Adoptionsrate wird gemessen, indem die Zahl der neuen Adopter in einer bestimmten Zeitperiode ermittelt wird (Rogers 2003).

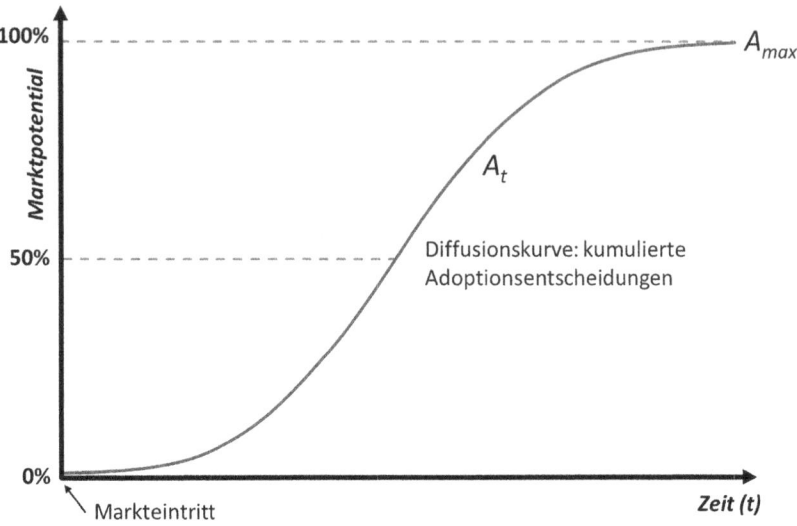

Abb. 14.1 Diffusionskurve im Diffusionsprozess nach Rogers. (In Anlehnung an Rogers 2003, S. 11)

Der idealtypische Diffusionsprozess

Bevor der idealtypische Verlauf eines Diffusionsprozesses anhand der Diffusionskurve dargestellt wird, ist anzumerken, dass die Geschwindigkeit des Prozesses abhängig von exogenen und endogenen Faktoren ist. So kann es im Zeitverlauf zu einer langsameren oder schnelleren Diffusion kommen. Grundlage des idealtypischen Diffusionsprozesses ist die Aggregation aller Adoptionsentscheidungen in einem bestimmten Zeitraum. Die so entstehende Diffusionskurve nimmt einen S-förmigen Verlauf, wie folgender Darstellung zu entnehmen ist (vgl. Abb. 14.1).

Nach einer zögerlichen Einführungsphase nach dem Markteintritt kommt es zu einer schnellen Verbreitung der Innovation bis das Wachstum abflacht und einen Sattelpunkt, das Sättigungsniveau, erreicht. Der Idealfall ist erreicht, wenn dieser Sattelpunkt dem Gesamtpotenzial der Innovation entspricht.

Auf Basis dieser Diffusionskurve kann als Prognose- und Steuerungswerkzeug eine theoretische Annahme über den Ausbreitungsverlauf eines Produktes getroffen werden. Diese kann allerdings immer nur eine Annäherung an die Realität darstellen, da der tatsächliche Verlauf höchst abhängig von unterschiedlichsten Faktoren ist.

Die fünf Adopterkategorien

Innerhalb dieses Diffusionsprozesses treten zu unterschiedlichen Zeiten unterschiedliche Akteure auf, die sich anhand ihres Verhaltens in fünf Kategorien einordnen lassen, wie die Abb. 14.2 zeigt. Diese fünf Kategorien nennt Rogers Adopterkategorien.

Innovatoren sind die erste Gruppe von Akteuren. Sie probieren neue Technologien als Erstes aus, sind risikobereit und enthusiastisch. Die Risikofreude ist dabei unabdingbar. Oft sind sie mit weiteren Innovatoren sozial vernetzt, auch wenn die physische Distanz

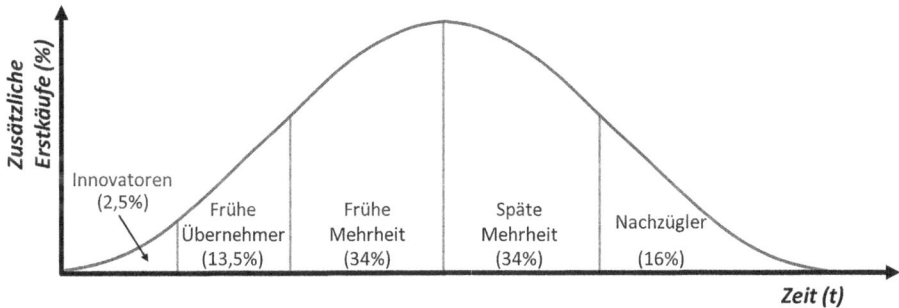

Abb. 14.2 Der Diffusionsprozess von Innovationen. (Rogers 2003, S. 243 ff.)

zwischen ihnen groß sein kann. So haben sie einen inneren Zirkel von Innovatoren. Ein Innovator muss nach Rogers zwei Bedingungen erfüllen: Er muss über die finanziellen Mittel verfügen, um eine mögliche unprofitable Innovation abfedern zu können, und muss ein technisches Know-how haben, das es ihm erlaubt, komplexe Technik zu verstehen und anwenden zu können (Rogers 2003, S. 281).

Die zweite Adopterkategorie bilden die Frühadoptoren, auch Early Adopters genannt. Sie sind eher in ihr lokales Sozialsystem integriert als Innovatoren, die hingegen Kosmopoliten sind. Diese Adopterkategorie verfügt über den größten Grad an Meinungsführerschaft. Potenzielle Adoptoren orientieren sich an den respektierten und angesehenen Early Adopters im Hinblick auf Informationen und Ratschläge zu Innovationen. Da sich die Frühadoptoren nicht so sehr von den späteren Adoptoren unterscheiden wie die Innovatoren, können sich die späteren Folger mit ihnen identifizieren und vertrauen ihnen. Innerhalb des Sozialsystems dienen sie als Vorbild. Der Frühadopter dient dazu, Unsicherheit in Bezug auf eine Innovation zu minimieren, indem er sie annimmt und sein Urteil innerhalb seines Netzwerkes teilt (Rogers 2003, S. 281).

Die frühe Mehrheit adaptiert Innovationen kurz bevor es der durchschnittliche Konsument tut. Sie entscheiden wohlüberlegt und wollen weder die Ersten noch die Letzten sein, die eine Innovation annehmen. Der Prozess ihrer Entscheidungsfindung ist merkbar länger als der der beiden früheren Adopterkatgorien. Sie sind ein wichtiges Bindeglied zwischen den sehr frühen und sehr späten Adoptoren (Rogers 2003, S. 281).

Die späte Mehrheit, Late Majority, ist skeptisch gegenüber Innovationen und nimmt diese erst aufgrund des Netzwerkdrucks an, oder wenn sie zur ökonomischen Notwendigkeit geworden sind. Sie nehmen sie erst an, wenn der Großteil des Netzwerkes sie bereits angenommen hat und das damit verbundene Risiko möglichst ausgemerzt ist (Rogers 2003, S. 281).

Die Nachzügler, Laggards, sind die letzte Gruppe von Adoptoren. Sie sind sehr konservativ und traditionsbezogen und orientieren sich an vorherigen Generationen. Bis die Nachzügler eine Idee annehmen, ist sie meist bereits überholt und Innovatoren nutzen bereits die nächste Innovation. Ihre unsichere ökonomische Position zwingt sie dazu, Risiken zu vermeiden, und sie akzeptieren Veränderungen erst, wenn sie dazu gezwungen sind (Rogers 2003, S. 281).

Innerhalb der Kategorie der Frühadoptoren ist bereits der Begriff der Meinungsführerschaft gefallen. Inwieweit dieser mit der Diffusionstheorie in Verbindung steht und den Ausbreitungsprozess beeinflusst, erklärt das folgende Unterkapitel.

14.2.2 Der Einfluss des „Opinion Leader"

Die Thematik des Meinungsführers beschäftigt die Forschung seit mehr als sieben Dekaden und wurde in zahlreichen Studien und Publikationen umfassend beleuchtet. Meinungsführerschaft hat sich als besonderer Aspekt im Diffusionsprozess von Innovationen (Menzel und Katz 1955; Rogers 2003; Valente 1996) als auch in der Marketingliteratur herauskristallisiert (Coulter et al. 2002; Goldsmith und Clark 2008).

Grundsätzlich stehen Kaufentscheidern drei verschiedene Quellen zur Verfügung, um Informationen über angebotene Produkte zu erhalten. Eine Quelle sind vom Werbetreibenden beherrschte Kanäle wie Werbung, Verpackung etc. Hier hat der Anbieter direkten Einfluss auf die Art und den Inhalt der übermittelten Informationen. Eine andere Möglichkeit sind neutrale Quellen wie Berichte der Stiftung Warentest oder Ökotest. Der Konsument erhält hier vermeintlich objektive Informationen, da die Quellen angeben, für sich keinen Vorteil zu haben, sollten sie das eine oder andere Produkt bevorzugt bewerten. In der heutigen Zeit steht diese Neutralität aber oftmals infrage. Die dritte Quelle ist die interpersonale Kommunikation, die weder durch Werbetreibende beherrscht, noch vermeintlich neutral ist. Sie ist von Konsumenten selbst bestimmt und stellt den Informationsaustausch zwischen zwei oder mehreren Personen aus dem persönlichen Umfeld dar.

Der interpersonellen Kommunikation kann bei der Meinungsbildung und Kaufentscheidung eine bedeutende Rolle zugesprochen werden, wie empirische Studien beweisen. Persönliche Kontakte haben weder den Anspruch vermeintlicher Neutralität noch sind sie offensichtlich von Werbetreibenden gesteuert. Interpersonelle Kommunikation kann die höchste Glaubwürdigkeit der drei möglichen Informationsquellen erzielen. So ist es nicht verwunderlich, dass Konsumenten eher dazu neigen, informellen oder sozialen Quellen für die Informationssuche zu trauen als offiziellen Markenbotschaften (Berkman und Gilson 1986; Flynn et al. 1996; Homans 1961). Unter den Begriff der interpersonellen Kommunikation fallen Unterhaltungen, Erfahrungsberichte oder Ratschläge unter zwei oder mehr Personen, die diese Informationen untereinander austauschen. Hier findet persönlicher Einfluss statt, der sich auf Meinungen oder Verhalten auswirken kann (Dressler und Telle 2009). Die interpersonelle Kommunikation hat somit weitreichende Folgen.

Innerhalb der interpersonellen Kommunikation gibt es Personen und Personengruppen, denen eine besondere Rolle zugesprochen werden kann. Sie zeichnen sich durch eine hohe soziale und kommunikative Kompetenz sowie ein bedeutendes Fachwissen bezüglich spezieller Themengebiete aus und erlangen dadurch einen hohen Einfluss auf die Meinungsbildung anderer (Chau et al. 1998; Engel et al. 1990). Dieser Kreis genießt eine hohe soziale und fachliche Reputation und erlangt so eine hohe Relevanz in der Meinungsbildung und/-änderung anderer Personen (Roch 2003). Lazarsfeld folgerte im Jahr 1969, dass es auf jedem Gebiet und für jede öffentliche Frage ganz bestimmte Personen gibt, die sich um diese Probleme ganz intensiv kümmern, sich darüber am meisten äußern. Wir nennen sie die Meinungsführer (Lazarsfeld et al. 1965) zitiert nach Jäckel (2011, S. 126). Diese haben aufgrund ihrer entscheidenden Rolle in der Beeinflussung des Marktes eine beträchtliche Aufmerksamkeit unter Marketingverantwortlichen erlangt (Bertrandias und Goldsmith 2006; Childers 1986; Coulter et al. 2002; Venkatraman 1989). Sie sind als Schlüsselrollen im Diffusionsprozess anzusehen.

14.2.3 Die Macht von Text Mining und Big Data

Moderne Methoden des Opinion Leader Managements, wie auch die diversen Diffusionsstudien, basieren auf Daten. Die Analyse von Daten hat folglich nicht nur in der IT eine lange Historie, doch speziell diese Branche lebt von der Extraktion und Verarbeitung von Informationen aus immer größer werdenden Datenbeständen. Mitte der 1950er-Jahre rief UPS als erstes Unternehmen eine eigene Abteilung mit Datenanalysten ins Leben. Der Begriff Corporate Analytics war geboren. 60 Jahre später macht die Terminologie Big Data die Runde. Hier liegt der Fokus nicht länger nur auf unternehmensinternen Daten sondern vielmehr auf der Kombination von internen und externen sowie sehr großen unstrukturierten und weniger großen strukturierten Daten (Davenport 2014).

Wenngleich die Verfahren zur Analyse von Daten bereits über Jahrzehnte Teil der IT sind, erschweren sich die traditionellen Ansätze in der jüngeren Vergangenheit zusehend. Schuld daran ist das enorme Datenwachstum unserer Zeit. 90 % aller weltweit existierenden Daten wurden in den vergangenen zwei Jahren erschaffen oder wie Eric Schmidt 2012 sagte, alle zwei Tage erzeugen wir so viele Daten, wie seit Anbeginn der Menschheit bis zum Jahre 2003 (Schopf 2014; Zikopoulos et al. 2014). Aktuelle Prognosen seitens IDC besagen, dass das „Digitale Universum"[2] bis 2020 von 8.5 Zettabyte[3] auf geschätzte 44 Zettabyte anwachsen wird (International Data Corporation 2014). 70 % aller Daten werden dabei zwar heute von Individuen erzeugt, aber es sind die Unternehmen, die 80 % der Daten speichern und managen müssen. Weit herausfordernder ist jedoch der Umstand, dass sich alle 1,2 Jahre der gespeicherte Datenbestand der Unternehmen verdoppelt (International Data Corporation 2014). Dies hat zur Folge, dass bis 2019 ein prognostiziertes Wachstum von ca. 330 % in der weltweiten Enterprise Storage System Capacity anzunehmen ist (Yezhkova 2015).

Neben dem rasanten Datenwachstum existieren für Unternehmen heute zwei fundamentale Herausforderungen, deren Lösung einen signifikanten Wettbewerbsvorteil bedeuten kann. Zum einen ist dies die Verarbeitung von unstrukturierten Daten. Als unstrukturierte Daten werden Informationen bezeichnet, die kein vordefiniertes Datenmodell besitzen oder in einer bestimmten Art und Weise organisiert sind. Informationen wie ein Datum, Namen oder

---

[2]Dies bezieht sich auf die Menge an weltweit gespeicherten digitalen Daten. IDC veröffentlicht eine jährliche Studie zum Quantifizieren und Prognostizieren der produzierten Datenmenge.

[3]Errechnete Größe des Digitalen Universums in 2015.

bestimmte Entitäten sind verglichen mit Datenbanken nur schwer zu verstehen respektive zu extrahieren. Anders als in der Vergangenheit, als vorverarbeitete, relevante und strukturierte Daten aus unternehmenseigenen Data-Warehouses die Basis für Analysen und Entscheidungen bildeten, kommen heute gut 80 % der erzeugten Daten aus den unterschiedlichsten Quellen mit den unterschiedlichsten Formaten (Steinecke und Straub 2010). Interessanter als das Datenwachstum selbst ist der Wert der Informationen, der in diesen Daten verborgen liegt. Textdaten, speziell solche, die von Individuen in Dokumente, E-Mails, Foren oder Blogs erstellt wurden, umfassen eine Fülle an auswertbaren Daten, die weit mehr Informationen umfassen, als man in traditionellen Datenbanken speichern würde (Aggarwal und Zhai 2012). Dieses Beispiel führt uns zur zweiten wesentlichen Herausforderung: dem Aufspüren und Extrahieren relevanter Informationen aus unstrukturierten Daten. Aufgrund ihrer chaotischen Grundstruktur und der Masse dieser Daten gewinnen die dazugehörigen Techniken stetig an Bedeutung. Unternehmen entwickeln daher neue Ansätze, die sich von deskriptiven hin zu prädiktiven Analysen in Real-Time entwickeln. Dennoch bleibt der Prozess die viel beschriebene Suche nach der Stecknadel im Heuhaufen und erfordert neben den technologischen Skills vor allen Dingen Domänenwissen (International Data Corporation 2014).

Text Mining

Wie bereits angedeutet, verweisen viele der bisher beschriebenen Verfahren auf den Einsatz von Text Mining zur Erschließung unstrukturierter Daten bzw. der Extraktion von Informationen aus Texten. Text Mining beruht auf einer Gruppe von Methoden, um Texte zu strukturieren und neue und relevante Informationen zu extrahieren. Entgegen anderer Ansätze, wie bspw. dem Information Retrieval, das die Suche und Bereitstellung von Informationen als Hauptzweck anführt, fokussiert sich das Text Mining auf die Analyse von Texten (Aggarwal und Zhai 2012; Heyer et al. 2006) Eine sehr allumfassende, wie treffende Beschreibung des Begriffs formulierte (Tan 1999):

> Text Mining, also known as text data mining or knowledge discovery from textual databases, refers generally to the process of extracting interesting and non-trivial patterns or knowledge from unstructured text documents. It can be viewed as an extension of data mining or knowledge discovery from (structured) databases. […] Text Mining, however, is also much more complex task (than data mining) as it involves dealing with text data that are inherently unstructured and fuzzy. Text mining is a multidisciplinary field, involving information retrieval, text analysis, information extraction, clustering, categorization, visualization, database technology, machine learning, and data mining (Tan 1999, S. 65).

Damit deckte Tan bereits die angrenzenden Anwendungsbereiche des Text Minings ab, die Miner 13 Jahre später in seinem Venn-Diagramm (vgl. Abb. 14.3) illustrierte. Wie der Grafik ebenfalls zu entnehmen ist, stammen viele der verwandten Techniken nicht primär aus dem Forschungsfeld des Text Minings, sondern gehören zu anderen Disziplinen die teils lange vor der Definition des Begriffs Text Mining Anwendung fanden.

Einige populäre Beispiele aus der Wirtschaft lassen einen Eindruck über das Potenzial von Text Mining zu. PayPal, ein Online-Bezahldienst mit über 143 Mio. Kunden und mehr als acht Millionen Transaktionen pro Tag, nutzt Text Mining u. a. zur Verbesserung und Optimierung seines Serviceangebotes, einer automatischen Sentiment Analysis,

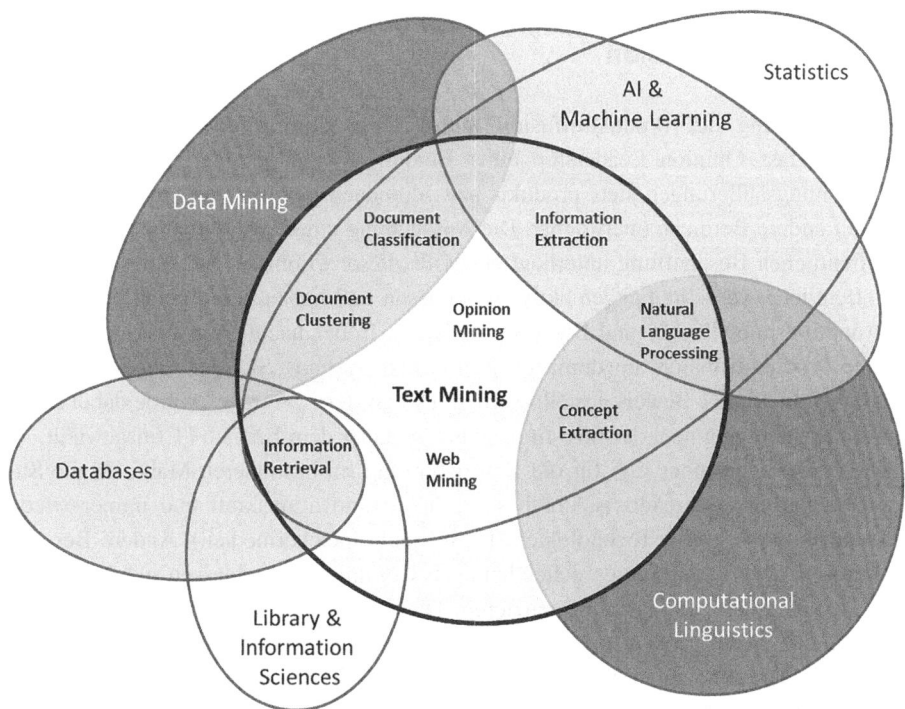

Abb. 14.3 Venn-Diagramm mit der Schnittmenge von Text Mining und sechs verwandten Anwendungsbereichen. (Nach Miner 2012)

der Customer Churn Prediction and Prevention als auch zum Ableiten von Handlungsempfehlungen nach dem Prinzip des Next Best Action. Für PayPal liegt die besondere Herausforderung in der Erfassung von Texten aus einer Vielzahl der unterschiedlichen Quellen (E-Mail, Twitter, Facebook, Feedback-Formulare usw.) gepaart mit dem hohen Volumen in über 30 Sprachen. Eine manuelle Auswertung ist dabei undenkbar bzw. wirtschaftlich nicht rentabel. Gleichzeitig existiert im Unternehmen jedoch der Anspruch, neue Themen und Probleme automatisch zu erkennen, zu priorisieren und zu beheben. Dies sollte nach Möglichkeit in Echtzeit erfolgen. Mittels Text Mining wird das Kundenfeedback automatisch erfasst, klassifiziert und Probleme und Themen nach deren Häufigkeit und Kritikalität kategorisiert. PayPal konnte so bspw. Kreditkarten-Problemen um über 50 % reduzieren (Dinter et al. 2014). DATEV, ein Anbieter von Software für Steuerberater und Wirtschaftsprüfer, nutzt Text Mining zur Identifizierung und Zuordnung viel genutzter Synonyme oder der Korrelation relevanter steuerrechtlicher Begriffe (bspw. Dienstwagen und Privatnutzung). Es handelt sich also um eine semantische Erschließung der Texte auf Basis eines domänenspezifischen Wissensmodells (Dinter et al. 2014). Für weitere Beispiele aus der Finanz- (Schumaker und Chen 2009; Zhang und Zhou 2004) und Versicherungswirtschaft (Popowich 2005), der IT (McKeown et al. 2002; Steinecke und Straub 2010) etc. soll auf die entsprechende Literatur verwiesen werden.

14.3   Der Einsatz von Text Mining zur Bestimmung der Produktdiffusion

Die Bestimmung der Produktdiffusion mittels Text Mining orientiert sich an der Annahme, dass Opinion Leadership einer Eindimensionalität unterliegt. Demzufolge sind Meinungsäußerungen stets produkt- bzw. domänenspezifisch und nicht ohne Weiteres auf andere Bereiche übertragbar. Die Aufdeckung einer Einflussnahme im Rahmen der öffentlichen Beschaffung unterliegt ebenfalls dieser Prämisse. Meinungsführer können öffentliche Ausschreibungen aktiv beeinflussen und haben damit einen Einfluss auf die Adoptionsrate (Ebener und Buchkremer 2015). In der nachfolgenden Untersuchung soll die Produktdiffusion am domänenspezifischen System „Storage" angewendet und dessen Validität unter Beweis gestellt werden. Das System „Storage" wurde dabei exemplarisch aus dem Segment der Investitionsgüter, genauer dem Bereich IT, ausgewählt.

Dieser Bereich eignet sich für die Beweisführung im besonderen Maße, da die Storage-Branche charakterisiert ist durch seine hohe Innovationskraft und immer wieder aufkommende disruptive Technologien (bspw. neue Speichermedien). Andere Bereiche wie bspw. der Markt der Server, gelten heute als Commodity[4] und lassen sich kaum noch über das eigentliche Produkt differenzieren. Die Innovationskraft der Storage-Branche zeigt sich u. a. in der großen Anzahl von Start-up-Unternehmen, die Jahr für Jahr gegründet werden. Diese belaufen sich seit dem Jahr 2000 allein auf 639. In 2014 haben die Top 10 Startups 2,1 Mrd. US$ an finanziellen Förderungen zusammengetragen. (Maleval 2015) Die wenigen etablierten Hersteller sind daher gezwungen, ihre technologische Vormachtstellung, organisch oder durch Zukäufe, zu sichern bzw. auszubauen. Wie in kaum einer anderen Branche existieren daher eine starke Differenzierung der Produkte und die Notwendigkeit einer Vermarktung der jeweiligen Alleinstellungsmerkmale.

14.3.1 Hintergründe des europäischen Vergaberechtes

Die öffentliche Beschaffung ist ein wesentlicher Faktor in der europäischen und deutschen Wirtschaft. Rund 19 % des deutschen Bruttoinlandsproduktes geben öffentliche Auftraggeber jährlich für Lieferungen, Dienstleistungen und Bauarbeiten aus. Dies entspricht einem Volumen von mehr als 2,5 Mio. Ausschreibungen. Die Wirtschaftlichkeit dieser Beschaffungen ist demnach von besonderer ökonomischer Bedeutung. Das etablierte Vergaberecht soll dem Zweck dienen, die benötigten Güter und Leistungen möglichst haushaltsschonend zu beziehen, eine vergleichende Marktübersicht zu erhalten sowie Willkür, Korruption und Parteilichkeit vorzubeugen. Auch die Marktöffnung innerhalb der EU durch die Erweiterung des Ausschreibungsgebietes bei Überschreiten eines Schwellenwertes spielt im Vergaberecht eine Rolle (Byok und Jaeger 2010, S. 2 ff.).

---

[4]In der IT-Branche wird dieser Begriff für ein Produkt verwendet, das keine qualitative Differenzierung im Markt besitzt. Das einzige Unterscheidungsmerkmal ist der Preis.

Für Aufträge oberhalb oder gleich dem Schwellenwert verweist § 97 Abs. 6 GWB auf die Vergabeverordnung, die die Verbindlichkeiten der Vergabe- und Vertragsordnungen VOL, VOB und VOF vorschreibt (Schulz 2013). Weiterführend sind nach den Vorschriften der Vergabeordnung die entsprechenden Vergabearten auszuwählen (vgl. Abb. 14.4).

Das Vergabefahren mit dem größtmöglichen Wettbewerb und somit einem unbeschränkten Bieterkreis stellt das offene Verfahren oberhalb des Schwellenwertes respektive die öffentlichen Ausschreibungen auf nationaler Ebene dar. Die EU-weite Ausschreibung muss aus Gründen der Transparenz im Amtsblatt der EU oder einer gleichwertigen Vergabestelle veröffentlicht werden. Von diesem Vergabeverfahren kann nur dann abgewichen werden, wenn dafür besondere Gründe für die Wahl eines anderen Vergabeverfahrens existieren. Derartige Argumente liegen bspw. dann vor, wenn nur ein bestimmter Unternehmerkreis die Anforderungen der Leistungen erfüllen kann oder eine öffentliche Ausschreibung aufgrund der Dringlichkeit oder Geheimhaltung unzweckmäßig wäre. In diesem Falle greift das nicht-offene Verfahren bzw. die beschränkte Ausschreibung (national). Dem eigentlichen Verfahren wird zu diesem Zweck ein öffentlicher Teilnehmerwettbewerb vorgeschaltet, um den sich interessierte Unternehmen bewerben können. Der Auftraggeber begrenzt aufgrund der Eignung und Qualifikation die Anzahl der Bieter und fordert diese zur Abgabe eines Angebotes auf (Hinweise zum Vergaberecht für Zuwendungsempfänger 2013). Eine dieser sehr ähnliche Verfahrensart ist das Verhandlungsverfahren bzw. die freihändige Vergabe (national). Hierbei steht ebenfalls ein Teilnahmewettbewerb im Vordergrund, der jedoch nur auf formelle Vorschriften gebunden ist und die Möglichkeit bietet, Inhalte und Preise mit den Bietern im laufenden Verfahren zu verhandeln.

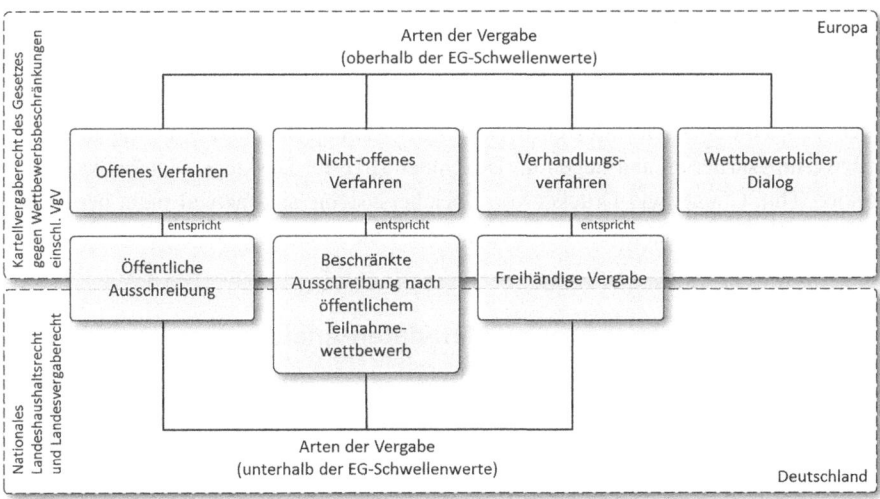

Abb. 14.4 Öffentliches Vergaberecht über und unter dem EU-Schwellenwert. Abschnitt 1/2 VOB/A und VOB/A-EG oder ferner VOL/A und VOL/A-EG. (Nach Schulz 01.09.2013)

14.3.2 Die Ausschreibung als transparentes Objekt der öffentlichen Nachfrage

Im Kontext der Produktdiffusion am domänenspezifischen System „Storage" werden öffentliche Ausschreibungen zur Analyse herangezogen. Anders als vielleicht zu erwarten wäre, existieren für öffentliche IT-Ausschreibungen keine besonderen Regeln im europäischen Vergaberecht. Für IT-Beschaffungen, egal welcher Art, gelten die Bestimmungen der VOL/A. Damit einhergehend gelten auch die entsprechenden Schwellenwerte. Beschaffungen größer oder gleich 134.000 EUR des Bundes respektive 207.000 EUR aller anderen öffentlichen Behörden müssen europaweit ausgeschrieben werden. Diese Vorgabe sorgt für eine hohe, europaweite Transparenz und ermöglicht umfassende Analysen.

Bei der vergaberechtskonformen Erstellung der Vergabeunterlagen im Kontext einer IT-Beschaffung kommt dem Leistungsverzeichnis eine besondere Bedeutung zu. Dieses Dokument darf keine Ausführungen enthalten, welche unter das Diskriminierungsverbot fallen. Dies steht teilweise im herben Widerspruch zu den Anforderungen der VOL/A, die vorgibt, dass das Leistungsverzeichnis die technischen Anforderungen an das ausgeschriebene Produkt darstellt und zur Sicherstellung vergleichbarer Angebote die gewünschte Leistung eindeutig und erschöpfend beschreibt.[5] Darüber hinaus ist die Anforderung an die Leistungsbeschreibung in einer europaweiten Ausschreibung noch einmal höher. Technische Anforderungen müssen nach § 8 EG VOL/A unter Bezugnahme gültiger nationaler und europäischer Normen, Zulassungen und Spezifikationen beschrieben werden oder in ihrer Leistungs- und Funktionsanforderung so genau dargestellt werden, dass ein klares Bild vom Auftragsgegenstand vermittelt wird.

Diese Anforderungen stellen viele Behörden vor eine große Herausforderung, weshalb zur Unterstützung der öffentlichen Hand, in Zusammenarbeit von u. a. dem Beschaffungsamt des BMI und des Bundesverbandes Informationswirtschaft, Telekommunikation und neue Medien e. V. (BITKOM), mehrere ausführliche Leitfäden zur produktneutralen Leistungsbeschreibung und der umweltfreundlichen und nachhaltigen Beschaffung entwickelt wurden. Die Leitfäden unterstützen bei der Entwicklung von markenneutralen, objektiven Bewertungskriterien und liegen im Dezember 2015 für Desktops, Notebooks, Server, Monitore, Thin-Clients und Drucker vor. Speichersysteme sind aktuell nicht berücksichtigt (Beschaffungsamt des Bundesministeriums des Innern 2010).

14.3.3 Datensegmentierung und Metadaten-Analyse

Laut dem Bundesministerium für Wirtschaft und Energie (BMWi) wurden im Jahr 2013 insgesamt mehr als 2,5 Mio. Ausschreibungen formuliert. Darunter sind 1190 Lieferaufträge über dem damaligen Schwellenwert von 130.000 EUR, die durch öffentliche Auftraggeber

---

[5]Abschnitt A (VOL/A) Volume 2009, § 7: (Bekanntmachung der Vergabe- und Vertragsordnung für Leistungen – Teil A [VOL/A] 2009).

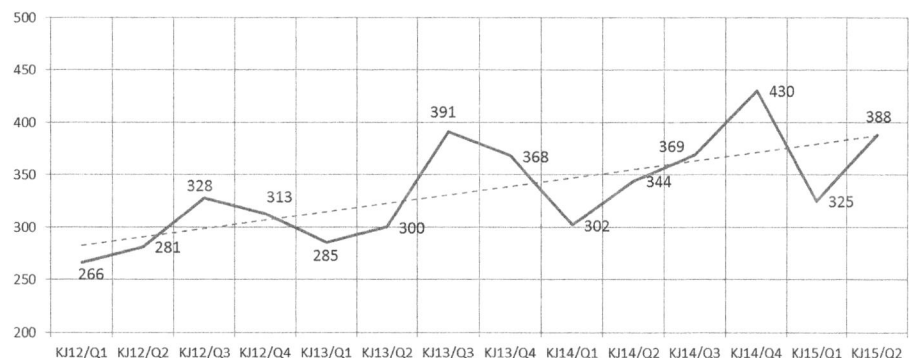

Abb. 14.5 Zahl öffentlicher Ausschreibungen von 15 Monaten. (Datenquelle: DTAD)

europaweit ausgeschrieben und vergeben wurden. Eine Analyse der Datenbank des Deutschen Auftragsdienstes (DTAD) ergab 4692[6] veröffentlichte europaweite Ausschreibungen für den Zeitraum Q1/2012 bis Ende Q2/2015. Die Abb. 14.5 zeigt die Veröffentlichungen der Ausschreibungen von 15 aufeinanderfolgenden Quartalen und gleichzeitig die typische Saisonalität der öffentlichen Beschaffung. Demnach ist im dritten Quartal jeweils mit einer höheren Nachfrage zu rechnen. In 2014, aufgrund der Haushaltssperre des Bundes und verschiedener Länder, verschob sich diese Nachfrage in das vierte Quartal. Ebenfalls der Grafik zu entnehmen ist ein um die Saisonalität bereinigtes Wachstum von rund 10,3 % (YoY) von europaweiten Ausschreibungen.

Für die Datensegmentierung greifen die Autoren auf das Klassifikationssystem der Europäischen Union zurück, welches durch eine vordefinierte Liste von Leistungen und Liefergegenständen mit einer einheitlichen Nomenklatur, die sogenannten Common-Procurement-Vocabulary-Codes (CPV-Codes), repräsentiert wird (Gemeinsame Vokabular für öffentliche Aufträge [CPV] 2007). Diese Nomenklatur unterteilt sich in einen Hauptteil, der den Auftragsgegenstand definiert, und einen erweiterten Bereich, der qualitative Angaben umfasst.

Für die Analyse wurden 14 relevante CPV-Codes identifiziert (vgl. Tab. 14.1) und weitere Segmentierungen vorgenommen. Eine genauere Beschreibung kann dem Titel „Bestimmung des Herstellereinflusses auf die Aufragswahrscheinlichkeit bei öffentlichen Ausschreibungen mittels systematisierter Text- und Metadaten-Analyse" (Ebener und Buchkremer 2015) aus dem Fachbuch „Markt- und Absatzprognosen" (Gansser und Krol 2015) entnommen werden.

Eine Analyse der relevanten CPV-Codes, hinsichtlich deren Häufigkeit der Verwendung in Ausschreibungen hat ergeben, dass im deutschsprachigen Markt vor allen Dingen eine Nachfrage nach Storage Media, Data Storage, RAID sowie Medical Information

---

[6]Diesem Wert liegen bereits die Einschränkung auf die relevanten CPV-Codes (Speichersysteme) zugrunde.

Tab. 14.1 Liste der relevanten CPV-Codes als Ausgangspunkt der Text-Mining-Analyse. (Auszug aus Gemeinsame Vokabular für öffentliche Aufträge [CPV] 2007)

CPV Code:	Beschreibung:
30233100	Computing Storage Devices
30233130	Disk Storage
30233132	Hard Disk Drives
30233140	Direct Access Storage
30233141	Redundant Array of Independent Disks (RAID)
30233180	Flash Storage Devices
30233190	Hard Disk Controller
30234000	Storage Media
30234100	Magnetic Disks
30234600	Flash Memory
30236100	Storage Expansion Device
48814000	Medical Information Systems
48823000	File Manager
72317000	Data Storage

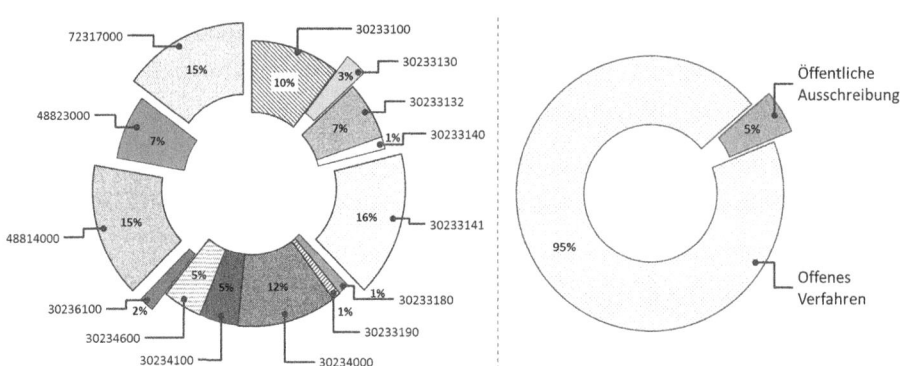

Abb. 14.6 Verteilung der CPV-Codes und Anteil europaweiter Ausschreibungen. (Datenquelle: DTAD)

Systems vorherrscht (vgl. Abb. 14.6). Die größten Wachstumszahlen lieferten in den letzten 15 Quartalen Storage Expansion Devices (23 %) und aufgrund der aktuellen Markentwicklung wenig verwunderlich Flash Storage Devices (135 %) und Flash Memory (34 %). 95 % der ausgewerteten Ausschreibungen sind zudem dem Segment der Open Tender Procedure zuzuschreiben. Datengrundlage der Analysen ist die Datenbank des DTAD für den Zeitraum Q1/2012 bis Ende Q2/2015.

Die notwendigen Informationen zur Analyse der Produktdiffusion werden durch den Textkorpus „Leistungsverzeichnis" bereitgestellt. Dieser wird aus dem jeweiligen

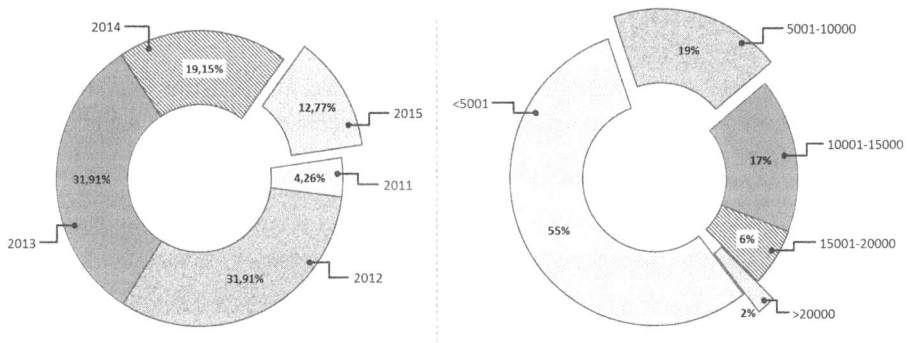

Abb. 14.7 Verteilung der Ausschreibung je Jahr und textuellem Umfang

Ausschreibungsdokument extrahiert und zur weiteren Verarbeitung dem Enterprise Miner der Firma SAS Institute[7] bereitgestellt. Eine erste Exploration der eingesammelten Leistungsverzeichnisse zeigt, dass die Dokumente sich einigermaßen ausgewogen auf die letzten vier Jahre verteilen (vgl. Abb. 14.7). 2011 wird aufgrund der Geringfügigkeit, mangelnder Aktualität und des einhergehenden schnellen technologischen Wandelns nicht weiter berücksichtigt. Für 2015 liegen Dokumente bis Ende Q2 vor und sind mit rund 13 % gut vertreten. Beachtlich ist die große Bandbreite hinsichtlich des Umfangs der Leistungsverzeichnisse. Diese reichen von weniger als 5001 Zeichen (55 %) bis hoch zu 27.404 Zeichen. Die Dokumente mit mehr als 20.000 Zeichen repräsentieren jedoch gerade einmal zwei Prozent der Gesamtmenge und können durchaus als Exoten bezeichnet werden.

14.3.4 Erläuterung der Untersuchungsmethodik

Die Analyse der Produktdiffusion basiert auf der Software „Enterprise Miner" der Firma SAS Institute, das die Texte der Leistungsverzeichnisse untersucht. Die Dokumente müssen in natürlichsprachigen Texten vorliegen, um diese für die eigentliche Analyse aufbereiten zu können. Es folgen Verfahren des Preprocessing wie die Term-Eliminierung, das Stemming aber auch Part-of-Speech-Methoden zum Aufspüren von Entitäten. Ein weiteres wichtiges Verfahren vor der Weiterverarbeitung ist das Filtern der Texte mittels einer Startwort- bzw. einer Stoppwort-Liste, wobei die eine Liste die andere bedingt. In einer Stoppwort-Liste werden alle Wörter definiert, die vor der Volltextindexierung vom System aus den Texten gelöscht werden, da sie sehr häufig auftreten und gewöhnlich keine

---

[7]Die Autoren danken der Firma SAS Institute für die Bereitstellung der Software und die freundliche Unterstützung.

Relevanz für die Erfassung des Dokumenteninhalts besitzen. Für die deutsche Sprache sind dies bspw. Artikel (der, die, das) oder Konjunktionen (und, oder, doch). Die Startwort-Liste entspricht dem genauen Gegenteil. Hier werden solche Begriffe definiert, die exklusiv in die weitere Verarbeitung übertragen werden sollen. Begriffe, die nicht Gegenstand dieser Liste sind, werden vom System entfernt. Daher ist es auch nur möglich, jeweils eine der beiden Listen anzugeben. Für die hier angestrebte Analyse ist der Ansatz der Startwort-Liste nicht zielführend, da die technologische Entwicklung derart rasant verläuft, dass dies eine ständige Aktualisierung der Liste nach sich ziehen würde. Darüber hinaus ist der Aufwand, eine umfassende und qualitativ hochwertige Startwort-Liste zu erstellen, immens. Stattdessen wurde eine angepasste und weiterentwickelte Stoppwort-Liste erstellt die letztlich 603 Wörter umfasst. Das Resultat der Preprocessing-Verfahren sind Texte, die nun nur noch für die Analyse relevante Terme beinhalten. Diese Termreduktion reduziert die Komplexität der weiteren Analyse deutlich.

Aufgrund der Vorgaben des europäischen Vergaberechtes, nach dem keine Marken, Patente oder eindeutig herstellerspezifische Merkmale in Ausschreibungen beschrieben werden dürfen, sollten die Dokumente für eine höhere qualitative Analyse weiter klassifiziert werden. Dazu können die bereits in Abschn. 14.3.3 beschriebenen CPV-Codes zu einer ersten Eingrenzung der Ausschreibungsdokumente herangezogen werden. Die Nomenklatur ist in ihrem Aktualisierungsintervall durch die europäische Union recht träge und trägt nicht allen technologischen Anforderungen Rechnung. So existiert bspw. kein CPV-Code für Hybrid-Systeme, eine Kombination aus Festplatten- und Flash-Technologie. Auch werden keine technischen Funktionalitäten der Systeme durch die CPV-Codes beschrieben. Neue technologische Errungenschaften, die einen eindeutigen Wettbewerbsvorteil mit sich bringen, können daher nicht mit der Nomenklatur erfasst werden. Für die Analyse der Produktdiffusion ist diese Fähigkeit jedoch essenziell. Daher werden in einem weiteren Schritt der Analysesoftware umfassende Synonymlisten bereitgestellt und die CPV-Codes lediglich als oberste Ordnungsstruktur verwendet.

Für die Analyse von entscheidender Bedeutung ist eine umfassende Synonymliste. Die Liste wurde im ersten Schritt durch eine Expertenrunde, bestehend aus vier Beratern aus der Beratungsdomäne der Speichersysteme, erarbeitet und umfasste 648 Schlagwörter. Anschließend wurden durch verschiedene Quellen u. a. durch das Glossar der Storage Networking Industry Association (SNIA)[8] „Storage Networking, Data, and Information Management Terminology" dazugehörige Synonyme zusammengetragen. Abschließend wurden die Verfahren des Text Clusterings und der Text Topic Identification eingesetzt.

Das Text Clustering zerlegt die Dokumente in disjunkte Gruppen entsprechender Dokumente und definiert diese anhand von beschreibenden Termen. Hier wird im Speziellen das hierarchische Text Clustering angewendet, das mittels der Verwendung komplexer Distanz- und Ähnlichkeitsmaße die Texte partitioniert bzw. in eine Baumstruktur überführt. Der Ansatz beruht auf der Verwendung von Singular Value Decomposition

---

[8]http://www.snia.org/education/dictionary.

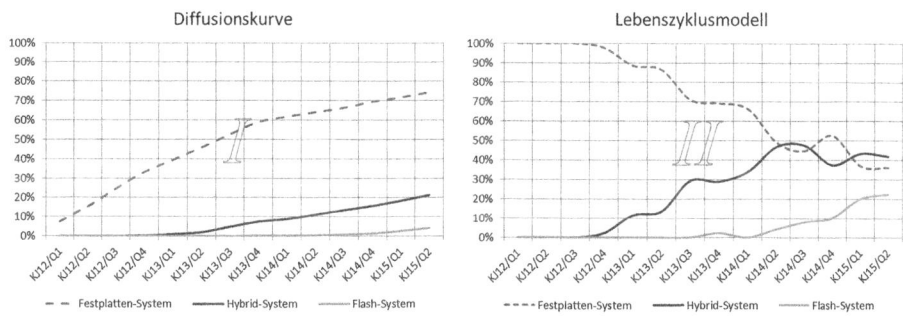

Abb. 14.8 Produktdiffusion am Beispiel von drei disruptiven Systemansätzen

(SVD), welches die originale Gewichtung der Term-Document Frequency Matrix in eine Low Dimensional Representation transformiert. Einfach ausgedrückt werden Texte dadurch in Zahlenkolonnen dargestellt, mit denen im weiteren Verlauf nach dem Standardverfahren, bspw. der Regression, Berechnungen angestellt werden können.

Die Anwendung der Text Topic Identification ermöglicht es, eine Menge an Dokumenten durch die automatische Zuordnung von Begriffen zu beschreiben, zu charakterisieren und schließlich zu segmentieren. Damit unterscheidet sich dieses Verfahren insofern vom Clustering, als das hier ein Dokument mehrere Themen behandeln bzw. diesen zugehörig sein kann, wohingegen das Clustering ein Dokument genau einem Cluster zuordnet. Bei der Text Topic Identification wird für jedes Dokument und jeden Term ein Score zum jeweiligen Thema berechnet. Über Schwellenwerte wird anschließend definiert, ob die Beziehung stark genug ist, um das Dokument/den Term dem jeweiligen Thema zuzuordnen. Daraus resultierend kann ein Dokument oder Term mehreren Themen oder auch gar keinem zugehörig sein.

14.4   Diskussion der Ergebnisse

Nachdem Abschn. 14.3.4 den Gang der Untersuchung erläutert hat, beschäftigt sich das aktuelle Kapitel mit den Ergebnissen der Analyse der verarbeiteten Leistungsverzeichnisse und diskutiert neben diesen Informationen kritisch die Schwächen der angewendeten Verfahren.

14.4.1 Interpretation der Ergebnisse

Der grundlegende Ansatz dieser Untersuchung ist die Bestimmung der Produktdiffusion am Beispiel der Storage-Branche mithilfe der Analyse von Leistungsverzeichnissen öffentlicher Ausschreibungen. Die öffentliche Ausschreibung, als transparentes Objekt des europäischen Vergaberechtes ermöglicht einen Blick in die Adoptionsrate neuer technologischer Systeme respektive einzelner Funktionalitäten durch Bund, Länder und Kommunen. Die Verfahren des Text Minings haben dazu, u. a. durch umfassende Synonymlisten, beschreibende Terme extrahiert sowie gruppiert und können durch eine Zeitreihenanalyse entsprechend dargestellt werden.

Die Abb. 14.8 stellt drei grundlegende Systemarchitekturen in einer Diffusionskurve mit kumulierten Adoptionsentscheidungen als auch als Lebenszyklusmodell dar. Diffusionsmodelle unterscheiden sich von Lebenszyklusmodellen darin, dass sie keine Degeneration abbilden. Die Prozentangaben der Ordinaten stellen die Gesamtzahl der analysierten Leistungsverzeichnisse dar. In Diagramm II ist der Wert jeweils pro Zeitreihe abzulesen, wohingegen in Diagramm I von einem kumulierten Wert auszugehen ist.

Die Analyse der drei ausgewählten Systemarchitekturen ist deshalb von besonderem Interesse, da jedes dieser Systeme einen disruptiven Ansatz verfolgt. Genauer gesagt, versucht jedes System, die jeweils verbleibenden Systeme durch seinen technologischen Fortschritt vom Markt zu verdrängen. Hybrid-Systeme, eine Kombination von Flash- und Festplatten, versuchen die traditionellen Festplattensysteme zu ersetzen wie auch reinrassige Flashsysteme wiederum Hybrid- und traditionelle Festplattensysteme zu substituieren versuchen.

Betrachtet man zunächst nur die Diffusionskurve, entsteht der Eindruck, festplattenbasierte Systeme hätten eine hohe Adoptionsrate. Tatsächlich handelt es sich hierbei jedoch nur um Ersatzbeschaffungen der gleichen Technologie, da bis Ende Q4 2012 keine Alternativen vorhanden waren. Die Linie ist daher gestrichelt und dient lediglich als Vergleichsindikator, speziell für Diagramm II – dem Lebenszyklusmodell. Schön zu sehen ist die schnelle Adaption von Hybrid-Systemen, die innerhalb von zwölf Monaten beachtliche Wachstumszahlen verzeichnen konnten und eins zu eins zu einer Verringerung der traditionellen Systeme führten. Mit sinkenden Preisen von Solid State Drives/ Disks (SSD) und in den Markt drängenden, auf Flash spezialisierte Start-up-Unternehmen, verstärkt sich der Verlust der festplattenbasierten Systeme seit Anfang 2014 noch einmal deutlich. Auch wenn die absoluten Zahlen noch nicht für einen nachhaltigen Erfolg von flashbasierten Systemen sprechen, lässt die Adoptionsrate doch auf eine verheißungsvolle Zukunft schließen. Dennoch sind nach wie vor Meinungsführer samt Referenzen und Erfahrungen ein Schlüssel zum Übergang in die Massentauglichkeit. Interessant wird zu beobachten sein, welches der beiden systemarchitektur-Ansätze – Hybrid oder Flash – in den kommenden drei Jahren das dominierende sein wird. Nicht zuletzt ist dies natürlich auch von exogenen und endogenen Faktoren abhängig.

Neben den holistischen Systemarchitekturen lohnt sich auch der Blick auf einzelne Funktionalitäten und deren Diffusion im Markt. Zu diesem Zweck haben die Autoren beispielhaft drei Diagramme erstellt (vgl. Abb. 14.9), die eindrucksvoll unter Beweis stellen, wie gut Hersteller, Systemhäuser und Meinungsführer eine Nachfrage nach neuen technologischen Funktionalitäten im Markt schaffen, wie schnell diese Nachfrage aber wiederum auch einbrechen kann.

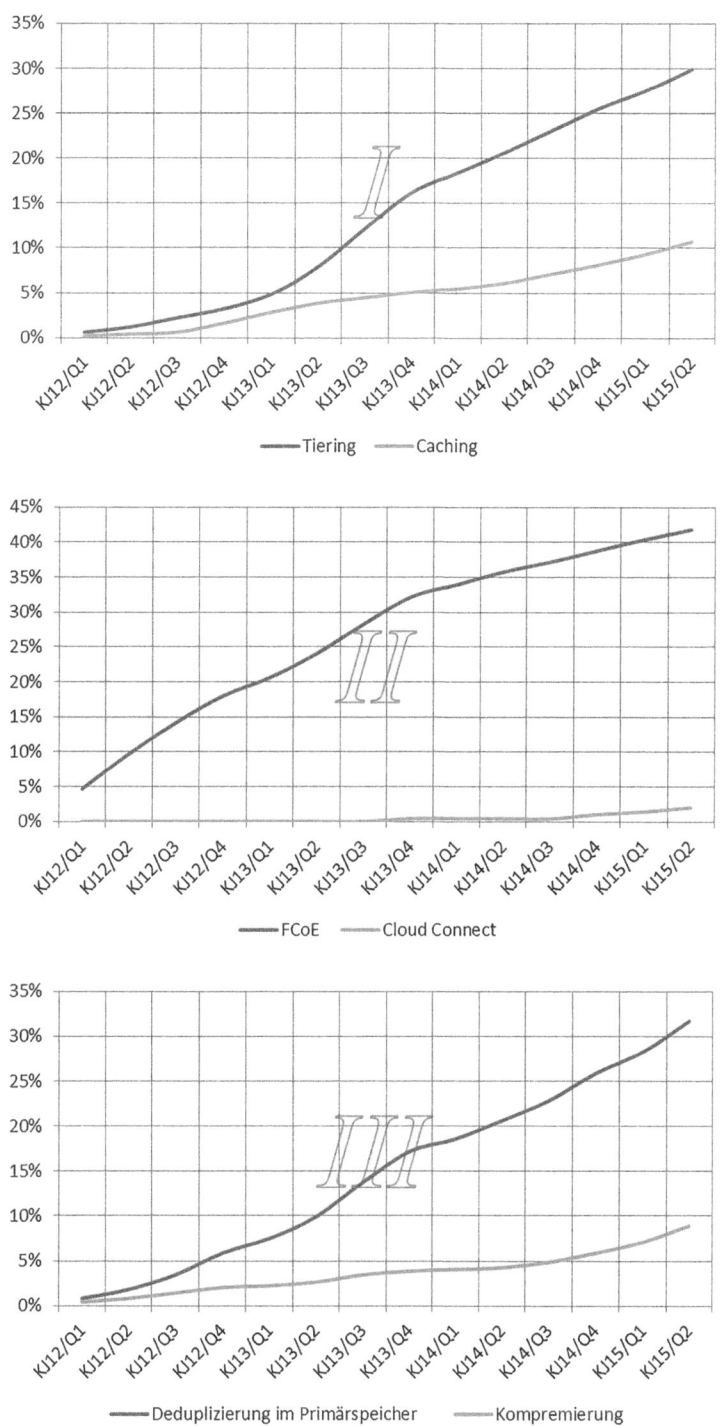

Abb. 14.9 Diffusion einzelner Funktionalitäten in der Storage-Branche

Diagramm I zeigt den unterschiedlichen Erfolg zweier Funktionalitäten, die im Kern
das Gleiche bewirken sollen: die Beschleunigung von Lese- und Schreibzugriffen. Interessant ist die Analyse insbesondere deshalb, da die Funktionalitäten auch zwei grundver-
schiedene Philosophien zweier Hersteller darstellen. Der eine verschiebt Daten zwischen
verschiedenen Performanceklassen (bspw. SSDs und Festplatten) wohingegen der andere
Hersteller eine weitere Kopie der Daten auf einem anderen Medium zwischenspeichert.
Die Diffusionskurve zeigt hier sehr anschaulich, dass der Ansatz des Tierings eine größere Akzeptanz findet und auch die Adoptionsrate steiler verläuft. Speziell zwischen Q2
und Q4 2013 konnten besonders viele öffentliche Auftraggeber von den Vorteilen dieser
Technologie überzeugt werden.

Diagramm II zeigt die Verbreitung eines recht neuen Kommunikationsprotokolls als
auch einer grundlegenden neuen Anforderung, der Fähigkeit, mit Cloud-Diensten nativ
zu kommunizieren. Fibre Channel over Ethernet (FCoE), ein Ansatz der Netzwerk-
Konvergenz respektive der I/O-Konsolidierung, wurde erst 2009 standardisiert und
wird seither besonders stark durch Cisco in den Markt getrieben. Nach einer anfänglich
schleppenden Adaption gewann das Protokoll durch eine breitere Unterstützung weiterer Hersteller zunehmend an Bedeutung. Heute ist das Protokoll faktisch commodity und
zeigt bereits erste Anzeichen einer Abflachung bzw. einer Sättigung. Hier kann davon
ausgegangen werden, dass die Phase der „späten Mehrheit" oder gar der „Nachzügler"
erreicht wurde.

Der Ruf nach einer Kommunikation mit öffentlichen Cloud-Diensten steht noch ganz
am Anfang und bisher haben nur wenige diese Anforderung im Leistungsverzeichnis
protokolliert. Bisher kann allenfalls von einer Phase der „Innovatoren" gesprochen werden.

Zu guter Letzt zeigt Diagramm III die Adoption der Funktionalitäten Deduplizierung
und Komprimierung im Primärspeichersystem. Beides sind Leistungsmerkmale, die bis
vor Kurzem nur von sehr wenigen Herstellern überhaupt unterstützt wurden und wiederum erst durch Start-up-Unternehmen eine größere Verbreitung im Markt findet. Das
Diagramm zeigt, dass Deduplizierung verglichen mit Komprimierung eine deutlich stärkere Nachfrage im Markt findet. Aufgrund der Wachstumszahlen kann von der Phase der
„frühen Mehrheit" ausgegangen werden. Die Adoptionsrate dürfte in den kommenden
Quartalen weiter steigen, da bekannt ist, dass die Adoption eines neuen Produktes üblicherweise mehrheitlich aus dem Informationsaustausch zwischen den potenziellen Kunden resultiert.

14.4.2 Kritik und Schwächen der Methodik

Die Aussagekraft der Produktdiffusion steht und fällt mit der Qualität und Aussagekraft
der Ursprungsdaten. Hierfür wurden öffentliche Ausschreibungen von Bund, Ländern
und Kommunen verwendet, die oberhalb des EG-Schwellenwertes lagen und somit europaweit ausgeschrieben werden mussten. Die Bekanntmachung über die Vergabeplattform

der Europäischen Union Tenders Electronic Daily (TED) beinhaltet jedoch keine Leistungsverzeichnisse. Auf schriftliche Anfrage hin wurde bestätigt, dass es sich bei der Plattform lediglich um einen Informationsdienst der Europäischen Union handelt.

Im Rahmen dieser Publikation wurden deshalb die Vergabestellen des Bundes, der einzelnen Bundesländer und selektierter Städte und Kreise direkt angeschrieben. Ein Großteil der angefragten Behörden beantwortete die Anfrage abschlägig und begründete die Absage mit mangelnden personellen Ressourcen, einem nicht vorhandenen Dokumentenmanagementsystem oder mit dem Datenschutz. Nachdem der überwiegende Teil der angefragten öffentlichen Stellen sich nicht in der Lage sah, die gewünschten und notwendigen Informationen im Form der Leistungsverzeichnisse bereitzustellen, wurden diverse Systemhäuser sowie die Hersteller NetApp, EMC und HP angefragt. Im Vergabeprozess werden diese entweder direkt von den Vergabestellen mit den entsprechenden Unterlagen versorgt oder sie fragen die Daten über die bereits aufgeführten Vergabeplattformen an. Insgesamt konnten so 517 Ausschreibungen inklusive dem Leistungsverzeichnis zusammengetragen werden. Teilweise wurden die Daten jedoch von den Vermittlern anonymisiert, um nicht gegen Datenschutzauflagen zu verstoßen.

Aufgrund des Auswahlverfahrens kann nicht mit Sicherheit von einer Repräsentativität der Daten bzw. der gewonnenen Erkenntnisse ausgegangen werden, da die Merkmale innerhalb der vorliegenden Stichprobe in ihrer Verteilung nicht zwangsweise der der Grundgesamtheit entsprechen müssen. Merkmale sind u. a. die zuständige Vergabestelle (Bund, Kommune etc.), die Höhe des Investitionsvolumens sowie eine mögliche Herstellerpräferenz. Speziell der letzte Punkt könnte zu einer ungewollten Klumpenbildung führen, wenn Hersteller oder Systemhäuser nur solche Ausschreibungen bearbeiten, die zum jeweiligen Portfolio passen.

Darüber hinaus war es nicht möglich, den adressierbaren Markt der öffentlichen Hand für das System „Storage" zu beziffern. Laut BITKOM haben Länder und Kommunen in 2014 rund 20,9 Mrd. EUR für IT-Systeme und Dienstleistungen investiert. Dieser Betrag beinhaltet jedoch auch Gehälter und wurde nicht weiter spezifiziert. Neben dem tatsächlichen Investitionsvolumen wären weiterhin zumindest die Stückzahlen notwendig, um das Marktpotenzial der öffentlichen Hand grundlegend abzuschätzen – für eine konkrete Berechnung der Adoptionsrate jedoch ein notwendiger Schritt.

14.5 Fazit und Ausblick

Die Analyse der Leistungsverzeichnisse öffentlicher Ausschreibungen mittels Text Mining hat an verschiedenen Beispielen gezeigt, welche Adoption disruptive Technologien bzw. neue Funktionalitäten durch die öffentliche Hand finden. Zu diesem Zweck wurde eine Zeitreihenanalyse von 15 aufeinanderfolgenden Quartalen anhand einer umfassenden Synonymliste durchgeführt. Das Ergebnis dieser Analyse waren vier beispielhafte Diagramme, in denen die Produktdiffusion respektive die Diffusion einzelner Funktionalitäten abgetragen wurden. Die Adoptionsrate (Steigung der Geraden) ließ

Rückschlüsse auf die vorherrschende Phase im Diffusionsprozess von Innovationen zu. Dies wiederum lässt Rückschlüsse über die Bedeutung von Meinungsführern für den weiteren Produkterfolg zu. Nicht zuletzt hängt dieser, insbesondere in den frühen Phasen des Diffusionsprozesses, generell vom Informationsaustausch sowie persönlichen Erfahrungen und Empfehlungen ab. Hersteller und Vertriebspartner sollten daher frühzeitig nach Markteintritt einen Fokus auf das sogenannte Reference Selling bzw. das Opinion Leader Management legen. Letzteres gilt als Schlüssel im Prozess der Demand Generation.

Für die konsequente Weiterführung dieser Analyse sollte als Nächstes ein Fokus auf die Bestimmung des Marktpotenzials der öffentlichen Hand, u. a. für das System „Storage", gelegt werden, um anschließend bspw. nach dem Bass-Diffusionsmodell (Bass 1969; Norton und Bass 1987) eine konkrete Berechnung der jeweiligen Diffusion durchführen zu können. Im Weiteren könnte die Analyse auf gewerbliche Unternehmen ausgeweitet werden, um ein gesamtheitlicheres Bild zu erlangen. Dazu sollten zusätzliche Quellen, wie Marktstudien von IDC und Gartner, herangezogen werden.

Die turnusmäßige Etablierung der Analyse könnte darüber hinaus wichtige Erkenntnisse über Trends, Produkterfolg und Wachstumspotenziale liefern. Kurzum: Kunden besser verstehen.

Literatur

Aggarwal, C. C., & Zhai, C. (2012). *Mining text data* (1. Aufl.). New York: Springer.

Bass, F. M. (1969). A new product growth for model consumer durables. *Management Science, 15*(5), 215–227. doi:10.1287/mnsc.15.5.215.

Bekanntmachung der Vergabe- und Vertragsordnung für Leistungen – Teil A (VOL/A). (2009). *Bundesanzeiger* 1. Bundesministerium der Justiz 20. November 2009.

Berelson, B., Lazarsfeld, P. F., & McPhee, W. N. (1954). *Voting: A study of opinion formation in a presidential campaign.* Chicago: University of Chicago Press.

Berkman, H. W., & Gilson, C. C. (1986). *Consumer behavior: Concepts and strategies.* Boston: Thomson South-Western.

Bertrandias, L., & Goldsmith, R. E. (2006). Some psychological motivations for fashion opinion leadership and fashion opinion seeking. *Journal of Fashion Marketing and Management: An International Journal, 10*(1), 25–40.

Beschaffungsamt des Bundesministeriums des Innern. (2010). *UfAB V: Unterlage für Ausschreibung und Bewertung von IT-Leistungen.* http://www.cio.bund.de/SharedDocs/Publikationen/ DE/IT-Beschaffung/ufab_v_version_2_0_final_pdf_download.pdf?__blob=publicationFile.

BMI. (2013). *Hinweise zum Vergaberecht für Zuwendungsempfänger 1.* Bundesministerium des Innern (BMI) 14. August 2013.

Brink, R. van den, Rusinowska, A., & Steffen, F. (2013). Measuring power and satisfaction in societies with opinion leaders: An axiomatization. *Social Choice & Welfare, 41*(3), 671–683. http://search. ebscohost.com/login.aspx?direct=true&db=buh&AN=89703157&lang=de&site=ehost-live.

Byok, J., & Jaeger, W. (2010). *BB-Kommentar: Kommentar zum Vergaberecht: Erläuterungen zu den vergaberechtlichen Vorschriften des GWB und der VgV* (3., überarbeitete Aufl.). Frankfurt: Recht und Wirtschaft.

Chau, P. Y. K., & Hui, K. L. (1998). Identifying early adopters of new IT products: A case of Windows 95. *Information & Management, 33*(5), 225–230.

Childers, T. L. (1986). Assessment of the psychometric properties of an opinion leadership scale. *Journal of Marketing Research, 23*(2), 184–188.

Clement, M., Proppe, D., & Rott, A. (2007). Do critics make bestsellers? Opinion leaders and the success of books. *Journal of Media Economics, 20*(2), 77–105. http://search.ebscohost.com/login.aspx?direct=true&db=buh&AN=25183481&lang=de&site=ehost-live.

Coulter, R. A., Feick, L. F., & Price, L. L. (2002). Changing faces: Cosmetics opinion leadership among women in the new Hungary. *European Journal of Marketing, 36*(11/12), 1287–1308. http://search.ebscohost.com/login.aspx?direct=true&db=buh&AN=8885672&lang=de&site=ehost-live.

Davenport, T. H. (2014). *Big data work: Dispelling the myths, uncovering the opportunities.* Boston: Harvard Business Review Press.

Dinter, B., Franz, T., Grapenthin, S., Konrad, R., Nienke, S., Velten, C., & Weber, M. (2014). *Big Data und Geschäfts modell-Innovationen in der Praxis: 40+ Beispiele.* Berlin: Leitfaden.

Dressler, M., & Telle, G. (2009). *Meinungsführer in der interdisziplinären Forschung: Bestandsaufnahme und kritische Würdigung.* Wiesbaden: Betriebswirtschaftlicher Verlag Gabler.

Ebener, S., & Buchkremer, R. (2015). Bestimmung des Herstellereinflusses auf die Auftragswahrscheinlichkeit bei öffentlichen Ausschreibungen mittels systematisierter Text- und Metadaten-Analyse. In O. Gansser & B. Krol (Hrsg.), *FOM-Edition. Markt- und Absatzprognosen. Modelle – Methoden – Anwendung* (S. 347–370). Wiesbaden: Springer Fachmedien.

Engel, J. F., Blackwell, R. D., & Minard, P. W. (1990). *Consumer behavior* (6. Aufl.). Carson: Dryden Press.

Flynn, L. R., Goldsmith, R. E., & Eastman, J. K. (1996). Opinion leaders and opinion seekers: Two new measurement scales. *Journal of the Academy of Marketing Science, 24*(2), 137–147. http://search.ebscohost.com/login.aspx?direct=true&db=buh&AN=9604092891&lang=de&site=ehost-live.

Gansser, O., & Krol, B. (Hrsg.). (2015). *FOM-Edition. Markt- und Absatzprognosen: Modelle – Methoden – Anwendung.* Wiesbaden: Springer Fachmedien.

Gemeinsame Vokabular für öffentliche Aufträge (CPV). (2007). *Amtsblatt der Europäischen Gemeinschaften.* Die Kommission der Euopäischen Gemeinschaft 28. November.

Goldsmith, R. E., & Clark, R. A. (2008). An analysis of factors affecting fashion opinion leadership and fashion opinion seeking. *Journal of Fashion Marketing & Management, 12*(3), 308–322. http://search.ebscohost.com/login.aspx?direct=true&db=buh&AN=33235804&lang=de&site=ehost-live.

Heyer, G., Quasthoff, U., & Wittig, T. (2006). *Text Mining: Wissensrohstoff Text: Konzepte, Algorithmen, Ergebnisse. IT lernen.* Herdecke: W3L-Verl.

Homans, G. (1961). *Social behavior: Its elementary forms* (S. 488–531). San Diego: Harcourt Brace.

International Data Corporation (IDC). (2014). *The digital universe of opportunities: Rich data and the increasing value of the internet of things.* http://www.emc.com/leadership/digital-universe/2014iview/executive-summary.htm.

International Data Corporation (IDC). (2015). *Worldwide enterprise storage systems forecast, 2015–2019.* Framingham: IDC.

Jäckel, M. (2011). *Medienwirkungen: Ein Studienbuch zur Einführung* (5., überarb. Aufl.). Lehrbuch. Wiesbaden: VS Verlag.

Lazarsfeld, P. F., Berelson, B., & Gaudet, H. (1965). *The people's choice: How the voter makes up his mind in presidential campaign* (2. Aufl., 6. pr.). New York: Columbia University Press. http://katalog.ub.uni-heidelberg.de/cgi-bin/titel.cgi?katkey=30017842.

Maleval, J.-J. (2015). *Storage Start-Ups in 2014.* http://www.storagenewsletter.com/rubriques/market-reportsresearch/storage-start-ups-in-2014/.

McKeown, K. R., Barzilay, R., Evans, D., Hatzivassiloglou, V., Klavans, J. L., Nenkova, A., Sable, C., Schiffman, B., Sigelman, S. (2002). Tracking and summarizing news on a daily basis with Columbia's Newsblaster. In *Proceedings of the second international conference on Human Language Technology Research* (S. 280–285). San Francisco: Morgan Kaufmann.

Menzel, H., & Katz, E. (1955). Social relations and innovation in the medical profession: The epidemiology of a new drug. *Public Opinion Quarterly, 19*(4), 337–352.

Miner, G. (2012). *Practical text mining and statistical analysis for non-structured text data applications* (1. Aufl.). Waltham: Academic Press.

Nisbet, M. C., & Kotcher, J. E. (2009). A two-step flow of influence? Opinion-leader campaigns on climate change. *Science Communication, 30*(3), 328–354. doi:10.1177/1075547008328797.

Norton, J. A., & Bass, F. M. (1987). A diffusion theory model of adoption and substitution for successive generations of high-technology products. *Management Science, 33*(9), 1069–1086. doi:10.1287/mnsc.33.9.1069.

Popowich, F. (2005). Using text mining and natural language processing for health care claims processing. *ACM SIGKDD Explorations Newsletter, 7*(1), 59–66.

Roch, C. H. (2003). The dual roots of opinion leadership. *Journal of Politics, 67*(1), 110–131. doi:10.1111/j.1468-2508.2005.00310.x.

Rogers, E. M. (2003). *Diffusion of innovations* (5. Aufl.). New York: Free Press.

Ryan, B., & Gross, N. (1943). The diffusion of hybrid seed corn in two Iowa communities. *Rural Sociology, 8*(1), 15–24.

Ryan, B., & Gross, N. (1950). *Acceptance and diffusion of hybrid corn seed in two Iowa communities* (Bd. 372) Ames: Agricultural Experiment Station, Iowa State College of Agriculture and Mechanic Arts.

Schopf, J. (2014). *Google is watching you: Was der Suchmaschinen-Gigant mit unseren Daten anstellt. Bachelorarbeit.* Norderstedt: GRIN.

Schulz. (2013). Leitfaden für die Vergabe von Lieferungen und Leistungen (außer Bauleistungen). Hamburg: Finanzbehörde.

Schumaker, R. P., & Chen, H. (2009). Textual analysis of stock market prediction using breaking financial news: The AZFin text system. *ACM Transactions on Information Systems (TOIS), 27*(2), 12–41.

Schwarz, E. C., Hunter, J. D., & LaFleur, A. (2013). *Advanced theory and practice in sport marketing* (2. Aufl.). New York: Routledge.

Steinecke, U., & Straub, W. (2010). Unstrukturierte Daten im Business Intelligence: Vorgehen, Ergebnisse und Erfahrungen in der praktischen Umsetzung. *HMD Praxis der Wirtschaftsinformatik, 47*(1), 91–101. doi:10.1007/BF03340441.

Tan, A.-H. (1999). Text mining: The state of the art and the challenges. In Workshop on knowledge disocovery from advanced databases (Bd. 8, S. 65–70). http://citeseerx.ist.psu.edu/viewdoc/download?doi=10.1.1.38.7672&rep=rep1&type=pdf.

Tarde, G. d. (2004). *Lois de l'imitation.* Chicoutimi: Tremblay.

Valente, T. W. (1996). Social network thresholds in the diffusion of innovations. *Social Networks, 18*(1), 69–89. http://search.ebscohost.com/login.aspx?direct=true&db=bwh&AN=18618023&lang=de&site=ehost-live.

Venkatraman, M. P. (1989). Opinion leaders, adopters, and communicative adopters: A role analysis. *Psychology & Marketing, 6*(1), 51–68.

Yezhkova, N. (2015). *Worldwide enterprise storage systems forecast, 2015–2019.* Framingham: International Data Corporation (IDC). https://www.idc.com/getdoc.jsp?containerId=256302.

Yu, X., Liu, Y., Huang, X., & An, A. (2012). Mining online reviews for predicting sales performance: A case study in the movie domain. *IEEE Transactions on Knowledge & Data Engineering, 24*(4), 720–734. http://search.ebscohost.com/login.aspx?direct=true&db=buh&AN=73614915&lang=de&site=ehost-live.

Zhang, D., & Zhou, L. (2004). Discovering golden nuggets: Data mining in financial application. *IEEE Transactions on Systems, Man, and Cybernetics, Part C: Applications and Reviews, 34*(4), 513–522.

Zikopoulos, P., Roos, D. de, Bienko, C., Buglio, R., & Andrews, M. (2014). *Big data beyond the hype: A guide to conversations for today's data center.* New York: McGraw-Hill.

Die Herausgeber

Monika Ebener studierte International Marketing an der Fontys International Business School in den Niederlanden und absolvierte den Master in Marketing/Vertrieb/Medien an der Technischen Hochschule Ingolstadt. Nach einigen Stationen im Konsumgütermarketing ist sie nun im internationalen Produktmanagement eines Chemiekonzerns angestellt und beschäftigt sich mit der Erschließung neuer und der Entwicklung bestehender Märkte.

Dr. Stefan Ebener ist freiberuflicher Dozent der Wirtschaftsinformatik und arbeitet als Strategy & Innovation Manager, EMEA, in einem internationalen Technologieunternehmen. Er beschäftigt sich mit dem Thema „Opinion Leader Identification & Management" im Umfeld von „Business Analytics". Seine Forschungsschwerpunkte liegen in den Bereichen Meta-Daten- & Text Mining, Big Data, Wettbewerbs- und Ausschreibungsanalysen sowie dem Semantic Web. Darüber hinaus verfügt Ebener über praktische Erfahrungen im Content Categorization, dem Text Mining und der Sentiment Analysis und engagiert sich im Forschungsbereich „Business Intelligence" im ifes Institut für Empirie & Statistik an der FOM Hochschule für Oekonomie und Management.

© Springer Fachmedien Wiesbaden GmbH 2017
O. Gansser und B. Krol (Hrsg.), *Moderne Methoden der Marktforschung,* FOM-Edition,
DOI 10.1007/978-3-658-09745-5

Prof. Dr. Oliver Gansser ist stellvertretender Direktor des ifes Instituts für Empirie und Statistik an der FOM Hochschule für Oekonomie und Management. Er ist hauptamtlicher Professor für Betriebswirtschaftslehre, insbesondere Marketing, an der FOM am Standort München und Mitglied im Vorstand des Access Marketing Management (AMM) e. V. Seine Forschungsschwerpunkte liegen in den Feldern Verhaltenstypologien, Präferenzforschung, Kommunikationsforschung und Käuferverhalten sowie dem Management von Kundenbeziehungen.

Hans-Peter Gaßner ist Stellvertretender Abteilungsleiter Werbe- und Marktforschung bei der ARD-Werbung SALES & SERVICES und zuständig für Verbrauchs- und Medienanalyse (VuMA) und Spot-Analyse Radio (SARA). Seine Forschungsinteressen sind Werbewirkung und Zielgruppenverhalten. Herr Gaßner studierte Publizistik und arbeitete als Freier Journalist. Von 1990 bis 1992 war er wissenschaftlicher Mitarbeiter am Institut für Publizistik in Mainz, danach Projektleiter Werbeforschung bei der ZMG Zeitungs Marketing Gesellschaft in Frankfurt. Bei der AS&S ist er seit Sommer 2000 tätig.

Prof. Dr. Bianca Krol ist Gründerin und Direktorin des ifes Instituts für Empirie & Statistik an der FOM Hochschule für Oekonomie & Management. Im Jahr 2010 erhielt sie nach zehnjähriger Berufstätigkeit als Unternehmensberaterin (zuletzt als Geschäftsführerin und Partnerin) die Berufung zur Professorin für Allgemeine Volkswirtschaftslehre, insbesondere Statistik und Wirtschaftsmathematik, an der FOM. Sie engagiert sich in der Kompetenzentwicklung von Studenten und Dozenten im Bereich der empirischen Forschung sowie der operativen Unterstützung und methodischen Absicherung empirischer Fragestellungen im Rahmen von Forschungsprojekten der Hochschule. Das eigene Forschungsinteresse liegt insbesondere auf der Durchführung von Marktanalysen und der Erforschung des Nachfrageverhaltens in verschiedenen Branchen (beispielsweise im Gesundheitswesen) sowie auf der Entwicklung von managementorientierten Gestaltungsansätzen durch den Einsatz von anwendungsorientierten empirischen Methoden.

Christoph Kwiatkowski, Diplom-Sozialwissenschaftlicher, ist seit 2011 in der Marken- und Werbewirkungsforschung in Hamburg tätig – erst bei Ipsos und seit Mitte 2015 bei Millward Brown. Als Client Manager führen er und sein Team Marktforschungsstudien für internationale Kunden durch, außerdem berät er diese bei taktischen und strategischen Fragestellungen rund um die Themen Werbung und Marken. Zudem ist er Spezialist für Neurowissenschaften und erste Anlaufstelle für interne und externe Fragestellungen aus diesem Bereich.

Jürgen Meixner, Wirtschaftswissenschaftler und Psychologe, ist seit 2009 geschäftsführender Gesellschafter von JM Results GmbH auf Rügen. Neben Marketingberatung und Implementierung ist er auf internationale Marketingforschung in den Bereichen Markenführung und Produktinnovation spezialisiert. Er arbeitet inzwischen seit über 30 Jahren in der Forschung, zuvor an der Universität Augsburg, dem Institut für Jugendforschung, in leitenden Positionen bei ACNielsen, INRA (jetzt IPSOS), Hübsch Marketingforschung, und als geschäftsführender Gesellschafter bei Hübsch Meixner & Friends.

Aleksa Möntmann-Hertz ist Senior Projektleiterin bei forsa.main und Spezialistin für die Migration impliziter Tests in Online-Erhebungen. Ihre Forschungsinteressen sind Werbemittelforschung und implizite Methoden. Sie studierte Soziologie und arbeitete von 1998 bis 2016 als Senior Projektleiterin beim LINK Institut für Markt- und Sozialforschung, Frankfurt. Seit April 2016 ist sie bei forsa.main tätig.

Anna-Katharina Pleier, MBA, studierte Betriebswirt-schaftslehre und Marketing Management. Die Inhaberin von Five Views Concept beschäftigt sich mit der Optimie-rung von Web Usability und Human Computer Interaction. Sie lehrt an der Hochschule Heilbronn Online-Marktfor-schung.

Dr. Jörg Reinnarth studierte Physik an der Universität Bonn und promovierte im Bereich statistische Datenana-lyse am CERN (Schweiz). Er leitete anschließend ver-schiedene Datenanalysegruppen in Frankreich und den USA. Danach baute er den Bereich strategisches und ana-lytisches Kundenbeziehungsmanagement (CRM) für den deutschsprachigen Raum bei Altran (größtes europäisches Beratungshaus) auf. Als Mitglied der Geschäftsleitung von Altran CIS war er darüber hinaus für das Geschäft in Deutschland, in der Schweiz und Österreich zuständig. 2010 gründete er die Cintellic Consulting Group, um sei-nen Klienten eine noch fokussiertere Beratung zu den The-men Kundenbeziehungsmanagement, Marketing und Sales anzubieten. Er ist Experte für strategisches CRM, analyti-sches CRM, Marketing-Prozesse und Kundenverständnis. Zusätzlich ist er als Speaker zu diesen Themen in Deutsch-land unterwegs.

Prof. Dr. Joachim Riedl ist Leiter des Studiengangs Mar-keting Management an der Hochschule Hof und Mitglied im Vorstand von AccessMM, Weidenberg. Forschungs-schwerpunkte sind u. a. Konsumentenverhalten, apparative Messungen und Markenmanagement.

Prof. Dr. Peter Runia, Dipl.-Kfm., geb. 1968, studierte Wirtschaftswissenschaften mit dem Schwerpunkt Absatz/ Handel an der Gerhard-Mercator-Universität Duisburg. Er war nach dem Studium mehrere Jahre als Trainer und Berater tätig und leitete in diesem Rahmen u. a. Seminare zum Thema „Marketing für Existenzgründer". Seit 2000 ist er als Dozent für Marketing an der Fontys Internationale Hogeschool Economie in Venlo/Niederlande beschäftigt. Im Jahr 2001 promovierte er im Fach Sozialwissenschaften an der Gerhard-Mercator-Universität Duisburg. Von 2005 bis 2010 war er neben seiner Dozentur auch verantwortlicher Manager des Studiengangs „International Marketing" an der Fontys Internationale Hogeschool Economie. Seit 2010 ist er hauptamtlicher Professor für Allgemeine Betriebswirtschaftslehre, insbesondere Marketing, an der FOM Hochschule für Oekonomie & Management. Neben seiner Lehrtätigkeit in Bachelor- und Masterprogrammen leitet er Marktforschungsprojekte und berät Unternehmen in Marketingfragen.

Dr. Anna Schneider ist seit 2002 in der Marktforschung tätig. Sie ist Dozentin an der Hochschule Fresenius, hier unterrichtet sie Fächer der Angewandten Psychologie und Wirtschaftspsychologie. Ihr zentrales Forschungsinteresse gilt den Auswirkungen der Digitalisierung auf Gesellschaft, Wirtschaft und Politik. Wesentlich ist hierbei stets die Analyse der psychologischen Wirkgefüge, die das menschliche Verhalten prägen.

Dr. Bernd Schönebeck ist geschäftsführender Gesellschafter und Gründer der cognesys GmbH. Vormals war er mehr als 20 Jahre in Lehre und Forschung im interdisziplinären Bereich der Cognitive Sciences, zuletzt an der RWTH Aachen, tätig. Aufbauend auf Forschungsergebnissen aus der kognitiven Psychologie, der Hirnforschung und der Computerlinguistik wurde von ihm eine innovative Technologie zum Sprachverstehen entwickelt. Diese universell einsetzbare Artificial Human Intelligence (AHI) wird von der cognesys GmbH erfolgreich in den Bereichen E-Mail Response Management, für das semantische Text-mining und zur Sentiment Analyse (z. B. bei Kundenbefragungen) sowie zur automatischen Erfassung freisprachlicher Buchungsvorgänge eingesetzt.

Dr. Jessica Seidenstücker hat Wirtschaftspsychologie an der Leuphana Universität Lüneburg studiert, promovierte im Bereich Ingenieurpsychologie zu Mensch-Maschine-Interaktionen und arbeitete u. a. am Trinity College in Dublin. In den letzten Jahren hat sie sich schwerpunktmäßig mit der digitalen Transformation im Bereich Marktforschung beschäftig. Heute ist sie beim Marktforschungsinstitut Ipsos als Practice Lead für Online Communities, Mobile Research, Passive Measurement sowie Neuroscience zuständig und war maßgeblich an der Entwicklung der Wissensmanagementplattform „Ipsos Insight Cloud" beteiligt. Nebenberuflich arbeitet Jessica Seidenstücker als Dozentin an verschiedenen Hochschulen.

Prof. Dr. Eva-Maria Skottke studierte Psychologie in Oldenburg und Aachen, 2007 promovierte sie an der RWTH Aachen University im Bereich Mensch-Maschine-Interaktion. Sie verfügt über 15 Jahre Berufserfahrung an der Hochschule (Forschung & Lehre) sowie als freie Beraterin in der Arbeits- und Verkehrspsychologie. Heute ist sie Professorin für Medien- und Wirtschaftspsychologie an der HMKW Köln und neben der Professorentätigkeit Akademische Direktorin bei der Usability-Academy Kaiserslautern.

Andreas Steinrücke startete bei Leo Kirch im Filmhandel und wechselte später zum Programmeinkauf bei RTL2, wurde Programmdirektor und machte sich 2000 selbstständig. Er startete die erste Online-Plattform für Werbefilme. Ab 2013 folgten verschiedene Ventures, z. B. DiViDi, einer der ersten DVD-Online-Versender (vgl. Netflix). Mit XAD ergeben sich neue Ansätze zur Medienkonvergenz: TV2 WEB Werbewirkungsmessung, Big Data und Technologie als Grundlage zur Erhöhung der Werbeeffizienz.

Elena Taube ist Leiterin Marketing bei einer mittelständischen IT-Unternehmensberatung in München und absolvierte an der FOM Hochschule für Oekonomie und Management den berufsbegleitenden Studiengang zum Master of Science in Corporate Communication. Im Rahmen ihrer Masterthesis untersuchte sie die Psycho-Physiognomik als Instrument zur Auswahl von Testimonials in der Werbung.

Frank Wahl, Dipl.-Bw. (FH), geb. 1961, studierte Betriebswirtschaftslehre an der Fachhochschule Niederrhein in Mönchengladbach mit den Schwerpunkten Marketing sowie Unternehmensplanung und Unternehmenskontrolle. Nach dem Studium 1988 betreute er erfolgreich Markenartikel als Junior-Produktmanager bei der Semper Idem Underberg AG in Rheinberg und als Produktmanager bei der Wasa GmbH in Celle. Ab 1995 gab er als Dozent seine Theoriekenntnisse und Praxiserfahrungen an verschiedenen Wirtschaftsschulen unter Anwendung unterschiedlicher Lehr- und Lernkonzepte an die jeweiligen Seminarteilnehmer weiter. Darüber hinaus war er als freiberuflicher Berater für mittelständische Unternehmen aktiv. Seit 2003 ist er als Dozent für Marketing im Studiengang „International Marketing" an der Fontys Internationale Hogeschool Economie in Venlo/Niederlande tätig und dort auch verantwortlich für Hochschulkontakte zu nationalen und internationalen Wirtschaftsunternehmen. Zudem ist er Lehrbeauftragter an der FOM Hochschule für Oekonomie & Management in Bachelor- und Masterstudiengängen. Weiterhin berät er Unternehmen und andere Organisationen in strategischen und operativen Marketingthemen.

Sabrina Zimmermann, Diplom-Sozialwissenschaftlerin, ist seit 2011 für Research Now in Hamburg tätig. Als Client Development Manager berät sie Kunden bei der Durchführung internationaler Marktforschungsstudien auf Basis digitaler Erhebungsmethoden. Zuvor war sie vier Jahre in der Institutsmarktforschung tätig, vornehmlich im Bereich Werbemittel- und Produktforschung.

Dr. Sebastian Zips ist Dozent für Marketing an mehreren Hochschulen sowie Mitglied im Vorstand von AccessMM, Weidenberg. Forschungsschwerpunkte sind empirische Marketingforschung und Relevanz musikalischer Stimuli für die Markenführung.

The manufacturer's authorised representative in the EU is Springer
Nature Customer Service Centre GmbH, Europaplatz 3, 69115 Heidelberg,
Germany. If you have any concerns regarding our products, please
contact ProductSafety@springernature.com

Printed and bound by CPI Group (UK) Ltd, Croydon, CR0 4YY

24/04/2026

02096333-0007